以案说法纠纷处理锦囊系列 06

劳动合同纠纷处理锦囊

| 第3版 |

法律出版社专业出版编委会 编

撰稿人：吴小军 焦阳

法律出版社
LAW PRESS · CHINA

第三版修订说明

本书上市以来，深受读者喜爱，取得了良好的社会效益。

为继续满足读者的需求，我们结合一些新的法律规定以及市场反馈的信息、意见，对本书进行了修订再版。

本次修改主要体现在以下几个方面：

1. 根据 2012 年 12 月 28 日修订的《劳动合同法》、2012 年 12 月 31 日通过的《劳动争议司法解释（四）》、2013 年 12 月 20 日通过的《劳务派遣暂行规定》和 2012 年 4 月 18 日通过的《女职工劳动保护特别规定》等新的法律法规对原稿中的相关内容进行了修订。

2. 根据市场反馈的信息和意见，补充了竞业限制相关问题。

3. 对上一版图书中存在的错误或表述不准确、不清晰的地方进行了修改、润色，删繁就简，进一步提高了书稿内容的质量。

希望本书能够为广大读者带来切实的法律帮助！由于编者水平、精力有限，不完善之处在所难免，欢迎读者多提宝贵意见，以帮助我们修订、再版时加以完善。

联系邮箱：dazhong@lawpress.com.cn

编者

2014 年 4 月

出版说明

随着我国社会经济的快速发展和法治建设的不断进步,老百姓对司法的需求日益增长。为了帮助广大百姓能够运用法律法规解决一般的法律纠纷、维护自身的合法权益。我们设计出版了《以案说法纠纷处理锦囊系列》。本套丛书着眼于日常生活中高频出现的法律纠纷,通过对具体案例的解析,联系现行法律规定,为读者提供解决纠纷的技巧和操作指南。

本套丛书主要具有以下特点:

1. 问题典型。本书从老百姓的生活出发,精心选择案例。每个案例提炼出问题作为标题,使读者查阅寻找问题一目了然。

2. 解答深入。本书的专家解答部分不仅告诉当事人怎么办,还讲述了为什么,通过解答一类问题,达到举一反三的效果。

3. 体例合理。每个案例后面都有专家提示,附录部分有相关法律法规,针对具体侵权行为,解答部分还列明了损害赔偿计算公式,读者可以直观借鉴。

4. 内容全面。本套丛书涉及医疗、物业、工伤、继承、道路交通、婚姻家庭、房屋拆迁、劳动就业等热点领域的纠纷,与民生息息相关。

希望本套丛书能够为广大读者带来切实的法律帮助。

由于编者水平、精力有限,不完善之处在所难免,希望读者多提宝贵意见,以帮助我们修订、再版时加以完善。

宝贵意见请发至邮箱:dazhong@ lawpress. com. cn.

编者

2012 年 1 月 1 日

目录 Contents

No. 2 劳动关系的认定

No. 3 劳动合同的签订和履行

附录

No. 1

劳动合同纠纷解决途径、操作技巧和风险防范

在我们了解如何解决劳动合同纠纷之前，对劳动合同要先进行了解。劳动合同是劳动者与用人单位确立劳动关系、明确双方权利和义务的协议。劳动合同经过双方当事人签订后，即在劳动者与用人单位之间确立了劳动法律关系，劳动者与用人单位之间的劳动权利、义务就反映在双方签订的劳动合同内容之中。劳动者依据劳动合同在企业、个体经济组织、事业单位、国家机关、社会团体等用人单位内担任职务或开展工作，同时遵守劳动法律法规和用人单位的规章制度，并完成劳动合同约定的劳动任务；而用人单位则依据劳动合同的约定，为劳动者提供符合国家规定的劳动保护和劳动条件，按照劳动者的劳动数量和质量支付劳动报酬，保障劳动者享有的劳动权利得以实现。

劳动合同纠纷是指劳动者与用人单位在订立、履行、终止劳动合同过程中，因劳动的权利与义务发生分歧而引起的争议。劳动合同纠纷可发生在劳动合同从订立到终止的任何阶段，是现实中最为常见的合同纠纷，也是本书主要解决的问题。

在劳动者或用人单位遇到劳动合同纠纷时，如何解决劳动纠纷成了至关重要的事情，劳动者要维护自身权利不受侵害，用人单位也要保障自己的合法权益。双方由于社会地位的不平等，会导致一些现实中的不平等，用人单位因其经济能力强而站在了引发劳动合同纠纷的主导地位，如何在保障劳动者合法权益的同时，又不影响用人单位谋求经济利益呢？我们把劳动合同中常见的劳动合同纠纷列举出来，针对该纠纷的特点，归纳出解决该纠纷的最直接有效的方法，把解决纠纷的技巧更加直观地展现给读者。

(一)劳动合同订立过程中的纠纷

1. 用人单位在招聘中做夸大待遇、歧视等宣传而引发的劳动合同纠纷

用人单位在招聘劳动者过程中,尤其是在招聘技术员工或者单位急需人才的情况下,往往会在招聘广告中列出非常诱人的待遇,而在招聘到劳动者后,很多招聘广告中承诺的待遇,用人单位又不予兑现,而有的用人单位在招聘广告中列举排除的就业群体,会造成劳动者与用人单位就工资、福利待遇等方面引发劳动合同纠纷。

解决途径

(1)劳动者首先与用人单位协商,要求对方兑现招聘中宣传的待遇。

(2)申请劳动争议调解委员会、基层人民调解组织等组织进行调解。

(3)对调解无果的可以向劳动争议仲裁委员会申请仲裁;也可不经过协商直接向劳动争议仲裁委员会主张;对仲裁裁决结果不服的,可以向人民法院起诉。

操作技巧

在劳动者与用人单位发生此类劳动合同纠纷时,作为劳动者举证是最困难的事情,劳动者可尝试以下方法:

(1)劳动者可出具书面通知,其中明确用人单位在招聘时的待遇宣传,要求用人单位在指定期限内予以书面答复,并持用人单位答复内容与其协商,要求兑现招聘宣传的待遇。

(2)劳动者也可持保存的招聘广告直接与用人单位协商,要

求对方兑现招聘宣传的待遇。

(3)劳动者还可采用与用人单位协商的时候录音的方式,证明用人单位在招聘宣传中的待遇。

风险防范

(1)劳动者可要求用人单位将招聘宣传的待遇写入劳动合同中或者把招聘宣传单作为劳动合同的附件;如果用人单位不同意或无法做到,劳动者可以选择放弃这家单位,也可保留有待遇内容的宣传单或网页等,以防范日后用人单位不兑现招聘中宣传的待遇。

(2)用人单位制定招聘条件应当符合社会公众心理,不要构成对某一群体的特殊限制;应当了解法律所禁止的歧视种类,不得将其列入招聘条件,范围包括:民族、种族、性别、宗教信仰、传染病歧视和残疾歧视、政治、肤色、血统、社会出身。

(3)用人单位发布的招聘广告内容要翔实。招聘广告应当注意以下几点:①招聘内容具体明确,写明招聘人才的目的、拟聘用岗位,具体详细地规定录用条件;②用人单位切忌轻易许诺,引发争议有损单位形象;③招聘广告予以公示;④利用招聘广告履行告知义务。

2. 用人单位因不具备合法经营资格引发的纠纷

在就业形势严峻的今天,劳动者能遇到聘用自己的单位不易,通常不会对用人单位是否具备合法经营资格进行过多的关注,而在劳动合同签订后,很可能会因用人单位不具备合法经营资格,而导致劳动合同的无效,劳动者的权利无法得到保障。

解决途径

(1)劳动者可向劳动争议仲裁委员会申请确认用人单位的经营资格,并主张劳动权利;

(2)对劳动争议仲裁委员会裁决不服,请求人民法院确认用人单位的经营资格,并主张劳动权利。

操作技巧

(1)劳动者在解决该纠纷时需把握"不具备合法经营资格"的情形包括:

①应当取得而未依法取得许可证或者其他批准文件和营业执照,擅自从事经营活动的无照经营行为;

②无须取得许可证或者其他批准文件即可取得营业执照而未依法取得营业执照,擅自从事经营活动的无照经营行为;

③已经依法取得许可证或者其他批准文件,但未依法取得营业执照,擅自从事经营活动的无证照经营行为;

④已经办理注销登记或者被吊销营业执照,以及营业执照有效期满后未按照规定重新办理登记手续,擅自继续从事经营活动的无照经营行为;

⑤超出核准登记的经营范围,擅自从事应当取得许可证或者其他批准文件方可从事的经营活动的违法经营行为。

(2)如果劳动者在劳动合同期间内,发现用人单位不具备合法经营资格,可向工商登记部门和劳动监察部门举报,通过工商登记部门、劳动监察部门的处理来减少自己的损失。

风险防范

劳动者在签订劳动合同前,应当要求用人单位介绍单位、工作情况,并出示营业执照或其他执业资格、批准文件,必要时向工商登记部门或其他单位查询单位登记情况和企业信用状况,在发现该单位不具备合法经营资格或者有合理怀疑的情况下,尽量避免与该单位签订劳动合同。

3. 因劳动合同签订前没有履行告知义务而发生的纠纷

在劳动合同签订之前,劳动者和用人单位都应当将与签订劳动合同相关的事项告知对方，这是劳动合同订立的基础。但是用人单位和劳动者承担的告知义务是有区别的，用人单位承担的是主动的告知义务，即用人单位应当主动向劳动者告知单位以及招用工作的相关情况；劳动者承担的是被动的告知义务，即劳动者在用人单位要求的范围内告知自身的情况。现实中用人单位和劳动者未履行告知义务或者进行虚假告知也是纠纷发生的原因之一。

解决途径

(1)劳动合同有效期间，如发现对方在合同签订前告知的情况虚假，可与对方协商变更或解除劳动合同。

(2)申请劳动争议调解委员会、基层人民调解组织等组织就变更或者解除劳动合同进行调解。

(3)通过劳动争议仲裁解决；如对仲裁裁决不服，则通过诉讼途径解决。

操作技巧

(1)劳动合同期间发现对方在劳动合同签订前告知的情况虚假，可要求对方作出书面解释，并提供真实情况的证明、证件、材料等；

(2)用人单位可向劳动者就读的学校、社区居委会、派出所等机构核实劳动者的情况并保留证据材料，然后以劳动者履行告知义务瑕疵为由变更或解除劳动合同；

(3)劳动者可向工商登记、房产局等部门核实用人单位的实际情况，然后以用人单位履行告知义务瑕疵为由要求变更或解除劳动合同。

风险防范

(1)用人单位在入职登记表、劳动合同中声明：单位已经告知劳动者工作内容、工作条件、工作地点、职业危害、安全生产状况、劳动报酬及其他情况,并要求劳动者签名确认。

(2)用人单位招用劳动者,应由劳动者本人填写入职登记表,并承诺声明:本人保证提供的学历证明、资格证明、工作经历等资料真实,如有虚假,单位可立即解除劳动合同,并不予经济补偿。

(3)劳动者可要求将用人单位的告知内容作为合同附件,也可让用人单位书面确认告知内容,并保证其真实性和承担责任。

4. 因劳动者签订劳动合同前故意隐瞒怀孕事实而与用人单位引发的纠纷

怀孕女职工属于特殊劳动者,《劳动法》、《劳动合同法》、《女职工劳动保护特别规定》对其保护作出了规定,在劳动合同期间怀孕,用人单位在孕期、产期、哺乳期不能解除劳动合同。如果劳动者在签订劳动合同前怀孕,用人单位可就劳动者怀孕情况是否适合招聘作出是否签订劳动合同的决定。如果出现怀孕的劳动者在单位要求告知的情况下,隐瞒怀孕情况,在劳动合同签订后被用人单位发现,很可能引起纠纷的发生,可能会导致用人单位解除劳动合同的法律后果。

解决途径

(1)用人单位可与劳动者协商变更或解除劳动合同;

(2)也可通过劳动争议调解委员会、基层人民调解组织等组织调解变更或解除劳动合同;

(3)还可申请劳动争议仲裁,对仲裁裁决不服的,向人民法院起诉。

操作技巧

(1)用人单位在劳动合同期间发现劳动者在合同签订前经询问而隐瞒怀孕的事实,可持劳动者的孕检单和入职登记表,与劳动者协商变更或者解除劳动合同;

(2)用人单位可要求劳动者对隐瞒怀孕事实作出书面解释。

风险防范

用人单位在签订劳动合同前要求劳动者告知是否怀孕的情况,如劳动者以属于隐私不予告知,可让劳动者承诺,如果发现在劳动合同签订时劳动者已经怀孕,属于劳动者隐瞒重要事实,用人单位可与其解除劳动合同,而不支付经济补偿。

5. 劳动者就用人单位未告知职业病危害而引发的劳动争议

职业病危害是关系到劳动者身体健康的重要事项,在签订劳动合同时,用人单位必须对招用的岗位所存在的职业病危害情况告知劳动者,这是劳动者知情权中的重要一项,用人单位隐瞒岗位存在的职业病危害,可能会给劳动者造成健康方面的损害,也增加用人单位在医疗保障方面的开支,为劳动合同纠纷埋下了伏笔。

解决途径

(1)劳动者在得知岗位存在的职业病危害或造成健康损害后,可与用人单位协商变更岗位或解除劳动合同,并主张经济赔偿;

(2)也可以通过劳动争议调解委员会、基层人民调解组织等组织调解变更岗位或解除劳动合同,并主张经济赔偿;

(3)还可以通过劳动仲裁主张实现以上目的,如对仲裁裁决不服的,可向人民法院起诉。

操作技巧

(1)劳动者在得知岗位存在职业病危害后,可要求用人单位未在劳动合同签订前告知书面说明原因;并持医疗机构的诊断证明,必要时进行损害、劳动能力鉴定,然后与用人单位协商或通过法律程序解决。

(2)用人单位发现未告知劳动者职业病危害后,应及时地向劳动者进行说明,并根据具体情况与劳动者协商变换岗位或者解除劳动合同,并对劳动者进行体检、支付经济补偿。

风险防范

(1)用人单位应把职业病危害告知作为劳动合同的必备条款,内容包括:

①劳动过程中可能接触的职业病危害因素的种类、危害程度;
②危害后果;
③提供的职业病防护设施和个人适用的职业病防护用品;
④工资待遇、岗位津贴和工伤社会保险待遇;
⑤职业卫生知识、培训教育;
⑥职业病防治规章制度和操作规程。

(2)用人单位完善岗位制度,把岗位存在的职业病危害在制度中明确表示,在劳动者入职时,让劳动者学习该制度,并保留告知的凭证。

6. 用人单位在用工之前订立劳动合同,又在用工之前解除劳动合同引发的纠纷

劳动合同的订立如果在用工之前,劳动合同应当在用工之日起生效,在用人单位用工之前,劳动合同是成立,而未生效,这时的劳动者并未实际享有劳动合同约定的劳动权利,用人单位无须承担比如缴纳社会保险费、支付工资等用人单位义务。劳动者人身伤害事故发生在用工前时,用人单位也无须承担责任。

解决途径

(1)劳动者可与用人单位协商解决。

(2)也可以通过劳动争议调解委员会、基层人民调解组织等组织调解解决。

(3)还可以向劳动争议仲裁委员会主张;对裁决不服的,向人民法院起诉。

操作技巧

(1)用人单位可让劳动者对纠纷以及未用工的事实作出书面说明;

(2)用人单位需举证证明劳动者只是签订了劳动合同,而实际上并没有发生用工事实,劳动合同关系并未生效,基于此抗辩劳动者的权利主张。

风险防范

(1)劳动者在与用人单位签订劳动合同之前,可要求在劳动合同中增加特别条款,约定用工前解除劳动合同的一方需承担违约责任以及违约金的具体数额,此约定不属于《劳动合同法》禁止范围。

(2)用人单位在招用劳动者时应注意以下细节:

①不轻易发出录用通知书。

②明确约定要约生效的日期。

③明确告知工作内容、工作条件、工作地点、劳动报酬等情况。

④在录用通知书中附加解除劳动合同的条件,比如体检合格、已经与原单位合法解除劳动关系。

⑤录用通知书应列明,报到时应提供以下内容,若未能提供,用人单位将不予录用:a. 原工作单位的退工证明或同意辞职证明,由原用人单位盖章;b.《劳动手册》;c. 养老金转移单或缴纳证明;d. 身份证复印件;e. 档案证明;f. 学历证书、职称证书原件;g. 区级以上医院出具的体检证明。

⑥发出录用通知书后及时与劳动者订立劳动合同。

7. 公司的分支机构招用劳动者而引发的争议

很多公司或企业单位根据生产经营需要,在外地设立分支机构,而这些分支机构除了单位指派人员外,通常还需要招用劳动者,在招用劳动者过程中,会因为工资、福利、休假、保险等多种因素引发劳动合同纠纷,由分支机构作为用工主体还是单位总部作为用工主体,是需要解决的首要问题。

解决途径

(1)劳动者可持劳动合同与分支机构或公司总部协商解决;

(2)劳动者可通过劳动争议调解委员会、基层人民调解组织等组织调解解决;

(3)劳动者可按分支机构的登记情况,选择分支机构或公司总部作为被诉人,向劳动争议仲裁委申请仲裁;对仲裁裁决不服的,向人民法院起诉。

操作技巧

劳动者可向工商登记部门查询该分支机构是否进行了工商登记;分支机构进行了工商登记,并有偿付能力的,劳动者可向分支机构主张。分支机构没进行工商登记的或者虽然进行了工商登记,但不具备偿付能力的,可向分支机构和公司总部一并主张,将他们列为共同被诉人,并要求他们承担连带责任。

风险防范

(1)用人单位分支机构取得营业执照或者登记证书的,可直接与劳动者签订劳动合同,需报公司总部备案。

(2)用人单位分支机构没有取得营业执照或者登记证书的,由用人单位直接与劳动者签订劳动合同;尽量避免由用人单位委托分支机构进行招聘。

8. 用人单位聘用外国人或港、澳、台人员引发的劳动争议

在比较大型或者有涉外业务的用人单位,有些会招聘外国人或港、澳、台人员进行工作,由于他们不具备中国国籍,如作为劳动者必须符合《劳动合同法》中规定的劳动者资格,否则该聘用属于

违法用工,也就是通常说的“打黑工”,其不具有合法的劳动权利,在工作中权利被侵害后,也很难得到维护。

解决途径

(1)发现外国人或港、澳、台人员不符合劳动者资格,双方可协商解除劳动合同或者通过劳动争议仲裁确认劳动合同无效;

(2)向劳动监察部门进行投诉,解除违法用工情形。

操作技巧

(1)外国人在中国就业是否合法,关键看该外国人是否取得劳动行政部门颁发的就业许可证,未取得就业许可证的,实践中一般视为非法就业。

(2)台、港、澳人员在内地就业是否合法,关键看该台、港、澳人员是否取得劳动行政部门颁发的就业证,未取得就业证在内地就业的,实践中一般视为非法就业,其合法权益难以得到法律保护。

(3)涉及外籍雇员的经济补偿金争议通常会首先考虑双方是否曾经约定在用人单位解除或终止劳动合同时将不向雇员支付经济补偿,其基本精神是尊重双方当事人的意思自治。

风险防范

用人单位在招用外国人或港、澳、台人员时,应当认真审查其合法的护照、居留证以及是否取得就业证、就业许可;如果未获得务工资质,应当协助被招用人员向劳动行政部门办理就业许可手续。

(二)劳动合同签订、续订、试用期的纠纷

1. 劳动者主张与用人单位形成事实劳动关系而引发的纠纷

现实中存在大量的用人单位不与劳动者签订劳动合同的情形,用人单位的意图是不签订劳动合同,劳动者很多权利就不能享

有,社会保险等很多费用都可以省下,即使发生了纠纷,劳动者也无法证明双方的劳动关系。随着《劳动合同法》的出台,用人单位不与劳动者签订劳动合同呈现的风险更大,不仅同样要承担用人单位的责任,还会因没签订劳动合同,承担二倍的工资等赔偿事项。

解决途径

(1)双方应当通过协商及时补签劳动合同,并由用人单位为劳动者缴纳各种社保费用;

(2)双方也可通过劳动争议调解委员会、基层人民调解组织等组织调解解决;

(3)还可以通过劳动争议仲裁确认事实劳动关系,或不服仲裁裁决,向人民法院主张确认事实劳动关系。

操作技巧

(1)用人单位与劳动者是否构成事实劳动关系,应把握以下几点:

①用人单位和劳动者符合法律、法规规定的主体资格;

②用人单位依法制定的各项劳动规章制度适用于劳动者,劳动者受用人单位的劳动管理,从事用人单位安排的有报酬的劳动;

③用人单位提供的业务是较为长期、固定的劳务,即该劳务是继续性的而不是一次性的;

④劳动工具、原材料一般由用人单位提供,工作时间、场所一般由用人单位决定或受其控制;

⑤劳动者提供的劳动是用人单位业务组成部分,劳动者被纳入用人单位的生产组织体系中从事劳动,而不是从事独立的业务或经营活动。

(2)认定事实劳动关系可参照以下证据:

①工资支付凭证或记录(职工工资发放花名册)、缴纳各项社

会保险费的记录；

②用人单位向劳动者发放的工作证、服务证等能够证明身份的证件；

③劳动者填写的用人单位招工招聘登记表、报名表等招用记录；

④考勤记录；

⑤其他劳动者证言。

2. 劳动者拒绝与用人单位签订书面劳动合同引发的纠纷

在劳动者与用人单位建立劳动关系时，应当根据法律规定签订书面的劳动合同。现实中除了用人单位出于自身考虑不与劳动者签订书面劳动合同外，还有一部分劳动者不愿意与用人单位签订书面劳动合同的情形，这种情况的出现比较少见，但一定存在劳动者不愿签订书面劳动合同的原因，可能会给用人单位带来用工的潜在风险，也是双方发生劳动争议的原因之一。

解决途径

(1)用人单位应首先与劳动者协商签订书面劳动合同和解决纠纷。

(2)通过劳动争议调解委员会、基层人民调解组织等组织调解解决。

(3)用人单位可向劳动仲裁委申请仲裁；对仲裁裁决不服的，向人民法院提起诉讼主张签订书面劳动合同。

操作技巧

(1)用人单位在劳动者入职前要求签订书面劳动合同遭到劳动者拒绝的，应当决定不与劳动者建立劳动关系；

(2)用人单位在劳动者入职后要求签订书面劳动合同遭到劳动者拒绝的，应当在劳动者入职不满 1 个月时间内，书面通知劳动者立即签订书面劳动合同,如果劳动者仍然拒绝,应及时解除与劳动者之间的劳动关系,并保留劳动者拒绝签订劳动合同的证据。

风险防范

用人单位应当把入职时签订书面劳动合同作为规章制度确定下来,从制度上规范书面劳动合同的签订程序是先签合同后入职,并规定劳动者入职时未签订劳动合同的,经用人单位书面通知签订书面劳动合同,劳动者仍不签订的,属于严重违反劳动纪律的情形,用人单位可与其解除劳动关系。

3. 用人单位与劳动者因签订以完成一定工作任务为期限的劳动合同引发的纠纷

以完成一定工作任务为期限的劳动合同是比较特殊的一类劳动合同,它是指用人单位与劳动者约定以某项工作的完成为合同期限的劳动合同。该种劳动合同是以某一项工作开始之日作为其期限起算之日,以劳动者完成该项工作之日作为其期限终止之日,此类合同存在变更、解除、中止(双方协议暂停履行)或终止,但不存在续签问题。

解决途径

(1)在以完成一定工作任务为期限的劳动合同发生纠纷后,双方应当首先协商解决。

(2)通过劳动争议调解委员会、基层人民调解组织等组织调解解决。

(3)如果是确认该合同的效力,可直接向劳动争议仲裁委员会申请确认合同效力;对裁决不服的,向人民法院主张确认合同效力。

(4)如果是该合同的履行、终止引发的纠纷,可向劳动争议仲裁委员会申请仲裁;对裁决不服,向人民法院主张权利。

操作技巧

(1)如果是名为以完成一定工作任务为期限的劳动合同而实为固定期限劳动合同,劳动者可通过以完成一定工作任务为期限的劳动合同的适用范围,来确认合同的效力,这类合同适用于以下情形:

①以完成单项工作任务为期限的劳动合同;

②以项目承包方式完成承包任务的劳动合同;

③因季节原因临时用工的劳动合同。

(2)用人单位未缴纳社会保险费的,劳动者可向劳动监察部门投诉,即可得到解决。

风险防范

(1)签订以完成一定工作任务为期限的劳动合同,用人单位可能同时规避经济补偿的支付和签订无固定期限劳动合同的问题。

(2)用人单位仍要为劳动者缴纳各种社保费用;劳动者的工资仍要按月发放。

4.用人单位与劳动者签订非全日制用工协议引发的纠纷

我们通常所说的劳动关系,通常是指全日制用工形式下的劳动关系,非全日制用工在现实中被用到的很多,但大家对其法律规定却不甚了解。非全日制用工是相对于全日制用工的一类特殊的用工形式,其特殊性就在于"灵活性",即与全日制用工相比,形成相对宽松的劳动关系。如果用人单位与劳动者签订的是非全日制用工的劳动合同,如发生劳动者权利被侵害的情况,很多劳动者不知道,更不用说去维权了。

解决途径

(1)如劳动者发现权利被侵害,可与用人单位协商解决或者

让调解组织调解解决;

(2)劳动者还可以向劳动监察部门投诉用人单位侵犯劳动者权利的行为;

(3)劳动者可以向劳动争议仲裁委员会申请仲裁;对仲裁裁决不服的,向人民法院起诉。

操作技巧

(1)劳动者发现自己平均每日工作超过四小时,每周工作时间累计超过二十四小时,可采用:①向劳动监察部门投诉要求用人单位改正,这是比较保守的解决方法;②直接向劳动仲裁委员会申请确认与用人单位之间不属于非全日制用工关系,这样劳动者就可向用人单位主张缴纳养老、失业、医疗、住房公积金等费用,甚至可主张经济补偿。

(2)劳动者应当把握:非全日制用工的小时计酬标准不得低于用人单位所在地人民政府规定的最低小时标准。

(3)用人单位发现劳动者与多家单位建立非全日制用工关系,影响本单位工作的,可直接与劳动者解除劳动关系,而不用支付经济补偿。

风险防范

(1)用人单位应注意区分非全日制用工与全日制用工、劳务合同等制度,加强管理,减少不必要的纠纷,降低风险。

(2)双方订立书面的非全日制用工劳动合同。虽然非全日制用工形式可以签订口头劳动合同,但是同样存在风险,如果劳动者主张双方是一般劳动关系,会给用人单位带来用工风险。

(3)非全日制用工,用人单位可以不用缴纳养老、失业、医疗、住房公积金等费用,但应该为其缴纳工伤保险。

(4)非全日制用工允许建立多重劳动关系的情况,用人单位可通过与劳动者约定竞业限制条款来保护企业利益不受损害;当劳动者与其他单位建立的非全日制劳动关系影响到劳动合同履行时,用人单位还可以向劳动者和后一单位主张损害赔偿责任。当然,用人单位要有证据证明与劳动者建立劳动关系在先。

5. 与矿山、井下以及其他有害身体健康的工种、岗位的劳动者签订固定岗位的劳动合同引发的纠纷

矿山、井下以及其他有害身体健康的工种、岗位上的用工属于特殊用工,这一类岗位或工种属于能引发职业病危害的工作,劳动者在这些岗位上工作,会对身体造成一定的健康损害。为了保障劳动者的身体健康,对在这一类岗位的工作期限作了比较严格的规定,即岗位实行定期轮换制度,用人单位在与劳动者签订劳动合同时,在同一工种、岗位的期限不得超过八年。如果用人单位与劳动者签订固定岗位劳动合同,等同于给劳动者的健康埋下了“炸弹”。

解决途径

(1)用人单位发现与存在有害身体健康岗位的劳动者签订了固定岗位的劳动合同,应当主动找到劳动者协商变更合同或岗位内容;或者让调解组织参与调解变更合同或岗位内容。

(2)劳动者在同一岗位工作届满八年,而用人单位不予更换岗位,劳动者可向劳动监察部门进行投诉,要求用人单位改正。

(3)劳动者还可向劳动仲裁委员会申请仲裁;对裁决不服的,可向人民法院提起诉讼。

操作技巧

(1)劳动者可持诊断证明或职业病鉴定结论等能够证明身体状况受损的证据,向用人单位主张提前更换岗位或者主张治疗。

(2)用人单位发现劳动者在毒害岗位工作届满八年,要求劳动者变更岗位,而遭到劳动者拒绝的,用人单位可保留拒绝证据,

与劳动者解除劳动合同。

风险防范

(1)用人单位应当首先完善岗位制度,针对毒害等特殊岗位和劳动者建立风险预警制度,及时审查岗位以及劳动者的工作状况。

(2)在劳动合同中约定劳动者轮换几个岗位或工种,并约定轮换岗位或工种的时间或条件。

(3)在劳动者入职该岗位前要进行体检,对身体状况不适合该岗位的,应拒绝入职;对能够入职岗位的劳动者定期进行体检,发现健康问题,及时更换岗位,避免给劳动者造成身体损害;对离开该毒害岗位的劳动者要做全面体检,保障劳动者的健康权。

6. 劳动合同到期,用人单位或劳动者不同意续签劳动合同的纠纷

劳动合同到期后,劳动合同的效力终止,用人单位与劳动者之间的权利义务关系也随之终止。如果双方有继续建立劳动关系的意图,应当续签劳动合同。现实中劳动者不同意续签劳动合同的情形比较少,大多数是用人单位不愿意续签劳动合同。虽然签订劳动合同有意思自治原则,但《劳动合同法》对用人单位和劳动者续签劳动合同,却作了不同的规定。劳动者不同意续签劳动合同,用人单位无权要求劳动者续签;但用人单位符合一定条件,在劳动者要求续签劳动合同时就应当签订,这也是法律保障劳动者权益的集中体现。用人单位在劳动者第二次劳动合同期满后不与劳动者续签或者无法证明非己方过错的,有被主张经济补偿的风险。

解决途径

(1)如因续签劳动合同引发纠纷,双方应当首先协商解决;或通过调解组织调解解决。

（2）劳动者认为自己符合续签劳动合同的法定条件，而用人单位不同意的，劳动者可向劳动监察部门进行投诉解决。

（3）劳动者也可直接向劳动争议仲裁委员会申请仲裁；对仲裁裁决不服的，向人民法院提起诉讼。

操作技巧

（1）劳动合同到期，如劳动者不同意续签劳动合同，用人单位应当与劳动者签订劳动合同终止协议，并在其中列明询问过劳动者是否续签合同，以及劳动者不同意续签的内容。

（2）如用人单位在第一次劳动合同期满不同意续签劳动合同，那么劳动者无权要求用人单位续签。

（3）如用人单位在第二次劳动合同期满不同意续签劳动合同，劳动者可要求用人单位出具不同意续签劳动合同的书面意见，并持该书面意见或通知立即向劳动监察部门投诉或向劳动仲裁委员会申请仲裁。

风险防范

用人单位在劳动者第二次合同到期之前，应当以书面形式向劳动者征询续签意向，要求其限期答复，如果劳动者不愿意续签劳动合同，用人单位应当保留劳动者不同意续签劳动合同的意见单、答复或劳动者申请签订固定期限劳动合同的证据等，以预防纠纷发生。

7. 用人单位与劳动者在试用期内引发的纠纷

试用期是劳动合同中的特殊时期，这个时期并不是由法律规定产生的，而是由用人单位与劳动者协商确定，是双方相互适应、考察的阶段，试用期的劳动关系处在相对不稳定的状态，劳动者或用人单位均可经提前三天通知后，解除劳动合同。试用期也是劳动合同纠纷的多发时期，现实中很多用人单位把试用期作为降低劳动成本、使用廉价劳动的手段,随意地决定劳动者工资、福利等待遇和随意解除劳动关系是最常见的情况。在试用期间,要避免用人单位侵害劳动者权益的情形发生,也要保障用人单位的合法权益。试用期发生的纠纷往往是劳动关系能否稳定的前兆,妥善处理纠纷,对劳动关系的稳定有着重要的作用。

解决途径

(1)试用期发生纠纷,双方首先应协商解决;或者通过调解组织解决。

(2)劳动者也可就用人单位侵害其劳动权益的行为向劳动监察部门进行投诉。

(3)纠纷双方还可向劳动仲裁委员会申请仲裁;对裁决不服的,可向人民法院起诉。

操作技巧

(1)对于用人单位在试用期克扣工资、不缴纳社会保险费用的,劳动者应持工资单、其他证明材料向劳动监察部门投诉;

(2)用人单位未给未成年的或存在有损身体健康岗位的劳动者体检的,劳动者可要求用人单位负责体检,或者自行体检后,要求用人单位支付体检费用。

风险防范

(1)根据需要确定试用期,试用期设置的目的是建立长期稳定的劳动关系,如合同期短或对劳动者比较依赖,尽量不约定试用期或者约定较短时间的试用期。

(2)试用期内,对劳动者进行适应性、基础性培训,投入不宜过大。试用期最好是安排劳动者适应工作的基础性、简单性工作,避免大额投入资金培训等,避免劳动者解除劳动合同给用人单位带来的经济损失。

(3)试用期要与劳动者约定工作职责、考核标准、胜任工作标准等。试用期是考核劳动者能否适应工作的时期,对劳动者约定工作职责、考核标准成为必要。

(4)试用期要对劳动者接触到的单位商业秘密保持谨慎态度,对能接触到企业商业秘密的劳动者,应与其约定保密责任。

(5)对试用期要求解除劳动合同的劳动者,出资招用的用人单位仍可索赔。

8. 用人单位与劳动者签订竞业限制协议引发的纠纷

用人单位针对解除或终止劳动合同的、知悉本单位商业秘密的劳动者,可采取签订竞业限制协议的方法,对劳动者离职后的工作作出一定的限制。合理地运用竞业限制规定,可以保护用人单位的商业秘密和经济利益,但是在竞业限制协议的内容,以及后续的履行中,都可能发生纠纷。如何避免因竞业限制而产生的纠纷,是用人单位和劳动者都应当关注的事情。

解决途径

(1)因竞业限制协议引发的纠纷,双方可首先考虑通过协商解决;或通过调解组织解决。

(2)对于无法达成一致意见的,纠纷方均可向劳动争议仲裁委员会申请仲裁;对裁决不服的,向人民法院起诉。

操作技巧

(1)竞业限制协议应明确竞业限制的地域范围,越具体越好,不得在哪些企业,最好界定清楚。

(2)竞业限制补偿金在劳动合同终止后开始按月支付,如果在竞业限制协议中约定工资福利待遇中已经包含竞业限制补偿金,将面临竞业限制协议无效、劳动者无须承担竞业限制义务的风险。竞业限制补偿金是月初支付还是月底支付,法律没有规定,这也可由双方约定。

(3)竞业限制按月补偿一般为补偿每月原基本工资的50%以上,违约金为补偿总额的2~3倍,具体数额由双方协商确定。

(4)如劳动者拒收每月补偿金,用人单位可在协议中约定其他支付办法,如采用按月另卡预存或一次性办理公证预存。

(5)违反保密、竞业限制约定,对用人单位造成经济损失,劳动者才承担赔偿责任,没有损失,则无须承担赔偿责任。

风险防范

(1)用人单位首先应当尽量减少能接触到商业秘密的劳动者,对这些劳动者应当首先通过保密协议来约束其行为,如果劳动者有提前解除劳动合同的意图,应当让其将所知悉的保密内容、材料都转交给用人单位,并保证不留存复制件,与劳动者签订竞业限制条款后,应当经常性地与劳动者接触,发现任何征兆,尽量把矛盾和损失减到最小。

(2)用人单位的商业秘密,如果被本单位的职工或者竞争对手单位非法获取,就可依据《反不正当竞争法》第10条、第25条向工商行政管理部门反映或向人民法院起诉,追究侵权人的民事责任。

(三)劳动合同履行与变更过程中的纠纷

1.厂家派驻的销售员与商场在派驻期间的纠纷

很多大型的商场采用柜台租赁的方式经营,厂家或商家租赁柜台后,需要自己配备人员销售,商场负责对这些厂家或商家派驻的销售员统一管理,但商场与销售员之间并不属于劳动法律关系。在这样的营销模式下,会发生销售员主张其与商场之间形成事实劳动关系，而要求商场承担工资、社保等费用的用工风险。

解决途径

（1）遇到纠纷后，商场应当与销售员、厂家共同协商解决；或通过调解组织解决。

（2）对于无法协商一致的，各方均可向劳动争议仲裁委员会申请仲裁；对裁决不服的，向人民法院起诉。

操作技巧

（1）如遇销售员与厂家之间未签订劳动合同，而主张与商场之间属事实劳动关系，并向商场主张劳动权利的，商场可持与厂家签订的经营合同、场地使用合同和销售员派驻合同来进行抗辩，或者在劳动仲裁或诉讼中将厂家列为第三人。

（2）如销售员确系商场招用负责某个厂家商品销售的，销售员可持工资单、考勤记录等证据向劳动监察部门投诉，或提起劳动仲裁。

风险防范

商场为了避免厂家派驻销售员的经营风险，应当把握以下几个要点：

（1）商场应当与厂商签订员工派驻协议；协议之中将派驻人员的名单、派驻时期、工作内容等详细表述清楚，并作为协议附件。

（2）商场应当要求厂商在员工派驻到商场之前必须与其签订劳动合同，并留存副本。

（3）商场应当要求厂商派驻的员工书面声明其与厂商之间的劳动关系以及与商场之间的派驻关系，服从商场管理制度。

2. 用工单位采用劳务派遣形式引发的纠纷

劳务派遣是近几年兴起的新兴用工形式，这种形式将用工单位与《劳动合同法》上规定的用人单位分离，形成用工单位、派遣单位、劳动者的三方法律关系,由于其具有人事管理简洁、用工机动灵活、减轻用工负担等优点,迅速在我国大江南北流行起来。在劳务派遣关系中,与劳动者真正形成劳动关系的是派遣单位,但由实际用工单位安排具体工作,在劳动者履行劳动义务过程中,会出现工资、加班、福利、社保等多种因素的纠纷,分清劳动关系主体,划清各主体在劳务派遣中的法律地位和职责,是解决此类纠纷的关键。

解决途径

(1)用工单位和劳动者发生纠纷,可连同派遣单位三方共同协商解决;或通过调解组织解决。

(2)劳动者发现派遣单位有克扣工资、不缴纳社保费用等情形可向劳动监察部门投诉。

(3)纠纷方均可向劳动争议仲裁委员会提起仲裁;对仲裁裁决不服的,向人民法院起诉。

操作技巧

(1)劳动者发现派遣单位不具备合法资质,可向工商登记部门和劳动监察部门投诉,并主张与派遣单位的劳动合同无效来维护自身权益;

(2)劳动者在工作期间受到伤害,可向派遣单位和用工单位共同主张工伤损害赔偿;

(3)劳动者如发现用工单位从事相同工作的与自己的工资收入差距较大,可收集用工单位的工资单等凭证,向劳动争议仲裁委员会申请仲裁主张同工同酬。

风险防范

用工单位在采用劳务派遣时应注意以下事项:

(1)审查劳务派遣单位的资质;防范派遣单位不符合法定资

质,导致劳动者与劳务派遣单位之间劳动合同无效,而与本单位形成事实劳动关系。

(2)与劳务派遣单位签订劳务派遣协议,明确:①派遣岗位情况,人数、工作职责、需具备条件;②明确派遣期限;③劳动报酬、社保数额的支付义务与支付方式;④双方应当明确约定违约责任,用工企业在派遣协议中应明确规定派遣公司违约应承担所有损失并且用工企业有权解约。

(3)用工企业在派遣协议中应明确规定派遣公司发放工资的日期,并规定未经用工企业同意,派遣公司不得以任何名目直接扣除员工工资;被派遣的劳动者与用工单位其他员工施行同工同酬;劳动报酬和劳动条件按照用工所在地执行。

(4)审查劳务派遣单位与被派遣劳动者签订的劳动合同,并让劳务派遣单位提供一份与劳动者签订的劳动合同副本;用工单位和派遣单位可以约定派遣员工在哪些情形下可以退回派遣公司及员工退回方式。

(5)用人单位禁止:①将劳动者再派遣至别的单位;② 不得设劳务派遣单位向本单位派遣劳动者。

(6)用工单位可与派遣单位约定工伤事故、劳动纠纷如何处理,费用如何分摊。

(7)不得以非全日制用工形式招用被派遣劳动者,必须与被派遣劳动者签订全日制劳动合同,而且应签订至少两年以上的固定期限合同。向用工单位派遣何种用工形式的劳动者,劳务派遣单位可灵活考虑。

3. 用人单位与双重或多重劳动关系的劳动者发生的纠纷

非全日制用工的劳动者可与多家用人单位建立劳动关系,拥有双重或多重劳动关系的劳动者是采用时间差的方式来履行劳动合同义务的,但是每个人的精力是有限的,不可能将一天的时间都用于工作,除了休息的时间,劳动者能完成的工作量总是有限的,所以具有双重或多重劳动关系的劳动者只能尽心完成一到两份工作。用人单位聘用的劳动者属于这样的情况,可能会对工作质量造成一定的影响,用人单位从本单位角度出发,往往不希望劳动者与其他单位有劳动关系,这是引发纠纷的主要内因。

解决途径

(1)用人单位应当首先与劳动者协商,解除劳动合同关系或者让劳动者退出其他的劳动关系;也可通过调解组织调解解决。

(2)用人单位还可向劳动争议仲裁委员会申请解除与劳动者的劳动关系;对仲裁裁决不服的,向人民法院起诉。

操作技巧

用人单位发现劳动者与其他单位之间存在劳动关系时,可向劳动者了解与其他用人单位的劳动合同的情况,看是否与本单位工作冲突或影响,如果确实对本单位工作的履行造成严重影响,可书面通知劳动者在一定期限内消除这种影响,劳动者在规定时间内无法消除该严重影响的,用人单位可以以此为由解除与劳动者的劳动关系而不用承担经济补偿。

风险防范

用人单位以"对完成本单位的工作任务造成严重影响"举证难度远高于"经用人单位提出,拒不改正",运用以下方法可有效地避免这类纠纷的发生:

(1)用人单位可在制定的规章制度中表述"对完成本单位的工作任务造成严重影响"的理解和程度,便于遇到此种情况时适用,避免劳动者以"影响不严重"抗辩。

(2)用人单位可责令劳动者限期改正,比如要求劳动者7日内提交与其他用人单位已经解除劳动关系的书面证据,劳动者拒不提交的,用人单位可解除劳动合同。

4. 用人单位依据规章制度对劳动者进行处罚,劳动者以规章制度没有经过公示进行抗辩而引发的纠纷

规章制度是用人单位进行经营管理的最常用的方法,规章制度对用人单位运作效率起很大的作用,用人单位在运用规章制度进行管理的过程中,经常会遇到劳动者对规章制度的使用程序提出异议的情况,如果程序有瑕疵,很可能会导致某个管理行为失败,引发劳资双方的纠纷,更甚者加重双方的矛盾,直接或间接地影响到单位的生产经营。而规章制度使用程序上最重要的瑕疵就是用人单位是否将规章制度公示,有的用人单位虽然将规章制度进行了公示,但在遇到纠纷时,由于没有证据证明履行了公示程序而导致败诉的情况也屡见不鲜,这应当引起充分的重视。

解决途径

(1)遇到此类纠纷,用人单位与劳动者双方应首先考虑协商解决;或者通过调解组织调解解决。

(2)劳动者可以以用人单位制定规章制度程序违法为由向劳动监察部门进行投诉。

(3)纠纷方还可以向劳动争议仲裁委员会申请仲裁;对裁决不服的,向人民法院起诉。

操作技巧

(1)劳动者如遇到用人单位运用规章制度处理某个行为时,应当首先向用人单位就规章制度未进行公示提出书面异议,合理运用"未公示,不知情"以及"程序违法,行为无效"进行抗辩,必要的时候,可通过劳动争议仲裁委员会解决。

(2)用人单位如运用规章制度处理某个行为时,应要求劳动者书写事情经过,内容包括自己对事情以及单位规章制度规定的认识和看法;用人单位还要将规章制度公示的证据和劳动者行为过错的证据收集齐备，做到处理“有理有据”。

风险防范

用人单位可通过保留证据的公示方法避免风险的出现,具体办法有:

(1)在公司网站或公司内部局域网发布规章制度进行公示,并让员工提出书面意见或建议;

(2)向公司员工发送电子邮件,通知员工阅读规章制度并回复确认;

(3)在公司内部的公告栏、黑板上张贴规章制度供员工阅读,并要求员工进行阅读信息反馈;

(4)将公司规章制度编印成《员工手册》,员工人均一本,并要求员工签收;

(5)公司人力资源管理部门组织全体员工进行章程制度的培训,集中学习,做好签到记录;

(6)公司就规章制度内容组织员工进行开卷或闭卷考试,并保留考试卷宗;

(7)将规章制度交由员工传阅,并进行阅读签字;

(8)可在入职登记表或者劳动合同中约定:本人已经充分阅读公司章程制度,愿意遵照执行。

5.用人单位制定的规章制度与劳动合同约定的内容不一致,就如何适用引发的争议

用人单位制定完备的规章制度通常涉及了工作的各个方面,比如,单位的薪资制度、晋升制度、奖罚制度,等等,而用人单位与劳动者双方签订的劳动合同,会对薪资、福利、晋升等作出约定,在规章制度内容与劳动合同一致的情况下,不会发生适用纠纷;但如

果两者的内容不一致，适用规章制度还是劳动合同，对劳动者的权益会有所影响，双方也会发生纠纷。

解决途径

(1)遇到此类纠纷，双方应首先考虑协商如何适用；或者通过调解组织调解解决。

(2)纠纷方还可以向劳动争议仲裁委员会申请仲裁；对裁决不服的，向人民法院起诉。

操作技巧

劳动者在遇到规章制度与劳动合同内容不一致时，首先应当考虑订立劳动合同时，对规章制度中不一致的部分用人单位是否进行了告知，如未进行告知，可直接主张适用劳动合同；如果用人单位对此进行了告知，可考虑当时是否协商如何适用，如进行了协商可按协商内容进行，否则，可援引规章制度或者劳动合同中的冲突条款进行适用。

风险防范

用人单位应当保持规章制度和合同约定的一致性，避免适用上的不一致引发纠纷。

可在劳动合同中约定：规章制度作为本合同附件一并执行，劳动合同条款与规章制度的规定不一致时，条款自动失效，以规章制度为准。或约定：规章制度作为本合同附件一并执行，劳动合同条款与规章制度的规定不一致时，以劳动合同为准。

6. 劳动者被安排到其他单位工作，就工作年限的计算与新用人单位引发的争议

有的用人单位因岗位调整或其他原因，将劳动者安排到其他单位长期工作，劳动者的工资由新的用人单位发放，社会保险费也由新的用人单位缴纳，从形式上虽然劳动者是服从原用人单位的

工作安排,变更了原劳动合同履行内容,但是由于合同主体发生了改变,实际上劳动者已经与原单位解除了劳动关系而与新的用人单位建立了劳动关系。在新的用人单位与其解除劳动合同时,劳动者向其主张经济补偿,往往因在新用人单位工作年限短,而导致部分经济补偿无法获得支持,而原用人单位却以劳动者在新用人单位工作为由推脱,给劳动者维权带来难度。

解决途径

(1)现用人单位、劳动者和原用人单位三方首先应通过协商解决;或者由调解组织调解解决。

(2)劳动者可直接向劳动行政部门进行投诉解决(效果不大)。

(3)纠纷各方均可向劳动争议仲裁委员会申请仲裁;对裁决不服的,可向人民法院起诉。

操作技巧

劳动者如需合并计算工作年限,应当同时满足下面两个条件:

(1)劳动者必须非因本人原因从原单位被安排到新单位。这是劳动者到新单位工作的前提条件,如果劳动者是因本人原因被安排到新用人单位,属于劳动者主动与原用人单位解除劳动合同。

(2)原单位并没有支付劳动者经济补偿。如原用人单位支付经济补偿的,劳动者在新用人单位的工作年限应当重新计算,就不存在合并计算经济补偿的情况。

风险防范

劳动者可采用以下方法避免纠纷发生后的举证问题:

(1)原用人单位安排劳动者到新用人单位工作时,劳动者可要求原用人单位出具“工作安排说明”,在其中表述安排到新用人单位的原因、在原工作单位的工作时间以及是否支付经济补偿的内容。

(2)对不讲清楚原因、不支付经济补偿的原用人单位,劳动者不能随便服从安排到新的用人单位工作,以免原用人单位以劳动者擅自离职进行抗辩。

(四)劳动合同解除与终止的纠纷

1. 劳动合同解除或终止后,劳动者出现不交接、不支付违约金、不归还配备的贵重物品和办公用具而引发的纠纷

劳动合同解除或终止后,用人单位和劳动者应当完结双方的用工手续,劳动者应当办理工作交接、及时归还单位配备的办公用品或贵重物品,如因劳动者违约导致的合同解除或终止,劳动者还应承担约定的违约金,劳动者在履行了以上义务后,与原用人单位的劳动关系才属于全部终止。劳动者未履行以上义务会对用人单位的权益产生一定的影响,甚至造成巨额的经济损失。

解决途径

(1)遇到此类纠纷,双方应首先考虑协商解决;或者通过调解组织调解解决。

(2)纠纷方还可以向劳动争议仲裁委员会申请仲裁;对裁决不服的,向人民法院起诉。

操作技巧

用人单位发现劳动合同解除或终止后,劳动者出现不交接、不支付违约金、不归还配备的贵重物品和办公用具的情形,首先应在解除或终止劳动合同通知中要求劳动者办理工作交接、支付违约金、归还配备的贵重物品和办公用具。

然后用人单位可暂不支付经济补偿金,但应当为劳动者开具

离职证明书,并在15日内办理档案和社会保险关系转移;建议用人单位在为劳动者开具离职证明时,考虑以下方案:

(1)办理离职工作交接手续同时出具离职证明;

(2)离职证明的内容应当包括:合同期限、解除或终止劳动合同的日期、工作岗位、在本单位工作年限。不建议写离职原因、表现、评价内容。

最后用人单位损失应通过劳动争议仲裁和诉讼解决。

风险防范

(1)用人单位在平时就要做好劳动者工作内容的备份手续,并整理归档,避免劳动者在劳动关系解除或终止时不办理工作交接。

(2)用人单位在为劳动者配备办公用品和贵重物品时,让劳动者出具借据或债权凭证,并注明该办公用品或贵重物品的价值,如出现劳动者不予归还时,用人单位可以债权债务关系直接向人民法院提起诉讼,主张返还。

2. 劳动者擅自离职与用人单位发生的纠纷

在劳动合同履行过程中,劳动者会因个人因素,在没有知会用人单位并说明原因的情况下擅自离岗离职,一方面劳动者违反了劳动合同约定的工作义务,另一方面违反了用人单位的劳动纪律,对劳动者离岗导致的工作状态不确定,给用人单位带来一定的用工以及经营方面的风险。妥善处理此类情况对用人单位稳定劳动关系、减少经济损失都有重要意义。

解决途径

(1)遇到此类纠纷,用人单位应主动与劳动者协商解决;或者通过调解组织调解解决。

(2)用人单位还可以向劳动争议仲裁委员会申请仲裁;对裁

决不服的，向人民法院起诉。

操作技巧

用人单位可参考以下方法解决纠纷：

(1)向劳动者送达书面通知，限期上班，并提出对逾期不上班的处理措施；

(2)对逾期未上班者，按规定或按通知作违纪解除合同，并书面通知其前来办理手续，其中包括索赔数额等内容；

(3)对不来办理手续的，依据规定办理解除劳动合同关系手续；

(4)同时用人单位可依法申请仲裁，保护自己的合法权利。

风险防范

用人单位应在劳动合同中约定劳动者擅自离职所造成损失的计算方法，以及在规章制度中制定劳动者擅自离职属于严重违反劳动纪律的行为，用人单位可与其解除劳动合同并不支付经济补偿。

3. 用人单位与劳动者协商解除劳动合同，约定经济补偿数额后，劳动者以约定违法主张无效而引发的纠纷

在用人单位与劳动者解除劳动合同时，如非因劳动者过错所致，用人单位应当依法支付劳动者经济补偿，经济补偿的支付应当按照劳动者工作年限以及工资水平计算。但法律不禁止用人单位与劳动者就经济补偿的数额协商支付，协商的补偿数额高于法律规定标准，法律不加干涉；如协商的补偿数额低于法律规定标准，就应当审查劳动者是否自愿以及劳动者对法律规定是否了解。

解决途径

(1)遇到此类纠纷，用人单位可通过调解组织调解解决。

(2)用人单位还可以向劳动争议仲裁委员会申请仲裁；对裁

决不服的,向人民法院起诉。

操作技巧

用人单位如果在与劳动者协商经济补偿数额时,已就经济补偿的数额、项目、法律规定与劳动者进行了共同确认,用人单位可将经济补偿约定时的在场人作为证人,将劳动者提出经济补偿的申请书、约定经济补偿的视听资料等证据,作为抗辩理由。

风险防范

用人单位在签订经济补偿协议时应当:

(1)共同确认劳动者在用人单位处工作的事实,以及用人单位解除劳动合同的理由、事实;

(2)如实告知劳动者法律、法规对经济补偿的规定;

(3)共同计算并确认劳动者依法应获得的经济补偿数额;

(4)在协议中添加声明条款:根据法律规定,甲方(用人单位)应当支付乙方(劳动者)经济补偿共计×××元,经甲、乙双方平等协商,乙方同意甲方一次性向乙方支付经济补偿×××元,与法定经济补偿数额差额部分乙方自愿放弃。

4. 用人单位无过错,劳动者主动提出解除劳动合同后,又主张经济补偿而引发的纠纷

根据《劳动合同法》的规定,在劳动合同履行期间,劳动者主动提出解除劳动合同的,用人单位无须支付经济补偿。司法实践中会出现劳动者主动提出解除劳动合同后,又以用人单位无故解除劳动合同为由向劳动争议仲裁委员会主张经济补偿,如果用人单位在解除劳动合同的过程中手续不完备,或缺乏证据意识,很可能导致败诉结果,支付不合理的经济补偿。

解决途径

(1)遇到此类纠纷,双方应首先考虑协商解决;或者通过调解

组织调解解决。

(2)纠纷方还可以向劳动争议仲裁委员会申请仲裁;对裁决不服的,向人民法院起诉。

操作技巧

经济补偿支付的关键在于解除劳动合同的意思由谁提出,用人单位应当收集能够证明解除劳动合同的意思表示由劳动者提出的所有证据,比如解除劳动合同的申请书、电子邮件、手机短信、信件、证人等,就可避免支付经济补偿。

风险防范

用人单位在劳动者提出解除劳动合同时可参考以下步骤:

(1)用人单位应当首先要求劳动者提交解除劳动合同的书面申请,申请书中要注明劳动者提出解除劳动合同的意思表示。

(2)用人单位制作同意劳动者申请解除劳动合同的决定,并由劳动者签收。

(3)双方签订解除劳动合同协议,并在协议中注明系劳动者提出解除劳动合同,以及劳动者提出解除劳动合同,用人单位不用支付经济补偿的法律规定。

5.用人单位就劳动者未依法履行解除劳动合同程序而引发的纠纷

根据《劳动合同法》的规定,劳动者解除劳动合同需提前30天以书面形式通知用人单位;试用期内劳动者解除劳动合同须提前3天书面通知用人单位。这是关于劳动者解除劳动合同应履行的法定程序。劳动者在解除劳动合同时,只有履行了上述程序,才算是依法解除,否则劳动者将面临违法解除劳动合同而带来的损害赔偿或者违约责任风险。

解决途径

(1)遇到此类纠纷,双方应首先考虑协商解决;或者通过调解组织调解解决。

(2)纠纷方还可以向劳动争议仲裁委员会申请仲裁;对裁决不服,向人民法院起诉。

操作技巧

劳动者如遇到用人单位以其未履行提前书面通知义务而发生纠纷,如劳动者持有已履行义务的证据,可直接进行抗辩;如果劳动者没有证据能证明已履行通知义务,可主动向用人单位主张继续履行劳动合同,应尽量避免发生矛盾和冲突,如用人单位同意继续履行劳动合同,劳动者可在工作一段时间后,提前30天书面通知解除劳动合同,这样即可避免带来的违约或损害赔偿风险。

风险防范

(1)劳动者一定要提前30天(试用期提前3天)书面提交解除劳动合同的通知书,并要求用人单位对通知书予以签收,与用人单位做好工作交接,避免用人单位以劳动者没办理工作交接为由主张经济损失。

(2)在用人单位拒绝签收的情况下,劳动者可用挂号信或特快专递EMS的方式向用人单位邮寄通知书,保留挂号信回执或特快专递详情单。

(3)或者劳动者采用直接向劳动争议仲裁委员会申请仲裁,主张用人单位拒不签收通知书。

6. 用人单位因经济性裁员与劳动者发生的纠纷

用人单位因经营状况恶化等情况,需要通过裁减员工来维持生产经营,可通过法定程序进行经济性裁员。经济性裁员不是用人单位单独与某个劳动者解除劳动合同,通常是与多位劳动者解除劳动合同，用人单位在经济性裁员中并不存在过错，而是单位的客观经营状况所致。严格履行裁员程序以及妥善安置被裁减的员工是两个重要的环节，经济性裁员需要劳动行政部门、工会等多单位部门参与，共同行使职能，才能将纠纷减到最小。

解决途径

(1)双方可以通过协商的途径解决；或者向工会投诉，由工会出面解决。

(2)也可以通过调解组织进行调解解决。

(3)劳动者还可以向劳动行政部门投诉。

(4)用人单位、劳动者可向劳动争议仲裁委员会申请仲裁；对裁决不服的，可向人民法院提起诉讼。

操作技巧

劳动者在经济性裁员过程中，应当充分发挥工会的协调作用以及劳动行政部门对经济性裁员的监督作用，注意经济性裁员应履行的程序，发生纠纷后，可以程序违法为由进行及时投诉抗辩。对用人单位侵害劳动者权益的行为，应当向劳动行政部门投诉后，及时地向劳动争议仲裁委员会提出仲裁申请。

风险防范

用人单位采取经济性裁员应当履行完备的法律手续，才能避免纠纷的发生，请注意参考以下内容：

(1)进行经济性裁员，需经过以下程序：

①提前30日向工会或者全体职工说明情况，并提供有关生产经营状况的资料；裁减人员既非职工的过错也非职工本身的原因，且裁员总会给职工在某种程度上造成生活等方面的副作用，为此，裁员前应听取工会或职工的意见。

②提出裁减人员方案，内容包括：被裁减人员名单、裁减人员

时间及实施步骤,符合法律、行政法规规定和集体合同约定的被裁减人员的经济补偿办法。用人单位不得裁减下列人员:患职业病或者因工负伤并被确认丧失或者部分丧失劳动能力的;女职工在孕期、产期、哺乳期内的;法律、行政法规规定的其他情形。

③将裁减人员方案征求工会或者全体职工的意见,并对方案进行修改和完善。

④向当地劳动保障行政部门报告裁减人员方案以及工会或者全体职工的意见,并听取劳动保障行政部门的意见。

⑤由用人单位正式公布裁减人员方案,与被裁减人员办理解除劳动合同手续,按照有关规定向被裁减人员本人支付经济补偿金,并出具裁减人员证明书。

(2)6个月内重新招用劳动者应注意:征询被裁员的劳动者是否与其他用人单位建立劳动关系,是否愿意回原单位工作;如劳动者已与其他用人单位建立劳动关系或者劳动者不同意回原单位工作,可要求劳动者出具书面意见或答复。

7.用人单位因劳动者在工作中造成单位经济损失而引发的纠纷

用人单位的经济职能是通过劳动者的工作得以实现的,劳动者在工作期间不可避免地会发生给用人单位造成经济损失的情形,如果属于劳动者过错导致,那么根据过错原则,劳动者应当赔偿所造成的经济损失,对劳动者的过错程度以及赔偿的数额、赔偿款的支付产生的纠纷也是经常出现的纠纷种类。

解决途径

(1)劳动者和用人单位可协商确定损失的范围和赔偿的数额以及支付方式;或者通过调解组织调解解决。

(2)可以向劳动争议仲裁委员会申请仲裁解决赔偿问题;对

裁决不服的,可以向人民法院起诉。

操作技巧

(1)双方协商解决时,用人单位与劳动者共同书面确认造成经济损失的事实、经济损失的数额、劳动者的过错程度以及应当承担的赔偿数额。

(2)无法对过错以及损害额度、赔偿款项达成共识时,用人单位应当出具原始票据或维修费用的正式发票、折旧的文件依据或估价部门的估价单据、事故责任的分担等作为证据,不是用人单位单方面说了算的。

(3)在劳动合同期间,用人单位可每月扣除不超过20%的劳动者当月工资为赔偿款;与劳动者解除劳动合同或者劳动合同到期后不续订的,用人单位可主张一次性支付赔偿款,而不受每月扣除工资以及20%的限制。

风险防范

用人单位应当制定岗位责任制度,将岗位以及具体工作予以明确,并将每个岗位的风险、可能造成损失的计算方法、赔偿款的支付方法以及岗位操作规程制定出来,要求劳动者参加培训学习,并对劳动者进行考核。

8. 劳动者主张解除劳动合同的经济补偿,用人单位以公益性岗位抗辩而引发的纠纷

根据《劳动合同法》的规定,公益性岗位解除劳动合同的,用人单位无须支付劳动者经济补偿。公益性岗位招用劳动者更多体现的是当地政府政策扶助就业,与通常劳动关系的设立有一定的区别。现实中发生过用人单位解除劳动合同后,劳动者主张经济补偿,而用人单位以劳动者从事的是公益性岗位,用人单位无须支付经济补偿为由抗辩而引发纠纷的情形,认定公益性岗位成为案

件关键。

解决途径

(1)用人单位可与劳动者协商解决;或者由调解组织调解解决。

(2)劳动者可直接向劳动行政部门进行投诉解决。

(3)纠纷各方均可向劳动争议仲裁委员会申请仲裁;对裁决不服的,可向人民法院起诉。

操作技巧

纠纷方可根据标准把握公益性岗位,来确保自己的合法权益。公益性岗位认定,应当同时满足下面三个条件:

(1)该岗位必须是由地方各级人民政府以及县级以上地方政府部门提供;

(2)该岗位是为了安置困难人员就业而特意提供的;

(3)地方各级人民政府以及县级以上地方政府部门必须对该岗位提供了岗位补贴和社会补贴。

风险防范

(1)用人单位在招用公益性劳动者时,应当告知劳动者该岗位系公益性岗位,并向其解释公益性岗位的特性。

(2)用人单位在劳动合同中要将该岗位系公益性岗位进行表述。

(3)用人单位招用公益性岗位人员,应认真审核其是否符合需安置的困难人员标准。

9. 用人单位未依法支付经济补偿,劳动者主张按应付金额50%以上100%以下标准加付赔偿金引发的纠纷

根据《劳动合同法》的规定,用人单位应当及时支付经济补偿金,经劳动行政部门通知仍未履行该义务,劳动者可获得按应付金

额50%以上100%以下标准加付的赔偿金。该规定是为了督促用人单位及时履行支付经济补偿义务,对个别不履行义务的用人单位给予的经济性惩罚,但加付的赔偿金与经济补偿属于不同的性质,所适用的程序也不同,加付的赔偿金只能适用行政程序,而不能通过仲裁或诉讼途径实现。

解决途径

劳动者可向劳动行政部门投诉,要求用人单位支付经济补偿。

操作技巧

劳动者可按照以下步骤实现经济补偿和加付的赔偿金权利:

(1)劳动者应当在办理工作交接手续后,向用人单位主张经济补偿金。

(2)用人单位拒绝支付后,劳动者向劳动监察部门举报,主张用人单位支付经济补偿金。

(3)用人单位在劳动监察部门责令支付经济补偿后,仍不支付的,劳动者再次向劳动监察部门举报,主张按应付金额50%以上100%以下加付赔偿金。

(4)注意:不能直接申请仲裁或起诉要求加付赔偿金,应当通过行政救济(向劳动监察部门举报)途径主张该权利。

风险防范

用人单位可通过以下方法预防加付的赔偿金风险:

(1)用人单位在与劳动者解除或终止劳动合同时,应当根据法律规定,及时支付经济补偿;

(2)或者在劳动行政部门通知支付经济补偿时,及时给劳动者支付;

(3)如对支付经济补偿有争议,应及时提请劳动仲裁,不可拖延而带来加付赔偿金的风险。

10. 用人单位出资专门培训劳动者并约定服务期，劳动者在服务期离职而引发的争议

针对个别劳动者，用人单位为了更便于开展工作，会出资对劳动者进行专门培训，并与劳动者约定在单位的服务期限。劳动者在进行了专门培训后，在专业技能方面有了提高，有的会安心在用人单位工作，有的会借此作为跳板，跳槽到其他薪水更好，或者待遇更好的用人单位。在由此而引发的纠纷中，往往用人单位处于被动地位，但也不排除因用人单位出资培训劳动者并约定服务期，给劳动者在工作中降低劳动条件或者侵犯劳动者权益的事情发生。

解决途径

(1)劳动者和用人单位可协商解决；或者通过调解组织调解解决。

(2)劳动者对用人单位侵犯劳动权益的，还可向劳动行政部门投诉解决。

(3)争议方也可以向劳动争议仲裁委员会申请仲裁解决；对裁决不服的，向人民法院起诉。

操作技巧

(1)如果用人单位在劳动者服务期限内有以下情形，劳动者单方解除劳动合同不构成违约，不承担违约责任：

①用人单位没有按合同提供劳动保护或劳动条件；

②用人单位没有及时足额支付劳动报酬；

③用人单位没有为劳动者缴纳社会保险；

④用人单位制定的规章制度违反法律、法规规定，损害劳动者权益；

⑤用人单位以欺诈、胁迫手段或乘人之危，使劳动合同无效的；

⑥用人单位以暴力、威胁或者非法限制人身自由的手段强迫劳动或违章指挥、强令冒险作业危及人身安全。

(2)劳动者违反约定的服务期限,用人单位可在通知劳动者办理终结劳动关系手续时,注明劳动者应当赔偿的培训费用等,在劳动者不予赔偿时,持出资培训的合同、支出费用的单据向劳动者进行追偿。

风险防范

用人单位和劳动者在签订劳动合同或服务期合同时应注意:

(1)在劳动者参加培训前就要与其签服务期协议。

(2)服务期约定不要太短,服务期要基于企业的实际情况和员工的性格特点来定,员工流动率低的企业可约定长些,反之则可设置短一些,根据对跳槽周期的合理预估,通常以3~5年为宜,最长不要超过10年。

(3)在劳动合同或服务期合同中列明培训费用所包括的项目,比如,学费、住宿费、交通费、教材费、培训补助,等等。

(4)用人单位应当保留好各支出费用项目的单据,必要时可要求员工签字确认;员工接受培训,企业可要求员工按约定填写培训记录、提交培训报告;载明培训时间。

11. 在劳动合同期限内,劳动者与新用人单位签订劳动合同而引发的纠纷

劳动者如需更换用人单位,应当首先与原用人单位解除劳动合同,然后与新的用人单位签订新的劳动合同。在现实中很多劳动者怕与原用人单位解除劳动合同后,新用人单位不与其签订劳动合同,给其造成经济损失,而采用先与新用人单位签订劳动合同,然后向原用人单位辞职,如果不能履行提前30天书面通知用人单位,干脆就采用自动离职的方法。这给用人单位劳动关系的

稳定,以及经营秩序的正常维持都带来不小的影响,严重的还可能给原用人单位带来巨大的经济损失。

解决途径

(1)遇到此类纠纷,应首先考虑协商解决,必要时劳动者以及原用人单位、新用人单位共同协商解决;或者通过调解组织调解解决。

(2)纠纷方还可以向劳动争议仲裁委员会申请仲裁;对裁决不服的,向人民法院起诉。

操作技巧

用人单位发现劳动者未解除劳动合同就与其他用人单位签订劳动合同,首先应向劳动者发出“上班通知”,在里面陈述劳动者离职或与新用人单位签订劳动合同的事实,令劳动者回单位工作或作出书面答复;如劳动者确认与新用人单位维持劳动关系,可通知劳动者回单位办理工作交接手续,并解除双方劳动关系,但要对解除劳动关系的原因表述清楚;如劳动者因此给单位造成损失,可依据相关证据计算损失数额,向劳动者和新用人单位主张承担连带赔偿责任。

风险防范

(1)劳动者如打算更换用人单位,最好采取以下方式:

①与新用人单位签订劳动合同时,将合同的生效时间约定为50日或更长,便于为和原用人单位解除劳动合同预留充足时间。

②或与新单位签订劳动合同时约定:本合同于乙方(劳动者)与原用人单位解除劳动合同,并向甲方(新用人单位)提交“离职证明”时,发生法律效力。

③或与新用人单位签订《预签劳动合同协议》,约定劳动者与原用人单位解除劳动合同后,新用人单位不与劳动者签订劳动合

同应当赔偿劳动者损失的计算方式。

(2)用人单位招用劳动者时应尽量避免以下人员:

①不要招收与原工作单位的劳动关系尚未解除的“跳槽者”;

②不要招收与原工作单位存在仍然有效的保守商业秘密及竞业禁止约定的“跳槽者”。

12. 用人单位因书面材料、通知是否送达与劳动者的争议

劳动合同履行过程中,经常会遇到用人单位给劳动者送达书面材料或者通知的情况,如果劳动者在用人单位工作,那么送达通常都不会有什么障碍,直接交给其本人就可以了,但在劳动者离职等情况中,用人单位的处罚决定或者其他决定、通知能否送达劳动者,以及能否及时送达劳动者就是很重要的事项。送达是个比较常见的程序问题,用人单位如果不能证明已将决定、通知送达给劳动者,那么该决定、通知就无法生效,用人单位会面临额外支付经济补偿的风险。

解决途径

(1)用人单位应首先与劳动者协商解决送达引发的纠纷。

(2)或者通过劳动争议调解委员会、基层人民调解组织等组织调解解决。

(3)各方均可向劳动争议仲裁委员会申请仲裁;对仲裁裁决不服的,向人民法院提起诉讼。

操作技巧

用人单位就是否送达《决定》、《通知》与劳动者发生争议,如之前系劳动者无固定地址等情况导致送达困难,用人单位可趁劳动者主张权利时,重新作出《决定》或《通知》,再送达给劳动者,而应当尽力避免纠缠在原《决定》、《通知》是否送达的争议中。

风险防范

(1)用人单位在劳动合同中增加条款:甲方(用人单位)有关书面文件、通知无法直接送达给乙方(劳动者)时,乙方确认劳动合同中所填写的家庭住址为邮寄地址,如乙方邮寄地址发生变化应在3日内告知甲方,否则后果由乙方自己承担。

(2)用人单位在执行送达时应当:

①直接将《决定》、《通知》交劳动者本人,要求签收;

②劳动者本人不在,交其同住成年家属签收;

③邮寄送达,保留回执,最好选择标明文件名称的特快专递或公证邮寄送达;

④发出公告之日起30日即视为送达。

(五)工资、福利、社会保险纠纷

1. 用人单位与劳动者约定的劳动报酬不明而引发的纠纷

劳动报酬是劳动者愿意与用人单位建立劳动关系,并付出劳动的决定性因素,而有时劳动者急于建立劳动关系,在没有对劳动报酬约定明确的情况下就进入用人单位开展工作,而有的用人单位采取计件或其他薪酬制度,在与劳动者的劳动合同中就报酬的计算,不具有实际可操作性,都会导致纠纷的发生。确定劳动报酬的多少是解决纠纷的关键所在,也是劳动关系能否维持的重点内容。

解决途径

(1)用人单位应首先与劳动者协商原劳动报酬约定或者重新协商劳动报酬的标准;

(2)或者通过劳动争议调解委员会、基层人民调解组织等组织调解解决；

(3)各方均可向劳动仲裁委员会申请仲裁；对仲裁裁决不服的，向人民法院提起诉讼。

操作技巧

在劳动报酬约定不明时，可通过以下方法步骤进行确定：

(1)首先由用人单位与劳动者重新协商确定劳动报酬数额；

(2)协商无法达成一致意见，适用集体合同中劳动报酬数额；

(3)如无集体合同或集体合同中无规定，则在用人单位内部适用同工同酬；

(4)如单位无相同职务，则参照社会上相同工作的劳动报酬数额。

风险防范

用人单位在规章制度中制定单位的工资制度，将职位、岗位、资历、工作年限等作为计算工资报酬的标准和依据，内容要具体并便于实践操作使用。或者用人单位在与劳动者签订的劳动合同中将工资报酬的数额、计算标准约定明确。

2. 用人单位因发放奖金而与劳动者引发的纠纷

根据《劳动合同法》规定，奖金属于工资范围。用人单位在通过发放奖金鼓励劳动者时，如遇到经济补偿等情形，奖金作为劳动者工资的项目之一，也是计算经济补偿款的依据之一，这也是双方发生纠纷的情形。有的企业干脆取消奖金制度，按照定岗定薪的方法执行，但实际中，劳动者为单位作出了贡献后，又没有了经济鼓励的来源，也减少了部分生产经营的积极性。妥善处理奖金问题，也是企业管理侧重考虑的内容。

解决途径

(1)用人单位应首先与劳动者协商奖金的数额以及支付

方式。

(2)或者通过劳动争议调解委员会、基层人民调解组织等组织调解解决。

(3)劳动者可以用人单位发放奖金违反法律规定为由，向劳动监察部门投诉。

(4)各方均可向劳动仲裁委申请仲裁；对仲裁裁决不服的，向人民法院提起诉讼。

操作技巧

劳动者对用人单位发放奖金有异议，可书面向用人单位提出，在用人单位书面答复后，持用人单位的奖金制度和自己作出的工作成绩证据，与用人单位协商或者直接持以上证据申请仲裁；但应当注意有些奖金属于非常规性奖励，能否属于工资范围，还要根据奖金的发放原因来综合考虑。

风险防范

用人单位可采取以下方法，合理规避奖金带来的纠纷风险：

(1)用人单位应当实行月末奖金考核制度，对发放奖金的数额、人群等进行考核评定，作为发放奖金的条件。

(2)用人单位尽量将奖金以福利实物或组织旅游、活动、培训等方式发放。

3. 劳动者主张“同工同酬”而引发的劳动争议

“同工同酬”是劳动者平等享有劳动权和获得报酬权的充分体现，法律制定“同工同酬”原则，并不是消除竞争和薪酬差距，而是为了限制个别单位对待劳动者实行差别待遇，在单位内做同样工作的劳动者获得的报酬数额却相差甚大。当然这里面有很多政策性问题，比如说体制问题，虽然已经没有全民所有制职工的称谓，但是有的事业性编制企业化运营的单位，也是“同工同酬”无法跨越的鸿沟。当然事业编制是个过渡时期,随着法制进一步的完善,最终会保障劳动者的"同工同酬"权利。

解决途径

(1)用人单位应首先与劳动者协商解决同工不同酬的纠纷;

(2)或者通过劳动争议调解委员会、基层人民调解组织等组织调解解决;

(3)劳动者可就用人单位给予差别劳动报酬情况向劳动监察部门投诉;

(4)各方均可向劳动仲裁委申请仲裁;对仲裁裁决不服的,向人民法院提起诉讼。

操作技巧

"同工同酬"并不是说相同的工作就应当支付一样数额的报酬,在认定"同工同酬"时,应当把握以下三个必备条件:

(1)劳动者所从事的工作相同;

(2)劳动者从事相同工作过程中付出了等量的劳动;

(3)劳动者付出等量劳动后,取得了相同的劳动业绩。

风险防范

用人单位可通过制定工资制度的方式来完善薪酬的支付,比如设置岗位工资、学历工资、职称工资、工龄工资等,根据劳动者的自身条件以及所投入的劳动难度来确定工资收入,避免干好干坏一个样的劳动状况;使得相同条件的劳动者、付出等量劳动并取得相同业绩后,能够获得差距很小的工资。

4. 用人单位制定较高劳动定额,变相强迫劳动者加班引发的劳动争议

劳动定额是由用人单位制定的在单位时间内劳动者应当完成的劳动量。劳动定额是用人单位安排劳动者劳动的主要手段,劳动者通过完成规定的劳动量来获得足额的劳动报酬。劳动定额的水平是在法定工作时间内能够完成的,如果劳动者在法定工作时间内完不成工作量,就意味着扣发工资或者要进行加班,不少用人单位采用提高劳动定额的办法,让劳动者在法定工作时间内完不成工作任务,不得已自己主动加班。用人单位就是以此为方法变相强迫劳动者加班,剥削劳动者的剩余价值。

解决途径

(1)用人单位应首先与劳动者协商解决;

(2)或者通过劳动争议调解委员会、基层人民调解组织等组织调解解决;

(3)劳动者还可以就用人单位较高的劳动定额向劳动行政部门进行投诉;

(4)各方均可向劳动仲裁委申请仲裁;对仲裁裁决不服的,向人民法院提起诉讼。

操作技巧

劳动定额权虽然属于用人单位,但是劳动者并不是坐等着权利被侵害,在劳动定额中应把握:

(1)对于劳动定额的制定用人单位必须经过民主程序进行确定,没有经过民主程序的劳动定额都属于程序不合法;

(2)所制定的劳动定额基准为70%以上的人员能完成,低于70%人员能完成的,也会被认定为劳动定额过高;

(3)劳动者在主张用人单位制定的劳动定额过高时,可就超出劳动定额部分的工作计算成加班工资,要求用人单位支付。

风险防范

劳动者发现用人单位制定或者准备提高劳动定额,而该定额超出了大家的劳动能力时,就应当先向劳动行政部门进行举报,让劳动行政部门监督用人单位制定劳动定额的行为，使其在程序以及劳动定额水平上符合绝大多数劳动者的劳动能力。

5. 用人单位拖欠劳动者工资而引发的纠纷

前些年用人单位拖欠劳动者工资的情况时有发生，随着国家政策以及执法环境的改观，用人单位拖欠劳动者工资的情况日趋减少，这是个比较好的发展事态。有的用人单位确实是因为资金周转问题，不能按时支付劳动者工资，而有的用人单位是故意拖欠劳动者工资，利用拖欠的工资进行生产经营，获取更多的经济利益。

解决途径

(1)用人单位应首先与劳动者协商解决；

(2)或者通过劳动争议调解委员会、基层人民调解组织等组织调解解决；

(3)劳动者还可以就用人单位拖欠工资的行为向劳动行政部门进行投诉；

(4)劳动者可向劳动仲裁委员会申请仲裁；对仲裁裁决不服的，向人民法院提起诉讼。

(5)以转移财产、逃匿等方法逃避支付劳动者的劳动报酬或者有能力支付而不支付劳动者的劳动报酬，数额较大，经政府有关部门责令支付仍不支付的，处三年以下有期徒刑或者拘役，并处或者单处罚金；造成严重后果的，处三年以上七年以下有期徒刑，并处罚金。

操作技巧

(1)劳动者被拖欠工资后，可与用人单位协商，让用人单位出具工资欠条，并约定用人单位支付工资的时间，如到期用人单位仍不支付，劳动者可持工资欠条直接向人民法院申请督促程序或提起诉讼。

(2)用人单位如果被劳动者申请督促程序，在接到法院的支付令后，应当采取：

①拖欠工资属实的,用人单位在支付期限内(15日内)支付,避免进入强制执行程序,增加执行费用支出。

②对支付令有异议的,应当在15日内提出书面异议,支付令失效。

③提出异议的技巧:应当对支付的数额或者支付的理由提出书面异议。如果提出经济困难或者要求分期付款等异议,将不影响支付令的效力。

(3)劳动者在处理用人单位拖欠工资的法律程序中(主要是指劳动仲裁和诉讼),应当懂得合理运用"先予裁决"、"先予执行"的法律规定,争取自己获得劳动报酬的权利尽快实现。

风险防范

用人单位确因资金周转困难导致支付劳动者工资困难的,首先应当通知劳动者,然后开集体会议与劳动者商议迟延支付工资的时间,即使协商成功,用人单位也应先支付劳动者部分生活费,避免恶意拖欠,遭到劳动者向劳动行政部门投诉,增加费用支出,甚至要承担刑事责任。

6. 劳动者医疗期满后不能从事原工作,也不能从事用人单位另行安排的工作,用人单位解除劳动合同引发的纠纷

劳动者在负伤或者患病后,用人单位应当及时安排其休假治疗,在劳动者治疗期满后,应当根据身体恢复情况返回岗位从事原工作。如果劳动者因病或伤无法从事原来工作的,用人单位应当给其另行安排工作岗位,如果劳动者仍无法从事工作的,用人单位可与其解除劳动合同,但必须保障劳动者应享有的医疗、工伤保险待遇。因此而发生的纠纷通常伴随着劳动者的权益被侵害,维护劳动者权益的前提是明确用人单位的法定义务。

解决途径

(1)用人单位应首先与劳动者协商解决;

(2)或者通过劳动争议调解委员会、基层人民调解组织等组织调解解决;

(3)劳动者还可以就用人单位侵害劳动权益的行为向劳动行政部门进行投诉;

(4)劳动者可向劳动争议仲裁委员会申请仲裁;对仲裁裁决不服的,向人民法院提起诉讼。

操作技巧

用人单位和劳动者应当把握以下标准,供实践使用:

(1)首先对医疗期结束的劳动者进行伤残鉴定。

(2)被鉴定不构成伤残的,不支付医疗补助费。用人单位应提前30天书面通知劳动者或者支付1个月工资解除劳动合同的,应根据劳动者的工作年限,每满1年发给相当于1个月工资的经济补偿金。

(3)鉴定为1~4级伤残的,应办理退休、退职手续,享受退休、退职待遇。

被劳动鉴定委员会鉴定为5~10级伤残的,用人单位应当支付不低于6个月工资的医疗补助费。用人单位应提前30天书面通知劳动者或者支付1个月工资解除劳动合同的,用人单位应根据劳动者的工作年限,每满1年发给相当于1个月工资的经济补偿金。

风险防范

用人单位建立职业病预防机制,在劳动者签订劳动合同时将职业病危害情况告知劳动者,并定期安排存在职业病危害的岗位劳动者进行体检,并把日常体检作为劳动者福利进行,遇到可疑症状,及时安排复诊,正确安排岗位轮换,尽量减少劳动者在工作期间患病的几率。

7. 劳动者就用人单位停止其享受工伤保险待遇而引发的争议

工伤是指劳动者因从事单位工作而导致的伤害,劳动者因工受到伤害后,应当及时送到医院救治,用人单位应当保障劳动者依法享受的工伤保险待遇。工伤保险是劳动者应当享受的法定社会保障,在实际生活中,不少用人单位出于成本考虑,不为劳动者缴纳工伤保险费,在劳动者因工负伤后,劳动者本应通过工伤保险金来实现的工伤保险待遇,因用人单位没缴纳工伤保险费而无法享受,劳动者所应享有的权利就由用人单位来支付。在正常情况下,用人单位无权停止劳动者享受工伤保险待遇,发生此类纠纷,一定要把握好尺度,确保劳动者的权益不受侵害。

解决途径

(1)用人单位应首先与劳动者协商解决;

(2)或者通过劳动争议调解委员会、基层人民调解组织等组织调解解决;

(3)劳动者还可以就用人单位停止劳动者享受工伤保险待遇的行为向劳动监察部门进行投诉;

(4)劳动者可向劳动仲裁委员会申请仲裁,对仲裁裁决不服的,向人民法院提起诉讼。

操作技巧

用人单位应当把握以下标准:

(1)劳动者丧失享受工伤保险待遇条件的,用人单位可以停止劳动者享受工伤保险待遇;

(2)劳动者拒不接受劳动能力鉴定的,用人单位可以停止劳动者享受工伤保险待遇;

(3)劳动者拒绝治疗的,用人单位可以停止劳动者享受工伤保险待遇;

(4)劳动者被判刑正在收监执行的,用人单位可以停止劳动者享受工伤保险待遇。

风险防范

用人单位应当将工伤的治疗、认定程序、工伤待遇的范围、内容、数额计算通过规章制度或者培训，向劳动者讲述清楚，还应当按时为劳动者缴纳工伤保险费，避免工伤事件的发生，给用人单位带来经济损失。

8.劳动者在离职时主张用人单位克扣工资、加班费而引发的纠纷

在劳动合同履行过程中，即使存在用人单位克扣劳动者工资、加班费的情形，劳动者通常采取沉默的方式，因为劳动者并不愿意在工作期间与用人单位有矛盾或纠纷。而当劳动者离职时，劳动者就将用人单位克扣工资、加班费的情况予以主张。劳动者知道与用人单位即将分离，不再担心与用人单位的矛盾发生。解决此类纠纷，重要的是证据的运用。

解决途径

(1)用人单位应首先与劳动者协商解决；

(2)或者通过劳动争议调解委员会、基层人民调解组织等组织调解解决；

(3)劳动者还可以就用人单位克扣工资、加班费的行为向劳动行政部门进行投诉；

(4)劳动者可向劳动仲裁委员会申请仲裁；对仲裁裁决不服的，向人民法院提起诉讼。

操作技巧

(1)劳动者应当提交能够证明用人单位克扣工资、加班费的所有证据，然后结合用人单位提交的工资表和考勤表来计算被克扣的工资、加班费。

(2)注意把握加班费计算公式：

①加点:加班费 = 日标准工资(或计件工资) ÷8(小时) ×1.5 ×加班时间;

②休息日加班:加班工资 = 日标准工资(或计件工资) ÷8(小时) ×2 ×加班时间;

③法定休假日加班:加班工资 = 日标准工资(或计件工资) ÷8(小时) ×3 ×加班时间。

风险防范

用人单位应完善工资制度,建议:

(1)用人单位在规章制度中制定书面安排加班制度,即用人单位安排谁加班,加班多长时间,都以接到书面加班通知为准,劳动者没有接到书面加班通知,无须加班。

(2)用人单位在每个月工资结算时,应制作工资明细表,上面列明工资、福利项目、工作时间、加班时间等,并且要求劳动者进行核对确认,比如,经确认本人本月加班时间为 × ×小时(天),加班工资为 × ×元,核对无误,予以确认。

(六)仲裁、诉讼过程中的操作方法和技巧

1. 经济补偿金和代通知金的计算的区别

经济补偿金是用人单位根据法定条件对劳动者为本单位提供劳动所作出的补偿。经济补偿金的支付通常是由用人单位违法解除劳动合同所产生。代通知金是用人单位为了立即解除劳动合同,而支付给劳动者的钱款。代通知金的支付是用人单位不再采用提前30天书面通知劳动者解除劳动合同,而是以支付30天工资的方式立即解除与劳动者的劳动合同。

操作技巧

(1)经济补偿金的计算标准是月工资即劳动者在劳动合同解除或终止前12个月的平均工资。

(2)代通知金的计算标准是劳动者本人上月工资。

(3)用人单位采用支付代通知金而不采用提前30天书面通知形式与劳动者解除劳动合同,可以避免在30天通知期内,劳动者给用人单位带来的用工风险。

2. 如何理解"违反法律、行政法规强制性规定"的法律规定

根据《劳动合同法》的规定,用人单位与劳动者签订的劳动合同违反法律、行政法规强制性规定的部分,不发生法律效力。这也就是我们通常所说的"违法导致无效"。在用人单位与劳动者订立劳动合同时,就某些劳动事项双方在约定时,要了解法律、法规对其的规定,如果制定的合同条款违反法律、法规的强制性规定,会给用人单位的用工行为带来一定的风险。

操作技巧

用人单位与劳动者在认定"违反法律、行政法规的强制性规定"时应把握三点:

(1)必须违反的是全国人大及其常委会制定的法律和国务院制定的行政法规;

(2)劳动合同违反地方性法规、行政规章、劳动和社会保障部的规范性文件的,不应当认定为无效;

(3)必须违反法律和行政法规的强制性规定,对于非强制性规定,即使违反了也不能认定合同无效。

3. 劳动合同纠纷管辖地的确定

在劳动合同纠纷发生时,如果涉及事故地与工作地、单位注册地等实际情况不同时,劳动者可以选择对保护自己权益更加有利

的地方作为纠纷管辖地进行主张权利。当然不是每个劳动合同纠纷都有选择管辖地的机会,劳动者也不能没有根据地随便选择管辖地,合理地运用管辖地解决纠纷,对劳动者和用人单位都会产生一定的影响。

操作技巧

(1)当用人单位登记注册地与实际用工地不同时,应当以实际用工地作为劳动争议管辖地;

(2)劳务派遣单位与用工单位地址不同的,应当以派遣单位登记注册地为劳动争议管辖地,如果劳动争议牵扯用工单位的,劳动者可选择用工单位所在地管辖;

(3)对于用人单位注册地与劳动者实际工作地点不一致的,有关最低工资标准、劳动保护、劳动条件、职业危害防护和本地区上年度职工平均工资标准,均应按劳动合同实际履行地有关标准执行,注册地高于履行地的,原则上适用劳动合同实际履行地标准执行,约定适用用人单位注册地标准的,适用用人单位注册地标准。

4.劳动合同纠纷中共同的被诉人或被告的确定

在解决劳动合同纠纷的过程中,劳动者对共同的被诉人和被告的确定,可以更利于纠纷的解决。虽然在纠纷中,会出现共同被诉人或被告相互推诿的情况发生,但他们承担连带责任,裁决结果的执行,就能体现出权利实现的可能性更大。

操作技巧

劳动者和用人单位可根据以下情形,来确定共同被诉人或被告:

(1)劳动争议涉及用工单位的,劳务派遣单位和实际用工单位可作为共同的被诉人或被告;

(2)用人单位以承包经营的方式,将经营权或部分经营权承包给个人或其他单位的,用人单位和承包人可作为共同的被诉人或被告;

(3)挂靠其他单位或者借用其他单位营业执照进行经营的,用人单位和挂靠单位或被借用单位可作为共同的被诉人或被告;

(4)用人单位招用未解除劳动合同的劳动者,可作为共同的被诉人或被告。

5. 对因劳动者违纪,用人单位与其解除劳动合同引发纠纷的举证

劳动者在履行劳动合同过程中,应当严格遵守用人单位制定的规章制度和劳动纪律,这是劳动者应当履行的合同义务,只要用人单位制定的规章制度和劳动纪律在内容和程序上符合法律规定,并在劳动者入职时履行告知义务,劳动者违反规章制度和劳动纪律时,用人单位即可按劳动纪律规定与其解除劳动合同,因此发生的纠纷用人单位应承担举证责任。

操作技巧

用人单位应当提交如下证据:

(1)劳动合同书;

(2)《解除劳动合同决定书》;

(3)能够证明劳动者违反劳动纪律的相关证据;

(4)解除劳动合同所适用的法律依据、规章制度;

(5)《解除劳动合同决定书》已送达劳动者的证据等。

6. 对解除劳动合同关于支付经济补偿金而引发纠纷的举证

经济补偿金制度是国家为了充分保障劳动者权益而设立的,《劳动合同法》对经济补偿金的适用范围、条件作了明确规定。非劳动者原因解除劳动合同,用人单位应当支付经济补偿金,经济补偿金的支付对用人单位来说是一笔额外的经济支出,用人单位在解除劳动合同中,对此作了充分考虑。如因用人单位是否支付经济补偿金以及支付补偿金的数额、标准发生纠纷,劳动者只需提供劳动关系存在等少量证据即可启动行政程序和仲裁程序,主要举证责任由用人单位承担。

操作技巧

双方应当提交如下证据:

(1)劳动合同书;

(2)《解除劳动合同决定书》;

(3)劳动者解除劳动合同前12个月的工资收入证明;

(4)用人单位根据《违反和解除劳动合同的经济补偿办法》第6条、第8条、第9条与劳动者解除劳动合同的,应提供本单位上年度平均工资证明;

(5)劳动者工作年限的有关证明;

(6)针对劳动者的请求,用人单位以劳动者有违纪行为,解除劳动合同不应支付经济补偿金为由抗辩时,应提供劳动者违纪行为的相关证据。

7. 对因劳动者提前解除劳动合同而引发纠纷的举证

通常情况下,劳动者在履行了提前30天(试用期提前3天)书面通知用人单位的情况下即可提前解除劳动合同,但遇到双方有服务期限的特别约定时,则劳动者不能提前解除劳动合同关系,劳动者即使提前30天书面通知用人单位,其解除劳动合同的行为也不具有法律效力。对此发生纠纷,用人单位应当举证证明劳动者不能提前解除劳动合同。

操作技巧

用人单位应当提供如下证据:

(1)劳动合同书;

(2)用人单位对劳动者《提前解除劳动合同(辞职)申请书》的审批手续及是否批准的决定;

(3)用人单位如依据有关规定不同意劳动者提前解除劳动合同的,应提供职工具有不能提前解除劳动合同的相关证据及法律依据等。

8. 对因用人单位收取违约金、培训费,劳动者解除劳动合同引发纠纷的举证

根据《劳动合同法》的规定,用人单位禁止收取培训费用,并对用人单位约定违约金作出明确限制,如果用人单位出资对劳动者进行专门培训,而劳动者培训后即提出解除劳动合同,用人单位因此所遭受的培训费用等经济损失,可向劳动者追偿,用人单位对此承担举证责任。

操作技巧

用人单位应当提供如下证据:

(1)劳动合同书;

(2)职工提前解除劳动合同的相关证据,包括培训协议书、对劳动者进行培训所支付费用的各种收据、法律依据等。

9. 对因变更劳动合同而引发纠纷的举证

劳动合同订立后,用人单位与劳动者应当严格依据劳动合同的内容履行义务,当遇到客观情况发生变化时,双方应当对劳动合同内容协商变更,任何一方不得擅自改变劳动合同内容,这将直接影响对方劳动权利义务的履行,因此发生的纠纷多因用人单位变更工作岗位、劳动报酬、劳动条件等所致,变更劳动合同方应承担举证责任,证明其变更劳动合同内容的合法合理性。

操作技巧

用人单位应提交如下证据:

(1)劳动合同书及岗位协议书;

(2)劳动合同变更是否经过协商一致的相关证据;

(3)用人单位应当提供原劳动合同无法履行,必须变更的证据,包括企业转产、调整生产任务、当事人情况变化、不可抗力、其他正当理由等证据;

(4)用人单位以劳动者不能胜任工作为由变更工作岗位的,应提供劳动者不能胜任工作的相关证据等。

10. 因劳动者主张订立无固定期限劳动合同而引发纠纷的举证

无固定期限劳动合同的订立是用人单位与劳动者建立长期稳定的劳动合同关系的重要手段,用人单位在劳动者符合法定条件时应当与其订立,如因此发生纠纷,劳动者需举证证明劳动合同关系的存在及符合订立无固定期限劳动合同的条件,用人单位应对其不予订立该合同进行举证。

操作技巧

用人单位应提交如下证据:

(1)劳动合同书;

(2)劳动者提供的符合法定年龄和工作年限等条件的证据的相反证据;

(3)证明职工无权要求签订无固定期限劳动合同的法律依据和规章制度。

11. 因用人单位主张无效劳动合同而引发纠纷的举证

用人单位与劳动者签订的劳动合同符合法律规定才能产生相应的法律效应,而有效的劳动合同是劳动者享有各种劳动权益的依据,无效的劳动合同自始不发生劳动合同效力,劳动者的很多劳动权益也将无法得到保护。

操作技巧

用人单位应提交如下证据：

(1)劳动合同的订立违背平等、自愿、协商一致情况的相关证据；

(2)劳动者在签订劳动合同过程中有欺诈、胁迫或乘人之危等情形的相关证据。

12. 因社会保险费基数引发争议的举证

社会保险费是用人单位应当为劳动者交纳的法定费用，该费用的交纳以双方劳动合同关系存在为前提，用人单位不能按自己的意愿为劳动者选择交纳保险种类、缴费数额，这直接影响着劳动者享受的社会保险范围及程度，如何证明社会保险费的缴费基数是解决本纠纷的关键。

操作技巧

用人单位应提交如下证据：

(1)劳动合同书；

(2)劳动者的工资收入证据（通常是工资单和银行工资卡的工资记录）。

13. 因工资支付发生纠纷的举证

在工资支付纠纷中，对劳动者工资的计算方式、标准、支付依据，通常都掌握在用人单位手里，劳动者只持有工资单等少量工资发放证据，尤其是个别单位采用银行转账的方式支付工资，劳动者对工资支付的工资项目、标准、依据更无法判断，在解决纠纷中，分配举证责任对此起决定作用。

操作技巧

工资支付的举证责任作如下分配：

(1)用人单位就劳动者已领取工资的情况进行举证。

(2)用人单位延期支付工资,劳动者主张用人单位系无故拖欠工资的,用人单位应就延期支付工资的原因进行举证。

(3)劳动者主张工资标准高于劳动合同约定或已实际领取拖欠工资数额的,劳动者应就其主张的工资标准举证。

(4)劳动者主张用人单位减少了劳动报酬的,应就用人单位减少其劳动报酬的事实进行举证;在劳动者完成举证后,用人单位应就其减少劳动报酬的原因及依据进行举证。

(5)劳动者主张加班工资,用人单位应就劳动者实际工作时间的记录举证。

14. 劳动者主张超过 2 年的工资引发纠纷的举证

在用人单位拖欠劳动者工资的纠纷中,劳动者可以在劳动关系终止后向用人单位提出拖欠工资的主张,用人单位承担支付劳动者工资的主要举证责任,即用人单位应当提交工资发放表来抗辩劳动者的主张。但是用人单位的工资发放表根据规定保存 2 年即可,如用人单位 2 年后将工资发放表销毁,遇到劳动者主张两年前的工资,应重新分配举证责任。

操作技巧

用人单位必须书面记录支付劳动者工资的数额、时间、领取者的姓名以及签字,并保存 2 年以上备查。用人单位对超过 2 年的工资支付行为不承担举证责任。用人单位主张支付凭证已销毁的,劳动者就用人单位拖欠超过 2 年工资的事实负举证责任。

15. 企业劳动争议调解委员会进行劳动争议调解的依据有哪些

企业劳动争议调解委员会作为专门设立的调解用人单位与劳动者之间就履行劳动合同中所产生纠纷的组织,其职能是化解劳资纠纷,稳定劳动关系,促进企业单位用工秩序的良性发展。在企业争议调解委员会解决纠纷的过程中，应通过多种合法合理的方式进行，所参考的依据也不限于法律法规，对解决纠纷有帮助的各种规范都可以适用。

操作技巧

(1)企业劳动争议调解委员会在调解中适用的正式依据包括：

①《宪法》、《劳动法》、《劳动合同法》；

②劳动行政法规、劳动行政规章、政策；

③企业规章、劳动合同、集体合同。

(2)企业劳动争议调解委员会在调解中适用的参考依据包括：

①企业的公约、守则；

②当事人的约定；

③道德规范；

④企业习惯。

16. 劳动监察部门处理投诉的程序

劳动监察部门作为处理劳动纠纷的行政部门，对《劳动法》、《劳动合同法》的实际施行情况起着行政监督作用，作为监督部门，其监督执法力度的大小，直接关系着劳动者权利的实际保障程度。在劳动者遇到用人单位侵犯其劳动权利时，首先想到的就是向劳动监察部门投诉，并且在《劳动合同法》中，将用人单位侵犯劳动者权益而应支付的赔偿金，也纳入监督程序中，这使得劳动监察的作用越来越被用人单位和劳动者所重视。

劳动行政监察的内容

(1)用人单位制定内部劳动保障规章制度情况；

(2)用人单位与劳动者订立劳动合同情况；

(3)用人单位遵守禁止使用童工规定的情况;

(4)用人单位遵守未成年工和女职工特殊劳动保护规定的情况;

(5)用人单位遵守工作时间和休息、休假规定的情况;

(6)用人单位支付劳动者工资和执行最低工资标准的情况;

(7)用人单位参加各项社会保障和缴纳社会保险费的情况;

(8)职业介绍机构、职业技能培训机构和职业技能考核鉴定机构遵守国家有关职业介绍、职业技能培训和职业技能考核鉴定的规定情况;

(9)法律、法规规定的其他事项。

劳动行政监察的程序

(1)劳动监察部门应当在接到投诉或举报之日起5个工作日内决定是否立案;

(2)劳动监察部门立案调查完成后15个工作日作出行政处罚(行政处理或责令改正)或撤销立案决定;

(3)劳动监察部门应自立案之日起60个工作日内结案,情况复杂,经部门负责人批准,可延长30个工作日;

(4)劳动监察部门在处理决定做出之日起7日内,将决定书送达当事人。

No. 2

劳动关系的认定

1 用人单位不具合法经营资格仍应承担责任

【分析解答】

用人单位不具有合法经营资格指用人单位不具有营业执照，其不属于劳动合同法所规定的用人单位，因此无营业执照经营的单位与劳动者签订的劳动合同因主体不合法属于无效合同。劳动合同法根据公平原则，明确规定无营业执照经营的单位被依法处理的，如果劳动者已经付出劳动的，由被处理的单位或者其出资人向劳动者支付劳动报酬。因此，即使无营业执照经营的单位已经不存在，劳动者仍然可以向其出资人仍主张劳动报酬。出资人不能因单位被取缔，不存在为由，拒绝支付劳动者报酬。如果出资人拒绝支付的，劳动者可以出资人为被告提起诉讼。单位无营业执照，劳动者付出劳动的，劳动者的权力照样能够得到保护。

【案情】①

傅某于2008年受雇于某纸板厂（以下简称纸板厂）担任电工。该纸板厂未经工商登记，也未领取营业执照。2009年10月12日，傅某在纸板厂维修回浆泵时左眼眼球被扳手打伤。为此，傅某于2009年10月14日至12月6日期间，分别在县医院、市第一医院进行治疗，共花去医疗费4672.93元、交通费134元；后又于2009

① 本案选摘自：最高人民法院中国应用法学研究所《人民法院案例选》（总第44辑），人民法院出版社2004年版，第177页，有删减。

年12月26日至2010年1月19日期间,到省眼科医院治疗,花去医疗费8247.9元、交通费552元、住宿费35元。经当地法医鉴定中心鉴定,傅某的左眼伤残等级为:参照交通事故评定为八级伤残;参照工伤评定为七级伤残。傅某为此又花去鉴定费150元。

傅某遂向劳动争议仲裁委员会申请仲裁,要求纸板厂按工伤标准赔偿其损失。该仲裁委员会以纸板厂未经工商登记且双方未签订劳动合同,双方争议不属于劳动争议为由,裁定不予受理。

傅某不服此仲裁裁决,向法院提起诉讼,要求纸板厂支付医疗费12,920.83元、交通费686元、住宿费35元、鉴定费150元、继续治疗费7000元,以及伤残抚恤金91,770元。

纸板厂辩称:傅某无证据证明其左眼是因工受伤,即便能够证明确系因工受伤,但因纸板厂未经工商登记,没有用工权,双方也未签订劳动合同,故该争议不属于《劳动法》的调整范围;劳动争议仲裁委员会的裁决是正确的,请求法院驳回原告的诉讼请求。

法院审理认为,傅某在上班期间受伤,纸板厂未能提供证据证明傅某受伤是其自己故意所致,因此本案属于工伤事故损害赔偿纠纷,应适用无过错责任原则。同时,法院认定,傅某在县医院、市第一医院治疗期间所花医疗费、交通费,以及在某眼科医院进行后续康复治疗所花费的医疗费,属合理必要费用,由被告赔偿;但傅某本可在市第一医院治疗却自行到某眼科医院治疗,由此所花费的交通费、住宿费不属必要的花费,依法由原告自负。

据此,法院判决如下:一、被告纸板厂应于判决生效之日起一个月内赔偿原告傅某医疗费6865.83元、交通费134元、法医鉴定费150元、伤残抚恤金91,770元,共计人民币98,919.83元。二、驳回原告傅某要求被告纸板厂赔偿继续治疗费用人民币7000元及就治于省眼科医院所花费的交通费552元、住宿费35元的请求。

【案例分析】

本案争议的焦点是不具备合法经营资格的企业与劳动者之间能否形成劳动关系,以及劳动者在该类企业实际从事劳动的法律后果如何。现依据《劳动合同法》及相关法律、行政法规的规定予以分析。

第一,不具备合法经营资格的企业与劳动者之间签订的劳动合同无效。所谓不具备合法经营资格,主要是指单位没有依照相关法律的规定获得营业执照,不具备经营资格。根据国务院《无照经营查处取缔办法》第 4 条第 1 款的规定,无照经营行为主要包括以下几种:(1)应当取得而未依法取得许可证或者其他批准文件和营业执照,擅自从事经营活动的无照经营行为;(2)无须取得许可证或者其他批准文件即可取得营业执照而未依法取得营业执照,擅自从事经营活动的无照经营行为;(3)已经依法取得许可证或者其他批准文件,但未依法取得营业执照,擅自从事经营活动的无照经营行为;(4)已经办理注销登记或者被吊销营业执照,以及营业执照有效期届满后未按照规定重新办理登记手续,擅自继续从事经营活动的无照经营行为;(5)超出核准登记的经营范围、擅自从事应当取得许可证或者其他批准文件方可从事的经营活动的违法经营行为。

第二,《劳动合同法》已确立书面形式为订立劳动合同的强制要求,并在其第 10 条、第 82 条等条款中明确了用人单位拒不与劳动者订立书面劳动合同的法律责任,同时,《劳动合同法》第 28 条、第 93 条明确了因用人单位不具备合法经营资格致使劳动合同无效的法律后果,即劳动合同因用人单位不具备合法经营资格而无效时,已付出劳动的劳动者仍可获得相应的劳动报酬、经济补偿及赔偿金。至此,对于用人单位不具备合法经营资格而与劳动者订立劳动合同的案件,应当首先根据《劳动合同法》第26条及相关行政法规的规定,确认其无效;进而再根据合同法第28条、第93条的规定对已付出劳动的劳动者予以补偿。

【专家提示】

劳动者在签订劳动合同前,应当了解用人单位的相关情况,要求用人单位介绍单位、工作等情况,查看营业执照或者其他执业资格、批准文件等,慎重审查其主体资格,防范风险。

【关联法条链接】

《劳动合同法》第28条、第93条

2 哪些企业需签订劳动合同的问题

【分析解答】

用人单位的用人权利能力和用人行为能力,自其依法成立之时产生,自其依法撤销之时消灭。作为劳动合同法规定的用人单位主体的组织,最基本的特征有两个:一是合法成立;二是有一定的组织机构和财产。目前适用《劳动法》的用人单位包括:企业、个体经济组织、国家机关、事业组织、社会团体。其中,企业是指我国境内的所有企业,包括:法人企业和非法人企业,国有企业和非国有企业,内资企业和外资企业;个体经济组织是指经工商登记注册、并招用雇工的个体工商户;国家机关、事业组织和社会团体是指通过劳动合同或通过劳动合同与其他工作人员建立劳动关系的单位。

【案情】①

2006 年 2 月,令狐女士经人介绍到江北区五里店东方灯饰广场个体户张某店里做营业员,去了就上班,张某没说要签劳动合同,直到 2008 年 8 月离开该店。《劳动合同法》的规定:用人单位自用工之日起超过一个月不满 1 年未与劳动者订立书面劳动合同的,应当向劳动者每月支付两倍的工资。令狐女士知道这一规定后,和张某协商未果,把张某告到法院,要求支付从 2008 年 1 月(即《劳动合同法》施行时)到 8 月的双倍工资。庭审中,令狐女士

① 摘自重庆市一中法院,http://www.cqyzfy.gov.cn/,根据需要稍作改动。

称自己每个月工资能拿3000多元,而张某举证称只有1000多元,最后,法院判决张某再支付8000多元工资给令狐女士。

【案例分析】

本案涉及的是哪些用人单位需要订立劳动合同的问题。

一、我国企业性质

我国境内有各种类型的企业,企业按所有制划分,可分为全民所有制、集体所有制、私营企业和个体经济组织。自1992年市场经济的提出,我国进行了企业所有制改革,逐步建立了与社会主义市场经济相适应的企业制度,包括公司、合伙企业、股份合作企业、独资公司。根据国家统计局、国家工商总局《关于划分企业登记注册类型的规定》,实践中存在以下几种企业类型:内资企业、港澳台商投资企业和外商投资企业。

二、适用劳动合同法的企业范围

劳动法关于适用范围的规定很明确,不论企业的性质种类如何,只要与劳动者建立劳动关系的,都要订立书面劳动合同,受劳动法律规范的调整。劳动合同法延续了劳动法的规定,只要是我国的境内企业,雇佣劳动者为其劳动的就应订立书面劳动合同,建立劳动关系。除了个体户外,一些美容、美发、餐饮行业也没有与劳动者签订劳动合同。本案中,尽管用人单位规模很小,属于个体经济,但仍应与令狐女士订立书面劳动合同,公司与令狐女士之间的劳动关系属于劳动合同法调整的范围。

三、分支机构的特别规定

另外,劳动法、劳动合同法都没有关于企业法人的分支机构能否以自己的名义订立劳动合同的规定,实践中做法不一也引发了一些争议。对于取得营业执照或者等级证书的用人单位分支机构,有关法律对其性质已有定论,即不具有法人资格,民事责任由设立该分支机构的单位承担。根据法律,分支机构可在登记核准的范围内以自己名义从事民事活动. 具有相对独立的民事主体资格,具有民事诉讼主体地位。但在实践中,出于经济方便以及保护劳动者权益的考虑,劳动合同法实施条例第 4 条规定:“劳动合同法规定的用人单位设立的分支机构. 依法取得营业执照或者登记证书的,可以作为用人单位与劳动者订立劳动合同;未依法取得营业执照或者登记证书的,受用人单位委托,可以与劳动者订立劳动合同。”

【专家提示】

具备合法经营资格的企业、个体经济组织、民办非企业单位(含会计师事务所、律师事务所)、国家机关、事业单位、社会团体(含基金会)具有用人单位的主体资格,属于劳动法调整范畴,用工须与劳动者签订劳动合同。

【关联法条链接】

《劳动合同法》第 2 条

《劳动合同法实施条例》第 4 条

3 保险公司与业务员之间的关系属性

【分析解答】

业务员与保险公司之间不属于劳动关系,属于代理关系都是由《保险代理合同书》列明,根据《保险法》规定,保险代理人是根据保险人的委托,向保险人收取代理手续费,并在保险人授权的范围内代为办理保险业务的单位或者个人。现行法律只允许单位进行工商登记,个人代理人如进行保险业务必须挂靠在保险公司名下。

【案情】①

2007年8月6日,吕先生经平安保险人寿公司培训合格后被录用,成为试用保险代理业务员,与平安保险签订了《保险代理合同书(2003版)》。合同书中对吕先生的工作方式,以及报酬的获取都作了约定。2008年4月30日,平安保险对保险代理合同进行了修订,平安保险的工作人员给了吕先生一份《保险代理合同书(2008版)》。2008年5月,吕先生没有达到平安保险要求的最低成绩,2008年5月6日,平安保险与吕先生解除保险代理合同,同时取消了吕先生的保险业务号。吕先生向北京市东城区劳动仲裁委员会申请仲裁,要求撤销保险代理合同并支付共计18,000元补偿。劳动争议仲裁委员会认为吕先生的申诉不属于劳动争议仲裁受理范围,决定不予受理。

① 案例来源于中国法院网,根据案情需要做了适当改编。

吕先生认为，其与平安保险人寿公司之间存在劳动关系，《保险代理合同》约定“本合同的订立并不直接或间接地构成甲乙双方之间的劳动合同关系”是违法的，起诉至北京市东城区人民法院，要求确认其与平安保险双方有劳动关系，要求平安保险双倍支付工作11个月的工资21,000元，以及生活困难补助费、交通补助费、社会保险等费用6600元；平安保险辞退原告没有提前30天以书面形式告知，故原告要求平安保险额外支付一个月工资1000元；要求法院确认保险代理合同效力；平安保险单方面违约，要求平安保险支付违约赔偿金50,000元；要求平安保险支付原告车旅费、拜访客户电话费、宣传平安保险资料费、请客送礼费等1800元；支付原告为保留业务号被迫买保险的4045元，并承担同期银行利息；平安保险任意剥夺原告劳动权，歧视再就业，侵害原告的名誉权、人格尊严权，给原告造成极大的精神伤害，故要求平安保险支付原告精神伤害抚慰金100,000元；要求平安保险支付原告佣金提成176,000元；要求平安保险退还入司押金500元。

平安保险辩称：原告与平安保险订立的保险代理合同是原告的真实意思表示，双方之间不是劳动关系，而是保险代理关系。根据《保险代理合同书(2003版)》的约定，平安保险享有任意解除权，因此不同意原告的诉讼请求。平安保险没有侵害原告的名誉权、人格尊严权，不同意支付原告精神伤害抚慰金。

法院经审理后认为，原、被告之间不属于劳动关系；原告并未举证证明被告剥夺其劳动权，并侵害原告名誉权、人格尊严权，原告提出的诉讼请求不能成立，法院不予支持。原、被告基于保险代理合同产生的纠纷，可另行主张。判令驳回原告吕先生的全部诉讼请求。

【案例分析】

本案是由保险公司解除与保险业务员的代理合同而引发的纠纷。案中涉及的主要法律问题是:保险公司与业务员之间是劳动关系吗?

从吕先生与保险公司签订的《保险代理合同书(2003 版)》,以及法律规定来看,吕先生与保险公司之间不属于劳动关系。吕先生的诉讼请求得不到法律支持。具体理由如下:

一、吕先生与保险公司之间不符合劳动关系的实质

根据《保险法》规定,保险代理人是根据保险人的委托,向保险人收取代理手续费,并在保险人授权的范围内代为办理保险业务的单位或个人。保险代理人并不加入保险公司成为其员工,而是独立地完成工作,报酬来源是委托人缴纳的代理费,根据自己业务的多少来决定报酬的多少,没业务则没有报酬。

但劳动关系就不同,劳动关系具有人身隶属性,劳动者必须成为用人单位的员工,根据用人单位安排开展工作,从单位获得报酬,而不管单位的经营成果如何,都享受报酬和社保等待遇。两者存在较明显的差别。

二、吕先生与保险公司属于代理关系

吕先生与保险公司签订的《保险代理合同书》是依据《保险法》、《保险代理人管理规定》等法规而签订的,合同从名称到内容均没有体现劳动关系,而是关于双方履行代理的权利义务,以及经济利益和经济责任的约定,这与《劳动合同》中就劳动的权利义务和内容的约定,是完全不同的。

吕先生与保险公司之间的关系以及权利义务,都是由《保险代理合同书》列明,根据《保险法》规定,保险代理人是根据保险人的委托,向保险人收取代理手续费,并在保险人授权的范围内代为办理保险业务的单位或者个人。现行法律只允许单位进行工商登记,个人代理人如进行保险业务必须挂靠在保险公司名下。吕先生就属于这种情况,他是在保险公司的授权范围内独立开展保险业务,与保险公司属于代理关系。

三、吕先生的诉讼请求无法得到支持

吕先生向保险公司提出的诉讼请求分为两部分。一部分是劳动请求,比如经济补偿金、代通知费、社保费等;另一部分是民事请求,比如违约赔偿金、精神抚慰金、车费、电话费、送礼费等。劳动请求的支持前提是双方具有劳动法律关系,并且有用人单位侵犯劳动者权利的事实和证据。民事请求则不能通过劳动争议途径解决,应通过民事程序另行主张。吕先生与保险公司之间不属于劳动关系,从而基于劳动关系的主张都无法获得支持,其他主张也无法在劳动争议中予以解决。

【专家提示】

保险公司和下属之间并非都属于代理关系,如果是保险公司聘用从事公司内部事务的人员,比如会计、文员等管理人员,双方通过劳动合同确定权利义务,符合劳动关系实质的,也应认定为劳动关系。

【关联法条链接】

《保险法》第 117 条、第 126 条

4 承包者不是用工主体,劳动者维权方式

【分析解答】

认定用工主体是确认劳动关系的关键。《劳动法》规定企业、国家机关、事业单位、社会团体都是合法的用工主体;《工伤保险条例》规定个体工商户也是合法用工主体;《劳动合同法》明确地将民办非企业单位等组织也列为用工主体;《劳动合同法实施条例》将会计师、律师事务所等合伙组织、基金会也增设为用工主体。所以劳动者应向用工主体索赔。

【案情】①

2007年4月,区某到江苏省某公司工作,双方没有签订劳动合同,区某被安排到四号锅炉做烧炉工。公司将所有的锅炉及相应的锅炉工交由各炉长负责管理,每月与炉长统一结算,炉长按照每位锅炉工的工作量发放工资。4月6日晚12时,四号锅炉发生爆炸,区某被烧伤,后送到市人民医院救治,此后又转到解放军某医院治疗。区某出院后即向劳动仲裁机关提起劳动关系仲裁,宿迁市仲裁委员会裁决确认了双方系事实劳动关系。

某公司不服,诉至法院。法院一审裁定亦确认双方系事实劳动关系。某公司向宿迁中院提起上诉。

某公司上诉称,公司的炼钢炉是由各炉长承包的,炉上人员由

① 案例来源于中国法院网,根据案情需要做了适当改编。

炉长任用和管理,被上诉人的工资全部由炉长发放,其从不过问。被上诉人与炉长间存在雇佣关系,与公司不存在劳动关系。被上诉人在工作期间遭受的伤害,应由炉长承担责任。一审法院作出的劳动关系认定属于事实错误,适用法律不当。请求二审予以改判。二审法院认为,被上诉人区某在上诉人公司工作,虽然接受炉长的管理,并由炉长发放劳动报酬,但因炉长不具备用工主体资格,根据相关规定,应由具备用工主体资格的上诉人承担用工主体责任。某公司作为用工单位虽未与区某签订劳动合同,仍应认定二者间形成事实劳动关系。故上诉人的上诉理由不成立,二审判决驳回上诉,维持原判。

【案例分析】

本案是因劳动者在用人单位承包人处发生事故引发的劳动争议。案中主要涉及的法律问题是:承包人能否成为劳动关系的用人单位?

炼钢炉的承包人不具有《劳动法》上的"用人单位"资格,无权建立劳动关系,某公司应当作为"用人单位"承担劳动报酬责任,具体理由如下:

一、炉长与公司之间是锅炉房的承包关系

承包主要是企业通过协议将部分经营权在一定时期内,由承包者进行经营管理,并承担风险和获取收益的行为。本案中,公司将所有锅炉以及炉工交给炉长管理,每月与炉长进行结算,炉工工资等都由炉长自由决定,炉长跟公司就属于承包经营关系。

二、炉长与区某之间不属于雇佣法律关系

雇佣法律关系是指雇佣人与雇工约定,雇工利用雇佣人提供的条件,在雇佣人的指示、监督下,以自身的技能为雇佣人提供劳务,并由雇佣人支付报酬的劳动法律关系。从形式上看,区某由炉长安排具体的工作内容,工资也是由炉长根据工作量来决定发放,区某符合雇佣法律关系的行为特征。但雇佣通常所处理的是短期、临时以一定的劳务量为内容的行为,而区某是要长期在锅炉房工作,不是临时以一定工作量为内容的,实质上与炉长不属于雇佣法律关系。

三、炉长与区某之间不属于劳动关系

《劳动法》规定企业、国家机关、事业单位、社会团体都是合法的用工主体;《工伤保险条例》规定个体工商户也是合法用工主体;《劳动合同法》明确地将民办非企业单位等组织也列为用工主体;《劳动合同法实施条例》将会计师、律师事务所等合伙组织、基金会也增设为用工主体。随着法律法规的不断完善,用工主体的范围逐渐扩大,这是和国家多种经济体制并存相适应的。但是法律法规对公民个人承包却明确规定其不能成为合法的用工主体,也就是说,炉长与区某双方不能成为劳动法律关系的主体,即炉长由于不具有用工资格,与区某无法形成劳动法律关系。

四、公司与区某之间属于劳动关系

首先,公司属于合法的用工主体,能够与劳动者建立劳动关系。其次,区某打算从事的是长期的以具体工作为内容的劳动行为,符合劳动者的特征。最后,公司将锅炉承包给炉长,双方之间属于承包经营权,其中的用工权,只能是公司所有,承包人是无法获得的,而区某提供的劳动,属于公司的劳动岗位和劳动内容。虽然区某与公司没有签订劳动合同,但最终可认定他们双方之间是事实劳动关系。

认定区某与公司之间属于劳动关系,区某就可以据此享受工伤保险待遇,依法要求公司支付相应治疗费用。认定用工主体是本案确认劳动关系的关键。

【专家提示】

拥有合法用工主体资格，是双方建立劳动关系的前提；公民个人虽然不具有用工主体资格，但是公民个人符合雇佣法律关系的主体，可以雇佣他人进行一些短期的劳务工作，这属于另一法律关系，适用的是《合同法》的规定。

【关联法条链接】

《劳动合同法》第 2 条
《劳动法》第 2 条、第 3 条
《工伤保险条例》第 2 条

5 出租车司机与公司关系属性

【分析解答】

在区分出租车运营司机与公司之间是承包关系,还是劳动关系时,应当以劳动关系的实质要件来确定。按照《劳动部办公厅关于履行企业内部承包责任合同的争议是否受理的复函》规定,如果承包合同中包含有工资福利等应在劳动合同中规定的劳动权利义务方面的内容,则该合同带有劳动合同的某些属性。职工与企业因执行承包合同中有关劳动权利义务方面的规定发生的争议,属于劳动争议。但是如果仅为承包经营合同关系,不具有劳动关系的特征,则不构成劳动关系。

【案情】①

在2003年4月,的哥胡某与四川省成都市某出租汽车公司签订《出租汽车承包经营合同》,约定向公司一次性缴纳承包金12.9万元,风险保证金5000元,将出租汽车公司一捷达出租车承包经营5年,在承包期前四年每月缴纳承包费5100元,最后一年为3300元,社会保险、医疗保险由胡某自己承担办理,合同期满后,营运车辆的所有权归胡某,顶灯与计价器等设施由公司收回等。此外,合同还对双方的权利义务与违约责任等进行了约定。

2006年3月29日,的哥胡某在驾驶出租车营运中于成都城郊被歹徒劫杀身亡。之后,其爱人为获得工伤赔偿,要求确认胡某与

① 案例来源于中国法院网,根据案情需要做了适当改编。

出租车公司存在劳动关系，且被四川省成都市某区劳动仲裁委裁决支持。但出租汽车公司对此不服并依法提起诉讼，请求法院确认其与胡某之间不具有劳动关系。而胡某遇害后，胡某的妻子继续承包经营该出租车，并享有和履行承包经营合同中约定的权利与义务。

该案中，胡某的妻子与出租汽车公司对双方存在出租车承包经营合同关系的事实均无异议，争议的焦点是双方除存有承包关系外是否还具有劳动关系。

一审法院经审理，通过对双方建立关系时的约定与履行实际进行综合分析，法院一审认定双方之间仅为承包经营合同关系，不具有劳动关系的特征，故对出租汽车公司的诉请予以支持。宣判后，胡某的妻子对此不服提出上诉至成都市中级人民法院，成都市中级人民法院最终还是依法驳回了胡某妻子的诉讼请求。

【案例分析】

本案是由承包出租车过程中，发生事故是否属于工伤而引发的劳动争议。案中涉及的主要法律问题是：出租车承包人与出租车公司之间是否属于劳动关系？

胡某承包出租车公司的出租车，不符合劳动关系中劳动者与用人单位的内部承包，双方属于承包经营合同。具体分析如下：

一、有些单位内部承包属于劳动关系

承包是指企业与承包者间订立承包经营合同，将企业的"经营管理权"全部或部分在一定期限内交给承包者，由承包者对企业进行经营管理，并承担经营风险及获取企业收益的行为。承包是一种平等主体之间的经营活动，承包最主要的特点是承包人在规定的范围内独立经营、自负盈亏。

但在现实中往往出现:企业将单位的经营权交给单位内部员工,由员工进行经营。这类情况按照《劳动部办公厅关于履行企业内部承包责任合同的争议是否受理的复函》规定,如果承包合同中包含有工资福利等应在劳动合同中规定的劳动权利义务方面的内容,则该合同带有劳动合同的某些属性。职工与企业因执行承包合同中有关劳动权利义务方面的规定发生的争议,属于劳动争议。

二、胡某与出租车公司的关系由承包合同直接建立

单位内部的承包,在用人单位与承包人之间首先是劳动关系,承包关系建立在劳动关系存续期间。而胡某与出租车公司之间直接由《出租汽车承包经营合同》建立关系,这与单位内部承包的先劳动后承包有着明显的区别。并且在双方的承包合同中也对承包金额、承包期限,以及经营风险和汽车归属都作了约定,合同的形式不具有劳动关系的性质特点。

三、胡某与出租车公司承包内容与劳动关系也有区别

在劳动关系中,用人单位必须为劳动者缴纳社会保险,胡某与公司签订合同时,明确约定社会、医疗等保险由自己承担办理,其真实意思表示不是内部承包关系或劳动关系。虽然双方在合同中还约定胡某接受出租车公司学习管理,但这属于对行业规范的遵守,而非对出租车公司内部管理制度的遵守,故该约定的内容也不具有劳动合同的特征。

四、胡某与出租车公司不具有身份权关系

劳动者隶属于用人单位,双方之间存在身份权关系,劳动者的身份权,具有不可继承的特性,胡某死亡后,其妻子依法承继了承包合同中的权利与义务,继续承包经营出租车,说明该承包合同未包含劳动关系的属性。

五、胡某承包出租车的行为属于典型的自负盈亏

在劳动关系中,劳动者通过劳动或者服务所获取的劳动报酬具有相对固定性，但胡某承包出租车进行经营，其收入扣除上缴出租车公司的规费和营运成本，有收益或亏损的可能，具有风险性，这与劳动报酬有本质上的区别。

【专家提示】

出租车是个特殊行业，我国禁止个人经营出租车业务，出租车业务必须由单位经营，大量的出租车运营是通过承包或者挂靠的形式进行的。在区分出租车运营司机与公司之间是承包关系，还是劳动关系时，应当以劳动关系的实质要件来确定。

6 职业运动员与俱乐部之间的聘用合同是否为劳动合同的问题

【分析解答】

俱乐部具备用人单位资格,聘用职业运动员,以提供特殊的劳动——体育竞技获取工资为劳动内容,双方之间的聘用合同属于劳动合同,建立的是一种劳动关系,应属于《劳动合同法》调整范畴。当然,职业运动毕竟属于特殊行业,对于《劳动合同法》的规定不能生搬硬套。俱乐部欠薪时,运动员可以通过劳动仲裁解决纠纷。但是,劳动合同的签订就不能硬套《劳动合同法》的规定。比如,按照劳动法规定,工作10年以上或连续签过两次劳动合同的劳动者就可以提出与用人单位签订无固定期限劳动合同,这一规定没有兼顾特殊行业的特点,因为运动员总是受服役年龄限制。同样,劳动者只需要提前30天书面通知即可与企业解除劳动合同的规定,也明显不适用于运动员转会或者解除劳动合同。职业运动行业和演员行业、航空业一样都有其行业特殊性,它们劳动纠纷应既当适用劳动法,但也还是要适当顾及行业规则。

【案情】①

2002年10月12日,某篮球俱乐部有限公司(以下简称某篮球俱乐部)与马某签订了《中国篮球协会俱乐部篮球队运动员服

① 本案例摘自上海市第一中级人民法院,http://www.a-court.gov.cn,根据需要稍作改动。

役合同书》(以下简称服役合同),约定马某为某篮球俱乐部服役两年,马某应得工资为1年60万元人民币(税后)。该服役合同签订后,马某通过了体能测试,并经由某篮球俱乐部向中国篮球协会注册,参与了2002年12月至2003年3月间的2002—2003年度中国男篮甲A联赛的比赛和训练,共上19场,344分钟,得68分。其间因受伤病困扰,马某未能在场上出色发挥。因此,2003年2月28日,某篮球俱乐部向马某发出通知,欲解除与其之间的服役合同。

之后,马某致函中国篮球协会,寻求解决办法,但未得到书面答复。2003年4月29日,马某向当地劳动争议仲裁委员会申请仲裁。同年5月6日,该仲裁委员会以马某的请求事项不属于劳动争议受理范围为由,决定不予受理。马某对仲裁决定不服,遂向人民法院提起诉讼。

法院经审理认为,根据某篮球俱乐部与马某签订的服役合同的内容,马某与某篮球俱乐部之间具有身份上的隶属关系,故认定双方构成劳动关系,双方争议属于劳动争议,应当受到《劳动法》的调整。

【案例分析】

本案争议的焦点是运动员与其所效力的俱乐部之间签订的聘用合同是否属于劳动合同,应否由《劳动法》调整。

聘用合同,是指用人单位以雇佣职工为目的、从社会上招收新职工时与被录用者依法签订的、缔结劳动关系并确立权利义务的劳动合同,通常用人单位通过签订聘用合同来招聘具有某些特殊专长的专业技术人员或者管理人员。由此可见,聘用合同只是劳动合同的一种特殊形态,有关劳动合同的法律法规对于聘用合同同样适用。

就本案而言,判断马某与某篮球俱乐部之间的聘用合同是否属于劳动合同,应审查所谓的“聘用合同”是否具备劳动合同的要素。劳动和社会保障部《关于确立劳动关系有关事项的通知》(劳社部发〔2005〕12号),对于判断劳动者与用人单位之间是否存在劳动关系,确立了三个标准:①劳动者和用人单位均具备法定的主体资格。就劳动者资格来说,首先,劳动者必须达到法定就业年龄16周岁;其次,如果是服务于特定行业的劳动者,还应当具有该特定行业的从业资格,比如会计师资格、律师资格、医师资格等。就用人单位的资格来说,《劳动合同法》第2条对此作了明确规定:“中华人民共和国境内的企业、个体经济组织、民办非企业单位等组织与劳动者建立劳动关系,订立、履行、变更、解除或者终止劳动合同,适用本法。”国家机关、事业单位、社会团体和与其建立劳动关系的劳动者,订立、履行、变更、解除或者终止劳动合同,依照本法执行。《劳动合同法实施条例》第3条规定:“依法成立的会计师事务所、律师事务所等合伙组织和基金会,属于劳动合同法规定的用人单位。”此外,行政法规还要求相关用人单位必须具备合法经营资格,如企业、个体经济组织等必须依法持有营业执照。由此,在我国,仅有具备合法经营资格的企业、个体经济组织、民办非企业单位(含会计师事务所、律师事务所)、国家机关、事业单位、社会团体(含基金会)具有用人单位的主体资格。②用人单位依法制定的各项劳动规章制度适用于劳动者,劳动者受用人单位的劳动管理,从事用人单位安排的有报酬的劳动。③劳动者提供的劳动是用人单位业务的组成部分。

本案中某篮球俱乐部是一家经注册而合法成立的企业,具备用人单位资格,另一方当事人马某则是受聘于其,以提供特殊的劳动——体育竞技获取工资的劳动者,双方之间的聘用合同属于劳动合同，双方建立的是一种劳动关系。

【专家提示】

本案具有重要的启示意义，随着我国体育事业的产业化发展，职业运动员与其所效力的俱乐部之间所形成的法律关系应属劳动关系，他们之间就效力期间权利义务达成的合同应属《劳动合同法》的调整范围。这也是目前国际上的通行做法。在欧洲、美国，职业运动员与俱乐部间是典型的劳资关系，双方合同与其他普通劳动者的雇佣合同并无本质差异。职业俱乐部、体育行业的主管部门也都必须遵守劳工法律。

【关联法条链接】

《劳动合同法》第 2 条

《劳动法》第 2 条

劳动和社会保障部《关于确立劳动关系有关事项的通知》第 1 条

7 参与公司筹办,是否能够计算进劳动期间的问题

【分析解答】

参与为公司的设立进行工作,在公司成立后,在公司里担任职务直到解除劳动合同,劳动期限应从进入公司筹备时进行计算,经济补偿金的计算应当包括该期限在内。虽然法律没有明确规定,但不能因此排除劳动者的权利。

【案情】①

2005年5月,北京市鑫瑞公司进入筹备阶段,王某某进入公司准备开张、营业事宜。同年7月,鑫瑞公司领取营业执照,王某某被任命为公司客服部经理,每月工资1500元。2007年7月,鑫瑞公司将王某某辞退,王某某自此未再到鑫瑞公司工作。2007年8月,王某某到北京市门头沟区仲裁委申请劳动仲裁,要求鑫瑞公司支付解除劳动关系经济补偿金4500元。仲裁委支持了王某某的请求。鑫瑞公司不服,认为王某某的工作年限应从2005年7月开始计算,故起诉至门头沟区法院。

门头沟区法院经审理认为,王某某自2005年5月在鑫瑞公司筹备建立期间即开始在鑫瑞公司工作,一直到鑫瑞公司领取营业执照之后,仍在该单位任职,故应视为双方自2005年5月起建立劳动关系。根据《最高人民法院关于审理劳动争议案件适用法律

① 案例来源于中国法院网,根据案情需要做了适当改编。

若干问题的解释》第 13 条之规定，因用人单位作出的开除、除名、辞退、解除劳动合同、减少劳动报酬、计算劳动者工作年限等决定而发生的劳动争议，由用人单位负举证责任。

本案中，鑫瑞公司所提其辞退王某某系因王某某长期违反劳动纪律、长期存在违法违纪行为的主张，证据不足，法院不予采信。但因王某某同意与鑫瑞公司于 2007 年 7 月解除劳动关系，故王某某与鑫瑞公司之间的劳动关系于双方协商一致自 2007 年 7 月解除。根据《违反和解除劳动合同的经济补偿办法》第 5 条“经劳动合同当事人协商一致，由用人单位解除劳动合同的，用人单位应根据劳动者在本单位工作年限，每满一年发给相当于一个月工资的经济补偿金，最多不超过十二个月。工作时间不满一年的按一年的标准发给经济补偿金”的规定，鑫瑞公司应根据王某某在本单位的工作时间给付王某某相当于三个月工资的解除劳动关系经济补偿金 4500 元。

故此，王某某要求鑫瑞公司给付解除劳动关系经济补偿金 4500 元的诉讼请求，证据充分，符合法律规定，法院予以支持。

【案例分析】

本案是由劳动者参与用人单位筹建，而在解除劳动合同时，对劳动期限认定产生歧义而引发的劳动争议。案中涉及的主要法律问题是：劳动者参与用人单位筹建，是否属于劳动期间？

王某某在鑫瑞公司筹建时，就开始为公司的设立进行工作，在公司成立后，在公司里担任职务直到解除劳动合同，劳动期限应从进入公司筹备时进行计算，经济补偿金的计算应当包括该期限在内。具体理由如下：

一、公司在筹建时与受聘人员之间不属于劳动合同关系

《劳动合同法》规定,劳动关系的主体一方是劳动者,另一方是用人单位。而对用人单位则要求应是具有法人资质的单位,或是具有营业执照的个体经济组织以及民办非企业单位,用人单位只有在具有合法资质的前提下才具有用工权,才能依法建立劳动关系。

鑫瑞公司筹备期间聘用了王某某参与筹建工作,由于筹建期间的鑫瑞公司其法律资格属于待定状态,王某某与鑫瑞公司之间的劳动关系也是待定的。王某某付出劳动后,与聘用方之间实际形成的是劳务关系,受《民法通则》、《合同法》调整。

二、王某某与鑫瑞公司的劳动关系应追溯至参加筹建时

鑫瑞公司营业执照办理完毕后,就拥有了合法的经济法主体资格,符合了《劳动法》中关于用人单位的规定,拥有了合法的用工权,在鑫瑞公司成立后,被鑫瑞公司聘用而与之建立劳动关系,这点没有疑问。王某某是在鑫瑞公司筹建时就在为鑫瑞公司进行劳动,不能将王某某的劳动割裂开区分成立前与成立后。这样就割裂了王某某提供劳动的连续性。在民事代理制度中,代理人没有代理权进行的行为,在权利人未作出追认之前,属于效力待定状态。在房地产预售纠纷中,房地产企业在诉讼过程中取得相关证件的,认定房屋买卖有效,追溯至房屋买卖合同签订时。参照以上法律规定与原理,对成立公司之前就受聘并为公司进行工作,在公司成立后,应当将公司与其建立的劳动关系追溯至劳动者开始为筹建公司劳动时。

三、计算给王某某经济补偿金时,应当将筹备期工作时间计算在内

在鑫瑞公司以王某某长期违反劳动纪律、长期存在违法违纪行为为由而与之解除劳动合同,由于鑫瑞公司举证不力不被确认的情况下，鑫瑞公司与王某某解除劳动合同就属于违反法律规定的行为，应当依法恢复与王某某的劳动关系。因王某某也同意解除劳动合同，鑫瑞公司应当根据王某某的工作时间来计算支付经济补偿金。将王某某在筹备期工作时间计算在内，既符合《劳动法》保护劳动者合法权利的立法目的，也符合法律精神。

【专家提示】

就本案例所涉及的问题，现在并没有专门的法律条款进行规定和调整，在理论界还存在不同的观点。但我们不能因为没条文规定，就视为劳动者不享有相关权利，应从立法动机和法律原理上考虑，努力为劳动者争取更多的合法权利。

【关联法条链接】

《劳动合同法》第 2 条、第 3 条

8 借用身份证的劳动关系认定

【分析解答】

用人单位与劳动者签订劳动合同之前,要确认劳动者的身份,明确劳动合同的主体。而身份证是证明我国公民身份的基本证件,身份证上有当事人的身份登记信息以及照片,用人单位根据身份证就可以确定知道劳动者的大致户籍等登记情况。《劳动合同法》中将建立劳动合同时,出具劳动者的身份证或身份证号作为了必要条款,由于身份证上关于劳动者的形貌、户籍、出生等信息记载得简单明了,易于识别,比户口簿、身份证明等有更高的权威性和可识别性,成为确认劳动者身份的最有效证件。但是最重要的是看劳动者是否与单位存在事实上的劳动关系。

【案情】①

罗某是四川省某县来上海的务工人员。2005 年 10 月 11 日,其以朋友曾小朋(化名)名义与公司签订了劳动合同,约定合同有效期限至 2007 年 12 月 25 日。合同期间,罗某因工受伤,两次住院治疗。为此,罗某申请仲裁,要求确认与公司存在劳动关系外,还要求公司补缴社会保险费。该公司不服仲裁裁决,诉至法院。公司诉称,以曾小朋名义签订劳动合同,但实际工作的是罗某。由于过错在罗某,故不同意为其缴纳外来从业人员综合保险费。现要求确认 2005 年 10 月 11 日至 2007 年 12 月 25 日期间,与罗某不

① 案例来源于中国法院网,根据案情需要做了适当改编。

存在劳动关系并不为其补缴上海市外来从业人员综合保险费。

罗某辩称，当时考虑到自己尚未满 18 周岁，故以曾小朋名义与公司先后签订了劳动合同二份，根据劳动合同约定，劳动期间自 2005 年 10 月 11 日至 2007 年 12 月 25 日，期间罗某一直在该公司工作。诉讼中，罗某申请曾小朋作为证人到庭作证。曾小朋说其从未到该公司工作过。2005 年至 2006 年期间，罗某因进厂工作向其借用身份证。自己在其他公司工作至今。

法院审理后认为，根据曾小朋的陈述，其与该公司从未存在任何形式的劳动关系，也未与该公司签订任何劳动合同。曾小朋说曾于 2005 年将身份证出借给罗某找工作。另根据罗某与该公司提供的该公司与曾小朋的劳动合同各一份，并结合公司的银行卡清单及银行出具的查询单载明 2005 年 11 月至 2006 年 12 月向罗某银行卡发放工资单位为该公司的证据，能够认定该公司和罗某自 2005 年 10 月 11 日至 2007 年 12 月 25 日期间存在劳动关系。因此，该公司应按照有关法律规定为罗某缴纳相关的社会保险费。该公司否认双方存在劳动关系并不同意支付社会保险费之诉请，于法无据，不予支持。

【案例分析】

本案是由劳动者借用身份证而引发的劳动争议。案中涉及的主要法律问题是：借用身份证的劳动关系如何认定？

虽然罗某借用了曾小朋的身份证签订劳动合同，但罗某才是真正的劳动者，在确认罗某的身份后，应当认定其与单位之间的劳动关系。具体理由如下：

一、借用他人身份证签订劳动合同不符合法律规定

身份证是公民证明本人身份的凭证，使用权人具有专属性，即身份证只能是本人使用。借用他人的身份证,使得借用人和身份证上登记的人实际上是两个人,而两个人的身份是不同的。劳动合同是建立在用人单位和劳动者之间的法律关系,权利义务都是约束双方主体的。借用身份证会出现三方,即用人单位、身份证借用人、身份证出借人。而实际上劳动合同只能由双方主体参与,而排除了第三方,因为劳动者有本人参加劳动的义务,这个义务具有主体的专有性,不得让别人代替或者代理。

当发生了劳动争议后,就会出现劳动者无法确定的尴尬场面。劳动法律关系是根据劳动合同来确定的,而劳动合同上记载的劳动者,是身份证出借人,其并没有实际地享有合同权利,也没有履行合同义务,没有参与劳动。身份证借用人呢,因为其不是劳动合同的当事人,无法确定其与用人单位之间的劳动权利和劳动义务,在发生争议时很难举证证明自己的相关主张,会陷入维权困难的境地。

二、确定劳动者真实身份是借用身份证引发纠纷的关键

本案中的劳动者罗某就是因未成年而借用朋友的身份证,在出现工伤后,导致了维权障碍。罗某是实际上的与用人单位建立劳动关系的当事人,而借用了曾小朋的身份证进行了劳动合同的签订,其借用曾小朋的身份证不是希望曾小朋与公司建立劳动关系,是让自己与公司建立劳动关系,并且自己也是该劳动合同的实际当事人,罗某本人亲自参与公司劳动,按照与公司签订的劳动合同,履行自己的义务,并且也从公司获得了约定的劳动报酬。虽然说借用身份证不符合法律规定,但在罗某受伤后,罗某的劳动权利是不能因借用身份证被剥夺的。借用身份证的责任和罗某的劳动权利是两种性质的法律概念,不能混同,用人单位认为与罗某之间不存在劳动关系是不对的,即使罗某借用曾小朋的身份证与公司签订了劳动合同,而自己并没有签订劳动合同,而实际上罗某按照公司的安排持续地进行了劳动，公司也支付了罗某工资，也可认定罗某与公司之间形成了事实劳动关系。公司也应对罗某的劳动权利进行保障。

【专家提示】

身份证是证明公民本人身份的特殊证件，其使用范围很广，在求学、就业、婚姻、财产权利等多方面起着举足轻重的作用。劳动者一定要保存好自己的身份证件，不要随便借用给他人，也不要随便向他人借用身份证件，以免发生纠纷后，在维权上造成不必要的麻烦和困难。

9 劳动者使用曾用名能否被认可的问题

【分析解答】

一、曾用名的使用有一定的局限

根据《民法通则》规定,公民享有姓名权,有权决定、使用和依照规定改变自己的姓名,禁止他人干涉、盗用、假冒。而姓名是公民通过对姓和名的组合,对自己身份区别于他人的一个代号。

《姓名登记条例(初稿)》规定公民只能登记一个姓名,姓名登记应当使用规范的汉字和少数民族文字。法律确认公民的姓名权,也就对公民姓名的使用作出一定的约束。公民进行身份户口登记的姓名,就是法律保护的姓名。公民在进行社会活动或法律行为时,使用登记的姓名,便于社会公众辨认公民身份。

曾用名,顾名思义就是公民曾经用过的姓名。既然是曾经用过,说明其现在已经有了合格的登记姓名,而不再使用过去的姓名。曾用名的使用使得对公民的辨别和管理更加的困难,给社会秩序以及经济秩序都会带来负面影响。所以公民在有登记姓名时,不应使用曾用名。

二、曾用名经证据证明后,通常才有登记姓名的作用

公民在使用登记姓名时,只要出示相关证件或者对方进行身份核实,通常很容易分辨其身份。使用曾用名,轻者会导致对方不明白该姓名的主体是谁,重者会引发不必要的争议,增加当事人的行为成本。

如果公民身份、户口上没登记公民的曾用名,为了证明曾用名与登记姓名者同属一人,会增加很大的证明难度。通常通过村委会、基层派出所等与曾用名最接近的单位和个人了解入手，通过收集证据，相互印证，达到证明曾用名使用者身份的结果。

【案情】①

现年四十余岁的李先生出生时斤两小，又是兔年，父母取名为“李小兔”。30年后做电工的李先生觉得名字不顺耳，便在37岁那年在当地公安机关更名为李鸣祥（本文系化名），同时自己的身份证也作了合法更换。因“李小兔”名字写了30多年较习惯，而且李先生的电工活在当地说起“小兔”较有名气，因此，他在平时做生意签字时也就经常使用该名。

2006年2月，李先生带了几个老乡在上海某建筑公司做电工，在约定中李先生以李鸣祥为名与建筑公司签了合同。在每一工程段结束后，建筑公司先后支付了部分劳动费。2007年5月，在全部完工验收的当月，李先生在建筑公司的结账单上签了曾用名“李小兔”。次月，建筑公司向李先生出具一份结账单，载明“李鸣祥”电工在建筑公司工地的总人工工资费16.3万余元，已付12万元，结余欠款4.3万余元。但李先生准备拿钱时，建筑公司却以李先生用他人姓名代签为由拒付欠款。

为此，李先生诉至法院，要求建筑公司支付电工工资款4.3万余元。建筑公司认为，结账单上“李小兔”与原告李鸣祥的名字不一致，对原告主体资格存在异议，且被告建筑公司也无法确认原告是否在被告的工地上做电工，原告和被告没有任何关系，故不同意原告的诉讼请求。

法院认为，根据调查和原告原籍当地公安派出所的证明，法院

① 案例来源于 www.laodongfawu.com，根据需要做了适当改编。

认定结账单记载的“李小兔”与原告李鸣祥系同一人,原告主体资格合法。被告在原告工作期间已先后两次支付了原告部分工资款,且签名与上述同样,被告并无异议,并出具了结账单为事实,因此,被告尚结余的欠款应当偿付原告,松江区法院判决被告某建筑公司偿付原告李先生工资款4.3万余元。

【案例分析】

本案是由劳动者在劳动过程中使用曾用名,用人单位对劳动者身份不予认可引发的争议。案中涉及的主要法律问题是:劳动者使用曾用名的效力如何?

李先生虽然在劳动过程中使用过曾用名,但经过证明,已能够确认“李小兔”与“李鸣祥”系同一人,建筑公司应当支付李先生工资余款。针对本案作以下分析:

“李小兔”、“李鸣祥”经证明实为一人,建筑公司应支付拖欠工资款。通过调查和李鸣祥原籍当地公安派出所的证明,法院认定结账单记载的“李小兔”与李鸣祥系同一人,即签字的“李小兔”就是为该建筑公司提供劳动的“李鸣祥”,原告主体资格合法,李鸣祥拥有劳动报酬的求偿权,建筑公司应当为李鸣祥支付剩余款项。

【专家提示】

姓名权的保护,通常是保护公民登记的姓名,在自己拥有多个姓名的时候,进行日常社会活动,都要按照登记的姓名使用,以避免使用曾用名给自己增加的证明难度和证明额外支出。

【关联法条链接】

《民法通则》第99条第1款

10 劳动者为多家单位提供劳动能否维权问题

【分析解答】

一、构成劳动关系必须符合法定条件

对于未签订书面劳动合同的,要确认双方构成劳动关系,必须同时具备以下要求:(1)用人单位和劳动者符合法律、法规规定的主体资格;(2)用人单位依法制定的各项劳动规章制度对劳动者适用,劳动者受用人单位管理,并由用人单位支付报酬;(3)劳动者提供的劳动是用人单位业务涉及的事项。

二、劳动合同是证明劳动关系最有力的证据

劳动合同在签订时,对劳动者与用人单位之间的法律关系、工资、劳动内容以及双方之间的权利义务都作明确约定,并且各执一份,在任何时候对劳动相关部分存在异议,都可以通过劳动合同书来确定。劳动合同书是劳动合同关系最直接、最有效的证据。

【案情】①

南宁市今年54岁的阿全,一直都没有固定的工作单位。为了多赚点钱,阿全有时会身兼数职,在不同的企业之间穿梭干活。2007年8月,一家贸易公司的人事处负责人来社区物色几名门卫,阿全和另外3个人同时被对方相中。2007年9月下旬,阿全便到了这家贸易公司,从事门卫工作。只不过,他并没有和贸易公司

---

① 案例来源于《当代生活报》,根据需要做了适当改编。

方面签订劳动合同。当时只是口头约定每月的工资是805元,当月工资下个月发放。在上班期间,他长期上夜班。

白天阿全又应聘到附近的一家商场当治安员,但与商场也没有签订劳动合同,同时阿全还受聘于一家中介公司,在上下班时负责发放宣传单。2008年4月13日,贸易公司的人事部经理竟然以阿全不胜任工作为由,口头解除了与阿全的聘用关系,此后他便不再上班。之后,阿全以其是某贸易公司的门卫,与公司存在劳动关系为由,向南宁市劳动争议仲裁委员会申请仲裁,请求仲裁部门裁决:公司方面支付其2007年9月至2008年4月期间加班工资5000余元,2008年4月工资300多元;要单位补缴2007年9月至2008年4月期间的养老、医疗保险费;支付2008年1月至4月的两倍工资2700余元;贸易公司还应支付解除劳动关系经济补偿金1600元等。劳动争议仲裁部门审理后,作出裁决驳回了阿全的全部仲裁请求。

2008年7月,阿全由于不服该仲裁裁决,便诉至南宁市西乡塘人民法院。法院审理后查明阿全与多家单位存在聘用关系,认为阿全主张其与贸易公司存在劳动关系,就应提供相应的证据予以证实。但阿全仅向法院提供了2008年1月份的工资条及通知复印件,通知仅是复印件,没有原件,真实性无法确认,法院不予采信。近日,法院作出判决,驳回阿全的诉讼请求。阿全输了官司。

【案例分析】

本案是由劳动者受聘于多家单位,均未签订劳动合同,因向其中一家单位主张加班费、两倍工资而引发的劳动争议。案中主要涉及的法律问题是:受聘于多家单位,如何确认劳动关系?

聘用阿全的几家单位,双方均未签订书面劳动合同,阿全提供的工资单复印件不能证明其与贸易公司之间属于劳动关系,所以仲裁委员会、人民法院均驳回了阿全的请求。分析如下：

1. 阿全与贸易公司、商场、中介公司在聘用的过程中，虽然也有对报酬、工作时间、工作内容的约定，但并没有形成书面的劳动合同。也就是说阿全缺少证明劳动关系的主要证据。

2. 具有劳动关系是主张劳动权利的前提。只有劳动者与用人单位之间构成劳动关系，劳动法律法规才能对双方进行调整。只有劳动者权利被侵害时，才能适用法律法规来保障权利。本案中阿全如果与贸易公司具有劳动关系，就可主张《劳动合同法》中关于二倍工资等项权利。如果双方不是劳动关系，而是劳务关系，就应适用《民法通则》，阿全也就不享有二倍工资的权利了。

3. 无法证明劳动关系，阿全应承担败诉责任。虽然对劳动争议法律适用的是举证倒置原则，但并不是所有的证据责任都是由用人单位承担。根据《最高人民法院关于民事诉讼证据的若干规定》，在劳动争议纠纷案件中，因用人单位作出开除、除名、辞退、解除劳动合同、减少劳动报酬、计算劳动者工作年限等决定而发生劳动争议的，由用人单位负举证责任。本案中阿全对贸易公司、商场、中介公司均提供了劳动，在阿全的劳动争议中，首先解决的不是与贸易公司是否形成事实劳动关系，而是阿全与哪家单位形成的属于事实劳动关系。法院查明事实的同时，阿全负有举证证明其与贸易公司之间属于劳动关系的责任。而阿全提交的工资单复印件，单独是无法起到证明作用的，阿全因此承担了败诉后果。

【专家提示】

劳动者如果为多家单位进行服务，应当就其与单位之间形成劳动关系或者劳务关系，通过合同的形式固定下来，以防止类似于本案所发生的无法证明的维权风险。

【关联法条链接】

《劳动合同法》第82条

最高人民法院《关于民事诉讼证据的若干规定》第6条

11 停薪留职后被新单位聘用劳动者与单位的关系问题

【分析解答】

一、停薪留职不属于解除劳动合同的法律事实

停薪留职是用人单位在劳动力富余或者其他情况下，经劳动者同意，停止发放劳动者薪酬，保留劳动者职位、岗位，劳动者一定期限内不参与工作的情况。停薪留职实际上是解决单位过渡时期，对富余劳动者的临时停用。在停薪留职期间，劳动者不用工作，可以经商、打工等方式获得经济收入。停薪留职期满或者单位情况发生好转，劳动者就应当返回单位，从事原职位工作。

二、每个劳动者只有一个社会保险账号

从我国劳动法律制度来看，每个劳动者只能建立一个社会保险账号，而社会保险是劳动者享有劳动权利的重要凭证，即只有双方形成了合法的劳动关系，用人单位才能为劳动者缴纳养老保险，也只能有一家用人单位享有这个资格。在劳动关系中，劳动者与一家用人单位建立劳动关系后，就丧失了与其他用人单位建立劳动关系的主体资格。虽然法律允许劳动者为其他单位提供一定的劳动，但双方之间排除了劳动法律关系，也不适用劳动法律法规，劳动者提供劳动后，所享受的是民事权利，而不是劳动权利。

【案情】[①]

张某原系宁夏回族自治区某房地产集团有限责任公司(以下简称房地产公司)职工,双方于1998年签订劳动合同,后来因单位改制,张某于2000年7月在单位办理了停薪留职手续。2000年9月到宁夏回族自治区人民政府驻深圳办事处(以下简称驻深办)工作。2002年1月,张某与驻深办签订《协议书》,约定聘期为2002年1月1日到2002年12月31日,月工资为人民币1500元。2002年11月14日,驻深办所属某公司聘任张某为该公司办公室主任,聘期3年。由于驻深办与某公司是两块牌子一套人马,因此张某既任驻深办物业主管,又任某公司办公室主任。2005年5月,驻深办决定将某公司的资产和账面资金全部转入办事处,同时办理了某公司注销手续。同年7月27日,驻深办在全体职工大会上宣布,因投资股票亏本和出租房屋发生治安问题,免去张某公司办公室主任和驻深办物业主管的职务。张某不服,多次交涉无果。同年10月以后张某未到驻深办上班,驻深办将其按自动离职处理,并停发其工资,但没有将此决定送达张某。

张某不服该处理,2007年11月,向深圳市劳动争议仲裁委员会申请仲裁。2008年4月23日,驻深办增加提出解除劳动关系的请求。市劳动争议仲裁委员会于2008年5月17日裁决被诉方与申诉方之间的劳动关系于2008年4月23日解除,被诉方为申诉方办理解除劳动关系手续;被诉方支付申诉方2007年10月至2008年4月期间的生活费14,170.4元;被诉方为申诉方补办在职期间的社会保险。仲裁裁决送达后,驻深办不服,并且取得张某已享受养老待遇的证明,遂向某区人民法院提起诉讼。

① 案例来源于人力资源开发网,根据需要做了适当改编。

人民法院审理后,认为张某与驻深办之间不属于劳动关系,张某无权要求驻深办支付生活费和社会保险,遂判决支持了驻深办的诉讼请求。

【案例分析】

本案是由劳动者在停薪留职期间,为其他用人单位提供劳动,因免去劳动者职务,而引发的劳动争议。案中的主要法律问题是:张某与宁夏回族自治区人民政府驻深办是劳动关系还是劳务关系?

在张某没有解除与房地产集团之间的劳动合同之前,张某不具有作为劳动者的身份与驻深办建立劳动关系的资格,劳动仲裁委员会的认定是错误的。张某与驻深办属于劳务关系,具体理由如下:

一、张某与房地产集团之间劳动关系并未解除

张某在房地产集团安排其停薪留职后,到驻深办工作,也是为了解决在这个期间的生活以及经济需求,张某从进入驻深办工作到被免去职务,都没有和房地产集团解除劳动合同,在此期间房地产集团还持续地为张某缴纳养老保险,其双方之间的劳动关系依旧合法有效。

二、张某与驻深办以及所属公司之间不属于劳动关系

张某在驻深办以及所属公司任职期间,虽然为该单位提供了劳动,但是由于张某已经与建筑集团建立劳动关系,并且在该劳动关系并未解除的情况下,不具有与驻深办以及所属公司建立劳动关系的主体资格。张某从驻深办以及所属公司取得的报酬,是张某提供劳动的对价,属于劳务费性质。

【专家提示】

张某停薪留职的法律状态,直接关系到张某与驻深办之间关系的法律性质。劳动关系与劳务关系虽然都是劳动者提供劳动,用人单位支付报酬,但两种法律关系之间存在本质的区别,两种法律关系在主体资格、劳动内容、劳动风险承担、劳动报酬的性质以及支付方式、适用法律等多方面都有区别。

【关联法条链接】

《劳动法》第73条

劳动部《关于贯彻执行〈中华人民共和国劳动法〉若干问题的意见》第6条、第9条

12 驻内地办事处和劳动者能否建立劳动关系的问题

【分析解答】

根据《劳动法》规定，该法适用于中国境内的企业、个体经济组织、民办非企业单位与劳动者建立劳动关系。这其中所说的企业，是指依法设立的以营利为目的、从事商品的生产经营和服务活动的独立核算经济组织。建立劳动关系的企业必须具备两点：(1)该企业在中国境内；(2)该企业是依法设立的。只有同时符合以上两点的企业才具有成为劳动关系的主体、建立劳动关系的资格。

企业在中国境内，通常是指企业的登记注册地是在中国境内，我们把这类企业称之为国内企业。但在实际中，会出现登记注册地在外国，而经营地在中国的情况，这类企业是否属于在中国境内，在理论界有不同的理解，一种认识是只有登记在中国境内的，才属于中国境内的企业；另一种认为只要经营地在中国境内的，就是在中国境内的企业。笔者认为第二种说法比较合理。因为只要在中国境内进行经营活动，无论登记注册地在哪，都必须遵守和执行中国的法律规定。从而得知法律表述为适用于我国境内的企业，而没有表述为适用于在我国境内登记注册的企业，就是这个意思。

外国企业驻境内办事处是按照我国法律法规登记成立的，虽然没有完全的法人资格，但经过登记注册后，法律认可其在一定的范围限度内进行经营活动的合法性，后果归开办的外国企业承担。

并且在驻境内办事处的审批过程中,通常都要办理相应的雇员手续,也说明了驻境内办事处可以作为用人单位,只要雇佣行为符合我国法律关于劳动关系的特点,双方就可以建立劳动关系。

【案情】①

1999年,香港某公司为了开拓内地市场,在广东省深圳市设立了办事处,负责公司生产产品的内地销售工作。深圳办事处成立后,香港公司为办事处派去了管理人员,然后发布了招聘工作人员的启事。家住湖北的赵某,化工专业本科毕业,在网上看到了深圳办事处的招聘广告,就将自己的简历投了过去,深圳办事处看到赵某的简历后,觉得适合本单位的职位,就在2000年6月16日与赵某签订了聘用协议,协议约定赵某的职位为验货员,月工资人民币3000元,聘用期限为3年。赵某在深圳办事处工作认真负责,很受领导赏识,到聘用期结束后,双方没有续签,但是赵某依然在深圳办事处从事原工作。

2004年11月12日,香港某公司通知赵某终止雇佣关系,赵某要求公司给予终止雇佣的理由和支付加班工资、经济补偿金,均被对方予以拒绝。赵某无奈向深圳市南山区劳动争议仲裁委员会提起申诉,要求深圳办事处支付加班工资和经济补偿金。当日,该仲裁委以原告的申请不符合立案条件为由,通知不予受理。

赵某随后以香港某公司深圳办事处为被告,起诉至深圳市南山区人民法院,请求支付加班工资和经济补偿金。法院在受理案件后,认为原告赵某与被告香港某公司深圳代表处并没有签订过劳动合同或雇佣合同,原告以劳动争议纠纷为由起诉香港某公司深圳代表处,被告主体不适格。原告与被告某公司签订了《雇佣合

---

① 案例来源于中国劳动人事网,根据案情需要做了适当改编。

同》,双方之间形成的是劳务(雇佣)关系,但原告坚持以劳动关系起诉。

由于被告某公司是在香港注册成立的企业,原告与其之间的劳动争议不适用《中华人民共和国劳动法》,本案不属于本院管辖及本院受理民事案件的范围。根据《中华人民共和国民事诉讼法》第108条、《最高人民法院关于审理劳动争议案件适用法律若干问题的解释》第4条之规定,裁定驳回原告赵某的起诉。

【案例分析】

本案是因用人单位解雇劳动者而引发的劳动争议。案中涉及的主要问题是:香港公司驻内地办事处和劳动者能建立劳动关系吗?

香港某公司虽然注册地不在内地,但其办事处是在内地依法设立,拥有与劳动者建立劳动关系的权利。法院以办事处不符合《劳动法》规定的主体资格,驳回赵某起诉的理由是不正确的。理由如下:

一、深圳办事处是依照我国法律设立

外国公司(包括港、澳、台地区)在中国境内设立办事处,需履行法定的手续。首先是由国外公司委托我国设立地的经济组织作为承办单位;然后向地方的外经贸厅提出设立办事处的申请和材料;经过批准后向审批部门指定的单位办理雇佣中国雇员的手续;最后凭批准文件向工商登记部门办理登记、注册手续。外国公司只有履行完毕以上程序后,才算是正式成立,才能在核准的范围内,进行一定的经济活动。

二、深圳办事处具有《劳动法》规定的用人单位主体资格

根据《劳动法》规定,该法适用于中国境内的企业、个体经济组织、民办非企业单位与劳动者建立劳动关系。这其中所说的企业,是指依法设立的以营利为目的、从事商品的生产经营和服务活动的独立核算经济组织。建立劳动关系的企业必须具备两点:(1)该企业在中国境内;(2)该企业是依法设立的。只有同时符合以上两点的企业才具有成为劳动关系的主体、建立劳动关系的资格。

企业在中国境内,通常是指企业的登记注册地是在中国境内,我们把这类企业称之为国内企业。但在实际中,会出现登记注册地在外国,而经营地在中国的情况,这类企业是否属于在中国境内,在理论界有不同的理解,一种认识是只有登记在中国境内的,才属于中国境内的企业;另一种认为只要经营地在中国境内的,就是在中国境内的企业。笔者认为第二种说法比较合理。因为只要在中国境内进行经营活动,无论登记注册地在哪,都必须遵守和执行中国的法律规定。从而得知法律表述为适用于我国境内的企业,而没有表述为适用于在我国境内登记注册的企业,就是这个意思。

外国企业驻境内办事处是按照我国法律法规登记成立的,虽然没有完全的法人资格,但经过登记注册后,法律认可其在一定的范围限度内进行经营活动的合法性,后果归开办的外国企业承担。并且在驻境内办事处的审批过程中,通常都要办理相应的雇员手续,也说明了驻境内办事处可以作为用人单位,只要雇佣行为符合我国法律关于劳动关系的特点,双方就可以建立劳动关系。

三、深圳办事处与赵某属于劳动关系

香港某公司深圳办事处是依法设立的办事机构,具有合法的经济主体资格,其享有一定限度的经营权利,而执行这些经济职能,需要人力来完成,如果其没有招用劳动者的权利,也不符合现实情况;如果按照劳务关系来认定,又不利于保障劳动者的合法权利;形成了同在我国境内,同样提供劳动,法律关系和待遇却不同的尴尬现象。深圳办事处既然符合用人单位的主体资格,虽然赵某在聘用协议到期后没有续签,但深圳办事处与赵某之间符合事实劳动关系。

四、深圳办事处应当支付赵某加班工资和经济补偿金

根据《劳动法》、《劳动合同法》的规定,用人单位违法解除劳动合同,应当支付经济补偿金,深圳办事处没有理由地解除与赵某的聘用关系,应当给赵某以经济补偿。劳动仲裁委员会、人民法院,都应当按劳动争议解决此案。

【专家提示】

对于本案涉及的法律问题,各地都出台了地方性法规或规章,对外国公司设立的境内办事处与招聘人员可建立劳动关系作了规定。

13 对劳务输出人员离岗行为赔偿金的担保的效力问题

【分析解答】

对不具备向境外输出劳务资质的企业能否组织劳务输出的问题,司法实践中一直争议较大。因此,审判实践中一般认为,只要境外劳务输出合同的终端公司具备输出资质,且操作过程中无违法行为的,通常情形下应认定合同的合法有效性。合同一方不遵守合同约定时,就应当承担违约责任。

《合同法》第114条规定:"当事人可以约定一方违约时应当根据违约情况向对方支付一定数额的违约金,也可以约定因违约产生的损失赔偿额的计算方法。"1990年10月9日,最高人民法院发布的《关于劳务输出合同的担保纠纷人民法院应否受理问题的复函》中明文规定,派出单位与出国劳务人员及其担保人签订的保证书,是派出单位要求派出人员在出国期间遵守所在国法律和所在国公司各项行政规章及出国纪律等方面作出的行为保证,这是派出单位对派出人员进行管理的一种行政措施;担保人为出国人员提供的担保,不属于民法和经济合同法调整范畴;目前,这类纠纷尚无法律规定可以向人民法院起诉。

不管这一复函是否有道理,但至今并未废止。正是由于这一复函的存在,审判实践中有关行为担保的案件大多被认定无效而判决驳回劳务输出公司的请求。

【案情】[①]

2006年10月20日,北京某国际服务公司(简称国际公司)与林某之夫朱某签订赴日本研修协议一份,双方约定朱某赴日本研修三年,国际公司为朱某办理相关手续。如朱某擅自离开研修企业,须赔偿国际公司不少于20万元的人民币,林某为丈夫朱某提供了担保。另国际公司与中国建材工业对外经济技术合作公司签订对内劳务合同一份,约定共同履行建材公司与东日本室内装饰协会签订的研修生派遣合同。

2006年10月,朱某被中国建材工业对外经济技术合作公司选赴日本的东日本室内装饰协会下属企业进行研修。

2006年10月23日,朱某进入日本,为东日本房屋建设室内装饰协作工作社工会接受的技能实习生。

2008年1月16日,朱某离开该企业出走,未返回企业。

2008年5月13日,国际公司作为原告向法院起诉,将担保人林某一人作为被告告上法庭。

法院审理后认为,被告林某向原告国际公司提供有关其夫出国研修的违约赔偿金的担保,是其真实意思表示,并不违反法律规定,该担保的效力亦应予以认定。朱某赴日之后,离开其所从事劳务的企业,构成违约,被告林某系朱某违约赔偿金的担保人,原告国际公司向其主张权利,应予支持。原告选择连带责任中的一人提出诉讼,于法有据。遂判决林某赔偿国际公司损失20万元。

① 案例来源于中国劳动保障网,根据需要做了适当改编。

【案例分析】

本案的焦点主要是劳务输出服务合同的效力和担保的效力问题。

本案中约定损失赔偿额的计算方法为不少于20万元,原告主张20万元的赔偿请求符合上述计算方法,应予支持。

关于担保的效力问题。本案的担保方式为保证。《担保法》第2条规定:"在借贷、买卖、货物运输、加工承揽等经济活动中,债权人需要以担保方式保障其债权实现的,可以依照本法规定设定担保。"该法第6条同时规定:"本法所称保证,是指保证人和债权人约定,当债务人不履行债务时,保证人按照约定履行债务或者承担责任的行为。"

从这两条规定可以看出,我国《担保法》规定的担保只能针对债权债务而设定,对行为本身不可以直接设定担保。

【专家提示】

司法实践中不少人支持这一判决结果的主要理由,除上述担保法和司法解释的规定外,还把劳务输出合同视为一种中介性居间合同,认为出国人员除应向居间人(输出公司)支付报酬外,根据合同法的规定不应向其承担其他任何义务。其实,居间合同是居间人向委托人报告订立合同的机会或者提供订立合同的媒介服务,委托人支付报酬的合同。委托人一旦与他人订立合同后,居间人即告脱身,不再与委托人与他人签订的合同发生任何瓜葛。而国际间劳务输出合同则不同,这是改革开放以来产生的一种新合同,尽管其与居间合同有些类似,但却有着本质的不同。

为了保证输出合同信誉,避免劳务人员境外违约"跳槽",境外用人单位一般都要与劳务输出公司之间签订相应的合同,一旦劳务人员违约“跳槽”，输出公司就要承担巨额赔偿责任。这与居间合同的立即脱身显然不同。为寻求有利于自己的法律保护，一些劳务输出公司签订合同时不再要求担保人员对违约行为直接进行担保，而是要求担保人员对违约行为的违约金或赔偿金实施担保。违约金或赔偿金属于输出公司对违约的出国劳务人员所享有的一项债权，要求担保人对债权实施担保应当是没有异议，也不违反法律强制性、禁止性的规定，法律上理应予以支持。

故法院在本案中认定被告林某对原告国际公司的违约行为赔偿金担保有效，判决支持原告对被告的赔偿请求。

14 劳动合同与劳务关系的区别问题

【分析解答】

劳务雇佣关系是一般民事经济关系,属于私法调整的范畴,当事人只要具备相应的民事行为能力和权利能力即可,并按照意思自治原则自行约定双方的权利和义务。而劳动关系是不完全的契约关系,属于公法调整的范畴,劳动关系的当事人只能是具有劳动权利能力和行为能力的劳动者与用人单位,此外,国家法律对于劳动权利和义务有非常明确的规定,如社会保险、最低工资标准等,在法律规定的基础上,当事人可在平等自愿、协商一致的基础上约定额外的劳动权利和义务,作为法定权利和义务的补充。

【案情】①

A公司主要从事床上用品的生产、销售,生产季节性较强,每年7月至9月是生产旺季。朱某自2001年以来,每逢生产旺季,自带其本人的小货车至该公司从事运输等工作。双方约定A公司每月支付朱某报酬2000元,油费、过路费、违章罚款等费用均由A公司支付。期间,朱某日常生活起居均在公司内。某日,朱某受A公司指派在购买发动机途中发生交通事故死亡。朱某之妻向当地劳动保障部门申请工伤认定。劳动部门审查后认为朱某自备劳动工具为A公司提供劳动服务,具有临时性、短期性的特点,且双方不存在管理与被管理的社会关系。遂作出工伤调查结论,认定

① 摘自中国法院网,http://www.chinacourt.org,根据需要稍作改动。

朱某与A公司之间是劳务关系而非劳动关系,不属于该局管辖范围。朱某之妻不服,起诉至法院,请求依法撤销劳动部门作出的工伤调查结论。法院受理后,因A公司于该案有利害关系,依法追加A公司为第三人参加诉讼。

法院审理后认为,本案诉争的是被告工伤调查结论的具体行政行为,被告作为劳动保障行政管理部门,在其职权范围内,根据原告的申请,对原告之夫朱某的死亡是否属于工伤作出认定是其法定职责。工伤认定的前提是劳动者与用人单位成立具有管理性质的劳动关系。本案中,第三人A公司主要从事床上用品的生产、销售,生产季节性较强,主要集中在每年7月至9月,其特殊性使得劳动者不可能长期不间断地为其提供劳动力。且劳动者提供劳动的形式也具有多样性。朱某自备生产工具在该公司从事运输等工作期间,有固定的月收入,车辆的相关费用也由公司承担,显然双方具有一定的管理与被管理关系。朱某工作之余较为自由,也未与公司签订书面的劳动合同,这是该公司自身尚未健全内部管理及劳动保障制度的结果,不影响双方事实劳动关系的成立。被告认定朱某与A公司不存在劳动关系、朱某死亡不属于其管辖范围的证据尚不能达到清楚而有说服力的证明标准,其作出的工伤调查结论属认定事实错误。遂作出判决,撤销劳动部门作出的工伤调查结论,并责令其在判决生效后一个月内重新作出具体行政行为。

【案例分析】

劳动关系是指,劳动者与用人单位之间存在的,以劳动给付为目的的劳动权利义务关系,具有隶属性。劳务关系是指,劳动者为被服务方提供特定的劳动服务,被服务方依照约定支付报酬所产生的法律关系,具有平等性。两者的区别在于:一是劳动关系除了当事人之间债的要素之外,还含有身份的、社会的要素,而劳务关系则是一种单纯的债的关系;二是劳动关系的当事人之间的关系一般较为稳定,而劳务关系当事人之间的关系则往往具有"临时性、短期性、一次性"等特点;三是劳动关系中,当事人之间存在管理与被管理、支配与被支配的社会关系,劳务关系的当事人之间则不存在上述关系,而是平等主体之间的合同关系。

劳动关系是一种长期、稳定的关系,是劳动者要加入用人单位服从其生产指挥,定期领取劳动报酬的紧密型关系。而劳务关系则是以合同方式约定完成某项工作,劳务者并不属于该用人单位的成员,也不归其管理,劳务者在规定时间内完成指定的任务并获取相应报酬,是一种等价有偿的交换关系。

在本案中,朱某与A公司似乎形成劳务关系,因为:(1)朱某自备车辆为A公司提供运输。一般劳动关系中,生产工具是用人单位提供的,而劳务关系里,生产工具通常是服务方自己提供的。(2)朱某只在每年7月至9月的生产旺季阶段进入A公司工作,似乎符合劳务关系"临时性、短期性"的特点。(3)A公司对朱某上下班的时间没有明确规定,用车以外的时间自由支配度较大,与一般劳动关系中用人单位与劳动者之间严格的管理与被管理关系有一定程度的差异。但是本案有以下三个争议焦点:

1. 朱某自备劳动工具不影响劳动关系的成立

本案中朱某虽然自备车辆,但是开车所需的油费、过路费甚至违章罚款费都由A公司承担。如果朱某是搞个体运输的,那么上述费用开支由A公司承担显然不符合逻辑。因此,合理解释是朱某所有的机动车与A公司的关系属租赁关系,而朱某与A公司的关系属劳动关系。

2. 朱某与A公司之间的关系是否具有临时性、短期性的特点?

被告及第三人认为由于A公司从事的生产具有明显的季节性,每年生产的时间也就是2~3个月。在此情况下,朱某为其提供运输服务具有短期性、临时性的特点,这符合劳务关系的特点,而劳动关系一般比较稳定,时间较长,试用期都会有3个月。但是需考虑到A公司的生产季节性强,劳动者不可能长期提供劳动的特殊性。

3. A公司与朱某之间存在管理与被管理关系

虽然朱某用车以外的时间由朱某自由支配(包括为其他人提供运输服务),不受原告规章制度的约束。但是朱某为A公司工作期间,其日常生活起居均在公司,A公司免费为朱某提供吃住并每月支付朱某工资2000元,而且有证据表明朱某除承担运输工作外,还受相关主管人员指派从事缝纫机的修理等工作。至于朱某在公司比较自由,是由于公司没有健全企业的内部管理制度,不能因此否认A公司与朱某之间存在管理与被管理关系。

【专家提示】

劳动关系与劳务关系难以区分的原因在于,传统的劳动关系来源于民法中的雇佣关系,而雇佣关系是现代广义劳务关系中的一种,其内涵近似于狭义的劳务关系。广义的劳务合同包括委托合同、保管合同、承揽合同、定作合同、雇佣合同等,这些除雇佣合同外的其他合同都已发展成为合同法中的有名合同,狭义的劳务合同仅指雇佣合同。最高院在《民事案件案由规定》第十类合同纠纷类案由中,把劳务合同与雇佣合同同列为民事第一百一十种案由,对劳务合同仅取狭义定义,同时肯定了雇佣合同等同于劳务合同的学理解释。

【关联法条链接】

《劳动法》第2条

《劳动合同法》第2条

No. 3

劳动合同的签订和履行

15 书面合同能否约定违约金的问题

【分析解答】

现行劳动合同法明确规定了用人单位与劳动者约定违约金的情况，即专项培训和竞业限制，其他任何情形下约定的违约金无效，劳动者与用人单位订立的合同不得违反法律的规定，否则无效。

【案情】①

唐某在文具店工作时，双方签订了《聘用合同》，合同第八条违约责任和经济补偿约定："1. 甲方（文具店）拿出800元，乙方（唐某）拿出600元（共计1400元）作为双方履行合同之奖励金，存入于甲方处（不计利息）。在履约执行完本合同后，1400元奖励金归乙方所有；若乙方在合同期内因辞职、自动离职或甲方根据合同约定提前与乙方解除合同的，1400元奖励金则归甲方所有。2. 合同期内，若乙方提出提前辞职，或因乙方自身原因提前终止合同，需提前30天以上（乙方担任重要职务的，需提前60天以上）向甲方提出书面申请，经过甲方审核批准后，与甲方交接清原有之帐、款、货、学习资料及相关工作。交接完毕后，甲方向乙方付清最后应得的收入报酬。否则，甲方有权在乙方相当于1个月（乙方担任重要职务相当于2个月）的工资收入中扣除一定数额，以补偿甲方的招聘费用、培训费用、因人员安排不足而造成的经济损失及其

① 广西摘自南宁市青秀区法院网，http://qxqfy.chinacourt.org/，根据需要稍作改动。

它相关经济损失。”合同签订后文具店分别于2008年7月、8月从唐某工资中共扣除了600元作为奖励金。2009年6月29日,唐某提出辞职,文具店扣除了被告2009年6月工资收入的60%即461元。

唐某不服向南宁市劳动争议仲裁提出仲裁,裁决裁定文具店退回唐某奖励金600元及被扣的工资461元。文具店不服仲裁裁决,诉至青秀区人民法院。

法院审理认为,《劳动合同法》第25条规定,除本法第22条和第23条规定的情形外,用人单位不得与劳动者约定由劳动者承担违约金。本案中,唐某与文具店在《聘用合同》中的约定,对于甲方出资800元作为乙方完全履行合同的奖励金,是甲方作为用人单位对乙方的一种额外奖励,不属于法律法规所禁止的范围,但乙方出资600元,作为其未能履行完合同时甲方的奖励金,则加重乙方即劳动者一方的负担,该奖励金实质上是由劳动者承担的违约金,《劳动合同法》已经明确规定了劳动者可以解除劳动合同的情形,该约定限制了唐某的合法权利,应属于无效条款,因此,对于该600元奖励金文具店应返还给唐某。对于被告未提前30日辞职而给原告造成的实际损失,由于文具店未能举证证实,故不予支持。因此,文具店应返还唐某被扣除的461元工资。

【案例分析】

本案涉及两个问题:第一,劳动合同中能否约定违约金;第二,劳动者认为劳动合同约定的违约金违反法律的,应如何维护合法权益。

一、约定违约金是否合法

在2008年1月1日《劳动合同法》正式实施之前,我国法律允许在劳动合同中约定违约金，但在实施之后，是不允许在劳动合同中随意约定违约金的。《劳动合同法》第 25 条明确规定了除专项培训和竞业限制以外，用人单位不得与劳动者约定由劳动者承担违约金。

因此本案中，用人单位与唐某在合同中约定的违约金行为在 2008 年 1 月 1 日之前是合法的，但在 2008 年 1 月 1 日后，该约定由于违反《劳动合同法》的规定而无效。

二、如何维权

对于唐某而言，可依法主张违约金条款无效。对于用人单位而言，应根据劳动合同法的修改适时调整与劳动者的劳动合同，当然如果钱某是违法解除合同的，用人单位可依据《劳动合同法》第九十条主张损害赔偿。

【关联法条链接】

《劳动合同法》第 17 条、第 25 条、第 90 条

《劳动合同法实施条例》第 13 条

16 招聘广告中的承诺的效力问题

【分析解答】

许多企业为了能够找到本单位所需要的优秀人才,往往在招聘广告中或者面试中开出许多优惠条件,许多人便慕名而来,有的不惜辞职,承担一定的违约金、赔偿金等。至于用人单位在招聘广告中的承诺如果不能兑现,该如何处理,许多人并没有底。其实,这个问题主要涉及两个方面:一是招聘广告的性质及效力;二是招聘广告与随后签订的劳动合同的关系。

在各国早期的立法中,劳动法只是民法典的一部分,劳动立法的日益"公法化"才致使其逐步从各国的民法典中分离出来成为单独的部门法。因此,劳动法的独立,是现代社会"私法公法化"的产物,它与民法是特别法与普通法的关系。民法的基本原则及相关调整合同关系的一系列规则,在与国家强制性规范不相抵触的前提下,对劳动关系的调整依然是适用的。

在我国,为了避免立法重复,对劳动合同与其他合同之间的共性问题,比如合同的订立程序、合同的缔约过失责任、合同的附随义务、合同的变更及解除以及契约自由原则、诚实信用原则、情势变更原则等,在《劳动法》中都没作详细规定,而是适用民法的相关规定。

我国《合同法》规定:"当事人订立合同,采取要约、承诺方式。"因此要约与承诺是合同订立的必经程序,劳动合同也不例外。

【案情】[1]

小毕研究生毕业后，进了一家大型的国有企业。听说单位领导有意将自己送往国外培训深造，小毕庆幸自己找到了一个好单位，也觉得自己非常幸运，因此工作中小毕也自觉地加倍努力，经常自觉加班。至于何时小毕能出国深造，领导并没有明确的答复。小毕觉得自己受到了欺骗，工作也不如以前积极了。

2006年2月，小毕突然看到某外资企业登出了一则招聘广告，广告中写道："本单位录用的员工将送到国外培训半年至一年。"小毕毅然辞去原来的工作，顺利地进了新单位。

加入新单位的小毕对工作充满希望，想通过积极的工作以得到重视，及时得到出国的机会。但是2年过去了，出国培训的事情依然没有动静，也没有听说哪位同事出国培训了。小毕找到单位负责人理论，认为单位应当履行在招聘广告中的承诺。单位负责人当面答应小毕一定会考虑。几天过去后，单位还是没有动静，小毕觉得自己两次出国都没有成功，用人单位实在欺人太甚，明明写好的条件单位却没有给予兑现，严重侵犯了自己的合法利益。

某区劳动仲裁委员会受理了此案。单位在其应诉书中声称，单位与小毕的劳动合同中并没有规定单位具有送小毕出国培训的条款，因此单位没有此项义务，招聘广告中的条件并没有写进劳动合同中来，因此没有法律效力。

仲裁庭采纳了单位方的辩护意见，作出裁决：小毕与某公司的劳动合同并没有规定公司应当承担送小毕出国培训的机会，因此公司没有此项义务。招聘广告中的承诺，因为没有写进劳动合同中去，因此不具备法律效力，驳回小毕提出单位应当履行"招聘广

---

① 案例来源于中国劳动保障网，根据需要做了适当改编。

告"中规定的义务的请求。

【案例分析】

现实中,用人单位通过报刊、杂志、新闻媒介等方式发布招聘广告,许多求职者则通过这些广告应聘,对于招聘广告的法律性质需要有清醒的认识。

首先要知道什么是要约与要约邀请。要约是希望和他人订立合同的意思表示,该意思表示应当符合以下规定:(1)内容具体确定;(2)表明经受要约人承诺,要约人即受该意思表示的约束。要约邀请:是希望他人向自己发出要约的意思表示。要约邀请是要求他人向自己发出的,要约邀请本身对发出者并不具备法律约束力。

要约与要约邀请在表面有相似之处,但还是存在大的差别:

1. 要约是订立合同的必经程序;要约邀请则不是。

2. 要约通常只能向特定的受要约人发出,除非法律有规定;而要约邀请则不受此限制。

3. 要约的内容应当包含拟订立合同的主要条款;而要约邀请则不包含。

4. 要约的目的是希望和他人订立合同所发出的意思表示;而要约邀请则是希望他人向自己发出要约所作出的意思表示。

根据上述分析,现实中用人单位的招聘广告在性质上只能属于要约邀请,理由在于:首先,要约要求其对象必须是特定的对象,而招聘广告的对象并不是特定的人,而是潜在的不特定的对象。其次,招聘广告没有具备订立合同的主要条款。我国《劳动法》规定劳动合同应当以书面形式订立,并具备7项条款,企业的招聘广告一般并不包含上述法律规定的劳动合同的必备条款。最后,招聘广告是指企业承担费用,通过一定的媒介和形式直接将招聘劳动者的信息向不特定的多数人发布的行为。

【专家提示】

招聘广告本质上与招标公告有非常相似之处,《合同法》对招标广告的性质作了明确的界定。依照该法的规定:“寄送的价目表、拍卖公告、招标公告、招股说明书、商业广告等为要约邀请。”招聘广告应当属于要约邀请。

通过上述分析可以看出企业发布的招聘广告应当属于要约邀请,而非要约。相比要约具有法律约束力而言,要约邀请发出后对发出人并不产生法律约束力,发出人没有履行要约邀请内容的义务,因此,用人单位对于招聘广告中的内容并不承担必须履行的义务。

受聘的劳动者如果要使用人单位受招聘广告的约束,最好的办法,就是在与单位签订劳动合同时,要求将广告的内容写入合同条款中,变为合同的内容。这样用人单位就应当受合同约束,如果单位不履行有关约定,受聘者可以要求单位实际履行。

【关联法条链接】

《劳动法》第 19 条

《合同法》第 13 条、第 15 条

17 单位擅自延长试用期是否构成侵权的问题

【分析解答】

试用期是指用人单位对新招收的职工进行思想品德、劳动态度、实际工作能力、身体情况等进行进一步考察的时间期限。用人单位与劳动者是否适用试用期由双方协商决定,对此法律没有作出具体规定;但是《劳动合同法》对试用期的期限作出了详细的规定,试用期包含在劳动合同期限内,用人单位与劳动者只能约定一次试用期;劳动合同期限3个月以上不满1年的,试用期不得超过1个月;劳动合同期限1年以上不满3年的,试用期不得超过2个月;3年以上固定期限和无固定期限的劳动合同,试用期不得超过6个月。

【案情】①

2007年3月10日,甘某到北京市某国际咨询公司工作。岗位为项目文件设计助理。试用期3个月。试用协议标明:试用期满考核合格后,双方将签订正式聘用合同;考核不合格,公司将延长试用期,试用期内员工一个月请事假超过3天,视为自动放弃工作岗位。

甘某在咨询公司工作期间,每月工资2500元。后公司认为甘某在试用期间内经常无故请假,不能完成公司交给的工作任务,决

① 案例来源于中国法院网,根据案情需要做了适当改编。

定延长两个月试用期继续考察。同年7月31日,公司行政经理张某以手机短信形式要求甘某离职,但未说明原因。甘某随即从公司离职。此间,咨询公司以甘某请假4天为由,从甘某的工资中扣除了1000元全勤奖,甘某提出公司未向其告知有关全勤奖发放标准及标准事项。同时由于双方对甘某7月的工资数额存有争议,甘某未领取7月的工资。甘某申请仲裁要求公司支付2007年7月份全额工资2500元,未提前30天通知工资2500元,仲裁委员会未予受理,甘某起诉至宣武区人民法院。

咨询公司辩称,公司与甘某在试用协议中明确约定考核不合格公司将延长试用期,公司在7月31日通知甘某解除劳动合同时,甘某还处于试用期,根据法律规定,用人单位可以随时通知劳动者解除劳动合同,并且甘某在7月份请假4天,违反了公司的规定,应当扣除1000元全勤奖。

宣武法院经审理认为,试用期届满后,在双方未另作约定的情况下,用人单位不得单方决定延长试用期。鉴于甘某目前已从咨询公司离职,故法院确认双方已于2007年7月协商一致由咨询公司提出解除劳动关系。咨询公司应向甘某支付一个月工资以及百分之五十的额外经济补偿金。同时由于咨询公司未提供充分证据证明其将本企业明确的工资分配制度向劳动者进行过告知,故其提出的扣发甘某全勤奖的主张亦不能支持。

【案例分析】

本案是由用人单位单方延长试用期,而引发的劳动争议。本案涉及的法律问题较多,我们主要解决的法律问题是:用人单位单方延长试用期是否合法?

咨询公司单方延长试用期,不符合法律规定,应认定2007年6

月10日起甘某与咨询公司已建立劳动关系。咨询公司单方解除劳动关系,应当履行提前30天通知的义务,并且咨询公司克扣甘某1000元全勤奖,也不符合法律规定,法院适用当时的法律规定进行判决是正确的。

一、试用期的约定应当符合法律规定

甘某与咨询公司约定试用期3个月,试用期满考核合格后,双方将签订正式聘用合同。根据试用期包含在劳动合同期限内的法律规定,用人单位不得与劳动者单独签订试用期合同,甘某和咨询公司对试用期的约定因违反法律而无效,约定的3个月就是劳动合同期限。

二、咨询公司没权利延长甘某的试用期

试用期只能是在用人单位与劳动者初次签订劳动合同时适用,通过以上分析,可得知咨询公司与甘某签订的试用期合同无效,双方约定的3个月就是劳动期限。在2007年6月9日劳动合同到期后,咨询公司就没有权利再与甘某约定试用期或者延长试用期,即使双方有了这样的约定,也是不符合法律规定的,约定会因违法而导致无效。自6月10日起咨询公司应当与甘某续签劳动合同,但双方并没有签订,而甘某又继续在咨询公司上班,双方所形成的是事实劳动关系。

三、咨询公司不得随意解除与甘某的劳动关系

法律规定,在试用期内用人单位可随时解除劳动合同,而无须向劳动者支付经济补偿以及其他费用,但用人单位应当向劳动者说明解除劳动合同的理由,根据《劳动合同法》规定,用人单位非法解除劳动合同的,应当支付劳动者赔偿金,赔偿金的标准为经济补偿金的2倍。2007年7月31日,咨询公司与甘某之间属于劳动关系,咨询公司不具有随时解除劳动关系的权利,如果咨询公司要解除与甘某之间的劳动关系,应当依法提前30天通知甘某,如果随时通知甘某双方之间的劳动关系解除,应支付甘某30天的代通知金。

四、咨询公司不得扣除甘某全勤奖

公司工资制度即使有全勤奖的规定,咨询公司也应当在与甘某签订劳动合同时对此作出约定,或将公司的奖金制度向甘某履行告知义务,甘某在不知道该奖金规定的情况下,该规定对甘某不得适用。

【专家提示】

在《劳动合同法》实施之前,很多用人单位在试用期上想办法,希望通过试用期可少支付工资,来达到降低劳动成本或规避法律的目的。随着《劳动合同法》的施行,规避法律的情况将逐渐消失,但从用人单位长期人力成本来考虑,与劳动者建立长期、稳定的劳动关系,可以达到提高劳动效率、降低人力成本的效果,单纯地考虑从试用期来节约用工成本并不理想。

【关联法条链接】

《劳动合同法》第19条、第20条、第21条

《劳动法》第21条、第25条

《劳动合同法实施条例》第15条

18 用人单位在试用期内能否随意解除劳动关系的问题

【分析解答】

《劳动合同法》第21条规定,在试用期中,除劳动者有本法第39条和第40条第1项、第2项规定的情形外,用人单位不得解除劳动合同。用人单位在试用期解除劳动合同的,应当向劳动者说明理由。可见,试用期内用人单位可解除劳动合同仅限于《劳动合同法》第39条规定的六种情形,即:(1)在试用期间被证明不符合录用条件的;(2)严重违反用人单位的规章制度的;(3)严重失职,营私舞弊,给用人单位造成重大损害的;(4)劳动者同时与其他用人单位建立劳动关系,对完成本单位的工作任务造成严重影响,或者经用人单位提出,拒不改正的;(5)因本法第26条第1款第1项规定的情形致使劳动合同无效的;(6)被依法追究刑事责任的。此外,用人单位在试用期内解除劳动合同和负有举证义务,需举证证明劳动者有上述法定情形出现,否则,需承担因违法解除劳动合同所带来的法律后果,即劳动者要求继续履行合同的,用人单位应当继续履行;劳动者不要求继续履行劳动合同的,用人单位应当按照经济补偿金两倍的标准向劳动者支付赔偿金。需要注意的是,试用期满后,用人单位不得再以试用期间不符合录用条件为由解除劳动合同。

【案情】[①]

武某于2004年3月29日到北京某网络技术有限公司(以下简称公司)工作,双方约定:劳动合同期限为4年,即从2004年3月29日到2008年3月29日;试用期限为3个月,即从2004年3月29日至2004年6月29日。按照公司下发的《聘用岗位和薪酬说明》的规定,武某担任公司办公室总裁秘书的职务,年薪30000元,每月实发工资2000元,试用期月工资1600元,其余部分按年发放。如在公司年度计划内未完成任务,则按公司制度部分减发。2004年6月2日,公司向武某下发了《解聘员工通知单》,以公司业务紧缩、不需要此岗位人员为由而辞退武某。该《解聘员工通知单》除了公司领导的签字外,尚无公司的公章。同日,武某办理了离职交接手续,公司按照1400元/月的标准向武某支付了2004年5月1日至6月29日的工资,此后武某离开公司。

2004年7月29日,武某向劳动争议仲裁委员会提出申请,要求公司向其支付解除劳动关系的经济补偿金。劳动争议仲裁委员会裁决:公司向武某支付解除劳动关系的经济补偿金1600元。公司不服此裁决,遂向法院起诉。公司诉称,其在试用期间有权随时通知解除劳动关系,所以无须支付武某经济补偿金。武某辩称,公司单方解除劳动关系应给付解除劳动关系的经济补偿金,并要求公司给付额外经济补偿金800元。一审法院认为,武某虽未与公司签订劳动合同,但双方已建立劳动关系,双方当事人的合法权益均受劳动法的保护。2004年6月2日,公司以业务紧缩、不需要此岗位人员为由,向武某下发了《解聘员工通知单》。依据《劳动法》

① 北京市高级人民法院民一庭:《北京民事审判疑难案例与问题解析》,法律出版社2007年版,第68~70页。

第25条第1项的规定,劳动者在试用期间被证明不符合录用条件的,用人单位可以解除劳动合同。而根据《解聘员工通知单》的内容,公司系因企业自身的原因解除了与武某的劳动关系,显然属于单方解除劳动关系的行为,故其应按照武某的工作年限向武某支付解除劳动关系的经济补偿金。因公司未按时支付,故尚应加发相当于补偿金数额50%的额外经济补偿金。据此,依据《中华人民共和国劳动法》第26条、第28条之规定,判决:网络技术有限公司于本判决生效后7日内向武某支付解除劳动关系的经济补偿金1600元及50%的额外经济补偿金800元;驳回网络技术有限公司的全部诉讼请求。

公司不服一审判决,提出上诉,以该公司未向武某下发过《解聘员工通知单》且公司系依据《劳动法》第25条之规定与武某解除劳动关系而无须支付武某解除劳动关系的经济补偿金为由,要求撤销原判、判令其无须支付武某解除劳动关系的经济补偿金和额外经济补偿金。

二审法院认为,《解聘员工通知单》虽无公司的公章,但有公司领导的签字,且公司认可系因业务紧缩而解聘武某的事实,在其未就否定《解聘员工通知单》真实性的主张向法院提交其他证据予以佐证的情况下,对《解聘员工通知单》的真实性及效力予以认定。公司虽称依据《劳动法》第25条与武某解除了劳动关系,但并未提供武某在试用期间不符合录用条件的证据。据此,二审法院维持了一审判决的结果。

【案例分析】

本案争议的焦点是用人单位在试用期内是否有权随意与劳动者解除劳动关系,以及是否需要支付解除劳动合同的赔偿金的问题。

一、解除试用期劳动合同

《劳动合同法》作出了明确的规定，主要包括以下两个方面：第一，试用员工在试用期内解除劳动合同。《劳动合同法》第37条规定："劳动者提前三十日以书面形式通知用人单位，可以解除劳动合同。劳动者在试用期内提前三日通知用人单位，可以解除劳动合同。"第二，用人单位在试用期内解除劳动合同。《劳动合同法》第21条规定："在试用期中，除劳动者有本法第三十九条和第四十条第一项、第二项规定的情形外，用人单位不得解除劳动合同。用人单位在试用期解除劳动合同的，应当向劳动者说明理由。"

需要注意的是，《劳动合同法》规定用人单位基于员工在试用期的表现解除劳动关系必须在试用期之内进行。正如劳动部办公厅《关于如何确定试用期内不符合录用条件可以解除劳动合同的请示的复函》曾指出，对试用期内不符合录用条件的劳动者，企业可以解除劳动合同；若超过试用期，则企业不能以试用期内不符合录用条件为由解除劳动合同。

二、"不符合录用条件"

劳资双方在约定有试用期的情形下，最易导致争议产生的是双方对"不符合录用条件"有不同的理解。在一般情况下，我们可以认为法律所规定的"不符合录用条件"的最低标准应当以用人单位在招聘时对招聘岗位的职责说明作参考。劳动者在试用期内的工作表现被证明不能满足所在工作岗位要求的，则可以认定劳动者不符合用人单位"录用条件"。根据最高人民法院《关于民事诉讼证据的若干规定》第6条的规定，该项证明责任应当由用人单位承担。因此，用人单位在试用期内基于劳动者不符合录用条件而解除劳动关系，需要证明以下三个条件：①用人单位对该试用员工的工作岗位的工作职能和要求作出了具体说明,并且告知了试用员工;②用人单位在试用期内对于试用员工的表现要有客观的记录,用人单位要基于这些记录作出公正的评价或者考核,看其是否符合录用条件;③如果试用员工不符合录用条件,用人单位作出解除劳动合同的决定之前应当向试用员工说明理由,并书面告知其解聘决定。

三、本案若适用《劳动合同法》的解析

①从用人单位方面来看,公司要在武某的试用期内解聘武某,则应按照《劳动合同法》第21条的规定,基于第39条和第40条第1项、第2项的情形,才享有解除劳动合同的权利。除了以上法律规定的情形之外,公司没有解除劳动合同的权利,公司主张"因业务紧缩、不需要此岗位人员"作为辞退武某的理由,不是法律所规定其享有劳动合同解除权的基础事实,即公司主张权利的事由缺乏法律根据,并不像其所称"该公司在武某试用期间有权随时通知解除劳动关系而无须支付经济补偿",所以公司的行为违反了法律的规定,属于无效行为。②从劳动者方面来看。武某在接受公司支付的工资之后,离开公司,而后又提起仲裁,要求公司支付补偿金。基于这个案件事实,我们可以推定武某亦不想维系与公司的劳动关系,同意解除劳动合同,武某与公司劳动合同关系的消灭,是基于双方的意思表示而发生的,并不是用人单位单方面决定的,但这并不影响其要求支付解除劳动关系的补偿金的权利。因此,基于《劳动合同法》第46条的规定,公司应当对武某进行补偿。

【专家提示】

用人单位在试用期内解除与劳动者的劳动合同关系,需要严格遵守《劳动合同法》第21条的规定,做到客观公正,并且尽到及时通知和合理解释的义务,不可随意解聘试用员工。

【关联法条链接】

《劳动法》第 25 条

《劳动合同法》第 21 条、第 39 条、第 40 条

19 即将毕业的学生能否签订劳动合同的问题

【分析解答】

1995年劳动部《关于贯彻执行〈中华人民共和国劳动法〉若干问题的意见》(309号文)明确规定,在校生利用业余时间勤工俭学,不视为就业,未建立劳动关系,可以不签订劳动合同。以上法律规定明确了在校生业余时间勤工俭学,不属于建立劳动关系情形,排除了在校学生的劳动者资格。

【案情】①

2006年2月,小丽拿着徐州某职业技术学院颁发的“2006届毕业生双向选择就业推荐表”前去海门一公司应聘办公室文员工作,此时她的论文答辩尚未完成。公司审核和面试后,便通知小丽去上班。一上班,公司就与小丽签订了《劳动合同协议书》,协议约定:小丽担任的职务为办公室文员;合同期限为1年,其中试用期为3个月,试用期月薪为500元,试用期满后,按小丽技术水平、劳动态度、工作效益评定,根据评定的级别或职务确定月薪。

上班两个月后,小丽发生了交通事故,遂进行了治疗和休息。其间经学校同意以邮寄方式完成了论文及答辩,于2006年7月正式毕业。同年8月,伤愈后的小丽多次向公司交涉,认为双方既然签订了劳动合同,其身份属于公司员工,应该享受工伤待遇,但遭

① 案例来源于《新民晚报》,根据需要做了适当改编。

到公司拒绝。11 月份，她向劳动行政部门提出认定劳动工伤申请，公司也向当地劳动争议仲裁委员会提出仲裁申请，要求确认公司与小丽签订的劳动合同无效。小丽则针对公司的仲裁申请提起反诉，请求确认合同约定试用期为 3 个月、试用期月薪 500 元等条款违法，要求月薪按社会平均工资标准执行，同时要求公司为自己办理社会保险，缴纳保险金。

在劳动仲裁委员会审理过程中，小丽认为自己已年满 16 周岁，具有就业的权利能力和行为能力，学校已经向其发放了双向选择推荐表，就具有到社会上就业的资格，推荐表中已载明了自己的情况，包括尚未正式毕业的事实，公司录用时予以了审查，不存在隐瞒和欺诈，法律也没有禁止在校大学生就业的规定，因此自己具备劳动主体资格，签订的劳动合同应当有效。

公司辩称，小丽在签订劳动合同时仍是在校大学生，其应受学校的管理，不具有劳动关系的主体资格，不能同时拥有职工和学生两种身份，所以双方签订的劳动合同是无效的。小丽之所以要求确认劳动合同有效，其目的是其交通事故后要求公司办理劳动保险。

劳动仲裁委员会裁决小丽与公司之间不构成劳动关系，双方签订的劳动合同无效，公司应当按照单位内文员工作为小丽支付报酬差额，小丽发生交通事故是因到公司上班导致，公司承担治疗的全部费用。

【案例分析】

本案是由用人单位招用即将毕业的大学生，而引发的劳动争议。案中主要涉及的问题是：即将毕业的大学生是否拥有劳动者资格？

即将毕业的大学生是否具有合格的劳动者资格，是其与用人单位签订劳动合同是否有效的前提。如果不具有劳动者资格,就不能签订有效的劳动合同。笔者认为本案中小丽应当具有劳动者资格,其与公司签订的劳动合同应当有效,小丽的交通事故应当属于工伤。具体理由如下:

一、在校生依法不具有劳动者资格

1995年劳动部《关于贯彻执行〈中华人民共和国劳动法〉若干问题的意见》(309号文)明确规定,在校生利用业余时间勤工俭学,不视为就业,未建立劳动关系,可以不签订劳动合同。以上法律规定明确了在校生业余时间勤工俭学,不属于建立劳动关系情形,排除了在校学生的劳动者资格。本案仲裁委也正是根据此规定对案件作出了裁决。

二、在校生劳动不构成劳动关系必须符合法定要求

1995年劳动部《关于贯彻执行〈中华人民共和国劳动法〉若干问题的意见》(309号文)的适用,必须同时满足以下要求才行:

1. 必须是在校生。在校生通常指全日制在学校内接受教育的学生。在学校接受教育的成人或者自考学生,由于其已经具有工作或社会人员性质,虽然在学校上学也不属于在校生。

2. 利用业余时间。利用业余时间是指在校生利用学习之外的时间,这里主要是指课余时间、周末、节假日。

3. 勤工俭学。勤工俭学通常是在校生参与一定量的社会劳动,最主要是为了减轻在校期间的经济负担,还有为了锻炼能力、接触社会等目的而进行的。

只有同时符合以上三个条件,才能认定不构成劳动关系。

三、小丽与公司应当属于劳动关系,双方签订的劳动合同应当合法有效

小丽在2006年2月,学校为其颁发了“2006届毕业生双向选择就业推荐表”,毕业生双向选择就业推荐表,是学校给予毕业生寻找就业单位，推荐学生用的。学校给小丽出具“就业推荐表”，表明学校的学习课程已经结束，出具推荐表是为了让学生走出校门，寻找就业机会和工作单位。也就是说，小丽虽然属于在校生的范畴，但学校已经没有学习课程，学校推荐小丽出去就业，小丽实质上与在校生是有区别的。

小丽在学校结束了学习课程，持颁发的“2006 届毕业生双向选择就业推荐表”，找到这家公司，与其签订劳动合同，和公司其他员工一样，专职在公司进行工作，显然不属于利用业余时间。

小丽在公司从事文员工作，并且依法获得劳动报酬，具有长期稳定的劳动内容，并且以劳动报酬作为自己的生活主要来源，而勤工俭学具有临时性、不确定性以及短暂性，小丽的工作显然不属于勤工俭学。

虽然小丽到公司工作后还没有完成论文答辩，但是论文答辩并不属于教育课程，学校也没要求必须在校内完成，并且学校还同意了小丽以邮寄的方式完成论文以及答辩。

以上内容综合考虑，小丽的情况跟在校生不属于劳动关系的法律规定，显然有很多不同之处，根据《劳动法》保障劳动者合法权益的原则，结合具体案情，小丽与公司应属于劳动合同关系。小丽的交通事故也属于工伤，小丽应当依法获得相应的赔偿。

【专家提示】

法律规定都有其具体的适用对象和适用条件，我们不能认为法律规定了这样的一条，就生搬硬套地来适用，也要结合具体情况进行分析、考虑，灵活运用法律规定。

20 大学生就业协议不能替代和对抗劳动合同

【分析解答】

根据劳动法规定,就业协议发生在学生毕业之前,由学生、学校、用人单位三方共同签订,以确定就业意向和相关权益,包括报到日期、未来劳动合同的期限、试用期、薪酬、岗位、福利、违约金等。但就业协议的作用仅限于对学生就业过程的约定,本质是平等主体之间的民事合同关系,双方发生纠纷应直接诉请到法院,法院处理的依据是合同法及其他民事法律,不适用劳动法,不受劳动法的特别保护。

【案情】①

2008年4月,即将大学毕业的赵丽与学校及甲公司签订了一份《毕业生就业协议书》,协议约定:赵丽毕业后必须在甲公司服务5年,否则要赔偿公司1万元。2008年8月赵丽到公司工作后又与该公司签订了3年期限的劳动合同,约定试用期为4个月,在试用期内可以提前书面通知甲公司解除本合同并在工作交接完毕后离开公司。3个月后,赵丽认为自己不适应这份工作,按劳动合同要求向公司提出书面辞职,而甲公司以未缴纳违约金为由不予办理解除劳动合同的有关手续。赵丽向北京市劳动争议仲裁委员会申请仲裁,要求解除与被告签订的劳动合同被驳回。赵丽遂向

---

① 摘自北京法院网,http://bjgy.chinacourt.org。

法院提起诉讼。

法院经审理认为,劳动合同中已对试用期内双方的权利义务作出了明确的约定,该试用期条款合法有效。赵丽的诉讼请求,应予以支持。甲公司应该为赵丽办理解除劳动合同的各项手续,赵丽不必交付违约金。

【案例分析】

本案的关键在于认清就业协议和劳动合同的关系,就业协议不是证明劳动关系的凭证,不能替代劳动合同。

就业协议书一般由教育部门或各省、市、自治区就业主管部门统一制定,其依据是1989年原教育部颁布的《高等学校毕业生分配制度改革方案》和1997年原国家教委制定的《普通高等学校毕业生就业工作暂行规定》。它是明确大学毕业生、用人单位和学校在毕业生就业择业过程中权利和义务的书面协议。其作用在于:就业协议是教育部门制定就业计划、进行毕业生派遣、毕业生将来与用人单位签订劳动合同的依据,尤其是在就业协议中就服务期、违约金等涉及劳动关系存续期间权利义务内容的约定,应在日后订立的劳动合同中予以认可。如毕业生届时到用人单位报到,用人单位未根据预约与毕业生签订劳动合同,则应视为对预约的违反,必须承担预约合同的违约责任。就业协议的效力仅限于对学生就业过程的约定,一旦报到,其使命就已完成。

对于已经签订过就业协议的毕业生,在其正式报到时,双方应按有关法律法规规定及就业协议约定条款,及时订立劳动合同并办理有关录用手续,一旦劳动合同签订并生效,就业协议也就相应终止。而劳动合同的签订即意味着劳动关系的建立,如发生纠纷,则应先诉至劳动仲裁,劳动仲裁及法院处理的依据是劳动法。《劳动法》第16条规定:劳动合同是劳动者与用人单位确立劳动关系、明确双方权利和义务的协议。建立劳动关系应当订立劳动合同。根据上述规定,毕业生与用人单位在签订就业协议时,双方尚未形成劳动关系,所签订的就业协议,不是劳动合同。就业协议的功能在于确保协议一方当事人按照协议到约定地点工作,工作后应该签订劳动合同。就业协议条款没有得到劳动合同的确认,与劳动合同相冲突时,应以劳动合同为准。

【专家提示】

就业协议不能替代劳动合同。很多单位和毕业求职者对就业协议和劳动合同的认知比较模糊,造成双方在签约阶段出现不规范操作,从而引起纠纷。有的用人单位以"签过就业协议就行"为由,逃避签订劳动合同,不明确双方的各种权利义务,侵犯了劳动者的诸多权益;有的毕业生也不提醒用人单位签订劳动合同,其"跳槽"行为将不受用人单位约束,也损害了企业的利益。

【关联法条链接】

《劳动法》第16条

《劳动合同法》第7条

21 劳动者学历造假,能否主张经济补偿金的问题

【分析解答】

一、制作、使用假学历属于违法行为

学历证是国家教育部门承认的,由学校颁发给成绩合格学生的证明学习经历的证件。学历证只能由毕业学校经过招考、学习、考核等严格程序后颁发,学校颁发学历证是国家教育部门授权的,其他任何单位和个人都无权制作学历证。学历证能够证明持有者具有相关教育层次和受教育学校,劳动者持有高层次的学历证,会有更多的就业机会,用人单位也希望拥有高学历层次的劳动者入职。劳动者在与用人单位签订劳动合同前,应当提供给用人单位真实的身份、学历、工作经历和技能等方面的信息。假学历是劳动者提供虚假的学习经历,使用的目的是获取不当利益或就业机会。

二、劳动者使用假学历证签订劳动合同违背诚实信用原则,属于欺诈行为

用人单位在招用劳动者时,往往对劳动者的学历、经验、技能都有比较严格的要求,并且越好的用人单位,越希望招用优秀的高学历人员,用人单位会提供比较丰厚的劳动报酬。劳动者采用隐瞒真实学历层次、提供虚假的学历证书方式,骗取用人单位的信任,致使用人单位与其签订劳动合同,这符合法律关于欺诈的构成要件。

三、劳动者使用假学历证签订的劳动合同不具有法律效力

劳动合同依法订立即具有法律约束力,表明劳动合同订立时必须符合法律规定;而劳动法规定,采取欺诈、威胁等手段订立的

劳动合同为无效的劳动合同,从订立的时候起,就没有法律约束力。

【案情】①

2005年11月4日,彭先生应聘进入上海某机械有限公司,双方签订了劳动合同,劳动期限为3年,彭先生的职务是营业部部长,月薪人民币8000元。2007年9月,公司在核查单位职工学历时,发现彭先生的学历证是假的,遂以彭先生申报的履历有假,所提供的上海财经大学本科学历是伪造的为由解除了与彭先生的劳动合同。当月,彭先生向所在区的劳动争议仲裁委员会申请仲裁,要求公司支付解除劳动合同的经济补偿金1.3万元。

仲裁委员会经审理作出裁定,由公司向彭先生支付解除劳动合同经济补偿金1.2万余元。公司不服,诉至人民法院称,彭先生2005年应聘时向公司提供虚假学历,致使公司与其签订待遇优厚的劳动合同。公司依法解除劳动合同,无须支付经济补偿金。对此,彭先生认为公司根本无法向法院提供所述情况的证明。

原审法院经审理,判决对彭先生要求公司支付1.2万余元解除劳动合同经济补偿金的请求不予支持。彭某不服,向上海市第二中级人民法院提出上诉。

上海市第二中级人民法院认为,用人单位与劳动者订立劳动合同,应当遵循合法、公平、平等自愿、协商一致、诚实信用的原则,用人单位有权了解劳动者与劳动合同直接相关的基本情况,劳动者应当如实说明。经查证,彭先生向公司提供的确为假文凭。因此,彭先生所在公司以彭先生隐瞒真实学历、双方签订的劳动合同

① 案例来源于中国法院网,根据需要做了适当改编。

无效为由解除劳动关系，在此情况下无须向彭先生支付解除劳动合同经济补偿金。

【案例分析】

本案是由劳动者学历造假引发的劳动争议，案中主要涉及的法律问题是：劳动者利用假学历签订的劳动合同的效力如何？

劳动者在就业时需提供真实的个人信息，彭先生提供假学历的行为属于违法行为，也直接侵害了机械公司的合法权利，彭先生无权获得经济补偿金。

结合本案，彭先生为了达到与机械公司签订劳动合同的目的，隐瞒了自己真实的学习经历，谎报了自己的学历，骗取机械公司的信任，致使该公司与其签订了劳动合同，并且每月支付其工资 8000 元。由于彭先生的行为构成欺诈，其与机械公司签订的劳动合同由于违反法律规定，应属无效合同。无效的劳动合同，彭先生不享有相应的劳动权利，公司因彭先生学历造假解除了与其签订的劳动合同，不支付经济补偿金符合法律规定。

【专家提示】

劳动者在与用人单位签订劳动合同时，要遵守诚实信用原则，提供真实的情况，否则可能会因违法而导致合同无效，如发生纠纷，其权益将无法保障。

劳动合同是否有效，不是由合同的哪一方决定的，而是要通过法律途径进行确认才行。在我国，劳动合同效力的确认机关只能是劳动仲裁委员会和人民法院。

【关联法条链接】

《劳动法》第 17 条、第 18 条

22 未签订劳动合同维权途径

【分析解答】

与劳动者签订劳动合同是用人单位的法定义务。

劳动合同是证明劳动者与用人单位建立劳动关系,明确双方之间权利、义务的凭证。《劳动合同法》规定,建立劳动关系,应当订立书面劳动合同。法律把签订书面劳动合同作为签订劳动合同的形式要件,充分说明了书面劳动合同的重要性。

用人单位在签订劳动合同中起主要作用,通常来讲,劳动者希望与用人单位建立劳动关系,对签订劳动合同都是很赞同的,而用人单位为了自己管理便利或规避法律,不交或者少交劳动者的社会保险等费用,想通过这样的不正当手段,达到节省开支等目的,使得在司法实践中,出现大量未签书面劳动合同的劳动者权利被侵害,而无法拿出劳动合同来证明其劳动者身份和所享有的权利,导致维权失败的情况。法律要求双方必须签订书面劳动合同,也是为了减少纠纷,更好地保障劳动关系双方的权利。

《劳动合同法》规定自用工之日起超过1个月未满1年没有与劳动者签订书面劳动合同的,用人单位应当每月支付两倍工资。法律通过对用人单位不签订书面劳动合同,给予其多支付一倍工资的惩罚,是要督促用人单位,严格认真地按照法律规定建立劳动关系,否则将面临高昂的用工成本。

【案情】[①]

四川达州人李某某会焊接技术，在家没事做，就出来打工，2007年9月1日，进入浙江省永康市某门业有限公司从事焊接工作，按计件方式支付工资，双方未签订劳动合同。李某某在公司工作努力，每月的收入都在2000元以上，李某某希望公司与其签订劳动合同，但公司以种种理由予以推托，使得李某某的心里很不是滋味。2008年春节，李某某回老家过年，听到同在外打工的老乡谈起他们在单位的待遇，觉得自己没有签订劳动合同，很多劳动权利都没有享受到。

2008年2月14日李某某回单位继续工作，再次向公司要求签订劳动合同，又遭到了公司的拒绝。5月31日，李某某觉得公司没有给自己应该的待遇，连劳动合同都不签，遂离开该公司。离开公司后，找到劳动行政部门，经咨询得知公司侵犯了自己的劳动权益，向浙江省永康市劳动争议仲裁委员会提起仲裁，要求公司支付两倍工资16,000元。

在仲裁过程中，公司称李某某只是临时在公司做工，双方是劳务关系，所以没有签订劳动合同，李某某要求支付双倍的劳务工资没有法律依据。

永康市劳动争议仲裁委员会经审理，裁决公司支付李某某未签订劳动合同双倍工资8000元。公司不服支付双倍工资的裁决，起诉至浙江省永康市某人民法院。法院审理后认为，原被告之间自用工之日起至被告离开原告单位止，双方从未签订过书面劳动合同，原告应按法律规定向被告支付双倍工资，遂依法判决门业有限公司支付李某某双倍工资8000元。

---

① 案例来源于中国法院网，根据需要做了适当改编。

【案例分析】

本案是由用人单位未与劳动者签订书面劳动合同,引发的劳动争议。案中主要涉及的法律问题是:用人单位未与劳动者签订书面劳动合同,应承担什么法律责任?

用人单位应支付劳动者未签订劳动合同的两倍工资,原因如下:

1. 用人单位应自用工之日起1个月内与劳动者签订书面劳动合同

这是《劳动合同法》对用人单位签订书面劳动合同的时间要求。《劳动合同法》生效之前与用人单位未签劳动协议的,应在该法生效后1个月内与劳动者签订书面劳动合同。李某某是在2007年9月1日起到公司上班的,而《劳动合同法》是在2008年1月1日生效,公司最迟应在2008年2月1日前与李某某签订书面劳动合同,而公司经李某某一再要求,也没有与其签订书面劳动合同,显然是违反法律规定的。

2. 用人单位不签书面劳动合同将承担支付双倍工资的法律责任

李某某依法可获得双倍的工资,自2008年2月1日起至5月31日止解除劳动关系,中间是4个月时间,即李某某可获得4个月的双倍工资,按每月2000元计算,为8000元。这也是法院判决8000元的理由所在。

起算双倍工资是从2008年2月1日起,而不是从2007年10月1日起,这其中涉及《劳动合同法》的生效时间以及适用法律问题。

【专家提示】

用人单位支付劳动者双倍工资,并不是没有限制的,《劳动合同法》规定,用人单位自用工之日起超过1个月不满1年未与劳动者订立书面劳动合同的,应当向劳动者每月支付两倍的工资。从以上规定得知,即使用人单位在用工1年之内没有签订书面劳动合同,那么劳动者最多可获赔11个月的双倍工资。

【关联法条链接】

《劳动合同法》第10条、第14条、第82条

《劳动合同法实施条例》第6条

23 单位是否应当返还违法风险金的问题

【分析解答】

一、用人单位扣取工资作为风险金违背了劳动者意愿

司法实践中用人单位收取或者变相收取风险金的情况很普遍,规避经营风险、降低劳动成本是其收取风险金的主要动机和目的。风险金的叫法很多,比如抵押金、担保金、风险抵押金等。如果劳动者不同意风险金的缴纳,那么用人单位就不与之签订劳动合同或者续签劳动合同,而劳动者又需要这份工作和薪水,只有违背自己的意愿交纳或者被用人单位扣发工资当做风险金时,不作反对表示,但劳动者不同意交纳风险金是毋庸置疑的。

根据《劳动合同法》规定,订立劳动合同,应遵守合法、公平、平等自愿、协商一致、诚实信用原则,在劳动合同履行过程中,任何一方不得给对方强加不合理的条件。用人单位扣工资作风险金,违背了公平、协商一致、诚实信用原则,是不符合《劳动合同法》精神的。

二、单位扣取工资作为风险金违反法律强制性规定

根据《劳动合同法》规定,用人单位招用劳动者不得要求劳动者提供担保或以其他名义向劳动者收取财物。劳动部《关于贯彻执行〈中华人民共和国劳动法〉若干问题的意见》规定,用人单位在与劳动者订立劳动合同时,不得以任何形式向劳动者收取定金、保证(金)。这样的法律规定还很多。用人单位不得收取劳动者风险金贯穿于整个劳动合同期限的始终。

【案情】

电器厂系成都旭光电子股份有限公司下属无法人资格的分支机构，吴某原系电器厂职工，双方于1997年签订了无固定期限劳动合同，合同中对劳动报酬的约定为“甲方（电器厂）根据乙方（吴中华）完成生产工作任务情况、国家的有关规定、本企业工资分配制度，按月核发乙方工资、奖金及津贴、补贴等”。

1999年4月起至2004年4月止，电器厂根据其制定的经济责任考核办法，按月从吴某的工资中扣发部分作为风险金，累计扣发额为7960元。2007年9月24日，吴某向成都市劳动仲裁委员会申请仲裁，要求电器厂及旭光公司返还风险金7960元并支付赔偿金。2007年12月，成都市劳动仲裁委员会作出裁决，认为吴某的仲裁申请已超过60日申诉时效，所以驳回吴某的申诉请求。

吴某于2008年1月2日将电器厂以及旭光公司起诉至成都市金牛区人民法院。2008年3月25日，金牛法院对此案进行了公开审理。电器厂辩称，所谓扣风险金系其单位实行经济责任制后内部的工资制度改革，是将扣除的此部分工资与其工作绩效直接挂钩，通过考核将扣除的部分和计件收入与奖金一并发放给劳动者。法院同时查明从电器厂及旭光公司提交的奖金分配通知、各车间奖金分配表中虽然标注含风险金、考核工资等内容，但其中并没有吴某的签字，而在吴某每月签字领取奖金的名单表中，并未注明含有风险金、考核工资等内容。

最终法院作出一审判决，电器厂应当向吴某返还每月从其工资中扣发的部分共计7840元，同时按照《违反和解除劳动合同的经济补偿办法》规定，法院要求电器厂应向吴某支付25%的经济补偿金，旭光公司对电器厂的上述支付义务承担连带责任，同时应当在判决生效之日起10日内向吴某支付上述款项。对吴某的其他诉讼请求法院予以了驳回,同时此案受理费10元由电器厂负担。

【案例分析】

本案是由用人单位在劳动合同履行过程中,将劳动者工资扣作风险金而引发的劳动争议,案中涉及的主要法律问题是:用人单位能把劳动者的工资扣作风险金吗?

用人单位将工资扣作风险金的行为没有法律依据,用人单位又不能证明所扣取的风险金已在劳动者的奖金中发放,应当依法予以返还,人民法院依据当时的法律规定判决是正确的,具体分析如下:

电器厂在吴某每月的工资中扣取一部分作为风险金,就属于法律明令禁止的行为。电器厂扣取风险金的行为不仅违反了法律强制性规定,还是被法律打击的对象。

电器厂扣收劳动者风险金的行为违法,违法行为是不发生法律效力的。电器厂在诉讼中主张扣取的风险金随奖金一同发给了劳动者,却没有提供证据证明,希望混淆风险金与奖金,掩盖其违法行为。无效的法律行为自始无效。电器厂应当将扣发吴某的风险金予以足额返还。

【专家提示】

用人单位可以通过好的福利待遇、严格的规章制度、舒适的工作环境、更多的提升机会等方法,来降低劳动成本、避免经营风险。试想如果一个用人单位各种待遇和条件都比较好,哪个劳动者会反对在这样的单位好好工作呢?

【关联法条链接】

《劳动合同法》第3条、第9条

劳动部《关于贯彻执行〈中华人民共和国劳动法〉若干问题的意见》第24条

24 用人单位将工资融资入股合法性问题

【分析解答】

公司采用工资融资入股的方法,可能是出于不想每月支付货币,也可能是为了加强公司与劳动者之间的关系,或者是公司起步时期支付能力差,但无论何种原因,公司都应当将工资足额支付给劳动者。如果真的确实需要采用员工持股的方式,也需要劳动者完全同意,公司将工资支付给本人后,再由本人根据意愿购买公司股份。根据《工资支付暂行条例》规定,工资应当以货币形式,按月支付给劳动者本人,不得以实物或者有价证券等形式代替货币支付。

【案情】①

冯女士与另两位股东共同出资在2006年注册成立范特西公司。在公司的筹备阶段,公司与股东之一冯女士签订了劳动合同和《员工持股协议书》。根据约定,冯女士担任公司创意总监职务,月工资7474元。公司按照每股3.15元价格向冯女士等股东进行"工资融资",也就是相当于冯女士每月用7474元的薪水进行投资。公司成立后,冯女士按劳动合同履行工作职责,公司每月都将冯女士的工资进行融资入股。冯女士曾多次要求公司将工资发放给自己,均遭到公司以各种理由推托。2007年9月中旬,冯女

① 案例来源于《北京晚报》,根据需要做了适当改编。

士离职,此后向北京市西城区劳动争议仲裁委员会申请劳动仲裁,要求公司支付其一年的工资89,688元及25%的经济补偿金。

西城区劳动争议仲裁委员会支持了冯女士的申诉请求。范特西公司认为,劳动法并不禁止劳动者根据自己的意愿对工资进行处分。按照仲裁的裁决,冯女士毁约,并从公司财产中抽回资金,侵犯公司的利益。因此起诉至北京市西城区人民法院,要求不支付冯女士工资及补偿金。

冯女士在法庭上辩称,公司将企业向股东增发股权和支付工资混为一谈,工资与股权是两个完全不同性质的概念,不能互相取代。她不应因是公司股东而无权获得劳动报酬。公司事先约定工资是股东的出资,属于无故扣发员工工资的行为。

法院认为,工资应当以货币形式按月支付给劳动者本人,不得以实物或者有价证券等形式代替货币支付。工资支付必须用现金支付,不允许当事人以协议的方式予以变更。范特西公司以发放持股凭证的形式代替货币向员工支付工资,违反了法律的规定,应承担相应的法律责任。至于双方的股权纠纷,可另行解决。因此,公司应依法向冯女士支付工资89,688元,并支付拖欠工资的补偿金22,422元。

【案例分析】

本案是因用人单位将劳动者的工资转为股份而引发的劳动争议。案中涉及的主要法律问题是:公司将劳动者的工资融资入股是否合法?

公司应当将劳动者的工资按月足额发放给劳动者,范特西公司将工资融资入股的行为不符合法律规定,应将冯女士的工资进行支付,理由如下:

一、冯女士既是公司股东,又是公司的劳动者

在范特西公司筹备阶段,公司即与冯女士签订了《劳动合同》和《员工持股协议书》,约定冯女士是公司的职员,同时持有公司股份。也就是说,冯女士在公司具有双重身份,既有劳动者的权利和义务,又享有公司股东的权利和义务。冯女士在公司的收入也分为两部分,一部分是冯女士作为公司员工给付劳动而依法获得的劳动报酬,另一部分是冯女士作为公司股东依法享有分配股息和红利的权利。

二、公司将工资融资,违背了冯女士的真实意愿

冯女士在筹备公司阶段,虽然与公司签订了《员工持股协议书》,但在后来的履行过程中,冯女士每月的劳动报酬被公司转股后,只是在公司股份的增加,而本人并没有持货币在手,冯女士对公司持续将其工资融资入股是不赞同的,并且向公司提出了变更要求,希望公司将其工资按月发放,也就是冯女士在提议发放工资时,将工资融资已经不是冯女士的真实意愿。

由于冯女士的工资是按月产生,转股行为也是按月执行,公司至少应在冯女士提出异议后,与其协商工资发放或者转股问题。公司在未征得冯女士的同意的情况下进行的工资转股,违背了冯女士的真实意思表示,侵犯了冯女士的合法权益。虽然劳动法不禁止劳动者根据自己的意愿对工资进行处分,但案中冯女士向公司要求发放工资也是对工资处分的行为。

三、公司将工资融资入股的行为违反了法律规定

根据《工资支付暂行条例》规定,工资应当以货币形式,按月支付给劳动者本人,不得以实物或者有价证券等形式代替货币支付。本案中公司并没有将冯女士的工资以货币的形式支付给冯女士本人。而是根据与冯女士签订的《员工持股协议书》以冯女士的工资进行了融资入股,是以有价证券的形式代替了货币,对冯女士进行了支付。公司与冯女士签订的《员工持股协议书》关于工资融资的规定,违反了法律中的强制性规定,属于无效条款。公司应当对自己违法将工资融资的行为进行改正,将冯女士的工资以货币形式支付给她本人。

【关联法条链接】

《劳动合同法》第 85 条

《工资支付暂行规定》第 4 条、第 5 条

25 用人单位能否撤销聘用通知书的问题

【分析解答】

对于在签订劳动合同之前的要约和承诺,虽然在劳动类法律法规中没有规定,但不等于过错方就可以免责,权利被侵害方照样可以依照《合同法》等法律规定,维护合法权益。

【案情】①

刘小姐任职于一家装饰材料公司,职位是公司的部门经理。2007年12月14日,刘小姐通过应聘收到了某进修中心以电子邮件形式发来的《聘用通知书》,告知她已被录用,通知书中同时写明报到日期、时间、联系人以及刘小姐的职位、试用期、月薪等。其中在报到须知中明确“根据您目前的情况,我们希望您:尽快办妥您现公司的所有辞职手续”。

次日,刘小姐便向原公司递交了辞呈,辞去月薪8000元的部门经理工作。原装饰材料公司为刘小姐出具退工单。然而,让刘小姐万万没有想到,就在12月18日规定报到日的前一天,她竟接到进修中心撤销录用的电话通知。气愤不已的刘小姐第二天前去进修中心要求对方按《聘用通知书》办理录用手续,遭到中心拒绝。

2008年1月,身陷失业困境的刘小姐向劳动争议仲裁机关申

① 案例来源于中国法院网,根据需要做了适当改编。

请仲裁，仲裁机关以进修中心非仲裁主体为由未予受理。于是，刘小姐向法院提起诉讼，要求进修中心赔偿3个月的工资损失2.4万元、社保费损失9756元、年终奖损失2000元，共计35,756元。对此，进修中心并未否认发出《聘用通知书》的事实，但认为12月17日电话通知刘小姐撤销录用，其撤销要约的通知先于刘小姐同意的承诺，要约撤销行为有效。同时，进修中心对刘小姐的损失提出质疑。

一审法院经审理，判决进修中心向刘小姐赔偿3个月的工资损失2.4万元。进修中心不服，向上海市第二中级人民法院提出上诉。上海市第二中级人民法院审理后认为，原审法院认定事实清楚，判决并无不当。维持了一审判决，驳回了进修中心的上诉请求。

【案例分析】

本案是因用人单位撤销录用通知引发的劳动争议。案中主要涉及的法律问题是:用人单位的聘用通知能否撤销?

进修中心撤销聘用通知的行为不符合合同缔结的规定，侵犯了刘小姐的合法权益，给其造成了经济损失，应当依法予以赔偿。具体理由如下:

一、进修中心向刘小姐发出的电子邮件《聘用通知书》，属于建立劳动关系的要约

该《聘用通知书》明确表示刘小姐已被录取，并明确了报到日期、时间、联系人以及刘小姐的职位、试用期、月薪等关于劳动合同的关键内容，并且表示希望刘小姐尽快办妥现公司的所有辞职手续。其聘用通知的内容已经表述了劳动合同的关键项目和内容，目的是希望尽快与刘小姐建立劳动关系，意思表示十分具体，完全符合建立劳动关系的要约要件。

二、进修中心发给刘小姐的《聘用通知书》已经发生法律效力

法律规定,要约自到达受要约人时生效。刘小姐在收到《聘用通知书》,知道其中的内容时,该《聘用通知书》就发生了要约的法律效力。

三、刘小姐并未对要约作出承诺

法律规定,针对要约,承诺作出,到达要约人时,双方的合同成立。并且法律要求承诺必须以明示的方式向要约人作出。刘小姐在同意《聘用通知书》的内容时,应当立即向进修中心作出同意的意思表示,实际上刘小姐并没有作出承诺,而是以最快的速度与原公司解除了劳动合同。

四、进修中心撤销《聘用通知书》的通知,在刘小姐解除了与原公司劳动关系后告诉了刘小姐

进修中心聘用刘小姐的通知依法是可以撤回或撤销的,撤回的通知必须在聘用通知到达刘小姐之前或与聘用通知同时到达刘小姐处,才发生撤回要约的法律效力,即要约无效。而撤销聘用通知的通知必须在刘小姐作出承诺之前到达刘小姐,才发生撤销要约的法律效力。进修中心确实在刘小姐作出承诺前向其送达了撤销要约的通知。但进修中心的《聘用通知书》中明确有报到时间,也就是存在承诺期限,刘小姐已经与原公司解除了劳动合同,并已经为履行合同做了准备工作,符合法律关于要约不得撤销的情形。

五、进修中心撤销聘用通知的行为无效,给刘小姐造成的损失应当赔偿

进修中心的要约属于不得撤销的情形,因而进修中心无权撤销发给刘小姐的《聘用通知书》,但在刘小姐与原公司解除劳动关系后,进修中心又不与其签订劳动合同,属于缔约过失行为,进修中心应当根据过错，承担刘小姐的经济损失。

【关联法条链接】

《劳动合同法》第3条

26 用人单位能否擅自变更工作岗位和报酬的问题

【分析解答】

一、用人单位与劳动者依法订立的劳动合同受法律保护

劳动合同在签订后,合同双方当事人就应当对约定的劳动合同内容,全面、如实地履行义务,行使权利。而履行劳动合同,必须遵守两个原则:(1)实际履行原则。就是用人单位和劳动者,必须以自己的行为来履行合同中应由自己承担的义务,而不能通过合同外的义务来代替合同义务。(2)全面履行原则。劳动合同的签订方,应该对工作岗位、劳动报酬、时间、劳动保护等约定方面全面履行,完成自己所承担的义务。

二、劳动合同可依双方的协商进行变更

劳动合同的变更必须同时具备以下三个条件:(1)劳动者或用人单位在平等、自愿的基础上提出变更劳动合同的条件;(2)双方必须对变更的条件协商一致,而不是一方将自己的意愿强加给对方;(3)劳动合同变更的内容和程序要遵守法律规定。

所以说用人单位不能擅自变更工作岗位和报酬。

【案情】①

2006年4月28日,靳女士与上海某工程项目资产管理有限公司签订《劳动合同书》,合同期限为3年,自2006年4月2日至

① 案例来源于中国法院网,根据需要做了适当改编。

2009年4月2日止，其中试用期是3个月。该合同约定，公司安排靳女士从事项目协调经理及其相关岗位的工作，公司如因工作需要，可以调换靳女士的工作岗位，靳女士的工资是每月5500元，根据工作业绩，公司将给予一定的奖金。靳女士入职后，在工作上表现出色，单位对靳女士也比较满意；2006年12月5日，公司经理找到靳女士，说公司现在行政人事部经理职位空缺，希望靳女士担任这个职务，靳女士在得知薪酬待遇没有变化的情况下，同意公司的建议，公司下书面决定，通知靳女士的职位改为行政人事部经理。靳女士在担任行政人事部经理期间，工作中主要是涉及人事问题，其办理的几次人事安排决定公司不是很满意。

2007年12月3日，公司总经理童某突然发出书面决定，通知免除了靳女士的行政人事经理职务，并要求靳女士当日即向他人移交工作。靳女士找到公司总经理童某申辩，自己在工作中并没有出现错误事项，单位为何要免除自己的职务，童某的回答说是公司的决定和安排，她无权过问。2007年12月6日，公司随即又发出工作调动通知，决定由靳女士担任前台行政助理，并自12月7日起，靳女士每月薪水调整为税前1600元。这一调动后，使得靳女士收入只有原来的30%。靳女士再次找单位申辩无果，无奈于2007年12月5日，靳女士向劳动仲裁部门申请仲裁，请求撤销公司关于免除其行政人事经理职务的决定，恢复其行政人事经理的职务和报酬，劳动仲裁部门未予受理。靳女士于2007年12月7日向法院提起诉讼，请求撤销公司关于免除其行政人事经理职务的决定，恢复其行政人事经理的职务和报酬。

人民法院经审理，认为公司变更靳女士职务和报酬的行为没有事实和法律上的依据，判决撤销公司于2007年12月3日作出的免除靳女士行政人事部经理职务的决定，靳女士恢复原工作岗位。

【案例分析】

本案是因用人单位擅自变更劳动者的工作岗位和劳动报酬而引发的争议,本案主要涉及的法律问题是:用人单位是否有权单方变更劳动者的工作岗位和报酬?

公司擅自改变靳女士的工作岗位和劳动报酬,没有经过靳女士许可和同意,也不符合法律规定,属于无效行为,具体理由如下:

一、双方达成合意可变更工作岗位

本案中靳女士由原来劳动合同中约定的项目协调经理职务,变更为行政人事经理职务,就是双方协商一致的情况,这个关于靳女士的职务变更符合法律规定,发生合同变更的法律效力。

二、用人单位不得单方变更劳动者的工作岗位

为保障劳动关系的稳定性,我国法律规定,劳动合同的变更必须经过双方协商一致。虽然在劳动合同中约定公司如因工作需要,可以调换靳女士的工作岗位,但合同的这款约定因违反了劳动法律规定,而会导致无效,公司并不得据此任意变更靳女士的工作岗位。公司如想变更靳女士的工作岗位还需要与其协商一致方可。然而公司将靳女士的行政人事经理职务免除和调任前台行政助理,并且将靳女士的工资由5500元调整为1600元,既没有和靳女士商量,也没有达到靳女士的认可,违反了法律规定,同时侵害了靳女士的劳动权利,靳女士通过法律,维护了自己的合法权益。

【专家提示】

法律对用人单位变更劳动者岗位虽然作出了规定,但劳动者并不是因此就能够坚守着合同约定的岗位。如果劳动者不能胜任该岗位的工作,经用人单位培训仍不能胜任,用人单位可依法解除劳动合同,劳动者要有份好的工作和收入,还需要依靠自己的知识和能力。

【关联法条链接】

《劳动合同法》第29条

《劳动法》第17条、第19条

最高人民法院《关于审理劳动争议案件适用法律若干问题的解释》第5条

27 关于如何认定用人单位网上通知续聘的效力问题

【分析解答】

签订劳动合同必须符合法定形式

根据《劳动法》规定,劳动合同可以采用书面形式,也可以采用其他形式。这里的其他形式中就包含了口头形式,在司法实践中,出现了大量因口头劳动合同无法证明而引发的劳动争议。2008年1月1日施行的《劳动合同法》规定,订立劳动合同应当采用书面形式。这里的书面形式,是指订立的劳动合同能以文字或电子符号等可记录能证明的形式存在的。这就包含了传真、电子邮件等。

因此如何认定用人单位网上通知续聘的效力,主要是看网上通知的内容,是否构成劳动合同。

【案情】①

张先生是中科院某研究所职工,2000年5月22日他和单位签订了4年期聘用合同,约定聘用期限至2004年5月22日止。2004年3月,该研究所在其内部管理网站上发布了《关于做好续订聘用合同工作的通知》,该通知明确了续签聘用合同的人员范围是:2000年5月同研究所签订《聘用合同》及《岗位聘任合同》且合同期限即将届满的人员,续签合同的生效时间和期限为:原聘用合

① 案例来源于中国法院网,根据需要做了适当改编。

同终止之日的第二天生效、聘期为4年。该通知还对聘用合同的续签工作日程进行了说明。张先生认为自己符合续签聘用合同的人员范围,依据上述通知的规定,自己与研究所的聘用合同已经续签到2008年5月,因此并没有与单位另行办理续签聘用合同的手续。

2005年9月19日,自张先生的前一个聘用合同期满已经一年多了,张先生却意外地被研究所告知:单位已经决定自2006年3月1日起终止双方聘用关系。2006年4月,张先生向北京市某区劳动争议仲裁委员会申请仲裁,2006年5月该委作出决定,以申请日期超过规定期限为由,决定不予受理申诉。张先生不服仲裁委员会的决定,向区人民法院提起诉讼,要求原单位支付违约金、解除聘用关系的经济补偿金及额外经济补偿金共计8万余元。

法院认为,2005年9月19日张先生收到该通知后,即应当知道其合法权益是否受到侵犯,应在法定期限60天内向仲裁机构提出申诉,其在2006年4月才提出申诉已经超过诉讼时效。而在张先生与原单位签订聘用合同期满后,双方未办理续聘或终止聘用关系的手续,张先生仅依据单位内部网上发布的续聘通知,认为双方聘用合同应延续至2008年,没有事实及法律依据,因此驳回了张先生的诉讼请求。

【案例分析】

本案是由用人单位网络通知续聘,劳动者认为适用自己而引发的劳动争议。案中涉及的主要法律问题是:研究所在内部管理网上发布续聘通知的效力如何?

研究所在内部管理网上发布续聘通知,不具有与张先生续签劳动合同的效力。但依据《劳动合同法》,张先生可获得经济补偿

金。理由如下:

一、研究所内部网发布续聘通知,属于通告性质

研究所经研究通过《关于做好续订聘用合同工作的通知》,是研究所对一定时间范围之内的工作人员,劳动合同到期后如何处理的计划,在研究所内部网发布,是要通告大家知道单位作出了续签聘用合同的决定。该通知面对的是研究所不特定的人员,虽然续聘工作针对的是单位中某个时间段签订聘用合同的人员,但不符合建立劳动合同劳动者与用人单位都特定的特点。

二、张先生认为已按通知续签了聘用协议,属于认识错误

研究所发布通知属于续签聘用合同的要约邀请,要约邀请是向不特定人群发出,希望对方与自己订立合同的意向。张先生应当在2004年5月22日原聘用协议到期时,及时地联系研究所续签聘用协议,或者在看到续聘通知后,向研究所了解聘用协议续签的具体程序和事项。张先生单凭自己的主观判断,认为自己已完成了与单位聘用协议的续签,是明显的认识错误。在2005年9月19日收到研究所终止聘用关系通知时,应当知道权利被侵害。

三、研究所也存在明显过错

研究所在2004年5月22日张先生的聘用合同到期时,应当通知张先生并且就是否续签聘用合同进行协商,同意续聘,应当订立聘用合同;不同意续聘,则应当办理聘用合同终止手续。根据《违反〈中华人民共和国劳动法〉有关劳动合同规定的赔偿办法》用人单位在劳动合同到期后,故意不及时续订劳动合同的,对劳动者造成损害,应当赔偿劳动者损失。

【专家提示】

如果本案发生在《劳动合同法》施行以后,研究所与张先生聘用合同到期后,张先生继续在研究所工作,直到研究所通知张先生终止聘用关系,这期间双方形成的是事实劳动关系,研究所主张终止双方聘用关系,应当支付解除劳动合同的经济补偿金。

【关联法条链接】

《劳动合同法》第 48 条
《劳动法》第 98 条

28 关于能否随意解除无固定期限劳动合同的问题

【分析解答】

一、无固定期限劳动合同是用人单位与劳动者约定无确定终止时间的劳动合同

无固定期限劳动合同制度,是立法者出于对劳动合同双方的共同利益考虑而设定的。这种劳动合同,将劳动者与用人单位的关系更紧密地联系在了一起,对于工作保密性强、技术复杂、工作又需要保持人员稳定的岗位比较适合。这种合同有利于用人单位维护其经济利益,减少频繁更换关键岗位的关键人员而带来的人力成本的增加。对于劳动者,也有利于实现长期稳定职业,钻研业务技术。

二、无固定期限劳动合同的签订条件法律作了严格规定

根据《劳动合同法》规定,无固定期限劳动合同可以由双方协商约定。以下三种情况,劳动者提出订立无固定期限劳动合同的,应当签订无固定期限劳动合同:(1)劳动者已在该用人单位连续工作满10年的;(2)用人单位初次实行劳动合同制度或者国有企业改制重新订立劳动合同时,劳动者在该用人单位连续工作满10年且距法定退休年龄不足10年的;(3)连续订立二次固定期限劳动合同且劳动者没有《劳动合同法》第39条规定的情形续订劳动合同的。

综上所述,用人单位不可以任意解除无固定期限劳动合同。

【案情】[1]

1994年9月,30岁的李某被辽宁省沈阳市一家证券经纪有限公司聘用,从事内勤工作。这一干就是13年多,总共跟公司签订了13份劳动合同,一年签一次。2008年4月份的一天,眼看着要签下一份劳动合同了,李某却意外地被公司经理通知,公司即将合并,在合并前要解除和李某的劳动合同。

李某当即向经理表示反对。然而次日上班时,公司的保安表示已经接到经理的通知,不允许李某再进入办公区。这13年来,李某在工作中兢兢业业、认真仔细,把最美好的年华都贡献给了这家经纪公司,没有出现过任何违约、违纪或不良现象。想不通的他来到沈阳市职工维权中心。工作人员建议他让单位出一份书面的辞退决定,李某要求公司出具辞工决定,遭到公司拒绝。

无奈之下,既郁闷又愤怒的李某向沈阳市仲裁委员会提起仲裁,讨要说法。李某的代理律师在仲裁庭上说:"我的当事人已在被诉人处连续工作满10年,根据《劳动合同法》,符合订立无固定期限劳动合同的条件。"

证券公司方面则辩称,该经纪公司只是证券总公司的下属分公司,对人事没有决定权,是根据总公司的决定解聘员工李某,并且李某的工作由单位的其他员工分担,李某合同到期后,公司不再安排相应岗位给李某,也就不再与其签订劳动合同了,所以公司也不该承担任何责任。

沈阳市仲裁委认为,证券公司无故开除工作十多年的职工,没有法律依据,应纠正。为此,裁定证券公司要与李某签订无固定期

① 案例来源于中国法院网,根据需要做了适当改编。

限劳动合同,并承担仲裁费,支持了李某的合法请求。

【案例分析】

本案是因用人单位要与工作了13年的劳动者解除劳动关系,而引发的劳动争议。案中主要涉及的法律问题是:用人单位哪种情况下应与劳动者订立无固定期限劳动合同?

经纪公司辞退李某的理由不符合法律规定,应认定辞退李某的决定无效,裁决经纪公司与李某签订无固定期限劳动合同是正确的。具体分析如下:

一、李某的情况符合法律规定的无固定期限劳动合同的适用

李某从1994年9月起至2008年4月,在经纪公司已经连续工作了13年时间,符合法律关于签订无固定期限劳动合同的条件。除非李某拒绝签订无固定期限劳动合同,否则经纪公司都应当与其签订。

二、经纪公司辞退李某不符合法律规定

用人单位辞退劳动者,应当依法进行。《劳动合同法》中对用人单位可解除劳动合同的情形作了细致的规定,通常是由于劳动者无法胜任工作,或者有过错、严重违反规章制度等原因,用人单位解除劳动合同才合法。在本案中,经纪公司以李某的工作由其他员工分担为由,免除了李某在公司中的工作职位,李某本身并不存在过错。而用人单位的辞退理由比较牵强,不符合法律规定,应当认定辞退李某的决定无效。

三、经纪公司应与李某签订无固定期限劳动合同

经纪公司辞退李某的理由不符合法律规定,李某在经纪公司工作13年,又符合订立无固定期限劳动合同的条件,李某在提出与经纪公司签订无固定期限劳动合同时,经纪公司应当与其签订。

【专家提示】

许多劳动者认为无固定期限劳动合同是“铁饭碗”、“终身制”,把它当成自己的“护身符”,这样的理解是不对的。无固定期限劳动合同只是劳动合同期限没有限定,而不是劳动合同终身得到保障。劳动者在履行劳动合同期间,违法或者因过错给用人单位造成损失、严重违反用人单位规章制度的,用人单位照样可以单方解除劳动合同。

【关联法条链接】

《劳动合同法》第 14 条

29 同一天订立内容不同的劳动合同效力认定问题

【分析解答】

在同一天订立内容不同的劳动合同,如果不能确定合同签订的先后顺序,就应该从合同本身的内容合法性以及与《劳动法》、《劳动合同法》的契合度去考量,切实保护劳动者的合法权益。

【案情】①

王某原系北京某合资公司员工,1995 年入职该公司,并与公司于 2005 年 12 月签订无固定期限劳动合同。依据合同约定,王某每月工资 2200 元,王某的工作内容是业务员,经常要从事外勤工作,在劳动合同中约定王某在职期间每月享受 1500 元车费报销。由于合资公司管理方面的原因,加上行业竞争,导致公司出现经营业绩下滑,虽然公司业务员加大了推销力度,但是收效甚微,发展到后来,公司出现经营亏损状况,从 2006 年年初公司开始拖欠王某的车费报销款。2007 年 8 月,公司拖欠王某的车费累计达到了 2700 元,王某一再向公司要求报销车费,但公司总是以业绩下滑、经营亏损为由,请求王某理解、支持工作,和公司并肩奋斗。王某在多次要求报销车费无效的情况下,无奈于 2008 年 2 月 25 日向北京市丰台区劳动仲裁委员会申请仲裁,要求公司支付拖欠的车费。

---

① 案例来源于《法制日报》,根据需要做了适当改编。

对于王某的主张,公司作出如下答辩:由于发现在王某的档案中保存有在同一天签订的,但内容不一致的两份劳动合同,在两份合同中只有一份劳动合同中有关于报销车费的规定,但无法确认哪份合同有效,所以拒绝履行合同约定。

在庭审中,公司提交了两份由单位和王某在同一天签订的劳动合同,其中关于工资、无固定期限劳动合同、休息休假、工作岗位等都规定相同,在劳动福利待遇和车费报销方面两份劳动合同规定不同。法院经过审理,认为用人单位和劳动者在同一天签订的两份劳动合同中,只有一份属于合法的劳动合同,在无法认定哪份劳动合同签订的时间最新的情况下,优先适用劳动保障完善、各方面待遇充分的劳动合同有利于维护劳动关系的持续发展,也有利于维护劳动者的合法权益,判决认定有车费报销条款的劳动合同有效,合资公司应当承担支付拖欠车费的责任。判决后,合资公司不服,认为该判决在认定哪份合同有效性的问题上,没有法律依据,从主观出发,并没有站在公平的角度去考虑用人单位的合法权益,判决显失公平,要求二审法院依法改判认定另一份合同有效,并驳回王某的诉讼请求。

二审法院经过审理,认为一审法院认定事实清楚,适用法律正确,判决合法合理,判决维持一审法院判决,驳回合资公司的上诉请求。

【案例分析】

本案是由用人单位和劳动者在同一天签订了两份内容不同的劳动合同,就报销车费规定不同而引发的劳动争议,案中涉及的主要法律问题是:如何认定同一天签订的两份内容不同的劳动合同哪份有效?

有报销车费规定的劳动合同,比较符合王某的工作情形和特点,更有利于保护王某合法的劳动权益依法不受侵害,应当认定有车费报销内容的劳动合同合法有效。认定该合同有效,合资公司就应当根据合同约定,承担报销车费的法律责任,法院的判决是正确的,具体是这样分析的:

一、王某与合资公司之间属于劳动关系

王某与合资公司是在履行无固定期限劳动合同过程中发生的纠纷,虽然两份合同对车费的报销内容有不同的约定,但对于王某与合资公司之间属于劳动合同关系以及双方属于无固定期限劳动合同关系都是予以认可的。即使车票的报销会导致劳动合同的无效,但顶多也是合同的某项条款的无效,而不可能导致两份劳动合同都无效,王某与合资公司之间的劳动关系不受认定哪份劳动合同的影响。

二、报销车费属于王某的劳动条件之一

劳动条件是用人单位为劳动者提供的,方便劳动者从事生产劳动的场所、工具、资金、劳动待遇的总称。用人单位提供劳动条件的目的是让劳动者更方便地开展劳动,为用人单位创造更多的经济价值;而劳动者获得相应的劳动条件也是某些工作开展的必备环节。所以《劳动合同法》将劳动条件作为劳动合同的必备款项,必须由用人单位提供。但劳动条件的提供并不是任意的,而是受用人单位条件以及相关工作特点所限,但劳动者的人身健康劳动条件是用人单位必须予以保障的。

三、报销车费是用人单位为劳动者提供劳动条件的约定俗成

劳动者开展外勤工作的目的是开拓业务,为用人单位保障或获取更大的经济利益。交通是劳动者开展外勤工作必须用到的方式,而交通费的支出是劳动者的必要支出,这个支出并不是劳动者为了满足自己的需求而支出,而是为了用人单位,用人单位是车费支出的真正受益人,由用人单位支付车费是天经地义的事情。即使法律没有明确约定车费由用人单位支出,那么根据惯例和约定俗成的劳动关系习惯,由用人单位支付车费合情合理。

四、应当认定报销车费的劳动合同有效

如果在同一天签订的劳动合同,能够区分签订的顺序有先后之分,那么认定后签订的劳动合同有效,是无可厚非的。但在无法确定哪份劳动合同先订立,哪份劳动合同后订立时,就要考虑哪份劳动合同对劳动者的保护更加完善,哪份合同能体现出公平、合理的劳动法原则来。存在报销车费条款的劳动合同显然在维护劳动者权益这方面,存在更多的内容,更有利于保护劳动者的权益,更符合《劳动合同法》的立法宗旨,应当认定该劳动合同有效。

【专家提示】

类似于本案所遇到的法律问题的案件比较少,但不会出现两份内容不同的劳动合同都承认其有效的可能,只能认定其中一份符合法律规定,如果无法确定劳动合同订立的时间先后,那只有根据劳动合同内容的合法性,以及从《劳动合同法》的立法原则出发进行考虑。

【关联法条链接】

《劳动合同法》第 1 条、第 3 条

30 在职期间另开公司是否构成竞业禁止的问题

【分析解答】

竞业禁止又称同业禁止,是指义务人不得自营或为他人经营与其任职或原任职企业相同或类似的营业。自营即为自己经营,包括为自己独资或参股的企业经营;为他人经营,是指为自己不是出资者但却从中获取经营报酬的企业经营。二者均可能损及企业利益,有违其对任职企业所负的忠实义务。

并不是所有的人都需要承担竞业禁止的义务,根据《公司法》规定,现行法定竞业禁止的义务主体有:(1)中外合资经营企业的总经理、副总经理;(2)有限公司及股份有限公司的董事、经理;(3)国有独资公司的董事长、副董事长、董事、经理;(4)合伙企业的所有合伙人。

综上所述,并不是所有劳动者都能成为竞业禁止条款限制的主体。

【案情】①

2003年12月5日,刘女士与德众万全公司签订了一份有效期至2006年12月4日的劳动合同,刘女士的职位是前台,月薪780元,双方同日签订了一份《保密与同业禁止协议》,约定刘女士应当保守公司的商业秘密,并且不能从事与公司相同的经营业务,违

① 案例来源于中国法院网,根据案情需要做了适当改编。

反约定应承担20万元的违约金。后双方续订劳动合同至2007年12月4日。2007年7月13日,德众万全公司单方以违反《保密与同业禁止协议》为由解除了与刘女士的劳动关系。刘女士随后向劳动仲裁委员会申请仲裁,仲裁期间德众万全公司提供了工商档案登记认定刘女士参与发起聚德阳光公司。劳动仲裁委员会作出由刘女士承担同业禁止违约金20万元的巨额赔偿。刘女士认为,双方签订的《保密与同业禁止协议》显失公平,应当依法撤销。因刘女士不服仲裁裁决,故诉至法院,请求判令刘女士无须向德众万全公司支付同业禁止违约金20万元、依法撤销《保密与同业禁止协议》。

法庭上,德众万全公司辩称,双方签订的劳动合同及《保密与同业禁止协议》是真实意思表示,不存在显失公平的问题。刘女士于在职期间出资设立聚德阳光公司违反了双方签订的《保密与同业禁止协议》的规定。因此不同意刘女士的诉讼请求。

法院经审理认为,刘女士在与德众万全公司存在劳动关系期间参与发起设立聚德阳光公司的行为违反了《保密与同业禁止协议》的约定义务,其应承担违约责任。但因协议约定的违约金数额明显过高,故法院将根据刘女士的过错程度酌定其应承担的违约金数额。最后,法院判决刘女士向德众万全公司支付同业禁止违约金5万元。宣判后,双方当事人未明确表示是否上诉。

【案例分析】

本案是由劳动者在职期间,在工作单位以外设立公司而引发的劳动争议。案中涉及的主要法律问题是:劳动者在职期间是否要承担竞业禁止的限制责任?

刘女士与公司签订的《保密与同业禁止协议》中,有关于刘女士不能从事与公司相同的经营业务的规定,由于刘女士不符合竞业禁止的主体资格,该协议当属无效协议,刘女士不应当承担违约责任。并且根据《劳动合同法》规定,刘女士也不用承担违约责任,具体理由是:

一、刘女士不属于竞业禁止的义务主体

《公司法》中关于竞业禁止的规定主要是针对公司的高层人员,刘女士作为公司的前台,不属于能接触到公司秘密和能够侵害相同经营项目的人,所以不应当承担违约责任。

二、刘女士与公司签订的《保密与同业禁止协议》,不符合《劳动合同法》中关于竞业禁止的规定

根据《劳动合同法》规定,用人单位可以在劳动合同或者保密协议中与劳动者约定竞业限制条款,竞业禁止的对象只能是本单位中接触商业秘密的职工,特别是那些技术含量高的企业中的主管人员和科技人员。通常包括以下人员:(1)企业的技术研制、开发、利用人员;(2)企业的董事、财务总监、经理等;(3)办公室主任、部门经理、档案管理人员等。刘女士作为公司前台,不属于以上人员,不符合竞业禁止人员的主体资格。

用人单位与劳动者约定的竞业禁止条款,是双方约定在解除或者终止劳动合同后,用人单位在竞业限制期限内按月给予劳动者经济补偿,劳动者违反竞业限制约定的,应当按照约定向用人单位支付违约金。竞业禁止义务是劳动者在解除或者终止劳动合同后开始履行的义务,并且竞业禁止的承担以用人单位支付经济补偿为前提条件。刘女士设立公司是在职期间,不符合《劳动合同法》中竞业禁止的生效规定,刘女士不应承担竞业禁止的义务。

三、刘女士与公司签订的《保密与同业禁止协议》不符合法律规定

双方签订的《保密与同业禁止协议》由于违反了《公司法》中

关于竞业禁止的主体规定,同时违反了《劳动合同法》中规定的竞业禁止的设立时间和生效条件,不发生法律效力。所以刘女士依法不应当承担违约责任。

【专家提示】

竞业禁止义务属于一种默示义务,双方无须特别约定,是劳动者基于劳动关系而应当对用人单位负有的忠实义务。这是由劳动者承担的职业道德所要求的,劳动者在劳动合同有效期内负有不得从事损害用人单位利益的活动的义务。但是竞业禁止的违约金则有比较严格的规定,应当加以区分。

【关联法条链接】

《劳动合同法》第 23 条、第 24 条

31 劳动者能否拒绝补签竞业限制条款的问题

【分析解答】

在合同的履行过程中,要求劳动者签订竞业限制条款属于劳动合同的变更,根据《劳动合同法》第35条的规定,用人单位应与劳动者协商一致。据此可知若协商不一致,则用人单位不能单方变更合同,即用人单位无权强制劳动者签订竞业限制条款。同时根据第23条的规定,签订竞业限制条款的,劳动者有权获得经济补偿,要求用人单位在订立竞业限制条款时保持公平对等地对待劳资双方的合法权益。

【案情】①

某仪表厂在全国仪表制造行业小有名气,是所在地仪表行业的"龙头老大"。该厂为了防止商业秘密流失。于2002年12月发出通知,要求厂里从事生产、技术、经营等方面的人员签订保密竞业限制协议。该"协议"的主要内容是:经双方协商同,在不变更原劳动合同内容的基础上,将《劳动合同书》第20条双方约定的其他事项加以补充为:"乙方应为用人单位保守生产、技术、经营秘密,并在离开本厂之日起3年内,不得在从事与某仪表厂同类产品或经营同类业务有竞争关系或者其他利害关系的其他用人单位任职,或自己生产、经营与甲方有竞争关系的同类产品或业务,如有

① 开封法院网,http://kfzy.chinacourt.org。

违约,依法承担赔偿责任。”对于这样一个管理行为,厂里职工虽有不同看法,但大都按照厂方的要求签了字,唯有50多岁的高级工程师王某拒签,他要求厂方在限业期间给予一定经济补偿,而厂方认为,是仪表厂的工人,就应该为仪表厂作出无私奉献,不能讨价还价,并称谁不签竞业限制协议就解除谁的劳动关系。拒签竞业限制协议的王某仍同往常一样上班。可是2003年4月1日,王某突然接到厂方通知:因拒签竞业限制协议,“已经不适合现有的工作岗位,限4月1日前办理完工作交接手续,暂时离岗。”4月8日,某仪表厂作出了《关于鉴定“保密竞业限制协议”的通知》的文件,规定凡拒签“保密竞业限制协议”的人员,“企业将与其解除劳动合同。”次日,某仪表厂就做出了《关于对王某解除劳动合同关系的决定》,决定中称:该同志违反了我厂《关于鉴定“保密竞业限制协议”的通知》的要求,经各方教育,讲明道理,仍拒绝签字,根据某仪表厂《关于鉴定“保密竞业限制协议”的通知》的文件规定,依照《劳动法》第二十五条第二款,经厂研究,决定对王某同志予以解除劳动合同关系的处理。2003年5月8日,王某向某市劳动仲裁委员会提出了劳动仲裁申请。

【案例分析】

本案涉及的是劳动者能否拒签竞业限制条款以及用人单位能否以此为由解除劳动合同关系。

一、竞业限制的内涵

所谓竞业限制是指为避免用人单位的商业秘密被侵犯,员工依法定或约定,在劳动关系存续期间或劳动关系结束后的一定时期内,不得到生产同类产品或经营同类业务且具有竞争关系的其他用人单位兼职或任职,也不得自己生产与原单位有竞争关系的同类产品或经营同类业务。保密条款和竞业限制条款是用人单位用来保护商业秘密的重要手段。

在现实生活中常有这样的情况:某一行业由于竞争激烈,劳动者特别是技术人员相对短缺,同业之间相互“挖人”的现象相当普遍,这种恶性竞争直接影响企业发展,有时甚至直接影响到企业的生存。《劳动合同法》赋予了用人单位与劳动者约定竞业限制的权利,规定:第一,用人单位与劳动者可以在劳动合同中约定保守用人单位的商业秘密和与知识产权相关的保密事项。对负有保密义务的劳动者,用人单位可以在劳动合同或者保密协议中与劳动者约定竞业限制条款。第二,约定竞业限制条款的,要同时约定在解除或者终止劳动合同后,在竞业限制期限内按月给予劳动者经济补偿。第三,劳动者违反竞业限制约定的,应当按照约定向用人单位支付违约金。所以本案中某仪表厂有权与王某签订“竞业限制协议”。但“竞业限制”的经济补偿应在解除或终止劳动合同后按月支付。因此在本案中,某仪表厂认为“是仪表厂的工人,就应该为仪表厂作出无私奉献,不能讨价还价,并称谁不签竞业限制协议就解除谁的劳动关系”是错误的。

二、用人单位无权以拒签竞业限制条款为由解除劳动合同

在劳动合同履行过程中,如果要增加签订竞业限制条款,属于劳动合同的变更。变更劳动合同,须用人单位与劳动者协商一致。某仪表厂作为企业有权要求本企业的职工签订“保密竞业限制协议”,但同时也有义务依照法律法规,为签订该协议的劳动者给予适当的经济补偿。可仪表厂在实际操作过程中,只强调了与劳动者签订“保密竞业限制协议”,而忽视了劳动者依法应享有的权利,这显然是不公正的。王某为维权不与被告签订该协议,并不违反法律法规。仪表厂在没有作出处罚决定之前,先行限令王某告暂时离岗,并不再允许原告进厂的做法是不妥当的,侵犯了劳动者劳动的权利。继而被告又以王某违反厂《关于签订“保密竞业限制协议"的通知》要求,对王某予以解除劳动合同关系的处理是错误的。

【专家提示】

对负有保守用人单位商业秘密义务的劳动者,在劳动合同或者保密协议中约定竞业限制条款,是知识产权保护和用人单位商业秘密及技术秘密保护的需要。但设定的目的是为了保护"商业秘密",因此竞业限制必须具备一个前提条件:即公平和对等的原则。对于用人单位来说,如果离开了这个前提,"竞业限制"条款无疑就变成了"霸王条款"。"竞业限制"需认真对待,平衡劳资双方利益。

【关联法条链接】

《劳动合同法》第23条、第26条、第35条

32 违背集体合同条款的劳动合同相关条款的效力问题

【分析解答】

集体合同又称团体契约,是个人劳动合同的对称,是指工会或职工代表与用人单位及其团体以规范劳动关系为目的订立的协议。

集体合同有如下特点:

(1)集体合同的当事人一方为工会或职工代表,另一方是用人单位或其团体。在我国由于没有用人单位团体,所以,当事人一方只有单个的用人单位。

(2)集体合同订立的目的是为规范劳动关系,在其范围内为劳动关系确立了一个标准。

(3)集体合同的内容比较广泛,可以涉及劳动关系的各个方面,甚至有些专属于用人单位的权利也可以在集体合同中予以限定,比如集体合同中可以规定公司在发行新股时,企业职工有一定的优先购买权等。

(4)集体合同为要式合同。集体合同必须为书面的,而且在有些国家,集体合同还要经过审批。

(5)集体合同对工会及其所代表的全体职工和用人单位团体、用人单位生效。

根据《劳动法》规定,依法签订的集体合同对企业和企业全体职工具有约束力,职工个人与企业订立的劳动合同中劳动条件和劳动报酬不得低于集体合同的规定,因此集体合同具有确定劳动条件和劳动报酬最低标准的效力，劳动合同关于劳动条件和劳动报酬的约定可以高于集体合同的标准。违背集体合同条款的劳动合同相关条款应认定为无效。

【案情】①

申诉人：顾某等18名女工，其均为某纺织股份有限公司工人。

被诉人：某纺织股份有限公司。

法定代表人：于某，某纺织股份有限公司总经理。

2007年3月5日，某纺织股份有限公司工会代表全体职工与公司签订了集体合同。合同规定：职工工作时间为每日8小时，每周40小时，周六、周日为公休日。如果在周六、周日安排职工加班，便在加班后的一周内安排补休；在上午和下午连续工作4个小时内安排工间操各一次，每次时间为20分钟，此20分钟计入工作时间之内；职工的工资报酬不低于每月300元，加班加点的工资及其他实物性福利不包括在内；工资于每月5日前支付；合同的有效期为自2007年4月1日起至2008年4月1日止，双方对于集体合同都要严格遵守，任何一方也不能违反，否则要赔偿对方所造成的损失。此合同于2007年3月20日被劳动部门确认。

2007年8月1日，纺织股份公司从人才市场上招聘了一批女工，去充实新建立的一个纺织分厂。2007年8月3日纺织公司与这批女工签订了劳动合同。其内容包括：本合同有效期为1年，自2007年8月5日起至2008年8月5日止；工人工作时间为每周40小时，每天8个小时，上下午各4个小时，没有工间休息时间；工作实行每月350元的工资制度。双方签字盖章后合同生效。

当2007年8月1日招聘的工人到纺织股份有限公司下属的

---

① 案例来源于中国劳动保障网，根据需要做了适当改编。

纺织分厂上班后,发现车间细尘很多,连续工作4小时头昏脑胀,就向分厂领导提出工作期间休息一会儿。分厂领导答复说,在上班时间不休息是劳动合同中已经规定了的,任何人都不能改变。这批工人中顾某稍微懂一点法律常识,就对分厂厂长说,在纺织公司工会与公司签订的集体合同中规定了职工在工作时间内有一次20分钟的中间操,这个规定对全体职工都应当生效。分厂厂长说,合同是一个不可分割的整体,集体合同中规定职工的报酬为每月300元,中间休息20分钟是与其报酬数量少相对应的;在公司与顾某等工人签订的劳动合同中把工资提高到每月350元,作为提高工资的代价,取消了20分钟的工间休息。

顾某等看到问题不能解决,就向公司所在地的县劳动争议仲裁委员会提起仲裁申请,要求纺织分厂按集体合同给予每个工人工间操20分钟的休息时间,同时不减少每月350元的工资。

县劳动争议仲裁委员会接到顾某等职工的申诉书后,就把申诉书复印件转交给纺织公司,让其答辩。纺织公司在答辩书中提出:

第一,纺织公司工会与公司签订集体合同时,纺织公司还没有设立分厂,因此,集体合同只对公司总部的职工有效,分厂职工不应适用集体合同。

第二,2007年8月3日纺织分厂与分厂工人签订的劳动合同作些特殊规定是应当的。分厂情况与总部情况不完全相同,不能完全照搬集体合同的规定,所以,在劳动合同中公司提高了工人工资而取消了工间休息时间。从整个合同来看,其内容仍然是公平合理的。

第三,如果分厂职工坚持20分钟的工间休息,就得允许公司把支付给分厂工人的工资减少到集体合同规定的标准。

县劳动争议仲裁委员会对此案进行审理后认为,本案的事实是比较清楚的,关键在于如何认定集体合同和劳动合同的效力。根据《劳动法》规定,依法签订的集体合同对企业和企业全体职工具有约束力,职工个人与企业订立的劳动合同中劳动条件和劳动报酬不得低于集体合同的规定,因此集体合同具有确定劳动条件和劳动报酬最低标准的效力,劳动合同关于劳动条件和劳动报酬的约定可以高于集体合同的标准。纺织分厂是纺织公司的下属单位,公司工会与公司订立的集体合同当然适用于分厂,纺织股份有限公司所提出的抗辩理由均不能成立。

根据《劳动法》等法律、法规的规定,县劳动争议仲裁委员会作出如下裁决:

1. 纺织股份有限公司应给予分厂职工 20 分钟的工间休息时间,并且这 20 分钟计算在工作时间之内;

2. 纺织公司与分厂职工关于工资待遇条款的约定不变。

【案例分析】

本案所涉及的主要问题是集体合同的效力。在公司工会和公司间签订的集体合同与公司和分厂职工间签订的劳动合同规定的内容不一致时,究竟应该遵守哪一个合同的规定,《劳动法》对集体合同作了系统的全面性的规定。

根据《劳动法》规定,依法签订的集体合同对企业和企业全体职工具有约束力,职工个人与企业订立的劳动合同中劳动条件和劳动报酬不得低于集体合同的规定,因此集体合同具有确定劳动条件和劳动报酬最低标准的效力,劳动合同关于劳动条件和劳动报酬的约定可以高于集体合同的标准。

【专家提示】

集体合同制度的确立具有重要的意义。

首先,集体合同可以弥补劳动立法的不足。《劳动法》所规定的关于劳动者权益的标准属于最低标准,按此标准对劳动者进行的保护是最低层次的保护,最低层次的保护不是立法者就希望对劳动者的保护停留在最低水平上,这时劳动者可以通过集体合同对劳动者所享有的权利作出高于法定标准的约定。

其次,依据《劳动合同法》的规定,集体合同还可以弥补劳动合同的不足。在签订劳动合同时,单个劳动者与用人单位相比,在财力、物力上都处于相对劣势,有时不得不接受用人单位强加于自己的不合理条款。如果劳动者通过工会与用人单位签订集体合同,就会增加劳动者一方与用人单位进行讨价还价的能力,就能为劳动者争取更多的利益。同时,劳动合同篇幅短,不可能对劳动关系的各个方面都作出详细的规定。

【关联法条链接】

《劳动合同法》第4条
《劳动法》第35条

33 改制时明确工龄连续计算,旧厂补偿金能否分割诉讼问题

【分析解答】

一事不再理原则,其主要目的是保证争议纠纷的一次性解决,即仲裁或判决一旦发生既裁力或既判力,对既裁力或既判力所涉及的双方当事人之间,不论仲裁或判决的结果有利或者不利,均有既裁力或既判力的作用,当事人不能就仲裁或判决决定的法律关系另行仲裁或起诉,也不得在其他仲裁或诉讼中就同一法律关系提出与本案相矛盾的主张。

《仲裁法》规定:仲裁实行一裁终局的制度。裁决作出后,当事人就同一纠纷再申请仲裁或者向人民法院起诉的,仲裁委员会或者人民法院不予受理。《民事诉讼法》规定:对判决、裁定已经发生法律效力的案件,当事人又起诉的,告诉原告按照申诉处理,但人民法院准许撤诉的裁定除外。

综上所述,改制时明确工龄连续计算,旧厂补偿金不可以分割诉讼,旧厂补偿金求偿是一件事情,不能拆分,一旦就此事提起过诉讼,必经生效判决或裁决,之后就不能再提起诉讼。

【案情】①

张某原为江苏省海安县某企业集团合同制职工。2006 年 2 月,该企业集团进行企业改制,所属织布厂被私人买断后成立了纺

① 案例来源于中国劳动保障网,根据需要做了适当改编。

织公司(私营企业),张某亦为新成立的公司录用。改制时,企业集团改制文件中明确说明,张某与新企业继续履行原合同,张某在企业集团的工作年限连续计算为新企业工作年限。同时,企业集团按原有职工的工龄计算了补偿金,落实至每个职工名下并转入新企业,其中张某名下金额为5136元。此后,张某与新企业纺织公司建立劳动合同关系。

2006年5月22日,张某及其他11名职工一起向海安县劳动争议仲裁委员会申请仲裁,要求与被诉人纺织公司解除劳动合同关系,并由纺织公司支付工资及经济补偿金37,183.60元。但对经济补偿的时段并未进行区分。同年7月22日,仲裁委裁决张某与纺织公司于2006年6月30日起解除劳动合同,同时驳回其他仲裁请求。

同年8月8日,张某不服劳动仲裁机构的裁决向法院提起民事诉讼,并诉称要求纺织公司给付经济补偿金6293元,同时注明不含企业集团存放在纺织公司的给付张某的经济补偿金。经法院调解,双方达成调解协议,自2006年7月5日起解除劳动合同,纺织公司给付张某经济补偿金6293元,张某放弃其他诉讼请求。

2006年11月,张某就原企业核定的经济补偿金问题再次向法院提起诉讼。

原告张某诉称,2006年企业集团改制时,企业集团将我在该集团工作19年应得的补偿金进行了核算,并将核定的5136元补偿金存放于被告纺织公司处。此后,我与被告纺织公司形成劳动合同关系。2006年9月,经诉讼调解,我与纺织公司解除劳动合同关系,纺织公司给付我经济补偿金6293元,但该补偿金中不含企业应给我的补偿金。现被告纺织公司拒绝向我返还企业集团核定给我的经济补偿金,请求法院判决其返还我经济补偿金5136元。

被告纺织公司辩称，原告张某所诉应为劳动争议，依法属于仲裁前置情形，而且即使张某享有经济补偿金，也已超过提起仲裁的法定期限。同时，张某就经济补偿金问题已申请仲裁机构和法院处理过，现再次起诉违反了一事不再理原则，故请求法院驳回原告张某的起诉。

被告纺织公司举出张某2006年5月22日的仲裁申请书及相应的仲裁裁决书、2006年8月2日的民事诉状，证明张某在上次仲裁和诉讼过程中并未将经济补偿金分段计算。

海安法院审理后认为，本案原告张某向被告纺织公司主张经济补偿金所发生的争议，应为劳动争议。按照改制文件，原告张某从企业集团转入被告纺织公司的工龄连续计算，故被告纺织公司在双方劳动关系解除后有向张某支付全部经济补偿金的义务，且企业集团核定的补偿金应包括在内。2006年5月22日，原告张某申请劳动仲裁时，未对其主张的经济补偿金的时段进行区分，且该案已经法院主持调解达成协议，现张某再次向法院起诉主张经济补偿金，违反了一事不再理的原则。遂依照《民事诉讼法》和《最高人民法院关于适用〈中华人民共和国民事诉讼法〉若干问题的意见》的规定，裁定驳回原告张某的起诉。一审裁定后，原告张某不服，提出上诉。

上诉人张某上诉称，我向被上诉人纺织公司所主张的经济补偿金5136元，属于企业集团改制时核定给我的，只是暂存放于纺织公司处，因此该款已脱离劳动争议的范畴，应为普通民事纠纷。同时，前次诉讼中，法院民事调解书约定的经济补偿金6293元，明确注明不包含改制前我应得的经济补偿金。因此，我的诉讼不违反一事不再理原则。

南通市中级人民法院审理后认为，企业集团因所属企业改制转入被上诉人纺织公司处的补偿金中,虽在上诉人张某名下有5136元,但该笔补偿属于企业集团与被改制企业之间的约定,企业也没有因改制而解除与张某之间的劳动合同关系,因此,张某认为该笔补偿金直接属其所有没有事实和法律依据,张某与纺织公司之间就此并未建立普通的债权债务关系,本案的争议仍属劳动争议。纺织公司在双方劳动关系解除后如需支付经济补偿金,应包括企业改制前、改制后张某在企业工作期间的所有经济补偿金,由于张某与新企业继续履行了原劳动合同,且工龄连续计算,故经济补偿金是基于一个合同产生的,属于一个整体,不能割裂开来进行仲裁或诉讼,否则不符合一案不再理原则。

2006年5月22日,张某申请劳动仲裁,向纺织公司主张经济补偿金,在未获得仲裁委员会支持后又起诉至法院,经法院主持调解双方就经济补偿金达成了协议,也就是仲裁部门和法院已对经济补偿金一事进行过一次处理。现张某向纺织公司再次主张经济补偿金,确实违反了一事不再理原则。即使如张某所称其诉请的经济补偿金中未包含企业改制前的经济补偿金,但这应作为其对权利的放弃。上诉人张某的上诉理由不能成立,裁定驳回上诉,维持原裁定。

【案例分析】

本案主要涉及一事不再理的司法适用问题。

一事不再理原则同时强调仲裁或判决的权威性、稳定性,防止当事人滥用裁权或诉权,除法律允许外,禁止申请人(原告)将债权任意分割请求重复仲裁或诉讼,即使申请人(原告)提起部分请求的仲裁或诉讼,除法律或司法解释有特别规定外,既裁力或既判力也将及于其全部实体权利。例如,人身损害赔偿案件,当事人在诉讼中只提出医疗费赔偿请求,而未提出误工费请求的,在法院判决、调解结案后，当事人不得再就误工费另行提出第二次诉讼。

本案中，企业改制后，由于新企业纺织公司与张某继续履行原劳动合同，且工龄连续计算，故双方此后因解除劳动合同引发的所有争议是基于一个合同产生的，属于一个整体，即使张某只就争议中的部分实体权利提起仲裁或诉讼，根据一事不再理原则，既裁力或既判力也将及于所争议的全部实体权利。因此，张某在前次仲裁或诉讼中是否区分经济补偿金的时段，并不会对本次裁定产生影响，其没有区分固然应依据一事不再理原则裁定驳回起诉，其区分了也同样应当裁定驳回起诉。

【专家提示】

本案的发生提醒人们，提起仲裁或诉讼前一定要认真弄清法律的本质含义，不能简单从社会常理上进行推论。现实生活中，人们往往十分重视实体法的规定，容易忽视程序法的相关规定，其实在程序上操作不当也会损害到实体权利。同时，有些人往往只从字面上理解程序法的规定，不重视把握法理上的实质精神，也有可能弄巧成拙。本案原告张某如果在前次申请仲裁时能认识到其对部分经济补偿金提起的仲裁或诉讼的既裁力或既判力将延及至整个经济补偿金，也就不会产生于己不利的后果。

34 因工作引发职业病的问题

【分析解答】

《劳动合同法》第17条规定,用人单位与劳动者应在劳动合同中约定劳动保护、劳动条件和职业危害防护条款。但该条款的约定,并不意味着劳动者接受了在约定的劳动条件下工作,因此而造成的所有损害都由其自己承担。该条的目的乃是保证劳动者的知情权,如果在劳动合同期间,劳动岗位变为原合同中未告知的职业病危害作业时,用人单位当依《劳动合同法》规定向劳动者履行如实告知的义务且劳动者有权拒绝从事,用人单位不得因此解除或终止与劳动者所订立的劳动合同(《职业病防治法》第34条)。同时,劳动者依法享有职业卫生保护的权利。用人单位应当为劳动者创造符合国家职业卫生标准和卫生要求的工作环境和条件,并采取措施保障劳动者获得职业卫生保护。

【案情】①

2002年9月2日,申某向某劳动和社会保障局(以下简称劳动局)递交患病性质认定申请,自称2000年8月起在某鞋业公司作鞋帮工,2002年3月起,出现头晕无力、面色苍白等症状导致无法工作,2002年7月26日,在该市职业病防治院被确诊为职业性慢性重度苯中毒。劳动局经过调查,于2002年9月28日认定申某伤残性质为工伤。某鞋业公司不服,提起行政复议,未获得支持

① 摘自温州大学法学院,http://jpkc.ojc.zj.cn。

后,提起行政诉讼,要求撤销该工伤认定书。

某鞋业公司诉称:首先,申某虽曾在某鞋业公司工作,但在2002年3月即离开了某鞋业公司,双方已不存在劳动关系。劳动局在2002年9月作出的工伤认定书中仍把申某列为某鞋业公司单位职工,与事实不符。其次,申某离开某鞋业公司是2002年3月,申请工伤认定是2002年9月,在此期间,某鞋业公司无法了解申某的去向和工作单位,申某也没有充分证据证明其未在有害环境中工作,申某在离开某鞋业公司后患病原因不明,不能将责任推给某鞋业公司。

法院认为,在申某提出工伤性质认定申请后,劳动局即电话要求某鞋业公司提出工伤报告和相关材料,但被某鞋业公司以种种理由推脱。2002年9月18日,劳动局到某鞋业公司进行调查取证,某鞋业公司不予合作,也不准单位职工向劳动局提供任何相关证明材料。2002年8月5日,该市职业病防治院对某鞋业公司进行调查,作出《有毒有害作业工人劳动卫生学调查表》和《空气中有毒物质检验报告单》,证明某鞋业公司空气中苯的浓度超出国家标准,而苯正是职业性重度苯中毒的病因。根据申某提供的病历和血液室化验报告单等证明材料,申某在2002年3月2日在当地医院被诊断为增生性贫血伴骨髓受损,2002年4月24日在该市医附一院被诊断为慢性再障,2002年7月26日,该市职业病防治院确诊申某为职业性慢性重度苯中毒。申某是在某鞋业公司处工作期间因工作环境中接触职业性有害因素造成职业病的,此事实清楚,证据充分。因此,判令某鞋业公司依工伤认定结果对申某进行赔偿。

【案例分析】

本案争议的焦点是劳动局在申某离开某鞋业公司后作的职业病认定的有效性问题。本案涉及职业病的认定问题以及劳动者患职业病后如何向用人单位求偿的问题。

一、职业病的定义

目前,我国职业病的认定是依《职业病防治法》进行,根据该法第2条的规定,“本法所称职业病,是指企业、事业单位和个体经济组织等用人单位的劳动者在职业活动中,因接触粉尘、放射性物质和其他有毒、有害因素而引起的疾病”,劳动者在怀疑自己患有职业病后,应当在省级以上人民政府卫生行政部门批准的医疗卫生机构进行检查。该类医疗卫生机构既可以在用人单位所在地也可以在本人居住地。然而目前的《职业病诊断与鉴定管理办法》是以诊断机构为本,行文都围着自己的机构转—要认定职业病,必须要开具职业史、既往史;工作场所历年职业病危害因素检测、评价资料等一系列证明。然后现实却是,很多工厂根本就不和劳动者签合同,也不可能替工人开各种证明和自己打官司。即便开到证明,因为地域不同,鉴定的结果也会有天城之别。此外,法律规定劳动者只能在户籍所在地和用人单位所在地择其一进行鉴定,如果这个人先在用人单位所在地鉴定而未发现有职业病,就失去了在户籍所在地被认定为职业病的可能性。

二、认定工伤的条件

医疗机构认定劳动者患有职业病后,还不能直接要求赔偿。因为我国对于职业病赔偿没有专门的规定,而是参照工伤赔偿进行(《职业病防治法》第51条和《关于贯彻执行〈中华人民共和国劳动法〉若干问题的意见》第78条),故劳动者应向有关部门提出工伤认定,并确认以下几个事实:(1)确认与劳动者有劳动关系的用人单位。如本案,某鞋业公司辩称其与申某曾有过劳动关系,但后申某已离开该单位。然而某鞋业公司没有出具解除申某和某鞋业公司之间劳动关系的书面文件,也没有证据证明申某离开某鞋业公司之后曾在其他单位工作,故法院认为,申某和某鞋业公司之间仍然存在劳动关系。(2)确定致病原因。本案某鞋业公司认为,申某在2002年3月离开某鞋业公司到2002年9月申请工伤认定之间有半年时间行踪不明,申某应举证证明其在这一时间段内没有接触有毒有害物质。而劳动局通过调查取证,取得了由权威机构出具的调查表、职业病鉴定等证据,证实了申某的致病原因就是在某鞋业公司工作中接触有毒物质苯而导致重度苯中毒的。劳动局的举证因其具有权威性、科学性而被法院采信。在某鞋业公司工作期间接触有毒物质被确定为申某的致病原因获得了工伤认定后,劳动者便可依此向用人单位要求赔偿。依《职业病防治法》第60条的规定,用人单位没有依法参加工伤社会保险的,患病者的医疗和生活保障由该用人单位承担。

三、申某和某鞋业公司之间存在劳动关系

在本案中,某鞋业公司和重庆市某区劳动人事局都承认,申某和某鞋业公司之间曾经有劳动关系,并且延续到2002年3月。在2002年3月申某离开某鞋业公司后,申某和某鞋业公司之间是否仍然存在劳动关系呢?根据双方提供的材料,能够确定的事实是申某2002年3月2日因患病无法继续工作而离开了某鞋业公司,但是她并没有提出辞职,而是一直要求某鞋业公司提出工伤报告,解决工伤待遇问题。某鞋业公司没有出具解除申某和某鞋业公司之间劳动关系的书面文件,也没有证据证明申某离开某鞋业公司之后曾在其他单位工作。据此可以认为,申某和某鞋业公司之间仍然存在劳动关系。

四、申某的致病原因。

某鞋业公司认为,申某在2002年3月离开某鞋业公司到2002年9月申请工伤认定之间有半年时间行踪不明,申某应举证证明她在这一时间段内没有接触有毒有害物质。而重庆市某区劳动人事局通过调查取证,取得了由权威机构出具的调查表、职业病鉴定等证据,证实了申某的致病原因就是在某鞋业公司工作中接触有毒物质苯而导致重度苯中毒的。重庆市某区劳动人事局的举证因其具有权威性、科学性而被复议机关采信,在某鞋业公司工作期间接触有毒物质被确定为申某的致病原因。

【专家提示】

劳动者在用人单位处工作期间患有职业病的,应首先在省级以上人民政府卫生行政部门批准的、依法承担职业病诊断的医疗卫生机构进行检查。诊断后,应向有关部门提出工伤认定,并确认劳动者与用人单位存在劳动关系且系工作而致病,最后劳动者可依工伤认定向用人单位要求赔偿。如果用人单位未购买工伤保险,则应由用人单位自己承担赔偿责任。

【关联法条链接】

劳动部《关于贯彻执行〈中华人民共和国劳动法〉若干问题的意见》第78条、第79条

《职业病防治法》第34条、第56条、第60条

No.4

工资、工时、福利和休假

35 部门经理承诺的报酬效力问题

【分析解答】

部门经理承诺的报酬有效与否，主要是看这种承诺的性质是经理的个人承诺，还是代表公司的行为，例如签订相应的《承诺书》，如果是后一种情况则视为公司行为，其承诺的报酬是有效的，劳动者享有取得此报酬的权利。

【案情】①

夏某与上海虹桥高尔夫俱乐部有限公司(以下简称虹桥高尔夫公司)存在事实劳动关系。2000 年 1 月，时任虹桥高尔夫公司部门经理的杨某向夏某出具《承诺书》，委托夏某处理罗丹别墅二期、三期工程招商、参建事务，承诺如完成工作将在工程验收通过后 1 个月内将一套 400 平方米的别墅奖励给夏某。上述工程于 2002 年 10 月、2003 年 3 月通过竣工验收后，杨某未履行承诺，并自 2004 年 2 月起拒绝支付夏某工资。

2004 年 4 月，虹桥高尔夫公司以委托处理的工作已经完成为由，通知夏某终止劳动关系。后夏某向上海市闵行区劳动争议仲裁委申诉，劳动仲裁委裁决虹桥高尔夫公司向夏某交付别墅一套。因虹桥高尔夫公司不服劳动仲裁裁决遂起诉至法院。原一审法院审理后，以夏某申请劳动仲裁超过法定期限，虹桥高尔夫公司董事长杨某作出前述承诺时并非被申诉人的法定代表人，不能代表公

① 案例来源于《法制日报》，根据需要做了适当改编。

司等为由,判决虹桥高尔夫公司无须交付夏某别墅一套(时价已达1000万元左右)。夏某不服提出上诉,二审法院判决驳回上诉,维持原判。

闵行区检察院接到申诉审查后认为,系争别墅是夏某完成特定工作任务后虹桥高尔夫公司应给予的物质奖励,属劳动报酬性质。按照我国劳动法律及相关规定,劳动者追索劳动报酬,用人单位明示拒绝或者承诺另行支付劳动报酬期限已届满的,自此计算仲裁申请期限。原审时,没有证据证明虹桥高尔夫公司明确表示拒绝交付别墅,应认定双方劳动争议尚未发生。夏某在被解除劳动关系后申请仲裁,要求被申诉人交付别墅,并未超过申请仲裁的法定期限,原生效判决适用法律存在错误,此案经闵行区检察院向上级检察机关建议提请抗诉。

2007年7月11日,经上海市第一中级人民法院再审主持调解,双方当事人自愿达成和解协议,虹桥高尔夫公司支付夏某应得劳动报酬人民币268万元。

【案例分析】

本案是由用人单位对约定的劳动报酬“食言”引发的劳动争议。案中主要解决的法律问题是:如何认定杨某是按公司意图对夏某的劳动报酬进行约定?

时任部门经理的杨某,以《承诺书》的形式和杨某约定别墅的招商、参建事务以及劳动报酬的内容,不属于个人行为,都是其行使公司职能的表现,应认定劳动报酬系公司与夏某的约定。履行劳动报酬的承诺是公司不可推卸的责任。具体分析如下:

一、杨某与夏某约定的工作属于单位工作

杨某与夏某约定的处理别墅招商、参建工作,是虹桥高尔夫公司开发房地产项目中的重要工作,杨某并未以自己的名义与夏某约定工作内容和劳动报酬，而是代表虹桥高尔夫公司与夏某进行的协商。

二、时任部门经理的杨某无权给夏某约定报酬

2000 年，虹桥高尔夫公司进行别墅招商活动时，杨某担任的是公司的部门经理，其出具《承诺书》约定夏某处理对别墅招商、参建工作时，杨某并不具有公司法定代表人身份，也不具备人力部门经理职务。公司在一审法院否认杨某代表公司作出的承诺，说明杨某是在没有公司授权的情况下与夏某约定工作内容和劳动报酬，杨某属于无权代理。公司在一审诉讼中也是基于杨某无权代理公司进行抗辩的，无权代理将不产生法律后果由公司承担的效力，公司排除了支付夏某约定劳动报酬的责任。

三、虹桥高尔夫公司享受了夏某处理别墅招商、参建的工作成果

夏某在与杨某约定好工作内容后，积极开展了工作，并且完成了与杨某约定的别墅招商、参建工作。虹桥高尔夫公司的房地产项目收益的实现，就是建立在夏某工作成果之上的。也就是说，虹桥高尔夫公司享受了夏某的劳动成果。

四、虹桥公司对夏某的工作、报酬约定、成果都是明知的

为夏某出具《承诺书》的杨某，对夏某的工作以及劳动报酬是最清楚的，因为这些都是他和夏某进行约定的内容。后来杨某升任虹桥高尔夫公司的法定代表人，从法律上讲，公司和法人代表视为一体。从事实和法律上都能得知虹桥高尔夫公司对夏某的工作、劳动报酬的约定以及夏某的工作成果，都是明知的，并且虹桥公司在夏某整个劳动过程中，均没有提出异议。

五、本案符合表见代理，虹桥高尔夫公司与夏某约定的劳动报酬合法有效

表见代理是指行为人虽无代理权，但由于本人的行为，造成了足以使善意第三人相信其有代理权的表象,而与善意第三人进行的、由本人承担法律后果的代理行为。表见代理是法律为了保护善意第三人合法权益而设立的,是对由于本人某些行为,让善意第三人误解,而推定为代理有效的制度。

虹桥高尔夫公司任命杨某为部门经理,而杨某能以公司的名义与夏某协商工作内容以及劳动报酬,并且夏某也因杨某的安排,而顺利地开展了约定的工作内容,虹桥公司在夏某参与别墅招商、参建工作的整个过程都没有提出异议,夏某有理由相信杨某和自己的约定得到虹桥高尔夫公司的授权。虹桥高尔夫公司应当支付夏某约定的劳动报酬,即一套400平方米的别墅。在法院最后的调解中虹桥公司支付夏某268万元的劳动报酬,夏某也同意,是夏某对支付的劳动报酬的认可。

【专家提示】

表见代理是《合同法》中规定的制度,适用于平等主体之间设立的合同关系,对是否适用于劳动关系,法律没有规定,但表见代理的原理对本案的处理具有很强的指导意义,灵活运用法律,是保障权利的最佳手段。

【关联法条链接】

《劳动合同法》第3条、第35条

《合同法》第49条

36 不兑现约定奖金，劳动者能否维权问题

【分析解答】

奖金是用人单位支付给劳动者的超额劳动报酬和增收节支的劳动报酬。根据劳动部关于印发《关于贯彻执行〈中华人民共和国劳动法〉若干问题的意见》的通知，劳动法中的"工资"一般包括计时工资、计件工资、奖金、津贴和补贴、延长工作时间的工资报酬以及特殊情况下支付的工资等。也就是说，奖金属于工资的组成部分。单位不兑现约定奖金，劳动者是可以维权的。

【案情】①

陈某于2006年8月到江苏省通州市某电器公司上班，任销售公司副经理，从事市场营销和战略性市场开发工作。双方签订了一份高级营销管理人员聘用协议，该协议约定："乙方（陈某）负责甲方（电器公司）电器产品的投标、攻关等工作，确保有业绩。甲方给予乙方同职级年薪、补贴等各项待遇，并给予中标额的0.5%～0.8%作为奖励，聘用期三年。"2007年3月，该电器公司向陈某发出书面通知，内容为："因与你签订协议时的客观情况发生了重大变化，致使原先与你签订的协议难以继续履行，现公司要求你重新变更劳动合同，并附变更后的承包合同草稿一份。请你在接到本通知后十五日内作出书面答复，逾期未作出书面答复的，视为不同

① 案例来源于中国法院网，根据需要做了适当改编。

意变更劳动合同。"陈某未作出答复。后该电器公司向陈某作出了《解除劳动合同决定书》。

陈某为奖金问题向劳动仲裁部门申请仲裁,要求该电器公司按约定支付奖金。劳动争议仲裁委员会于2007年7月作出仲裁裁决书,裁决电器公司支付原告奖金58,564元,陈某认为仲裁裁决计算奖金有误,向法院提起诉讼。要求电器公司按中标额的0.8%支付奖金224,320元。

该电器公司辩称,中标后合同实际签订的数额为630万元,奖金只能按此标准计算,陈某主张的经济补偿金超过规定的标准,故请求法院对陈某不合理的诉讼请求予以驳回。法院经审理查明,陈某在工作期间为电器公司产品投标中标额为2286万元。通州法院经审理认为,劳动合同订立时所依据的客观情况发生重大变化,致使原劳动合同无法履行,经当事人就变更劳动合同不能达成一致协议的,用人单位解除合同符合法律规定。2007年3月29日之前双方一直存在劳动关系,电器公司应当按照2006年8月双方签订的高级营销管理人员聘用协议的约定支付原告相应的奖金,陈某在工作期间为电器公司产品销售投标中标额为2286万元,考虑实际合同签约并未达到这么多,公司并未获得预期收益,且公司在约定的奖励幅度内有考核决定权,故在计算陈某奖金标准的百分比时,酌情考虑按0.5%计算。综上,原告的奖金应为114,300元。据此判决电器公司支付陈某奖金114,300元。

【案例分析】

本案是由用人单位没有支付约定奖金引发的劳动争议。案中主要涉及的法律问题是:约定奖金的性质以及支付条件为何?

陈某在电器公司完成了投标工作,电器公司根据奖金约定支付陈某报酬,符合法律规定,法院根据电器公司实际签订的中标合同,并没有中标额那么多,酌情按0.5%计算支付陈某奖金,也体现了法院的自由裁量权。

一、陈某与电器公司约定的奖金条款合法有效

奖金分为超额劳动奖金、考勤奖金、效益奖金等,通常是由用人单位的规章制度进行规定,这是由用人单位根据具体情况来制定的。奖金还可以由用人单位根据劳动者的工作岗位情况,与劳动者协商约定。本案中电器公司与陈某通过聘用协议,约定陈某取得奖金的方式以及奖金的具体数额,是双方真实的意思表示,并且符合法律规定,能够发生生效的法律效力,受法律保护。

二、电器公司应当按约定支付陈某奖金

陈某与电器公司签订聘用协议后,实际从事的也是电器公司安排的电器投标工作,并且为电器公司完成销售投标中标额为2286万元,可以说陈某履行劳动义务的成绩是很显著的,电器公司就应当依照双方约定为其支付奖金,这是电器公司的约定义务。电器公司享受了陈某为其完成销售中标带来的收益后,并没有履行支付约定报酬的义务,既不符合双方约定,也不符合法律规定。

三、奖金应按实际履行的中标数额、按倾向于保护劳动者的比例支付

陈某与电器公司签订的聘用协议中,约定奖金按中标额的0.5%~0.8%计算,这样的约定使得奖金幅度内具有不确定性,并且对什么条件适用什么比例没有具体约定。陈某按照中标额,根据不同的比例会有不同的奖金数额,这也是一个双方争议的焦点。陈某工作涉及的销售中标后,接下来会与发标单位签订具体合同,实际履行后,单位才会有实际的经济效益,也才符合电器公司与陈某约定奖金比例的意义。按照中标后实际签订的合同数额作为陈某计算奖金的基数,也是比较合理的;而根据《劳动法》倾向于保护劳动者权益的立法精神,按照中标数额的0.8%计算奖金,比较符合法律精神。

【专家提示】

在劳动者与用人单位约定奖金时，要对奖金的数额以及奖金的计算方式约定明确，尽量避免约定奖金幅度，如果发生纠纷，双方对奖金的计算出现歧义，会引发不必要的劳动争议。

【关联法条链接】

《劳动法》第50条

劳动部《关于贯彻执行〈中华人民共和国劳动法〉若干问题的意见》第53条

37 不完成任务不给报酬的规定的合法性问题

【分析解答】

法律并不禁止用人单位与劳动者约定以工作任务作为支付工资数额的依据。劳动者的劳动成果,也是通过具体的工作完成情况来实现的,用人单位与劳动者约定工作任务,体现的是用人单位与劳动者关于经济效益和劳动付出的平衡。所以,用人单位与劳动者约定不完成任务不给劳动报酬的做法是不合法的。

【案情】①

2007 年 5 月至 8 月,李某在北京入职某医学基金会曾担任该基金会医学与公共关系部副总监,入职时双方签订书面劳动合同,合同期限为 2 年,李某月工资为 5000 元,同时约定李某的工资属于责任工资制,即完成单位任务时,按 5000 元工资计发,完不成单位任务,则没有工资。同年 7 月,基金会向李某发出《企业员工健康公益行动任务书》:确定李某为“企业员工健康公益行动”医学专业服务队伍成员,明确了李某的工作任务和内容。基金会以李某未在 7 月 18 日前完成专家应当完成的工作,并且任务书中其他工作也未取得进展为由调整了李某的工作领域及工作内容,并于 7 月 30 日与李某另行签订了《企业员工健康公益行动任务书》,明确其在 9 月 18 日前应该完成的工作。但是李某在此期间,仍然未

① 案例来源于中国法院网,根据需要做了适当改编。

能完成工作。

基于李某七八两个月的工作表现,基金会经考核,认为李某未能完成基金会交予的工作任务,故扣发了李某七八两个月的劳动报酬。8月31日,李某向北京医学奖励基金会提出辞职,双方解除劳动关系。李某认为基金会并没有考核结果及量化指标,扣除两个月工资不合法,向北京市宣武区劳动仲裁委员会申请仲裁,但未予受理,遂起诉至北京市宣武区人民法院。

基金会辩称,双方在劳动合同签订时,约定李某的工资属于责任工资制,李某完不成单位任务,无权要求支付工资。

宣武法院经审理认为:双方就工资标准达成一致,但双方对完不成单位任务,则没有工资的约定,不符合法律规定,并且基金会并没有在签订合同时对工作任务作具体量化,使得李某的工作是否完成无法衡量,遂判决基金会全额支付员工李某七八两个月的工资共计1万元,并支付25%的经济补偿金2500元。

【案例分析】

本案是由劳动者没完成工作任务,用人单位扣发工资引发的劳动争议。案中主要涉及的法律问题是:完不成任务没有工资的约定是否合法?

基金会与李某的完不成任务没有工资的约定,违反了法律关于最低工资保障的规定,应认定无效,基金会应当支付李某工资。法院依据当时的法律规定判决支持李某的诉请。具体理由分析如下:

一、用人单位与劳动者对工作任务的约定应有可量化标准

如果是计件工资制,那么工作任务可按照劳动者完成的合格品的数量加以计算,这种方式比较容易计算。但如果是像本案中,

李某担任公共关系部总监，单位为其安排的工作是某项公益行动，对李某完成工作情况进行考核就相对较难，考核李某工作的标准，应当有一定的技术或可量化的标准，才能确实有效地衡量李某完成工作的状况，并且该标准应当由用人单位与劳动者双方协商确定才能够适用。

二、用人单位不得低于最低工资标准支付劳动者工资

最低工资标准是指劳动者在法定工作时间或依法签订的劳动合同约定的工作时间内提供了正常劳动的前提下，用人单位依法应支付的最低劳动报酬。正常劳动指劳动者按依法签订的劳动合同约定，在法定工作时间或劳动合同约定的工作时间内从事的劳动。劳动者依法享受国家规定的休假期间，以及法定工作时间内依法参加社会活动期间，也视为提供了正常劳动。

用人单位不得在最低工资标准以下支付劳动者工资的规定，是强制性的。只要劳动者付出了正常劳动，用人单位就应当支付最低工资标准以上的工资，这是法律对劳动者权利的基本保障，也是对劳动者劳动的尊重。李某与基金会在劳动合同中约定，完不成任务没有工资，违背了法律规定，应当认定其部分无效，即最低工资标准以下部分无效。

三、用人单位应支付李某 7 月、8 月的工资

首先用人基金会对李某的工作任务并没有协商约定，虽然劳动合同中双方可约定按照工作任务支付工资，但对工作任务，应当双方予以认可才能对此条款发生法律效力。基金会开始并没有与李某协商，而是以通知的形式告知李某工作内容。

虽然后来双方又签订了《企业员工健康公益行动任务书》，明确其在 9 月 18 日前应该完成的工作。但基金会并没有与李某协商衡量工作任务完成的标准和依据，导致双方虽有工作任务约定，却因没约定衡量工作任务的标准和依据，而无法具体适用。这也是李某与基金会争议的焦点之一。也就是说,双方对工作任务的约定不明,视为没有约定。

即使李某事后认可了基金会考核工作任务的标准,基金会也应当支付不低于最低工资标准的劳动报酬给李某,而不能将李某7月、8月的工资全部扣除。

【专家提示】

最低工资标准不包括:延长工作时间工资;中班、夜班、高温、低温、井下、有毒有害等特殊工作环境、条件下的津贴;法律、法规和国家规定的劳动者福利待遇等。

【关联法条链接】

劳动部《关于贯彻执行〈中华人民共和国劳动法〉若干问题的意见》第56条

38 辞职能否取得补充养老金问题

【分析解答】

一、补充养老保险从性质上讲并非法定养老保险

法定的养老保险是由国家法律规定并强制实施的,企业和个人都必须参加,在劳动者符合养老条件时,可向社会保险部门领取养老金;法定的养老保险是由国家、单位和个人共同负担的,是国家的社会保障制度中关系国计民生的主要项目。法定养老保险是由法律规定并保障强制实施的,具有法定性。

补充养老保险是由政策进行规定,企业根据自身经济能力,为本企业劳动者缴纳的辅助性养老保险。补充养老保险是由单位负担的,体现的是单位对劳动者的保障性福利,更多的具有自主性。

二、补充养老保险的缴纳、使用通常由企业制度规定

企业可决定在本单位内,是否采用补充养老保险;采用什么标准的补充养老保险;对哪些劳动者可纳入补充养老保险范围,以及养老保险的享有条件和取消条件。通常这样的决定,是由企业提出草案,然后通过职工大会等形式,表决后以制度确定下来。

企业为劳动者缴纳补充养老保险,往往是出于人力战略的考虑,补充养老保险能激发劳动者的劳动热情,更好地为企业服务,给企业创造更多的价值,是企业行之有效的激励制度之一。

综上所述职工辞职能否获得补充养老金,要看企业在这方面的具体规定是否通过了法定程序的审核。

【案情】[1]

何先生于1994年7月到上海某(集团)公司工作,1996年7月双方签订劳动合同,并约定该公司制定的各类规章制度为合同的组成部分。2004年6月,双方又签订了无固定期限劳动合同。在何先生工作期间,该公司自1994年7月起为其缴纳补充养老保险金,至2007年9月何先生个人账户内的补充养老保险金额度为人民币107,820.22元。2007年9月5日,何先生因为到美国留学,向公司提出书面辞职申请。同年9月17日,烟草公司为何先生办理了退工手续。因为公司拒绝将何先生个人账户补充养老保险储存额转入其社保中心补充养老保险账户,何先生向劳动争议仲裁委员会申请仲裁被拒后,于2008年1月31日向法院提起诉讼。

法庭上,烟草公司辩称,补充养老保险金非工资范畴,依据《上海市企业补充养老保险试行意见》的规定,企业有自行制定补充养老保险实施方案的权利,补充养老保险金的缴纳属非强制性的。同时表示,1994年5月5日公司制定的《上海某(集团)公司职工补充养老保险暂行办法》(以下称《办法》)第6条第5款规定:职工被开除(含开除公职)、除名、辞退或因个人原因解除劳动合同或离开企业的,取消其享受补充养老保险的资格,原记入的补充养老保险金归入补充养老保险基金。该办法经公司核心层企业职代会(联席会议)审议通过。1994年7月26日上海市社会保险管理局、上海市经委劳动人事处发文,对上海市烟草专卖局《关于报送上海某(集团)公司职工补充养老保险暂行办法的函》的批复中也明确:企业补充养老保险基金应该专款专用,《办法》第6条第5款

① 案例来源于中国法院网,根据需要做了适当改编。

关于"归企业所有"的规定,应明确"归企业补充养老保险基金等"。上述《办法》合法有效,现何先生因自身原因解除劳动合同,公司依据规定,将公司为何先生缴纳的补充养老保险金归入企业补充养老保险基金,于法有据,不同意何先生的诉讼请求。

法院经审理后认为,公司依据规定将企业为其缴纳的补充养老保险存储额纳入企业补充养老保险基金,符合法律、法规及用人单位的规章制度的规定。故对何先生的诉讼请求,法院难以支持。判决驳回何先生的诉讼请求。

【案例分析】

本案是由劳动者辞职、用人单位扣留补充养老保险金引发的劳动争议,案中主要涉及的法律问题是:企业补充养老保险金的性质为何?劳动者在哪种情况下可享受补充养老保险金?

何先生因为不具备取得补充养老保险金的条件,无法取得用人单位缴纳的补充养老保险金利益,法院判决何先生败诉,理由比较充分,具体分析如下:

何先生进入公司后,在与公司签订的无固定期限劳动合同中,明确约定了公司制定的各类规章制度为合同的组成部分,这是公司为其缴纳补充养老保险的约定前提和条件。

公司制定的《职工补充养老保险暂行办法》中,也明确了职工个人原因解除劳动合同或离开企业的,取消其享受补充养老保险的资格,原记入的补充养老保险金归入补充养老保险基金。何先生因个人发展原因,需留学美国,符合公司关于取消享受补充养老保险的事实条件。

该公司的《职工补充养老保险暂行办法》曾报其上级主管部门备案,并得到上海市社会保险管理局、上海市经委劳动人事处发文,对上海市烟草专卖局《关于报送上海某(集团)公司职工补充养老保险暂行办法的函》批复的认可,具有合法的政策效力。何先生因为不符合获得该公司补充养老保险的条件,从法律上无法获得支持。

【专家提示】

补充养老保险是企业提高人力资源水平、增强竞争能力的有效工具,企业在使用补充养老保险方式时,首先要制定完备的制度体系;要通过集体讨论决定;并且在与劳动者签订的劳动合同中要进行告知,并尽量在合同中加注适用条款。

【关联法条链接】

《劳动法》第75条

39 值班能否要求加班费问题

【分析解答】

加班和值班有显著区别。加班一般指用人单位由于生产经营需要，经与工会和劳动者协商后，安排劳动者在法定工作时间以外从事本职工作。加班是单位员工超出正常工作时间，在原本应该休息的时间内进行的工作，是工作时间在休息时间中的延伸。

值班是指单位因安全、消防、假日等需要，临时安排或根据制度安排与劳动者本职无关联的工作；或虽与劳动者本职工作有关联，但值班期间可以休息的工作，一般为非生产性的责任，如看门、接听电话等。

加班和值班虽然都为用人单位提供了额外劳动，但两者的性质是不同的。认定加班还是值班，主要看劳动者是否继续在原来的岗位上工作，或是否有具体的生产或经营任务。在原岗位上具有生产、经营任务的是加班，反之是值班。

加班费的计算适用《劳动法》、《劳动合同法》，而值班费通常是根据单位具体情况来决定的。

【案情】①

张某是北京市教委房管中心职工，双方签订有《北京市事业单位聘用合同书》。1991 年工伤后，张某一直在单位传达室上白班，2001 年后调整为晚班，工作内容为看守大门以及检查单位夜间安

① 案例来源于中国法院网，根据需要做了适当改编。

全。工作时间为晚8点至次日早8点,每天工作12个小时。自2001年2月至2007年4月,无论法定节假日还是双休日,单位都没有安排休息。单位除了法定节假日每天支付90元、双休日支付30元费用外,未按加班费支付标准给付加班工资。张某于2007年4月就加班费一事向北京市崇文区仲裁委员会申请仲裁,崇文区仲裁委员会作出裁决,驳回张某的仲裁请求。张某不服仲裁结果,向北京市崇文区人民法院提起诉讼。要求教委房管中心补发加班工资及支付经济补偿金共计50余万元。

教委房管中心辩称,张某确是该中心职工。2001年2月,张某由于家庭原因,要求我单位为其安排夜间值班。依据北京市人事局京人工发〔1995〕448号文件第7条规定,事业单位在法定工作时间以外安排的值班和在休息日、法定假日安排的值班不视为加班,不支付加班工资。原告张某的工作是值班不是加班,不同意原告的诉讼请求。

崇文区法院经审理后认为,原被告签订的《北京市事业单位聘用合同书》是双方当事人真实意思的表示,不违反法律法规的强制性规定,合法有效,双方均应按照合同的约定履行各自的义务。张某因其家庭原因,经本人申请后岗位调整为值夜班,工作时间为每天晚20时至次日早晨8时。周一至周五超出8小时工作时间以外的4小时,从其工作性质的特殊性看应认定属于值班,不能认定为超时加班,故对于原告主张周一至周五超时工作按超时加班给付加班费的诉讼请求,法院没有支持。原告在法定节假日及双休日值班,根据工作性质也应认定为值班,但被告房管中心已按每天90元和30元的标准支付了其值班费,原告也接受,法院不持异议。故判决驳回原告张某的全部诉讼请求。张某不服,提起上诉,北京市第二中级人民法院维持了原判。

【案例分析】

本案是由劳动者比正常工时多提供了6000小时的工作，而主张加班工资和经济补偿金引发的劳动争议。案中涉及的主要法律问题是：值班和加班的区别是什么？为什么值班不能获得加班工资？

本案中对张某在教委房管中心工作的性质认定，是适用法律和获得赔偿的关键点。张某申请调整岗位为值夜班，虽然工作时间超过法定工时，但其主张的加班工资和经济补偿金无法得到支持。具体理由如下：

一、张某为教委房管中心提供的劳动属于值班

张某因家庭原因，向教委房管中心申请调整工作为值夜班，张某工作内容为看守大门以及检查单位夜间安全，张某并没有从事生产或经营性工作。张某值班是与用人单位对劳动者值班的约定与调整，属于双方的真实意思表示，在不违反法律规定的情况下，是合法有效的。

依据北京市人事局京人工发〔1995〕448号文件第7条规定，事业单位在法定工作时间以外安排的值班和在休息日、法定假日安排的值班不视为加班，不支付加班工资。这是张某符合值班、不视为加班，不用向其支付加班工资的法律依据，据此教委房管中心有权拒绝支付张某主张的加班工资和经济补偿金。

二、张某主张的加班工资和经济补偿金无法获得支持

张某主张的经济补偿金是以教委房管中心克扣加班工资为前提而产生的，而加班工资又以张某进行了加班为前提，而实际上张某夜间看大门以及检查单位夜间安全，不属于加班，也就不存在加班费的支付。基于此经济补偿金也就失去了事实基础。所以法院驳回了张某的诉讼请求。

【专家提示】

加班还是值班,这个重要内容,在日常生活中并不被人们所重视,但对其定性会直接引起法律后果的巨大差别。劳动者应当注意自己的工作特点和性质,避免本案不利后果的出现。

40 用人单位是否应承担临时工工伤待遇责任

【分析解答】

《劳动合同法》第7条规定用人单位自用工之日起即与劳动者建立劳动关系，即建立劳动关系的标准在于是否用工，与是否签订书面合同无关。根据2004年1月1日起施行的《工伤保险条例》第61条中对“职工”的具体范围作了具体明确，即“与用人单位存在劳动关系（包括事实劳动关系）的各种用工形式、各种用工期限的劳动者。”因此，临时工在工作中受伤也属于工伤范畴，用人单位应予以承担。

【案情】①

1999年11月18日，谢某工作之时不幸被塌方砸伤，经救治，左腿截肢。谢某出院后，被告某采石场（以下简称采石场）支付其一次性残疾补助金3500元，住院误工费1300元，并将谢某退工。由于伤未痊愈，原告谢某腿部于2000年2月感染，并发骨髓炎，共花去住院费、医疗费近20,000元。谢某与采石场协商有关医疗费问题，因双方协商不成，谢某将该采石场告上法院。

原告请求：采石场一次性支付伤残补助金750。元；按月支付伤残抚恤金516元；支付因生活需要而配置和定期更换的假肢费用；支付因旧伤复发和因复发并发症的治疗费用20,000元及以后

① 摘自北大法意网，http://www.lawyee.net。

因旧伤复发及并发症的医疗费用。在审理过程中,被告采石场辩称:谢某只是一名临时工,被告在谢某出院时已支付了一次性伤残补助金3500元,误工费1300元,已承担了应尽的义务;谢某的致残是不可抗力造成,采石场不应满足谢某的要求,请求人民法院驳回谢某的诉讼请求。

法院经审理认为:采石场聘谢某为临时工,与之建立了劳动关系而不予之签订劳动合同,违反了《劳动法》关于"建立劳动关系应当订立劳动合同"的规定。采石场在没有签订劳动合同的情况下,非法使用临时工,发生工伤事故,造成临时工伤残,根据劳动部《关于如何确认临时工用工主体的复函》的规定,"用人单位非法使用临时工期间.造成临时工的工伤,应由用人单位承担临时工的工伤待遇",采石场应当承担谢某的工伤待遇费用。在谢某第一次住院治疗未痊愈出院时,采石场单方面支付的伤残补助金3500元和误工费1300元没有按规定的标准计算,应按伤残等级标准重新计算。

据此,法院判决如下:被告采石场支付原告谢某一次性伤残补助金7500元;按月支付原告谢某残疾抚恤金516元;按国家规定支付因生活需要配置的假肢和按规定期限更换的假肢费用;支付因旧伤复发和因旧伤复发并发症的费用20,000元;支付以后因旧伤复发和因旧伤复发并发症的费用。

【案例分析】

本案争议的焦点是劳动合同形式的认定问题。尽管我国法律规定劳动合同应以书面形式订立,但实践中,口头劳动合同普遍存在,本案就是一例,如果以当事人之间不存在书面劳动合同为由,就否定当事人之间的劳动关系,会非常不利于保护劳动者的合法权益。因此,法院依《民法通则》第 119 条“侵害公民身体造成伤害的,应当赔偿医疗费、因误工减少的收入、残疾者生活补助费等费用”和《劳动法》的有关规定,作出上述判决,是完全正确的。而在《劳动合同法》出台之后,对于这一问题的解决进一步提供了明确的法律依据。

一、劳动关系双方当事人必须且须及时订立书面劳动合同

《劳动合同法》第 7 条已明确规定建立劳动关系应自用工之日起算,即承认事实劳动关系,需要强调的是,该条规定,“建立劳动关系,应当订立书面劳动合同”,“应当”的意思是必须,换言之,订立书面劳动合同是劳动关系双方当事人的法定义务。建立劳动关系应当订立书面劳动合同不仅是一项法定义务,而且应当及时地得到履行。《劳动合同法》第 10 条第 2 款规定:“已建立劳动关系,未同时订立书面劳动合同的,应当自用工之日起一个月内订立书面劳动合同。”第 82 条第 1 款规定:“用人单位自用工之日起超过一个月不满一年未与劳动者订立书面劳动合同的,应当向劳动者每月支付二倍的工资。”《劳动合同法实施条例》第 6 条又进一步规定,该“每月支付二倍的工资”的起算时间为用工之时起满 1 个月的次日,截止时间为补订书面劳动合同的前一日;若劳动者不与用人单位订立书面劳动合同,用人单位应当书面通知劳动者终止劳动关系,并依照《劳动合同法》第 47 条的规定支付经济补偿。同时,该条例第 34 条规定,如果用人单位不按法律规定支付两倍工资或者赔偿金的,劳动行政部门应当责令用人单位支付。如果用人单位自用工之日起满 1 年未与劳动者订立书面劳动合同的,根据该条例第 7 条的规定,用人单位不仅应当按照《劳动合同法》第 82 条及该条例第 6 条的规定向劳动者支付两倍的工资,而且视为自用工之日起满 1 年的当日已经与劳动者订立无固定期限劳动合同,应当立即与劳动者补订书面劳动合同并且,《劳动法》第 98

条规定:"用人单位违反本法规定的条件解除劳动合同或者故意拖延不订立劳动合同的,由劳动行政部门责令改正;对劳动者造成损害的,应当承担赔偿责任。"其实早在《劳动合同法》颁布之前,《违反〈劳动法〉有关劳动合同规定的赔偿办法》就详细规定了用人单位故意拖延不订立劳动合同对劳动者造成损害的赔偿办法。由于《劳动合同法》的相关规定与《劳动法》的该项规定并不冲突,所以《劳动合同法》生效后,不影响《劳动法》该项规定的效力,所以《违反〈劳动法〉有关劳动合同规定的赔偿办法》现在依然有效。另外,《劳动合同法实施条例》第5条还赋予了用人单位一定程度上的权利以维护其利益,即"自用工之日起一个月内,经用人单位书面通知后,劳动者不与用人单位订立书面劳动合同的,用人单位应当书面通知劳动者终止劳动关系,无需向劳动者支付经济补偿,但是应当依法向劳动者支付其实际工作时间的劳动报酬"。

二、谢某与采石场存在劳动关系

《工伤保险条例》条例第2条规定,所谓职工是指与用人单位存在劳动关系(包括事实劳动关系)的各种用工形式、各种用工期限的劳动者。本案中谢某虽是采石场的临时工,也未与胡某签订书面劳动合同,但已与采石场之间形成了事实劳动关系。在工作之时不幸被塌方砸伤,符合《工伤保险条例》的相关规定,并不因为谢某是临时工这一事实就影响工伤事故的认定、影响谢某应当享有国家规定的工伤待遇。由于采石场应当参加工伤保险而未给参加,应当按照《工伤保险条例》所规定的项目和标准向谢某支付相关费用。

【专家提示】

建立劳动关系应当订立书面劳动合同。但是劳动合同法又规定,用人单位自用工之日起即与劳动者建立劳动关系。实际上,一方面，用工之日也即建立劳动关系之日可能早于签订劳动合同之日，如用工之日起1个月内用人单位与劳动者补签劳动合同的情形；另一方面，用工之日即建立劳动关系之日可能晚于签订劳动合同之日，如用工之前订立劳动合同的情形；还可能出现用工之时即建立劳动关系的同时签订劳动合同的情形。所以，劳动关系的建立之日和订立书面劳动合同的时间并无直接联系，立法更强调后者的证据作用。

【关联法条链接】

《劳动法》第16条、第54条、第57条

《劳动合同法》第10条、第82条

《劳动合同法实施条例》第5条、第6条

41 工厂赔偿工伤劳动者900斤硬币合法性问题

【分析解答】

一、赔偿款必须以现金支付

根据《现金管理条例》规定,在银行开户的单位,可以在各种劳保、福利费用以及国家规定的对个人的其他支出上使用现金。法律上有对用人单位在支付工伤赔偿时可以使用现金的规定。而根据《工伤保险条例》规定,工厂应当支付因工致残的伤残补助金、一次性工伤医疗补助金和伤残就业补助金。支付各项"补助金"就是指的现金,当然支票也属于现金的范畴。我国社会生活的支付都是以法定货币进行,法定货币通俗讲就是现金,使用现金是公民支付的主要手段,支付现金是赔偿款的法定形式。

二、赔偿的现金应当根据数额确定支付的票面金额

赔偿机构应当根据赔偿的数额确定支付现金的票面金额,比如大额款项,尽可能采用大面额现金;小额款项,尽可能采用大面额、小面额共用。原则是最大限度地便利于受偿人收取、携带、保存、使用赔偿款项。这是现金使用的原则,也是社会公德、公序良俗的体现。

【案情】①

2007年3月6日,家住无锡惠山区的小章在无锡西塘某工厂

---

① 案例来源于《扬子晚报》,根据需要做了适当改编。

做工过程中手部受伤,经过鉴定认定为九级伤残。小章受伤后,厂方只报销了10,000元的医药费,便让小章离开了工厂。经过惠山区劳动争议仲裁委员会仲裁,小章获赔75,000元。2008年8月27日,小章收到工厂的领款通知单,30日上午10点左右,母子两人来到工厂,在经过一系列的询问后,小章被单独叫到了老板办公室,在75,000元的收条上签上了自己的名字。

正当小章如释重负之时,让他们想不到的一幕发生了:在财务科领钱时,厂方只给了11,000元的现钞,而另外的"赔偿金"则是摆放在财务科门口的3大口袋硬币,这让母子俩很气愤。母亲随即拨打了110报警,经过一番调解,财务科的工作人员同意陪同他们去把钱存入银行。后来称过才发现重达900斤的3大袋子硬币如何搬运也难坏了母子两人,最后两个人借了9个小袋子,又找了一个亲戚帮忙,经过分装,才把一袋袋的硬币背了出来。然后用亲戚的电动三轮车送到了银行,但跟着去的两名财务科人员到了银行门口后便离开了。由于恰逢周末,银行没有足够的人员进行清点,于是硬币便被拉到了亲戚家的仓库里暂存起来。

经过5个人6个多小时的称重清点,小章一家终于把1角、5角、1元的硬币分理出来,硬币总重量超过了900斤。这些硬币九成以上都是崭新的硬币,其中1角的硬币160斤,5角的硬币重量最轻,也有20斤,1元的硬币占了大头,达到728斤。1元硬币总共是59,120元,5角的200多元,1角的为2490元。总共加起来还不到62,000元,和应赔付的金额相比还差了2000元。这件事情发生以后,周围的一些居民议论纷纷,小章的一位邻居告诉记者,64,000这个数字很不吉利,用无锡方言解读就有"让你去死"的意思。这么多的新硬币,想从银行取出来都不容易。

8月31日,母亲起了个大早,去周边的市场上去"推销"硬币了,超市、饭店、菜摊都留下了她的身影。听说了她的遭遇后,大家你1000元,我500元的都承诺将会给她兑换一些硬币。她把这些承诺都记在了心里。但是这些硬币依然没有全部兑换出去,最后,她的一位亲戚帮她联系了一家大一点的熟菜店,除了已经被一家超市先期兑换的2000元外,将她余下所有的57,120元的1元硬币全部收下。1角的硬币,母子俩到银行去兑换了2400元。

【案例分析】

本案是由劳动者获得工伤赔偿,而引发的对赔偿款项支付方式的法律问题思考。案中涉及的主要法律问题是:用人单位赔偿工伤款900斤硬币合法吗?

赔偿款的支付问题一直很少有人去思考,赔偿款必须以现金支付,这是大家都明知的常识。那么像本案工厂这样赔偿硬币是否合法呢?我认为工厂的行为是违背法律精神和规定的,理由如下:

一、工厂支付900斤硬币违背法律规定

根据《劳动合同法》的规定,用人单位在劳动合同的始终,都应当遵守平等、公平、自愿协商、诚实信用原则。工厂在涉及小章的工伤赔偿款项时,显然是采用故意刁难的方式用900斤硬币支付赔偿款;这么大数量的硬币显然不是工厂自身所拥有的,而是通过各种渠道收集来的,达到整治工伤员工、看他们笑话的目的,属于恶意的主观意图,违背了诚实信用原则。

工厂支付赔偿款的行为决定了其动机的不良,在支付小章工伤赔偿款时,不是站在受伤员工的角度考虑,没有为小章收取工伤赔偿款提供便利,而是增加他们取得赔偿款的难度,显然违背了法律关于诚实信用的规定。同时在小章未清点赔偿款数额的时候,就让其在签收单上签字,并且在赔偿款数额上还少支付2000元,都属于违法行为。

二、工厂应当对自己的违法行为承担责任

由于工厂支付小章赔偿款给其带来了更大的经济支出，小章可要求企业变更赔偿方式，如果是接受如此多的硬币，可租用车辆运输，也可以让银行兑换纸币，而这样所产生的运输费和银行清点的服务费，企业应承担赔偿责任。

【专家提示】

我们进行法律解释和适用，并不是每一个社会行为都有对应法律进行调整。应当从立法精神和法律保护的群体以及法律原则的角度进行考虑。如果把工伤赔偿 900 斤硬币的行为看做合法，就是对法律的机械化认识，但实际上这种行为是违反法律的。

【关联法条链接】

《劳动合同法》第 3 条

42 招用的退休人员高温费能否拒付问题

【分析解答】

福利费是指企业从费用中提取的、准备用于职工福利方面的资金。比如职工的医疗卫生费用、职工困难补助费,以及应付的医务、津贴、福利人员工资等。

根据劳动部相关规定,防暑降温福利费用,是用人单位为了保障劳动者的身体健康,改善劳动条件,提高生产效率而设。高温费的支付情形是气温35℃以上,或者劳动者的工作环境温度较高。

特殊劳动关系并没有专门的法律规范进行调整,在司法实践中通常按劳务关系来处理,在发生纠纷时,通常也是适用民事法律规定。但是在特殊劳动关系中劳动者也是向用人单位提供劳动的人员,其应当享受的劳动条件和劳动保护,并不因其身份的特殊(退休人员)而被剥夺。也就是说,用人单位对聘用人员提供劳动条件和劳动保护事项,是其法定义务,并且针对退休人员参加工作的,应该提供更多的照顾,为其提供不低于普通劳动者的劳动条件和保护事项。所以招用的退休人员的高温费不能拒绝支付。

【案情】①

王某退休后于2004年10月入职上海市某物业公司,双方未签订劳动合同,双方约定月工资800元,工作内容是物业公司车棚

① 案例来源于中国法院网,根据需要做了适当改编。

管理员，王某开始工作后，一直尽心尽职地履行车棚管理工作。王某工资逐年增加至2007年11月的1010元。王某根据《停车须知》为业主提供了看管车辆防盗的正常服务，物业公司每月支付了工资。为了车辆安全王某天天食宿在地下车库内，而王某所在的车库没有通风设备，2007年上海夏天持续高温天气30多天，一米深的小半地下车库既潮湿又闷热，物业公司却没有支付高温津贴，而其他的员工不同数额都予发放，唯有王某没发。王某为此与物业公司协商但未能达成协议。

2008年10月初，王某诉至上海市松江区人民法院，要求物业公司支付2007年6月28日至8月28日期间的高温季节津贴360元。物业公司认为，王某从事的车棚管理员工作并非一般意义上的上班，且王某是退休后从事工作，因此不适用劳动法，请求法院驳回。

法院认为，根据国家法律规定男性的法定退休年龄为60周岁，因此王某与物业公司之间的劳动关系，属于王某退休后所形成的劳动关系即特殊劳动关系，但特殊劳动关系并不完全排除我国劳动法的适用，本案中所涉及的劳动保护均应适用劳动法的相关规定。企业安排劳动者在高温天气下工作，以及不能采取有效措施将工作场所温度降低到33℃以下的，应当向劳动者支付高温季节津贴，津贴标准每天不低于10元。根据王某工作场所的特定环境，根据气象报告的2007年6月28日至8月28日期间的高温天气为30天计算，酌定王某高温津贴应为300元，判决某物业公司支付王某高温津贴300元。

【案例分析】

本案是由物业公司未支付劳动者高温费，而引发的劳动争议。

案中涉及的主要法律问题是:被聘用的退休人员是否能适用《劳动法》?

王某虽然属于退休人员,但被聘用后,也属于劳动者范围,《劳动法》中关于劳动保护的规定应当对其适用,法院判决物业公司支付王某高温费300元,是比较合理的。主要从以下几方面考虑:

一、高温费属于用人单位应支付的劳动保护福利费

王某的工作场所在地下车库,并且没有通风设备,既潮湿又闷热,2007年上海夏天持续高温天气30多天,属于应当支付高温费的情形。

二、王某与物业公司之间属于特殊劳动关系

《劳动合同法》中的劳动者,是指达到法定年龄(在我国为年满16周岁)、具有劳动能力,能够依法签订劳动合同,独立给付劳动并获得劳动报酬的自然人。从字面上理解,《劳动合同法》对劳动者只有年龄下限的规定而没有上限的规定,从这个角度来考虑,只要是年满16周岁的自然人,具有劳动能力,独立给付劳动并获得劳动报酬,都应当属于劳动者。王某的情况就是这样,虽然已经退休,但是具有劳动能力,从其从事物业公司管理车库工作多年来看,其能够独立给付劳动,并获得物业公司支付的劳动报酬。

根据劳动部《关于实行劳动合同制度若干问题的通知》(劳部发〔1996〕354号)规定:已享受养老保险的离退休人员被再次聘用时,用人单位应与其签订书面协议,明确聘用期内的工作内容、报酬、医疗、劳动保护待遇等权利和义务。而《劳动法》和《劳动合同法》中要求用人单位必须为劳动者缴纳社会保险费用,退休人员已经开始享受社会养老等保险待遇,显然与《劳动法》、《劳动合同法》有区别。也就是说,作为退休人员的王某与物业公司不属于严格意义上的劳动关系,而属于特殊劳动关系。

三、物业公司应当支付王某高温费

王某虽然退休,在入职物业公司进行车库管理工作时,物业公司在向单位其他员工发放高温费时,对同样提供劳动的王某,不能以其属于退休人员为由而不支付高温费。

【专家提示】

被聘用的退休人员,虽然不属于严格意义上的劳动者,但其所享有的获得劳动报酬、劳动保护等待遇还是依法受到保护的,用人单位不能因其属于退休人员,就给其提供更差的待遇。在法律的适用上,如果其他法律没有劳动保护方面的相关规定,参照《劳动法》也是符合法律原则的。

【关联法条链接】

劳动部《关于实行劳动合同制度若干问题的通知》第13条

43 劳动报酬能否低于最低工资标准问题

【分析解答】

我国实行最低工资保障制度。用人单位支付劳动者的工资不得低于当地最低工资标准。这是我国劳动保障制度的一项重要内容。最低工资制度主要是由政府与工会、企业三方协商后,参照本地区低收入职工收支状况、物价水平、职工赡养系数、平均工资、劳动力供求状况、劳动生产率、地区综合经济效益等因素确定。根据《劳动法》第48条国家实行最低工资保障制度。最低工资的具体标准由省、自治区、直辖市人民政府规定,报国务院备案。用人单位支付劳动者的工资不得低于当地最低工资标准。

【案情】①

2003年5月1日,广西梧州市某事业单位与劳动者黄某,签订了无固定劳动合同期限的《梧州市事业单位聘用合同书》一份,合同书中明确约定,劳动者黄某在该单位从事单位承接项目的预算工作,黄某每月的工资是900元,并确定了黄某每月的工作量,单位会根据实际工作量加发奖金。黄某入职后,对待工作认真负责,单位对黄某的工作也十分满意,按月足额发放了工资;但后来市场状况发生了转变,从2007年5月起,由于单位承接业务有限,开工不足,该单位不能按合同书约定的工资标准支付黄某工资,单位就按时薪制支付工资给黄某,与市在职职工最低工资标准700元相

① 案例来源于中国法院网,根据需要做了适当改编。

比,该单位每月少支付黄某工资总额的40%,三个月共计拖欠1200多元。黄某要求该单位支付被拖欠的工资未果,即向梧州市蝶山区劳动仲裁委员会申请仲裁。

劳动仲裁委员会依法裁决由该事业单位按最低工资标准补足给黄某。该事业单位不服裁决,遂向蝶山区人民法院提起诉讼,请求法院驳回黄某的无理请求,并承担本案诉讼费及仲裁费用。法庭经审理认为黄某的请求符合法律规定,判决该单位按不低于最低工资标准支付拖欠黄某的工资。

【案例分析】

本案是因用人单位支付劳动者报酬低于最低工资标准,而引发的劳动纠纷。主要涉及的法律问题是:用人单位支付劳动报酬能低于最低工资标准吗?

单位支付黄某的工资违反了我国关于工资支付的规定,属于违法行为,应当依法维护黄某的劳动权利,具体理由分析如下:

一、劳动者应当在法定工作时间内履行了正常劳动义务

劳动者的报酬是根据劳动者实际工作成果的价值转化。劳动者在规定的时间内按质按量地完成了单位交办的劳动任务,单位就应当及时、足额地支付劳动者报酬。黄某参加工作后,认真工作得到了单位的认可,单位也足额地支付了黄某工资;后来单位接到的业务减少,整体收益下降,同时安排黄某的工作量也减少了,这个情况不是黄某原因所致。黄某的实际工作是由单位进行安排的,单位减少业务后,给黄某安排的工作量也随之减少,而黄某的工资跟单位安排的工作量又是紧密联系的,黄某的报酬受到影响也在情理之中。

二、单位降低工资不得违反法律规定

单位根据个人的工作业绩,可在规定的限度内,适当地减少劳动者的工资收入,做到收入有升有降、有增有减,这样才会平衡利益,避免"干好、干坏一个样的大锅饭"的做法,才能激励员工努力认真工作,为单位创造更多的价值。但用人单位对劳动者的工资不能无限制地减少,法律规定了用人单位减少劳动报酬不得低于最低工资标准。该单位虽然因业务量的减少,导致黄某工作量的减少,单位在减少黄某的报酬时,不得违反国家关于最低工资保障的强制性规定。所以单位就构成了对黄某劳动权利的侵害,法院判决单位不低于最低工资标准支付拖欠黄某的工资,是合理合法的。

【专家提示】

最低工资的范围包括基本工资和奖金、津贴、补贴,但不包括加班加点工资、特殊劳动条件下的津贴,国家规定的社会保险和福利待遇排除在外。

最低工资保障也有例外:劳动者由于本人原因造成在法定工作时间内或依法签订的劳动合同约定的工作时间内未提供正常劳动的,可以不适用最低工资标准。

企业如果低于所在地的最低工资率支付劳动者工资的,劳动者可向当地劳动行政部门进行举报,由劳动行政主管部门责令限期补发所欠工资,并另外向劳动者支付相当于低于部分25%的经济补偿金。

【关联法条链接】

《劳动法》第48条、第50条

劳动部《关于贯彻执行〈中华人民共和国劳动法〉若干问题的意见》第54条、第56条

44 劳动者主动加班，能否获得加班工资的问题

【分析解答】

加班工资是劳动者报酬的构成部分。从形式来看加班工资可分为两种形式，即法定加班工资和约定加班工资。法定加班工资是法律法规对劳动者加班后，用人单位应支付的加班报酬的标准和方式进行的规定。根据《劳动法》的规定，我国标准计时工时制度每日工作 8 小时，每周 40 小时。超过以上工作时间的工作，即应当支付加班工资。约定加班工资是由劳动者和用人单位对劳动者加班工作后用人单位给其支付劳动报酬的数额和方式进行协商约定；约定加班工资的优点是灵活多样，可由劳动者和用人单位根据工作性质和单位特点进行具体约定，有利于发挥劳动者的积极性。根据《劳动法》第 4 条的规定，用人单位可通过制定与国家法律不相抵触的加班制度，规定加班的审批程序，以及加班工资的支付。约定加班工资不得低于法定加班工资的标准。综上所述，加班工资的支付必须以工作单位安排为前提。

【案情】①

王亮就职于北京某外资公司，双方签订了为期 1 年的劳动合同，王亮在公司具体负责业务拓展工作。劳动合同约定王亮的工作时间为每日 8 小时、每周 40 小时的法定标准工作时间，王亮的

① 案例来源于劳动法专业律师网，根据需要做了适当改编。

工资按以上标准为每月2400元。公司给王亮讲解了各项规章制度,其中包括加班制度,王亮入职后,勤奋工作,其在当天8小时内完不成工作的,就在下班后主动加班完成当天的工作任务。

王亮在该公司工作了一年以后,再也不愿意承受公司对其的工作安排,就在劳动合同到期时,明确表示不再续签,并要求公司支付其工作一年间的加班工资。公司表示并没有安排王亮加班,王亮延长工作时间是个人对工作的安排,属于自愿,公司直接拒绝了王亮要求支付加班工资的请求,王亮将公司投诉于北京市海淀区劳动监察大队。

王亮出具了其在公司的考勤表证明自己在履行劳动合同的过程中经常加班,根据《劳动法》的有关规定,加班应支付加班工资,既然双方劳动合同期限已到,并且不再续签,公司应当就其在职期间的所有加班工资全部支付。公司根据加班制度的规定:员工加班须经公司同意并办理审批手续,王亮虽然拿出了考勤表,来证明其延长了工作时间,但是王亮延长工作时间,纯属于其个人自愿,并且没有经单位审批,不能按规定获取加班费。

【案例分析】

本案是由劳动者主动加班,而为支付加班费引发的劳动争议。案中涉及的主要法律问题是:王亮为了完成工作任务而自动加班的行为,是否属于《劳动法》中规定的应支付加班费的情形?

王亮在公司的加班行为,不是公司安排的,而是自己根据完成的工作情况安排的,不符合法律规定,不能获得加班费,理由如下:

一、虽然加班工资有法定和约定两种形式,但必须以用人单位安排加班为前提

根据法律规定 ,用人单位依法安排劳动者在标准工作时间以外工作的,应当按照下列标准支付劳动者工资:(1)在日标准工作时间以外延长工作时间的，按照不低于小时工资基数的150%支付加班工资；(2)在休息日工作的，应当安排其同等时间的补休，不能安排补休的，按照不低于日或者小时工资基数的200%支付加班工资；(3)在法定休假日工作的，应当按照不低于日或者小时工资基数的300%支付加班工资。该条开头表明“用人单位依法安排劳动者在标准工作时间以外工作的，应当按下列标准支付劳动者工资”，即用人单位安排加班的，应支付加班工资。如果不是用人单位安排加班，而是由劳动者自愿加班的，用人单位依据以上规定可以不支付加班工资。

二、本案中公司对王亮采用的是计时工资制

王亮根据自己的工作能力，自己安排在标准工作时间以外加班，而不是由公司安排的加班；虽然王亮拿出了考勤表，但公司对员工加班有相应的审批手续，王亮并没有证明其已履行了公司的加班审批；所以，王亮要求支付加班工资的请求无法得到支持。

【专家提示】

劳动者应理解法定加班的定义，以及加班工资的获得条件；根据法律规定安排的加班，才能获得加班工资。并且还要注意加班必须是要用人单位和劳动者协商一致才行，用人单位无权强迫劳动者实施加班，除非遇到抢险等突发事件。

【关联法条链接】

《劳动法》第4条

45 员工在家接听单位呼转电话是否算加班费的问题

【分析解答】

员工在家接听单位互转电话,如果事后单位没有给员工补休,此种情况完全符合加班的标准,单位应该支付员工加班费。

【案情】[①]

2002年7月,顾某受聘于上海市徐汇区一家公司,担任办公室主任职务。劳动合同期限1年,《劳动合同法》第4条第2款明确规定:公司实行每周40小时工作制,不包括就餐和休息时间。同时还规定,"公司可安排员工加班工作,加班可由公司安排调休"(调休单有效期为6个月)。

顾某上班后不久,这家公司设置了电话呼叫转移功能,在双休日及节假日期间,公司将电话呼叫转移至顾某的家中。公司要求顾某在家里承担公司的热线咨询、投诉、订购及销售产品工作。这个呼叫转移电话一接就是将近五年,在这五年中,公司每年均与顾某签订为期1年的劳动合同;2007年2月初,顾某要求公司支付从2007年8月以来节假日加班工资,遭到公司拒绝。2007年3月,顾某辞职,并向徐汇区劳动争议仲裁委员会申请仲裁,要求支付2002年8月至2007年2月4日期间休息日加班468天、法定休假日加班44天的加班工资,共计95,676.48元,还要求支付2007年

① 案例来源于《上海法治报》,根据需要做了适当改编。

3月的工资差额690.17元。在庭审中顾某向徐汇区仲裁委员会提供了“公司考勤与公司电话转移”证据以及关于呼叫转移的会议纪要,及“双休日设摊促销加班证明”的证据,公司对顾某加班以及来电呼转的事实一概否认。

徐汇区劳动争议仲裁委员会认为,公司同意支付顾某2007年3月的工资差额690.17元,仲裁委员会予以确认;顾某提供的“公司考勤与公司电话转移”以及呼叫转移的会议纪要等证据,在没有其他证据佐证的情况下,不足以证明公司将其电话转移至顾某处,仲裁委员会对此项申诉请求不予支持。仲裁委员会裁决后,双方均不服,分别起诉至徐汇区法院。

【案例分析】

本案是一起用人单位未支付节假日劳动报酬而引发的劳动争议。在本案中主要涉及的法律问题是:节假日在非工作场合工作,是否算是加班?是否能主张加班工资?

顾某的行为完全符合加班的构成要件,属于加班。并且公司在休息日安排顾某在家中接听公司转接的热线、投诉,也没有给顾某安排补休,公司应当根据顾某的加班时间,向其足额支付加班工资。公司对顾某加班行为予以否认的行为,是对顾某获得劳动报酬权利的严重侵害,此举并不可取,而是应当站在诚信的立场上,妥善处理此事。理由如下:

一、构成加班的时间要求必须是在标准时间以外

我国实行的是劳动者每日工作时间不超过8小时、平均每周工作时间不超过40小时的工时制度,为了保护员工的休息权,法律对加班加点进行了严格的限制。一般每日不得超过1小时;特殊原因情况下每日不得超过3小时,且每月不得超过36小时。在休息日工作,而又不能安排补休的,以及节假日工作的,都属于标准时间以外,都符合加班的时间要求;顾某正属于在周末、节假日进行工作的情形。但用人单位在发生自然灾害、事故或者因其他原因,威胁劳动者生命健康和财产安全,需要紧急处理的;生产设备、交通运输线路、公共设施发生故障,影响生产和公众利益,必须及时抢修的;或法律、行政法规规定的其他情形,企业延长工作时间可以不受上述限制。

二、加班必须是从事单位要求或安排的工作

按照劳动合同,劳动者的劳动时间是已经与用人单位约定好的,并且约定的工作时间符合法律规定,加班是劳动者将工作内容持续到约定和法定的工作时间以外的行为,该工作行为不是为了完成自己的工作任务而自行实施的,而是由用人单位根据工作需要而安排的。顾某在节假日中接听公司的热线咨询、投诉、订购及销售产品工作,是公司要求的,而不是自愿实施的,并且公司将电话来电转接到了顾某家中,也明确地表达了公司要求加班的意图。

三、加班的地点主要由劳动者和用人单位协商决定

法律法规对加班的地点没有严格的限定。按通常理解,加班应该是在标准工时之外,在工作场所进行单位安排的工作;但这也只是加班地点的一种情形,加班首先是劳动者和用人单位的协商,其中包括加班的时间和加班的地点,以及加班的内容;用人单位让劳动者加班主要是考虑利用劳动者休息、休假的时间,为单位做更多的工作,带来更大的效益,用人单位会根据更便利于工作的完成来决定加班地点的。公司利用电信的来电呼转功能,将公司的来电在节假日转接到顾某家里,并要求顾某在节假日接听热线、投诉、订购及销售产品,公司的行为本身就表明了,其安排顾某加班的地点是在顾某的家中,而顾某实际上也是按照公司的安排,将自己的节假日用来接听公司转接的电话,从事的是加班工作。

【专家提示】

加班首先要经过双方对加班时间、加班报酬、加班地点等情况进行协商，加班必须是劳动者愿意，而不能被强迫；并且加班报酬可以高于法定的标准，但不得低于法定标准。

在劳动者加班时，要保留比如加班决定、加班通知、考勤表、电邮、短信等能证明加班事实的相关证据，预防纠纷的发生。

用人单位违法要求劳动者加班的，劳动者并不是只能处于被动地位，可以向有关市、县、区劳动监察部门举报，对其违法行为予以制止。

【关联法条链接】

《劳动合同法》第 31 条

《劳动法》第 36 条、第 41 条、第 44 条

46 综合工时未报批能否获得加班费的问题

【分析解答】

一、综合工时制具有特殊性

综合工时制是指分别以周、月、季、年等为周期,综合计算工作时间,但其平均工作时间和平均周工作时间应与法定标准工作时间基本相同。

采用综合工时制的原因是企业因生产特点不能实行标准工时制度。可以实行综合工时制的行业有:(1)交通、铁路、邮电、水运、航空、渔业等行业中因工作性质特殊,需连续作业的;(2)地质及资源勘探、建筑、制盐、制糖、旅游等受季节和自然条件限制的行业的;(3)其他适合实行综合计算工时工作制的。

二、采用综合工时制必须经过报批程序

因生产特点不能实行标准工时制度的单位,符合条件的经劳动保障行政部门批准可以实行综合工时制度。综合工时制度的采用不仅要求用人单位根据工作特点不能实行标准工时制度,并且用人单位需将综合工时制与劳动者协商且写入劳动合同。最后用人单位还要将采用综合工时制度报请劳动保障行政部门批准方可。

【案情】[1]

家是河北的小李,高中毕业后独自到北京找工作,一天在报纸

---

① 案例来源于《北京日报》,根据需要做了适当改编。

上看到某宾馆招聘服务员的广告，小李到宾馆应聘后，被宾馆聘用，双方于2007年2月签订了为期1年的劳动合同，小李的工作职务是客房服务员，每月工资1500元，小李每周工作6天，并约定宾馆根据住客的多少来安排和调整小李的具体工作时间。

2007年"五一"和"十一"，处于北京市的旅游高峰时期，宾馆由于住客较多，比较忙，就没有安排小李休息，也未支付小李加班工资。小李就节假日加班费一事多次向宾馆领导索要，但均被宾馆领导拒绝。2008年小李与宾馆劳动合同到期后，双方没有续签劳动合同。

之后，小李向北京市某区劳动仲裁委员会提起申诉，并向劳动仲裁委提交了单位考勤表和证人证言，以证明她加班的事实和具体时间。她要求宾馆支付她周末和法定节假日的加班工资，以及相应的经济补偿金。该宾馆辩称，由于服务行业的特殊性质，实行的是综合计算工时制度，加班费都包含在工资里面了，但该宾馆并没有提供劳动行政部门的相关审批手续。因此，仲裁委审理后裁决：宾馆支付小李加班费和相应的经济补偿金。

宾馆不服，以与小李执行的是综合工时制，在合同中也约定了根据住客的多少，安排和调整小李具体的工作时间，行业服务性质决定双方只能是综合工时制度，这是众所周知的事实为由，起诉到北京市某区人民法院，请求不支付小李索要的加班工资以及经济补偿金。

法院经过审理，认为小李举出的证据能够证明其在劳动合同期内，在节假日为宾馆提供了加班工作，而宾馆并没有提交相应证据，遂判决支持了小李的诉讼请求，判决宾馆支付小李加班费以及经济补偿金。

【案例分析】

本案是由劳动者追索加班费，而用人单位认为与劳动者采用的是综合工时制不存在加班事实，而引发的劳动争议。案中涉及的主要法律问题是：如何在司法实践中认定综合工时制？

宾馆辩称与小李执行的是综合工时制，在合同中也约定了根据住客的多少，安排和调整小李具体的工作时间，但是没有提交相应的证据证明其双方就是综合工时制，而且主张的行业惯例，没有法律依据，判决宾馆败诉是正确的。具体作以下分析：

一、宾馆与小李之间不属于综合工时制

虽然宾馆与小李在劳动合同中约定了，根据住客的多少安排和调整小李具体的工作时间，但这样的表述并不代表双方协商的是综合工时制，并且宾馆的经营状况虽然跟旅游、节假日等某些时段有一定的关系，但宾馆属于普通服务行业，其经营特点完全能够实行标准工时制，不符合实行综合工时制的生产、经营特点。最重要的是，宾馆没有向劳动行政保障部门提交采用综合工时制的申请，更没有获得批准或许可。宾馆以服务行业惯例抗辩，显然不能成立。只能认定宾馆与小李采用的是标准工时制度。

二、宾馆应当支付小李加班费及经济补偿金

小李在案件审理中，提交了考勤表和证人证言，能够证明小李提供了标准工时以外的劳动。在宾馆没有举出反证的情况下，对小李加班事实能够予以确认，法院也是基于此判决宾馆败诉的。

【专家提示】

用人单位可根据本单位的工作特性，采用标准工时制、计件工资制或综合工时制，但必须履行法定的申报等程序义务，因为未履行法定义务，将导致行为无效，最终达不到采用那种工时制给单位带来的便捷和效率。

【关联法条链接】

《劳动法》第36条、第37条、第38条、第39条

47 实物顶替工资的行为合法性问题

【分析解答】

劳动者因提供劳动而获得与其劳动给付义务相对应的工资权。工资权包括四个组成部分:(1)工资取得权,(2)工资支配权,(3)工资保障权,(4)工资分配参与权。

与劳动者的工资权相对应,企业因劳动者向其提供劳动,必须履行工资支付的义务,同时享有工资分配的自主权。工资分配自主权因主体不同,享有的程度也不同。

工资作为对劳动者的劳动报酬,主要有两种支付形式:一种是货币支付,一种是实物支付。我国《劳动法》规定,工资必须以货币形式按月支付给劳动者本人。而《工资支付暂行规定》第5条明确规定,工资应当以法定货币支付,不得以实物及有价证券替代货币支付。

【案情】①

2007年,北京某制鞋厂因准备不足、抢占市场失利,以及错误地估计了当年的流行趋势,而使其设计的凉鞋滞销。该厂因资金周转困难,奖金已停发2个月,工资发放也成问题。该厂厂长张某遂决定,以滞销的凉鞋顶替工资。为照顾职工情绪该厂采取了计算凉鞋价格时按成本价再打9折的做法,即职工实际领取的凉鞋价值为其工资额的110%。该厂职工对该厂以鞋抵薪的做法极为

① 案例来源于《法制日报》,根据需要做了适当改编。

不满，遂与厂方交涉。厂长称企业有权决定以何种方式发放工资，在企业面临困难时，职工应共同为企业分担困难，共同为企业分忧，而且职工领取的鞋的总价值比工资高10%，厂方已对之进行了让步。该厂职工李某等20人拒不领取凉鞋，并向劳资争议仲裁委员会提出申诉，要求该制鞋厂发放工资。

仲裁庭受理后，经调查认为，某制鞋厂因产品滞销而资金周转困难情况属实，但其应当按有关规定依法定程序采取延期支付工资的办法，而不能以实物顶替工资，事实上造成了拖欠职工工资，其行为违反了《劳动法》和《工资支付暂行规定》，故依法裁决如下：

1. 制鞋厂按标准补发职工货币工资；

2. 支付相当于工资报酬25%的经济补偿金。

【案例分析】

处理本劳资争议的关键在于正确理解和把握劳动者的工资权和用人单位的工资自主权的内涵，充分了解我国工资保障制度的有关规定。

第一，劳动者的工资权和用人单位的工资自主权。本案中的某制鞋厂作为企业，确实享有较大程度的工资分配自主权。但用人单位行使工资分配自主权时，应注意：首先，“自主”必须是“依法自主”，用人单位的“自主权”必须在法定范围内行使；其次，“自主”并不是指完全由用人单位单方决定工资分配，用人单位工资分配的制度和方案应当经由职代会审议通过，或者经过与工会组织或职工代表协商一致，方能生效。

本案中，制鞋厂以拥有工资分配自主权为由，以实物顶替工资的行为，正是基于对“自主权”范围的错误认识，将“自主权”绝对化和对劳动者工资权予以忽视。

第二,工资保障制度。为保障劳动者的工资权,限定用人单位的工资分配自主权,劳动法中规定了工资保障制度。主要包括以下三个层次的基本内容:(1)保障最低工资,(2)保障工资支付,(3)保障实行工资。本案中,某制鞋厂的行为违反了工资保障制度中有关保障工资支付方面的规定。

【专家提示】

本案中,制鞋厂以用人单位有工资自主权为借口,不依照法律规定和合同约定的形式支付工资,而以厂里滞销的产品代替货币发放工资,已超越了其工资自主权的法定范围,违反了劳动者的工资权,事实上造成了拖欠工资。用人单位确因生产经营困难,资金周转受到影响,可以延期支付劳动者工资,但前提是必须征得本单位工会同意,而且延期的时间应按当地劳动行政部门的规定执行,否则仍属无故拖欠。本案中,制鞋厂资金周转困难的情况虽然属实,但其未依法定的方式和程序采取延期支付的办法妥善解决工资支付问题,而违反法律法规的规定,以实物顶替工资的行为符合无故拖欠的要件。

依照劳动部颁布的《违反和解除劳动合同的经济补偿办法》,用人单位无故拖欠劳动者工资的,用人单位应当支付劳动者应得的工资报酬,并且加发相当于工资报酬25%的经济补偿金。故本案劳资争议仲裁委员会所作的裁决是符合法律规定的。

【关联法条链接】

《劳动法》第50条

《工资支付暂行规定》第5条

《违反和解除劳动合同的经济补偿办法》第3条

48 加班工资支付方式

【分析解答】

《劳动法》规定:“有下列情形之一的,用人单位应当按照下列标准支付高于劳动者正常工作时间工资的工资报酬:(一)安排劳动者延长工作时间的,支付不低于工资的百分之一百五十的工资报酬;(二)休息日安排劳动者工作又不能安排补休的,支付不低于工资的百分之二百的工资报酬;(三)法定休假日安排劳动者工作的,支付不低于工资的百分之三百的工资报酬。”

1994 年 12 月 6 日劳动部发布的《工资支付暂行规定》对此作了进一步的明确规定。根据《工资支付暂行规定》,用人单位在劳动者完成劳动定额或规定的工作任务后,根据实际需要安排劳动者在法定标准工作时间以外工作的,应按以下标准支付工资:

1. 用人单位依法安排劳动者在日法定标准工作时间以外延长工作时间的,按照不低于劳动合同规定的劳动者本人小时工资标准的 150% 支付劳动者工资;

2. 用人单位依法安排劳动者在休息日工作,而又不能安排补休的,按照不低于劳动合同规定的劳动者本人日或小时工资标准的 200% 支付劳动者工资;

3. 用人单位依法安排劳动者在法定休假节日工作的,按照劳动合同规定的劳动者本人日或小时工资标准的 300% 支付劳动者工资。实际计件工资的劳动者,在完成计件定额任务后,由用人单位安排延长工作时间的,应根据上述规定的原则,分别按照不低于其本人法定工作时间计件单价的 150%、200%、300% 支付其工资。

依据《劳动合同法》,用人单位有下列情形之一的,由劳动行政部门责令限期支付劳动报酬、加班费或者经济补偿;劳动报酬低于当地最低工资标准的,应当支付其差额部分;逾期不支付的,责令用人单位按应付金额50%以上100%以下的标准向劳动者加付赔偿金:(1)未按照劳动合同的约定或者国家规定及时足额支付劳动者报酬的;(2)低于当地最低工资标准支付劳动者工资的;(3)安排加班不支付加班费的;(4)解除或终止劳动合同,未依照本法规定向劳动者支付经济补偿的。

【案情】[①]

杨某系外省市人,于2007年4月来到某市天姿服装厂务工,双方于2007年4月30日签订了为期1年的劳动合同。杨某在天姿服装厂工作的1年期间,因该厂服装销路较好,所以加班较多,不过加班时间尚在《劳动法》规定的范围之内。对于加班费,厂方说等到合同期满时与他一次算清。2008年4月,杨某与天姿服装厂的劳动合同到期,因为金融危机的影响,双方没有续签劳动合同,厂方如约给杨某结算加班费,支付标准为每加班1小时2元,每加班1天为16元。杨某认为加班费标准过低,多次与厂方交涉没有结果。另查,合同约定杨某每月工资为645元。杨某1年中加班时间总计为正常工作日加班200小时,休息日加班24天,法定休假节日加班4天。并且应当支付25%的滞纳金。

2008年7月,申诉人杨某来到某市劳动争议仲裁委员会申请仲裁,称某市天姿服装厂支付其加班费标准过低,自己多次与厂方交涉,但厂方置之不理,请求仲裁委员会裁决天姿服装厂按法律规定的标准向其支付加班费。

---

① 案例来源于北京劳动保障网,根据需要做了适当改编。

劳动争议仲裁委员会受理后，经过调查认为，天姿服装厂支付杨某加班费标准过低，违反了《劳动法》和《工资支付暂行规定》、《劳动合同法》的规定，应当按法律规定的标准向其支付加班费并支付滞纳金。

仲裁委员会依法作出如下裁决：

1. 某市天姿服装厂支付杨某正常工作日 8 小时以外加班费 200 小时 ×5.63 元/小时，即 1126 元；休息日加班费 60 元/天 ×24 天，即 1440 元；法定休假节日加班费 90 元/天 ×4 天，即 360 元，总计 2926 元人民币；并且支付 50% 的滞纳金。

2. 仲裁费 10 元，由某市天姿服装厂承担。

【案例分析】

关于劳动者日工资和小时工资的折算问题，在劳动部《对〈工资支付暂行规定〉有关问题的补充规定》（以下简称《补充规定》）中作出了解释。根据《补充规定》，劳动者日工资可统一按劳动者本人的月工资标准除以每月制度工作天数进行计算，小时工资在日工资基础上除以每日的制度工时数，即 8 小时，每周工作时间 40 小时的规定，每月制度工时天数为 21.5 天（现已改为 20.92 天），则其日工资应为 30 元，小时工资为 3.75 元。

天姿服装厂支付杨某的加班工资标准显然过低。根据《劳动法》和《工资支付暂行规定》，天姿服装厂在正常工作日 8 小时以外安排杨某加班，应按不低于其小时工资标准的 150%，即 5.63 元支付加班费；在休息日安排工作又不能补休的，按照不低于其小时或日工资标准的 200%，即 7.5 元/小时、60 元/天支付加班费；在法定休假节日工作的，应按照不低于其小时或日工资标准的 300%，即 11.25 元/小时、90 元/天支付加班费。

【关联法条链接】

《劳动合同法》第85条
《劳动法》第44条

49 能否以补休代替法定休假日加班工资的问题

【分析解答】

《劳动法》对安排劳动者加班后的工资报酬问题规定了三种情形:(1)安排劳动者延长工作时间的,支付不低于工资150%的工资报酬(平日);(2)休息日安排劳动者工作又不能安排补休的,支付不低于工资200%的工资报酬;(3)法定休假日安排劳动者工作的,支付不低于工资300%的工资报酬。

上述三种情形中,法律规定第二种情形(即在休息日安排劳动者工作的),其待遇有两种选择:一是安排补休,二是支付不低于工资200%的加班工资。而第一种和第三种情形下只能支付法律规定的加班工资报酬,不能以安排补休代替支付高于正常工作时间的加班工资。因为标准工作时间以外让劳动者平日、休息日、法定休假日进行加班,虽然都是占用了劳动者的休息时间,但三种情形下组织劳动者劳动是不完全一样的,特别是法定休假日对劳动者来说,其休息有着比往常和休息日更为重要的意义,也影响劳动者的精神文化生活和其他社会活动,这是用补休的办法无法弥补的,因此,应当给予更高的工资报酬。

【案情】①

2007年因为经济效益较好,出口数量的增加,某服装公司因

① 案例来源于北京劳动保障网,根据需要做了适当改编。

为赶订单安排职工在十一节日期间经常进行加班。但是,某服装公司的劳动法制观念比较淡薄,法制观念不强,经常违反劳动法。对于法定节假日的工资问题,服装公司的一贯做法是给加班的职工安排补休;经过《劳动法》、《劳动合同法》等相关法律法规的大力宣传,职工的法律意识得到了提高,张某等加班职工提出法定节假日应当支付300%的加班工资,该公司劳资部经理只同意给加班职工安排补休,不同意支付加班工资。

张某等在多次交涉无效的情况下,依法向当地劳动仲裁委员会申请仲裁,请求裁决该公司的违法行为,维护自己的权益。劳动仲裁委员会受理后,经庭审调查,查明该公司安排职工法定休假日加班后以已安排补休为由未支付加班工资,明确指出其行为的违法性,违反了《劳动法》和《劳动合同法》的规定,公司应当予以改正。裁决该公司应当按照法定休假日安排劳动者工作的时间,支付不低于工资300%的工资报酬。

【案例分析】

本案是由用人单位给劳动者法定休假日加班安排补休,而引发的是否支付加班工资的争议,案中涉及的主要法律问题是:能否以补休代替法定休假日加班工资?

在这个案例中,某服装公司以在事后安排了补休为借口拒绝支付法定休假日加班工资的做法是不正确的。

用人单位在安排劳动者工作时,应当严格按照《劳动法》的规定办事。属于哪一种情况,就应执行法律对这种情况所作出的规定,相互不能混淆,不能代替。凡不允许代替而代替的,不管什么原因、什么理由都是违法的,都是对劳动者权益的侵犯,都应当依法予以纠正。不能变相地克扣工人的劳动报酬,侵犯劳动者的合法权益。

【关联法条链接】

《劳动合同法》第85条
《劳动法》第44条

50 计件工超时工作是否算加班的问题

【分析解答】

计件工资制不得违反关于工作时间的法律规定。计件工资虽然是工资制度的方式之一,但是不可能让劳动者无休息地持续进行劳动,计件工资制是计时工资的转化形式,用人单位必须按照国家规定的工时标准,即平均每周工作时间不超过40小时,每日不超过8小时的标准来确定劳动定额标准和计件报酬标准。并且用人单位在确定计件劳动定额标准时,要结合劳动者的实际生产率以及劳动的难易程度,通过法定程序进行确立。经过换算劳动者的工作时间超过国家规定工时标准的,应当认定为加班。

【案情】①

王小姐等9名姑娘都是来沪民工,2004年至2006年先后来到上海某企业公司担任EPE车间加工人员。她们都与公司签订了书面劳动合同,公司实行计件工时制度,多劳多得,但未约定每月的基本工资。合同到期后各自又与公司续签至2008年。公司规定王小姐等员工实行早、中、晚三班制的轮转上班方式。在每周的工作中她们除完成劳动定量外,还超额完成产品件数,而且每周工时超过40小时。从2006年2月至2007年11月期间,公司一直没有支付王小姐等人的加班工资,故2008年10月,9名女工以追索劳动报酬为由一起诉至上海市松江区人民法院,要求企业公司支

① 案例来源于中国法院网,根据需要做了适当改编。

付各原告自2005年12月至2007年11月各不等时间的加班工资4800余元到7700余元，以及25%的经济补偿金1300余元到2100余元的补偿。

公司认为，公司对员工实行的是计件工资，多劳多得，不存在加班。公司规定，加班必须填写加班申请单并得到领导的同意，任意逗留在工厂均不算加班；对于休息日加班公司已安排调休，因此，要求驳回原告的诉讼请求。

法院认为，从原告工资的实际发放来看，原告实行的应为计件工时制度。对于执行计件工时制的员工，用人单位在员工完成劳动定额或者规定的工作任务后，根据实际需要安排其在法定标准工作时间以外工作的，应依法支付延长工时的工资。休息日安排劳动者工作又不能安排补休的，支付不低于工资的200%的工资报酬。根据被告的工资支付方式，在原告的休息期间被告并不支付工资。根据被告提供的原告工资汇总表显示，原告在休息日存在加班并且有相应的产量，但被告未按规定标准支付休息日工资，因此尚需支付上述工资的1倍作为加班工资差额，经法院核算为休息日每人应得4200余元到6500余元不等的加班工资差额。因原告未按规定得到加班工资，故除支付上述加班工资差额外尚需加付25%的经济补偿金。据此，法院判决上海某企业公司10日内，支付原告王小姐等9名员工每人加班工资差额，以及25%的经济补偿金共5200余元到7800余元不等的补偿。

【案例分析】

本案是由用人单位采用计件工资制，劳动者超时工作是否应支付加班工资而引发的劳动争议，案中涉及的主要法律问题是：计件工超时工作算加班吗？

公司对几名劳动者采用计件工资制,但不能违反法律关于超过工时属于加班的规定,公司应当支付克扣劳动者的加班费用,具体分析如下:

一、计件工资制是法定的工资制度之一

计件工资是指按照合格产品的数量和预先规定的计件单位来计算的工资。它不直接用劳动时间来计量劳动报酬,而是用一定时间内的劳动成果来计算劳动报酬。计件工资可分个人计件工资和集体计件工资。个人计件工资适用于个人能单独操作而且能够制定个人劳动定额的工种;集体计件工资适用于工艺过程要求集体完成,不能直接计算个人完成合格产品的数量的工种。本案中王小姐等9名劳动者就属于采用计件工资制度的劳动者。

二、计件工资是按照一定工作单位进行计算得来的

计件工资计算的主要依据是计件单价,即工人完成每一件产品的工资额。通常按各该等级工人的日(小时)工资率除日(小时)产量来确定,计算公式如下:

计件单价=某等级工人的日(小时)工资标准÷日(小时)产量定额

若按工时定额计算计件单价,计算公式为:

计件单价=某等级工人的日(小时)工资标准×单位产品的工时定额

三、用人单位应当支付王小姐等9名劳动者超时加班工资

王小姐等9名劳动者虽然采用的是计件工资制,但是在法定的8小时标准工时外所进行的劳动,应当属于加班,王小姐等人有权依法获得加班工资。公司应当支付克扣王小姐等9名劳动者的加班工资,并根据当时的法律规定加付25%的经济补偿金。

【专家提示】

用人单位在克扣劳动者工资或某项权益时，往往利用了劳动者对某些法律概念，或者法律规定的不熟悉，采用欺骗的形式诱导劳动者，使其放弃某些经济利益或主张，劳动者应当适当了解相关法律规定，避免遇到此类情形，造成不必要的经济损失。

【关联法条链接】

《劳动合同法》第 31 条
《劳动法》第 36 条、第 37 条

No. 5

社会保险待遇

51 社会保险缴费基数能否双方约定的问题

【分析解答】

《社会保险费征缴暂行条例》规定，缴费单位、缴费个人应当按时足额缴纳社会保险费。社会保险根据险种的不同，缴费的基数和比例都有差别。这里所说的足额缴纳有两个层次：第一层次是用人单位和劳动者必须缴足每一项保险项目，不能只缴纳五项社保中的某一项或几项；第二个层次是必须根据劳动者的实际收入水平计算缴费比例，不能虚报或者少报基数。

社会保险的缴费基数，是计算社会保险费用缴纳多少的依据，也跟劳动者将来享受社会保险金的数额有着密切关系。社会保险费用缴纳的越多，劳动者将来享受的社会保险待遇越好，就拿养老金来讲，社会保险账户中金额的多少，来源于缴纳社会保险费时，计算的缴费基数的多少，缴费基数越高，缴费时间越长，劳动者在退休后，所能获得的养老金就越多。

《劳动法》规定，用人单位和劳动者必须依法参加社会保险，缴纳社会保险费。参加社会保险是用人单位和劳动者的权利和义务，必须参加说明社会保险是强制性保险。对于法律的强制性规定，必须依照法律规定严格执行，没有协商的余地，不能取决于当事人的意思或自愿与否，即使劳动者表示不需要上保险也不行，而且商业保险不能替代社会保险。

【案情】

2004年5月,王某与北京某外商投资企业签订了一份劳动合同,约定合同期限为5年,每月工资为10,000元,王某在投资企业的岗位是投资部经理。并约定如果王某提前解除劳动合同,每提前一年,缴纳违约金10,000元。同时约定,王某的社会保险费的缴费基数为3000元。合同签订后,王某在投资公司履行了劳动义务。2006年5月,王某获得某猎头公司提供的月薪15,000元的工作机会。猎头公司建议王某以企业未依法缴纳社会保险为由提出辞职,这样就不需要承担违约责任。

经考虑,王某于2006年6月1日以投资企业未足额缴纳社会保险费为由提出了辞职申请。一个月后,投资企业将王某申诉至北京市某区劳动仲裁委员会,要求王某承担违约责任30,000元。庭审中,企业诉称以3000元为社会保险缴费基数是与王某协商一致的结果,是王某真实意思的表达,企业并无过错,王某以此为由解除劳动合同并不能免除其违约责任。因此,企业请求仲裁委员会裁决王某支付30,000元的违约金。

经审理,劳动争议仲裁委员会认为,企业以3000元为基数为王某缴纳社会保险费不符合法律规定,王某依此解除劳动合同不需要承担违约责任。因此,裁决驳回企业的申诉请求。

【案例分析】

本案是由用人单位与劳动者约定社会保险缴费基数,因劳动者解除劳动合同而引发的争议。案中涉及的主要法律问题是:用人单位和劳动者约定社会保险缴费基数合法吗?

社会保险属于法定强制保险,其缴费主体、缴费数额、缴费程序都不能由用人单位和劳动者约定,投资企业和王某约定了较低的缴费基数,违反了法律规定,属于劳动者可解除劳动合同的事由,劳动仲裁委员会裁决驳回投资企业的申诉请求是正确的,理由如下:

一、社会保险是用人单位和劳动者应缴纳的法定费用

社会保险是由法律规定的专门机构负责实施、面向劳动者建立、通过向劳动者及其雇主筹措资金建立专项基金,以保证在劳动者失去劳动收入后获得一定程度的收入补偿的制度。根据《劳动法》规定,劳动者遇到退休、患病、负伤、工伤、职业病、生育、失业时,依法享受社会保险待遇。

二、投资企业和王某无权就社保缴费基数进行约定

参加社会保险,缴纳社会保险费是国家的强制性规定,任何单位和个人都不得不缴或少缴社会保险费。这是因为用人单位和劳动者缴纳的社会保险费中除部分资金进入个人账户外,其他资金进入公共积累,用于社会统筹。如果用人单位和劳动者协商同意放弃或以较低的基数缴纳社会保险费,那么劳动者在放弃自己权益的同时,也侵犯了国家的利益,损害了社会统筹制度的建设,而显然损害国家利益的行为是被法律禁止的。投资企业与王某约定缴费基数定为3000元,是为降低应缴纳的保险费数额,达到规避法律规定,减少劳动成本的目的,该约定因违法而无效,投资企业和王某应按实际工资10,000元,补交社保费用。

三、用人单位降低保险缴费基数是王某提出解除劳动合同的法定理由

根据《劳动合同法》的规定,用人单位未依法为劳动者缴纳社会保险费的,劳动者可以解除劳动合同。投资企业与王某约定降低社会保险费基数为3000元,该约定因违反国家强制性规定而无效,无效的法律行为自始不发生法律效力。投资企业为王某缴纳的社会保险费计算基数还是3000元,属于用人单位未依法缴纳社会保险费的情况,王某根据法律规定提出解除劳动合同不属于违约,也不用承担任何责任。

【专家提示】

本案是用人单位要小聪明想通过降低社保缴费基数,达到少缴社会保险费的目的,反而被劳动者钻了空子,利用法律规定解除了劳动合同。用人单位应当建立合法有效的管理机制,从提高劳动生产率来考虑创造更大的经济收益,应避免类似本案这样的情形发生。

【关联法条链接】

《劳动合同法》第26条、第38条

52 参加单位活动受伤是否属于工伤的问题

【分析解答】

劳动者因工负伤是构成工伤的最显著特征，根据《工伤保险条例》规定，职工有以下情形的属于工伤：(1)在工作时间前后、工作时间和工作场合，因工作原因、工作筹备、工作收尾受到事故伤害的；(2)患职业病的；(3)因工外出期间，由于工作原因受到伤害或者发生事故下落不明的；(4)在上下班途中，受到机动车事故伤害的。

根据以上规定，可以看出工伤都是因与工作相关的原因而导致的伤害，这是工伤的最基本也是最显著的特征。工伤排除了主观故意导致的伤害，比如自杀、自残以及犯罪等行为。工伤从其本质上来说，是为了履行用人单位的工作，而导致的劳动者伤害。

企业组织的团队建设活动是该公司倡导的企业文化建设的重要组成部分，是该公司在经营管理过程中的一项正常工作安排。所以劳动者在参加团队建设活动中受伤，属于《工伤保险条例》中规定的因工外出期间因工作原因受伤的情形。

【案情】①

郎女士是北京市外企人力资源公司外派到宝马(中国)汽车贸易有限公司销售部的员工。2007 年 7 月 20 ~ 21 日，郎女士根据

① 案例来源于《北京晚报》，根据需要做了适当改编。

宝马公司的工作安排,参加了宝马(中国)和华晨宝马销售部共同举办的销售团队建设活动。在马术训练中,郎女士从马背上摔下受伤,后经医院诊断为胸11锥体压缩性骨折。后北京外企人力资源公司以单位申请的形式向朝阳区劳动局申请工伤认定。

2007年10月,朝阳区劳动局认为骑马是娱乐活动,不属于工作范畴,作出了非工伤认定结论。2007年12月,郎女士申请复议,但非工伤结论仍被维持。郎女士后将朝阳区劳动局诉至人民法院。她认为,团队建设活动是宝马(中国)汽车贸易公司销售部例行的一项工作安排。她作为公司员工,服从公司安排,参加团队建设活动应属于执行工作职责,是她的工作内容之一。她因工外出期间受到伤害,应认定为工伤。郎女士在宝马(中国)的同事也为其出庭作证。

但朝阳区劳动局仍坚持认为,宝马(中国)组织的团队建设活动主要是在娱乐建设场所进行射击、骑马和打高尔夫等活动,内容纯属娱乐健身和旅游性质,而郎女士到宝马(中国)的工作职责中并不包括这些娱乐健身活动。劳动局认为,根据相关规定,职工因工外出期间,不应包括游览、娱乐等非工作原因的时间。

法院认为,宝马(中国)组织的团队建设活动是该公司倡导的企业文化建设的重要组成部分,是该公司在经营管理过程中的一项正常工作安排。郎女士在参加团队建设活动马术训练中受伤,属于《工伤保险条例》中规定的因工外出期间因工作原因受伤的情形。据此,判决撤销朝阳区劳动局作出的《非工伤认定结论通知书》,并责令劳动局在60日内重新作出认定结论。

【案例分析】

本案是由劳动者参加由用人单位组织的团体活动而受伤,引起的一场行政诉讼。案中涉及的主要法律问题是:劳动者参加用人单位组织的团体活动,所受伤害是否属于工伤?

郎女士是外派到宝马(中国)公司的员工,虽然主要工作职责是汽车销售,但是参加宝马(中国)公司的活动,也是受单位安排,是履行职责的表现,郎女士所受伤害应当属于工伤,具体分析如下:

一、宝马公司组织的销售团队建设活动的性质

劳动关系是用人单位和劳动者之间联系的纽带,而劳动关系最主要的内容就是劳动,无论是用人单位还是劳动者,都是为了劳动而建立的劳动关系,并且劳动合同的内容也是围绕着劳动而展开。在本案中公司组织团队活动是否与工作有关,就成了认定工伤的关键点。

用人单位行使经营管理权的目的是提高劳动生产率、获得更多的经济价值,而组织安排骑马、射击、打高尔夫球等娱乐休闲项目,从表面上来看,是与工作截然不同的两个方面事项。但我们判断职工所参加的活动是否基于工作原因,不应仅从该活动的内容形式上予以认定,而应从该项活动的目的、性质、是否为单位组织安排、费用承担等多方面因素进行审慎考量。

不难看出宝马公司组织销售团队活动,是为了调整销售团队的状态、缓解团队工作压力、增强销售团队的凝聚力和协作能力,倡导企业文化建设也是宝马公司的重要理念。

二、郎女士参与宝马公司组织的团队活动,属于履行工作职责

法律并没有将用人单位职责只限定在组织生产经营的范围内,只要用人单位安排的事项不违反法律规定,就应当认可所安排事项的公务性,即使安排的事项与劳动没有直接关系。是否在工作时间、工作场所也都不会影响单位安排事项的公务性。郎女士在参加宝马公司组织的团队活动时,即具有因工履行职责的特点,是行使员工职责的表现,在活动中受伤也是在履行职责中所致,应当属于工伤。不能因郎女士是在骑马时受伤,就否认郎女士是因单位组织安排,在履行职责的整个过程中受伤,剥夺了郎女士获得工伤待遇保障的权利。

【专家提示】

不能割裂事物发展的整个过程,而仅就其中的一个点进行分析,否则会导致我们陷入形而上学的误区。应当结合事物的过程,从整体角度进行考虑,无论是在工伤认定还是其他任何方面。

53 工伤是否可以私了的问题

【分析解答】

一、工伤私了的原因分析

发生工伤后,双方进行私了是比较常见的事情,工伤私了一般都由两方面造成:一方面是用人单位为了逃避安全责任和工伤保险责任,因为如果到劳动保障部门去依法办理,就必定涉及追究单位的安全生产责任,并责令按照国家规定保障工伤职工的待遇。有的用人单位甚至乘人之危,胁迫、利诱工伤职工放弃部分应得待遇。另一方面是工伤职工法律意识薄弱,对工伤保险规定和自己的权益并不了解,缺乏自我保护的能力,有的在困难时出于无奈,或者贪一时之利,陷入对方的圈套。

二、工伤私了根据不同的情况有不同的法律后果

工伤私了发生在不同的时期,所产生的法律后果也是不同的,大致上分为以下三种情况:

1. 工伤发生后,用人单位既不向主管部门上报,又不向劳动保障部门申请认定工伤,在这种情况下用人单位与劳动者的私了协议是无效的。

2. 工伤发生后,用人单位及时向行政主管部门上报,并启动工伤认定程序。通常这种情况下的私了协议是有效的,《劳动法》赋予了用人单位与劳动者自行和解的权利。

3. 工伤发生后,用人单位及时向行政主管部门上报,并启动工伤认定程序,这种情况下达成的赔偿协议,如果赔偿金额低于法定工伤待遇标准的,可以申请变更或撤销。

【案情】[①]

王某于2002年8月与陕西省西安市某建筑公司签订了劳动合同,合同期限为3年,王某在建筑公司从事建筑工作,月工资820元。2004年2月的一天上午,建筑公司安排王某在拆除房屋外架时,因王某站立不稳且未系安全带不慎从十余米高处摔下,王某当场被摔成了重伤。建筑公司在为王某支付了医药费用后,与其家属私下达成调解协议:由该建筑公司一次性支付王某补偿金12,000余元,从此双方互不追究。

协议签订后,建筑公司立即支付了王某12,000元后,王某及其家属认为建筑公司所支付的金额过低,不足以补偿其因工负伤所遭受到的伤害,于是向当地劳动保障行政部门提出工伤认定及劳动能力鉴定申请。当地劳动保障行政部门经过调查,依法确认其为工伤,伤残鉴定结果为伤残五级。上述认定结论作出后,双方对结论并无异议,但是该建筑公司认为双方事前已就工伤赔付问题协商达成一致,并且也已经履行完结。因此拒绝再向王某支付工伤赔偿金。王某不服,当即向当地劳动争议仲裁委员会提起仲裁申请,要求解除双方的劳动关系并由被诉人支付其相应的工伤待遇。

当地劳动争议仲裁委员会受案后经开庭裁决,裁令被诉人建筑公司依照申诉人王某的伤残级别,根据国家及陕西省工伤保险的相关规定再支付王某35,000余元。

【案例分析】

本案是由用人单位和劳动者私下协商工伤赔偿,劳动者反悔

① 案例来源于《中国劳动保障报》,根据需要做了适当改编。

而引发的劳动争议,案中涉及的主要法律问题是:工伤赔偿能否私下协商解决?

建筑公司在王某发生工伤事故后,没有依法进行工伤申报和伤残鉴定,而是与王某私下协商解决,违反了我国法律法规中的强制性规定,应当属无效,建筑公司应当依法按工伤标准对王某进行赔偿。本案中建筑公司与王某签订的工伤私了协议无效。因为建筑公司就该工伤私了行为属隐瞒不报,逃脱了劳动监管部门的监管,最终破坏了国家的劳动安全制度,也损害了劳动者的健康权利,违反了法律的强制性和禁止性规定,依据《合同法》规定,该协议自始无效。王某在与建筑公司签订私了协议,并在收取建筑公司12,000元款项后,又提起了工伤认定,并经过鉴定后构成五级伤残,这属于劳动者对工伤的补救措施。

如果建筑公司依法为王某缴纳了工伤保险费,王某在鉴定后,可以根据级别从工伤保险金里面获取伤残补助费等工伤保险待遇。如果建筑公司没有依法为王某缴纳工伤保险费,就应该根据《工伤保险条例》的规定要求,对王某进行赔偿。仲裁委员会在查清了案件事实后,依法裁决建筑公司应支付王某的赔偿款,并从中扣除了12,000元已由建筑公司支付了的款项。

【专家提示】

劳动者在履行劳动合同期间,就应当关注用人单位是否为自己缴纳了工伤保险费,在工伤事故发生后,应当依法先向有关部门申请工伤认定,然后进行伤残鉴定,切不可盲目地与用人单位签订工伤私了协议,以免自己的合法权益被用人单位侵犯。

54 交通事故能否获得两次赔偿的问题

【分析解答】

交通事故赔偿和工伤赔偿是两个不同的法律关系,适用的是不同的法律,在法律没有限制的情况下,当事人可同时主张两种赔偿。理由如下:

交通事故赔偿和工伤赔偿是两种不同性质的赔偿。人身损害赔偿是指故意或过失的不法行为侵害他人权利,导致损害后果,行为人应获得赔偿的民事法律关系,显著的特点是对受害者的补偿和对加害者的惩罚。人身损害赔偿包含的种类较多,交通事故赔偿属于其中的一种。

工伤赔偿是劳动者在因工伤残或患职业病伤害后获得救治和经济补偿,以及对因工死亡职工亲属进行抚恤而建立起来的一种社会保障关系。工伤赔偿通常是由工伤保险基金进行理赔,是劳动者依据法律享有的一项基本权利,其显著的特点是事故后的社会保障性。

【案情】①

外地来沪务工人员陶某于2004年11月起在上海一家物流公司工作,双方签订了劳动合同,合同期限为3年,陶某的职务是货物押送员,月工资2200元,但公司一直没有为陶某缴纳工伤保险。2005年2月16日,陶某随公司货车到无锡送货,到达目的地后,案

---

① 案例来源于《人民法院报》,根据需要做了适当改编。

外人王某无证驾驶该货车倒车卸货时不慎将陶某撞死。

2005年8月,陶某的妻子和儿子以交通事故损害赔偿为由,向事故发生地法院提起诉讼,将案外人王某、该车驾驶员、该车实际所有权人、被挂靠单位及保险公司告上法院,要求5名被告共同承担其各类损失23.25万余元。

法院经过审理,认为5名被告对陶某的交通事故负有责任,陶某的妻子和儿子的诉讼请求依法能够获得支持。2005年11月8日,法院作出判决:(1)由保险公司支付陶某的妻子、儿子赔偿款10万元;(2)案外人王某支付其余损失12.57万余元;其他被告对赔偿责任承担连带责任。

法院判决后,陶某的妻子收到了赔偿款项。随后陶某的妻子又以工伤赔偿为由,向上海市普陀区劳动争议仲裁委员会申诉,要求物流公司支付丧葬补助金、因工死亡补助金和供养亲属抚恤金等20.33万元。2005年12月31日,仲裁委员会裁决物流公司应支付丧葬补助金、因工死亡补助金和供养亲属抚恤金等共计14.16万余元。

物流公司不服裁决,认为这起事故只造成了陶某死亡这一个伤害结果,而死者家属却要求获得两次赔偿,即交通事故赔偿和工伤赔偿,该请求缺乏法律依据,起诉至上海市普陀区人民法院,请求判令不支付陶某的妻子、儿子有关工伤赔偿的请求。法院在审理后,认为法律没有限制陶某根据不同法律关系的求偿权,判决物流公司依法支付陶某丧葬费、因工死亡补助金和供养家属抚恤金。

【案例分析】

本案是由于劳动者因工死亡,家属以交通事故人身损害赔偿获赔后,又以工伤损害主张赔偿而引发的劳动争议。案中涉及的主要法律问题是:一次交通事故能同时获得人身损害和工伤赔偿吗?因为人身损害与工商赔偿性质不同,因此可以获得两种赔偿。

一、本案中陶某因工死亡属于工伤

根据《工伤保险条例》的规定,因工外出期间,由于工作原因受到伤害或者发生事故下落不明的,应当认定为工伤。陶某是在公司的安排下随车到无锡送货,整个送货过程属于因工出差,在送货的过程中,陶某被车撞死,符合上述法律规定,属于因工作原因受到伤害的情形,应当属于工伤。

二、陶某的亲属可获得交通赔偿和工伤赔偿

交通事故赔偿和工伤赔偿在本案中都是建立在陶某的事故上。也就是说,陶某一次事故,同时涉及了两套赔偿法律体系。在工伤赔偿和交通事故损害赔偿关系方面,我国法律并没有采纳"择一选择",即在前述两者之间选择其中一种方式就排除另一种方式的适用模式。从现有法条看,相关司法解释在工伤保险赔偿和民事损害赔偿如何协调问题上,肯定了受害人对于侵权第三人有独立的赔偿请求权,同时并没有否定受害人获得工伤赔偿的权利,均可提起维权程序。陶某家属在起诉交通赔偿获赔后,又起诉工伤赔偿,并不违背法律精神,均能够依法求偿。

三、物流公司应当支付陶某的工伤赔偿款

物流公司作为用人单位,应当为陶某缴纳工伤保险费,当陶某因工死亡后,陶某的家属可通过工伤保险金获得赔偿。但是物流公司并没有为陶某缴纳工伤保险费,根据法律规定,用人单位不为劳动者缴纳工伤保险费的,劳动者的工伤待遇由用人单位承担。物流公司应当根据陶某的工伤待遇,支付陶某家属工伤赔偿款。

【专家提示】

对第三人侵权造成工伤的案件,一些企业认为劳动者只要获得了第三方的赔偿，企业就免除了对劳动者的工伤赔偿责任，而劳动者也基于此认识放弃了对自身权益的保护。工伤赔偿和侵权损害赔偿属于不同的部门法，也属于不同的救济方式，劳动者可以在不同的诉讼程序中请求相应的救济措施，维护自身合法权益。

关于本案分析的观点，在理论界还存在较大争议，虽然有些地方性法规限制当事人就一事进行二次求偿，但这种限制公民权利的规定，在法律没有作出普遍性适用的规定前，也不是说就完全合理。

【关联法条链接】

《工伤保险条例》第 14 条、第 37 条、第 60 条

最高人民法院《关于审理人身损害赔偿案件适用法律若干问题的解释》第 12 条、第 17 条

55 劳动者违反治安管理规定,是否属于工伤的问题

【分析解答】

工伤是指在工作时间和工作场所内因工受的伤,即使是外出,也是因工作原因导致的伤害才会构成工伤。

构成工伤基本上有三个必备条件,只有三个条件同时符合才会被认定为工伤,这三个条件是:(1)在工作时间之内,这是时间要件;(2)在工作场所之内,这是空间要件,外勤和上下班是特殊情况;(3)因工作原因导致伤害,这是因果要件。《工伤保险条例》对不得被认定为工伤的情形作出了明确规定。该条例列举了故意犯罪、吸毒醉酒、自残自杀这一类因劳动者主观故意的过错行为,不得被认定为工伤。

【案情】①

2002年张某受聘于四川省达州华德物业咨询有限公司,双方签订了劳动合同,合同期限为3年,张某为该公司的业务员,工资每月1000元,奖金根据具体业绩计算。2004年华德公司承接一楼盘的销售工作,12月19日下午3时许,张某等人为本公司散发售房宣传广告单时,与同在此地发放售房宣传单的达州翠竹房地产开发有限公司业务员侯某等人相遇。双方因争发广告发生争吵抓扯后平息。后双方再次发生抓打,在巷道里张某用力猛烈推搡侯

① 案例来源于中国法院网,根据需要做了适当改编。

某,侯某随即抽出随身携带的不锈钢刀朝张某左胸部猛刺一刀,张某因伤势过重在送往医院抢救途中死亡。张某家属要求华德公司按工伤待遇赔偿损失,遭到公司拒绝后,向达州市劳动和社会保障局申请了工伤认定。

2005年7月28日,达州市劳动和社会保障局认定张某为工伤。华德物业咨询有限公司不服,向达州市人民政府申请行政复议。同年12月15日达州市人民政府行政复议决定维持该局作出的工伤认定。华德物业咨询有限公司随即至法院提起行政诉讼。

四川省达州市中级人民法院经审理判决,撤销市劳保局作出的工伤认定的具体行政行为,其应在判决生效后重新作出具体行政行为。

【案例分析】

本案是由劳动者在执行用人单位安排工作期间,与他人打架导致死亡引发的劳动争议,案中主要涉及的法律问题是:劳动者工作期间打架是否属于工伤?

张某的行为违反了我国法律关于工伤的规定,不属于工伤。不能享受工伤保险待遇,理由如下:

一、张某符合工伤的时间要件和空间要件

张某是在2004年12月19日下午3时与人打架引起的死亡,这正是张某工作的时间,这一点很容易被认定。张某是在公司安排外出发放售楼宣传广告单时,发生的打架,这属于用人单位安排的劳动者外勤工作,只要是劳动者在安排的外勤地,都应当符合工伤的空间要件。

二、张某打架致死形式上是因与侯某因争发广告单引起的,是张某在从事单位安排工作而引发的

但实际上单位安排张某发放售楼宣传广告单的行为本身,并不会导致张某的死亡,同时,发放宣传广告单也不会引发打架行为,张某与侯某的打架,是因为双方在争抢发放广告单时,引起的口角发生的。这虽然是由履行工作开始的,但打架本身与工作并没有法律上的利害关系,并且公司也没安排张某在发放宣传广告单时与他人争业务或打架。张某与侯某的打架行为属于违反治安管理的行为。

三、张某打架致死不属于工伤

《工伤保险条例》对不得被认定为工伤的情形作出了明确规定。该条例列举了故意犯罪、吸毒、醉酒、自残自杀这一类因劳动者主观故意的过错行为,不得被认定为工伤。从而保障了劳动者正常的因工负伤能够得到法律上的救济和保障。张某与侯某打架,对打架的性质以及法律后果是明知的,在这种情况下,张某在双方已发生了抓打后,还继续对侯某推搡,有着违反治安管理的故意,也导致了违反治安管理的事实,虽然张某死亡,没有被公安机关作出违反治安的认定,但排除不了其行为的违法性。张某的行为属于《工伤保险条例》中排除工伤的行为,不能被认定为工伤,也无权享受工伤待遇。

【专家提示】

《工伤保险条例》中规定的故意犯罪情形,是针对受伤者而言的,与加害人的行为是否为犯罪没有关系。

如果劳动者是在工作中,被他人暴力侵害致伤、致死的,受害人被认定为工伤,则一方面可以享受工伤待遇,另一方面还可以有权向加害人要求侵权赔偿。也就是说,此时的受害人可以获得双倍费用。因为工伤待遇和侵权赔偿适用不同的法律调整，是两个不同的法律关系，而且《最高人民法院关于审理人身损害赔偿案件适用法律若干问题的解释》有明确的规定。

【关联法条链接】

《工伤保险条例》第 16 条

56 上下班途中,因"违章驾车"而受伤算是否可认定为工伤问题

【分析解答】

当职工出现违章驾驶的情形时,应根据事故具体情况,由交警部门对事故责任作出认定。根据交警部门的事故责任认定,当违章驾驶职工承担非主要责任时,可以适用《工伤保险条例》第14条第6项认定工伤。当违章驾驶职工负主要责任时,则不能适用《工伤保险条例》第14条第6项认定工伤。

【案情】

赵某是南京某家电卖场的一名销售主管,他与单位依法签订了合法有效的劳动合同,家电卖场也为赵某缴纳了各种社会保险。某天,赵某驾驶自己新买的轿车上班,在其行驶至单位的路口时与一辆迎面驶来的小型卡车相撞,赵某当场昏迷。随即赵某被路人送往医院接受治疗。事后,公安部门对交通事故作出认定,赵某系无证驾驶,对事故负主要责任。单位知道相关情况后,即在法定期限内向统筹地的社会保险行政部门提出工伤认定申请。

劳动部门受理申请后对案件进行了审查,劳动部门认为,赵某系无证驾驶,对事故负主要责任。赵某受伤不符合《工伤保险条例》第14条第6项规定的工伤认定情形。因此,劳动行政部门作出赵某受伤不属工伤的认定决定,并送达了相关当事人。

对于劳动部门的不予工伤认定的决定,赵某不服。赵某认为,其虽然是无证驾驶,但是其行为并非故意犯罪行为,其在上下班途

中所受到的机动车事故伤害应当认定为工伤。所以,赵某以劳动行政部门适用法律错误为由向人民政府提出复议申请。那么,赵某的复议请求能够得到复议机关的支持吗?

【案例分析】

本案涉及的是“在上下班途中,发生交通事故的工伤认定”问题,其法律依据是《工伤保险条例》第14条第6项。2010年12月20日修订的《工伤保险条例》在此方面变化较大,新《工伤保险条例》第14条第6项规定:“在上下班途中,受到非本人主要责任的交通事故或者城市轨道交通、客运轮渡、火车事故伤害的,应当认定为工伤”。适用《工伤保险条例》第14条第6项认定工伤,需要从积极条件和消极条件两个方面来把握。

一、积极条件:职工上下班途中遭遇特定事故受伤可以依法认定工伤

根据《工伤保险条例》第14条第6项之规定,在上下班途中,受到非本人主要责任的交通事故或者城市轨道交通、客运轮渡、火车事故伤害的,应当认定为工伤。适用该条认定工伤必须满足以下条件:第一,必须是发生在上下班途中,包括正常的上下班以及加班过程中的上下班。第二,必须是受到特定事故伤害,即发生交通事故或者城市轨道交通、客运轮渡、火车事故的伤害。第三,必须受到身体上的伤害,这种伤害可以是职工自己驾驶车辆造成的,也可以是别人驾驶车辆造成事故导致职工伤害的。

二、消极条件:违章驾驶负主要责任的,不能适用《工伤保险条例》第14条第6项认定工伤

与修改前的《工伤保险条例》规定不同,新《工伤保险条例》限制性的规定了上下班途中只有“非本人主要责任”的交通事故伤害才能认定为工伤。对上下班途中本人承担主要责任的交通事故,不纳入工伤的范围,这有利于提示和引导职工树立道路交通安全意识,注意上下班途中的交通安全。

违章驾驶与负主要责任是不同范畴,违章驾驶是对违法行为性质的判断,而负主要责任则是考量双方行为对事故发生影响所应承担的法律责任程度,违章驾驶并非均产生违章者负主要责任的法律后果,当双方均存在违章时,需考量双方行为对事故发生影响,进而判断承担主要责任的违章者。根据《道路交通事故处理程序规定》第46条、47条之规定,公安机关交通管理部门应当根据当事人的行为对发生道路交通事故所起的作用以及过错的严重程度,确定当事人的责任,并依法出具《道路交通事故认定书》。因此,当职工出现违章驾驶的情形时,应根据事故具体情况,由交警部门对事故责任作出认定。根据交警部门的事故责任认定,当违章驾驶职工承担非主要责任时,可以适用《工伤保险条例》第14条第6项认定工伤。当违章驾驶职工负主要责任时,则不能适用《工伤保险条例》第14条第6项认定工伤。

具体到本案而言,职工赵某虽然是在上下班途中因发生交通事故而受到伤害的,但是,他没有取得驾驶证即驾驶机动车上路,其行为已违反了《道路交通安全法》的相关规定,且公安部门对交通事故作出"赵某系无证驾驶,对事故负主要责任"的认定。简言之,赵某所受伤害符合《工伤保险条例》第14条第6项规定的积极条件但不符合其消极条件。因此,赵某所受伤害同样不能适用《工伤保险条例》第14条第6项认定工伤,他的复议请求不能得到复议机关的支持。

【专家提示】

我们在适用《工伤保险条例》第14条第6项认定工伤时,应从积极条件与消极条件两个方面来综合把握。其中,作为职工非主要责任的认定上，应以法定部门出具的事故责任认定书为依据。违章驾驶并非一定不能认定为工伤，具体要看违章驾驶对于事故发生所起的作用，以及基于此违章驾驶人所应承担的法律责任。

【关联法条链接】

《工伤保险条例》第 14 条、第 16 条

《道路交通事故处理程序规定》第 46 条、第 47 条

57 职工因工下落不明的,依法享受相应工伤待遇

【分析解答】

1. 职工因工下落不明的,应当依法认定为工伤

根据《工伤保险条例》第 14 条第 5 项之规定,因工外出期间,由于工作原因受到伤害或者发生事故下落不明的,应当认定为工伤。也就是说,认定为工伤必须满足以下几个条件:

(1)受伤劳动者必须是用人单位的职工。

(2)职工受到伤害或者发生事故下落不明。

(3)受到伤害或者发生事故必须是在因工外出期间发生的。如果是为自己利益,由于自己原因的外出,在这过程中发生的事故伤害是不能认定为工伤的。

(4)必须是由于工作原因受到伤害或者发生事故下落不明。

2. 职工因工下落不明被认定为工伤的,应当享受相关待遇

职工受到伤害的性质依法予以工伤认定之后,便会产生一个享受工伤待遇的问题。根据《工伤保险条例》第 41 条的规定,职工因工下落不明被认定为工伤的,应当享受的待遇包括两个方面:

(1)从事故发生当月起 3 个月内的待遇。职工因工外出期间发生事故或者在抢险救灾中下落不明的,从事故发生当月起 3 个月内照发工资,即此时享受的是 3 个月内照发工资的待遇。

(2)事故发生第 4 个月起的待遇。职工因工外出期间发生事故或者在抢险救灾中下落不明的,从第 4 个月起停发工资,由工伤保险基金向其供养亲属按月支付供养亲属抚恤金,即此时享受的

是按月支付供养亲属抚恤金的待遇。

3. 职工因工下落不明达到法定条件，被人民法院宣告死亡的，依照职工因工死亡的规定享受相关待遇

根据《工伤保险条例》第41条之规定，职工被人民法院宣告死亡的，按照本条例第39条职工因工死亡的规定处理。也就是说，职工因工下落不明达到法定条件被人民法院宣告死亡的，依照职工因工死亡的规定享受相关待遇，具体如下：

(1)丧葬补助金。丧葬补助金为6个月的统筹地区上年度职工月平均工资。

(2)供养亲属抚恤金。供养亲属抚恤金按照职工本人工资的一定比例发给由因工死亡职工生前提供主要生活来源、无劳动能力的亲属。标准为：配偶每月40%，其他亲属每人每月30%，孤寡老人或者孤儿每人每月在上述标准的基础上增加10%。核定的各供养亲属的抚恤金之和不应高于因工死亡职工生前的工资。供养亲属的具体范围由国务院劳动保障行政部门规定。根据《因工死亡职工供养亲属范围规定》，因工死亡职工供养亲属，是指该职工的配偶、子女、父母、祖父母、外祖父母、孙子女、外孙子女、兄弟姐妹。

(3)一次性工亡补助金。一次性工亡补助金标准为48个月至60个月的统筹地区上年度职工月平均工资。具体标准由统筹地区的人民政府根据当地经济、社会发展状况规定，报省、自治区、直辖市人民政府备案。

【案情】

陈某是某医药贸易有限公司的一名客户部经理，在该公司负责客户的危害工作。2007年9月1日，陈某由于工作原因要前往外地，在路上发生事故，致使陈某音信全无。其间，单位依法向劳

动和社会保障部门申请工伤认定,劳动行政部门审查后依法作出了工伤认定决定。单位根据法律规定支付了从事故发生当月起3个月内的工资,第4个月后单位停发了其工资,社保经办机构从工伤保险基金中向其供养亲属按月支付供养亲属抚恤金。过了一段时间,陈某的家人依照法律程序申请宣告陈某死亡,并且向社保经办机构提出请求,要求社保机构按照职工因工死亡的标准支付相关费用。

社保机构受理申请后认为,陈某是因工外出期间,发生事故下落不明,经有关机构依法认定为工伤,并且,其下落不明已经达到法定期限经法院依法予以死亡宣告,根据《工伤保险条例》的规定,职工因工下落不明被人民法院宣告死亡的,依照职工因工死亡的规定享受相关待遇。所以,对于陈某直系亲属的请求予以支持,按照规定从工伤保险基金中领取丧葬补助金、供养亲属抚恤金和一次性工亡补助金。

【案例分析】

在本案中,陈某是公司的一名高级管理人员,与单位之间存在劳动合同法律关系,并且因履行单位职责而外出,在途中遭遇事故下落不明的,所以完全符合我们在分析解答中提及的四个要件,应当予以工伤认定。

本案中的社保经办机构在工伤职工宣告死亡后,依法核定工伤待遇,从工伤保险基金中支付给职工直系亲属丧葬补助金、供养亲属抚恤金和一次性工亡补助金。这是符合以上论述的,也是合法的。

【专家提示】

相关权利人可以不予以申请死亡宣告，依法继续享受因工下落不明被认定为工伤的待遇，也可以依法予以申请死亡宣告，进而享受工伤致死的待遇。

【关联法条链接】

《工伤保险条例》第14条第5项、第41条

58 劳务承包受伤,能否获得赔偿的问题

【分析解答】

劳务承包是我国法律所明令禁止的行为,所以以劳务承包的包工队都纳入到了非法用工范畴之中,但是对劳动者所应当享受的合法权益,法律并没有予以剥夺,还是按照劳动者应享有的待遇予以保护。根据《工伤保险条例》的规定,无营业执照或者未经依法登记、备案的单位的职工受到事故伤害或者患职业病的,由该单位向伤残职工或者死亡职工的直系亲属给予一次性赔偿,赔偿标准不得低于本条例规定的工伤保险待遇。

【案情】①

漆建国于2004年组建了一支建筑务工队,务工队人员经常保持有十几人以上,但既无营业执照,又未依法登记,开展劳务承包工作已经多起。从2007年2月起,漆建国采取包工不包料的方式承包银利来公司的建筑工程,每项工程待银利来公司验收合格后将款划给漆建国,再由漆建国按工日并扣除5%的劳心费后分配到每个民工,日工资29.7元。唐国生于2004年5月16日参加漆建国的务工队,双方并没有签订劳务合同,双方约定唐国生的工资为每月750元,漆建国承诺给唐国生办理工伤保险,但也未予办理。唐国生在劳务队从事力工工作,在拆除银利来公司一栋旧厂棚时,由于安全措施不到位,唐国生在施工过程中不幸从房顶摔下

① 案例来源于中国劳动保障网,根据需要做了适当改编。

受伤，祁阳县劳动和社会保障局确认唐国生和漆建国建筑务工队的劳动关系，认定唐国生所受之伤为工伤，漆建国在法定期限内未申请行政复议。永州市劳动能力鉴定委员会鉴定为六级伤残。唐国生向祁阳县劳动仲裁委员会申请仲裁，要求漆建国承担工伤各项赔偿共计 8 万元，祁阳县劳动仲裁委员会审理后裁决由漆建国一次性赔偿唐国生各种损失共计 72,455 元。

漆建国不服，向祁阳县人民法院提起诉讼，主张自己是劳务分包，不符合《劳动法》的主体要求，其和唐国生之间系雇佣关系，唐国生在被雇用过程中，因自己不小心导致从房顶上摔下来，主要过错在于唐国生，自己承担的是次要责任，要求法院减轻自己的赔偿责任。

祁阳县人民法院认为唐国生是在为银利来公司提供的施工过程中导致的伤害，应当追加银利来公司为共同被告，法院经过审理判决，银利来公司作为受益人承担主要赔偿责任，漆建国承担连带赔偿责任。判决后，银利来公司不服判决，以自己只是工程的发包方，并不是雇用唐国生的单位，与唐国生也不是劳动关系，不应当承担责任为由，上诉至中级人民法院。

中级人民法院经过审理，认为银利来公司与唐国生之间不属于劳动关系，在唐国生所受伤害中无过错，不承担责任；漆建国由于不具备《劳动法》上的用人单位资格，与唐国生之间属于劳务雇佣关系，漆建国没举证证明唐国生在伤害中负有过错，应承担唐国生的全部责任。

【案例分析】

本案是由劳务外包过程中，劳动者受伤导致的劳动纠纷，案中涉及的主要法律问题是：劳务外包的性质为何？劳动者受伤后如何确认赔偿主体?

我国法律不允许进行单纯的劳务外包活动,所有从事劳务外包的都属于违法用工行为,银利来公司对违法发包应当承担责任,漆建国与银利来公司应当连带承担赔偿唐国生的责任。具体分析如下:

一、唐国生符合《劳动合同法》中劳动者的要件

唐国生从2004年5月起就在漆建国组建的务工队工作,接受漆建国的安排,服从其管理,从而获取劳动报酬,虽然双方没有签订劳动合同,但是唐国生符合事实上的劳动关系中劳动者的要件。并且唐国生的损伤发生在建筑工地上,系工作时间内形成的急性伤害,符合工伤的时间、空间和职务特征,且唐国生受伤后选择工伤赔偿救济途径,祁阳县劳动和社会保障局确认唐国生和漆建国建筑务工队的劳动关系,认定唐国生所受之伤为工伤,漆建国在法定期限内未申请行政复议或提起行政诉讼,应视其已认可该工伤认定决定。

二、漆建国不符合《劳动合同法》中用人单位的要件

《劳动法》和《劳动合同法》中关于用人单位的界定,包括企业、事业单位、经济组织、社会团体、个体工商户等,但对漆建国这样以个人组建的包工队,并没有规定,也就是说明漆建国所组建的包工队,被排除在了法律规定的用人单位之外。虽然其也招用劳动者进行使用,并且也从事工程的承包工作,但漆建国改变不了其不属于"用人单位"的身份。

三、唐国生能适用《工伤保险条例》规定的工伤待遇

根据《工伤保险条例》的规定,无营业执照或者未经依法登记、备案的单位的职工受到事故伤害或者患职业病的,由该单位向伤残职工或者死亡职工的直系亲属给予一次性赔偿,赔偿标准不得低于本条例规定的工伤保险待遇;漆建国所组建的建筑务工队是未依法登记的单位，唐国生应属漆建国建筑务工队的职工，唐国生能适用《工伤保险条例》的规定。

四、应当由银利来公司和漆建国承担连带赔偿责任

根据《安全生产法》的规定，生产经营单位将生产经营项目、场所、设备发包或者出租给不具备安全生产条件或者相应资质的单位或者个人的，导致发生生产安全事故给他人造成损害的，承包方和承租方承担连带赔偿责任。根据《劳动合同法》的规定，用人单位发包给没有资质的单位和个人，对劳动者权益造成伤害的，应当承担连带赔偿责任。银利来公司将工程承包给没有资质的漆建国包工队，明显是违反法律规定的，根据以上法律规定，应当承担连带赔偿责任。

【专家提示】

劳务承包是我国法律所明令禁止的行为，所以以劳务承包的包工队都纳入到了非法用工范畴之中，但是对劳动者所应当享受的合法权益，法律并没有予以剥夺，还是按照劳动者应享有的待遇予以保护的。希望广大劳动者在打工的时候，尽量到有资质的单位工作，避免到没有资质的包工队工作，避免纠纷发生后，造成不必要的维权困难和障碍。

【关联法条链接】

《工伤保险条例》第 63 条

59 达到退休年龄的劳动者受伤能否享受工伤保险待遇的问题

【分析解答】

工伤认定是指劳动行政主管部门根据用人单位或劳动者及其亲属的申请,对劳动者负伤、致残、死亡的形成作出因工或非因工性质认定的行政行为。认定劳动者为工伤的前提条件:一是劳动者与企业(包括个体经济组织)之间存在劳动关系或事实劳动关系;二是必须发生了《工伤保险条例》所列举的应当认定为工伤的七种情形之一的客观事实。同时具备了该两个条件,就应当认定该劳动者为工伤,并给予工伤保险待遇。

事实劳动关系就是用人单位与劳动者未依《劳动法》规定签订书面劳动合同而产生的劳动关系。事实劳动关系与劳动关系间的显著区别在于形式要件上的不同,而两者的实质性要件是基本相同的。据此,笔者认为,企业(包括私营企业)、个体工商户与劳动者或者雇工之间未签订劳动合同,但具备了下列条件的即应认定为事实劳动关系:

1. 劳动者为用人单位提供了相对稳定的且属于用人单位业务范围内的劳动服务;

2. 劳动者与用人单位存在从属关系,即劳动者的劳动服务行为是在用人单位的安排、管理和监督之下进行的;

3. 用人单位为劳动者提供必要的劳动条件,并向劳动者支付劳动报酬。

综上所述,超龄劳动者与用人单位建立了劳动关系,且发生了应当认定为工伤之法定事实，即应认定为工伤，并享受工伤保险待遇。

【案情】[①]

陈大年系某村村民，63岁（1942年3月出生）。2002年9月2日，某市华艺家具厂（以下称华艺厂，私营企业）在传达室门外贴出招工启事，内容为其厂须招用跟车装卸工3名，对象为25岁以上的身强力壮的男子，有意者可于本月底前到厂部办公室报名，月薪面议。当月20日，陈大年在朋友介绍下到华艺厂报名并到医院进行了体检（体检结果为健康）。25日，华艺厂通知陈大年和另两位被招用人员去上班，月薪定为680元。和其他大多数职工一样，华艺厂未与陈大年等三位装卸工订立书面劳动合同。2005年3月19日上班期间，陈大年跟华艺厂的送货车将家具送至某商住楼，在到达某商住楼卸货中不小心从车上摔下，造成颅脑损伤，住院治疗两个多月出院，并经当地劳动能力鉴定委员会鉴定为七级伤残。

鉴定作出后，陈大年要求按照工伤性质享受工伤保险待遇，并要求华艺厂为其向某市劳动和社会保障局（以下简称劳保局）申请工伤认定，遭到华艺厂的拒绝。陈大年于2005年9月23日向劳保局提出工伤认定申请。劳保局于同月29日向陈大年送达了不予受理的通知，理由是陈大年属于已超过法定退休年龄的人员，不属于与用人单位建立劳动关系的对象，此类人员不属于工伤认定受理及享受工伤保险待遇的范围。陈大年接到该通知后，于10月8日向法院提起行政诉讼，请求判令劳保局对其作出工伤认定，并依照工伤保险条例的规定享受工伤保险待遇。

---

① 案例来源于中国劳动保障网，根据需要做了适当改编。

【案例分析】

本案带来的法律问题是达到法定退休年龄的人员能否享受工伤保险待遇?

由于目前我国劳动法律、法规对此没有明确规定,导致实践中存在两种不同的意见。

第一种意见即否定说认为,我国法律规定的劳动者退休年龄为男60周岁、女50周岁,超过该退休年龄的人员就不能成为《劳动法》所规定的劳动者,不能与用人单位建立劳动关系,不应纳入工伤保险范围。如这些人员在从事受雇工作中发生工伤,只能按其与用人单位的约定或按雇佣关系的法律规定向用人单位求偿。因此,本案原告不属于工伤认定的主体范围,其权利应依照民法的规定并通过民事诉讼程序来实现。

第二种意见即肯定说认为,第一种意见缺乏法律依据,因为我国《劳动法》没有规定劳动者的上限年龄,用人单位录用超龄劳动者不违反法律法规的禁止性规定,只要他们之间的劳动关系(包括事实劳动关系)成立,超龄劳动者在从事受聘或受雇工作中受伤,应当与未超龄劳动者一样,属于工伤认定范围并享受工伤保险待遇。因此,本案原告的诉讼请求成立,劳保局应当依法受理原告的工伤认定申请并对其作出工伤认定。笔者支持第二种意见,理由如下:

一、超龄劳动者应当属于《劳动法》规定的劳动者范围,用人单位招用超龄劳动者不违反法律禁止性规定

我国目前的《劳动法》对劳动者的定义未作出明确规定,《现代汉语规范词典》中对劳动者的解释是:"参加劳动并以劳动报酬为主要生活来源的人。"根据该解释并结合《劳动法》对用人单位招用童工的禁止性规定,笔者认为,劳动者的定义应为:符合《劳动法》规定的条件参加劳动,并以劳动报酬为主要生活来源的人即为劳动者。

《劳动法》对用人单位招用劳动者,在年龄上的唯一禁止性规定是禁止招用不满16周岁的未成年人(童工),法律并没有禁止用人单位招用女50周岁、男60周岁以上的超龄人员。国家实行退休制度,即劳动者达到一定的年龄可以离开工作岗位而回家休息,由国家或企业给予一定的生活费,或者享受养老保险待遇。这是国家依照法律给予劳动者的一项基本权利,既然是一项权利而非义务,那么,劳动者则可以放弃这种权利的享受而继续为用人单位提供劳动服务。《劳动法》没有禁止的即可。

综上理由,类似于陈大年这样的超龄人员属于《劳动法》规定的劳动者范围,有参加劳动的权利,能够成为与用人单位建立劳动关系的对象;用人单位包括像华艺厂这样的私营企业,招用陈大年这样的超龄劳动者不属于法律所禁止的用工行为。

二、超龄劳动者与用人单位建立了劳动关系,且发生了应当认定为工伤之法定事实,即应认定为工伤,并享受工伤保险待遇

本案中陈大年与华艺厂间的关系符合上述条件,双方存在事实上的劳动关系。陈大年在工作时间和工作场所内,因工作原因受到事故伤害,属于《条例》第14条第1项规定的应当认定为工伤之情形,应当在认定工伤和享受工伤保险待遇的范围内。

三、否定超龄劳动者成为工伤认定和享受工伤保险待遇之主体的地方性规定和做法,与法律精神及我国国情不符

首先,从企业职工的主体范围来看,超龄人员仍然可以成为企业(包括私营企业、个体工商户)的职工。我国现行的法律、法规对职工范围的界定已经在不断扩大,并没有将超龄人员排除在职工之外。《工伤保险条例》第61条规定:"本条例所称职工,是指与用人单位存在劳动关系(包括事实劳动关系)的各种用工形式、各种用工期限的劳动者。”这里的“各种用工形式”，应当既包括固定用工和正规用工，也包括临时用工和非正规用工；既包括长期工和有固定期限的用工，也包括短期工和无固定期限的用工，等等。本案中陈大年属于华艺厂非正规招用的无固定期限的职工性质，其在从事受雇工作中受伤，当然符合认定工伤和享受工伤保险待遇的法定条件。

其次，从法律的适用范围来看，超龄人员与用人单位建立劳动关系，应在《劳动法》的保护范围之列。根据《劳动法》、《工伤保险条例》的规定，在我国境内的各类企业、个体工商户和与之形成劳动关系的劳动者均适用《劳动法》；我国境内的各类企业的职工和个体工商户的雇工，均可依照《工伤保险条例》的规定享受工伤保险待遇。中共中央办公厅、国务院办公厅曾下发了（中办发）〔1986〕32号和（中办发）〔2005〕9号两个文件，规定了离退休人员在受聘期间发生工伤事故，由受聘单位按本单位人员待遇负责妥善处理。此外，《条例》第16条规定了不得认定为工伤的三种情形，其中并没有将超龄人员列举在内。

根据上述规定，超龄人员可以成为与用人单位建立劳动关系的劳动者，并可以参酌工伤保险待遇的有关规定予以处理；中共中央的文件虽然是针对离退休人员作出的，但他们与超龄农民工在性质上应当是一致的，都属于达到法定退休年龄的超龄劳动者，在适用法律和政策上不应当有区别；地方性的下位做法和规定，与国家法律、法规和政策的上位规定不符的，根据上位法优于下位法的原则，应当服从国家上位法规定，否则即为违法，其行为则为无效。

【专家提示】

现实当中，为了节约成本、逃避处罚，相当多的用人单位往往不通过正规手段而大量招用超龄人员（包括超龄农民工），且普遍不与超龄劳动者签订劳动合同，更谈不上为他们办理社会保险。这样的非正规用工行为非但得不到劳动行政部门的处罚，相反却得到一些劳动行政部门或者司法机关的庇护。这种现象，保护的是强者的非正规用工利益，侵害的是弱者的合法劳动权益，有违劳动法保护劳动者弱势利益之立法宗旨。超龄人员受到事故伤害，尽管他们可以选择利用民法的规定进行求偿，但从经济利用的角度，即利用《劳动法》的规定给予保护，对他们更为有利。

【关联法条链接】

《劳动法》第 2 条

《工伤保险条例》第 2 条、第 14 条、第 61 条

60 长期离职被除名能否享受失业保险待遇的问题

【分析解答】

一、失业保险金是劳动者依法享有的社会保障权益

失业保险金,是指失业保险经办机构依法支付给符合条件的失业人员的基本生活费用,是对失业人员在失业期间失去工资收入的一种临时补偿,目的是为了保障失业人员的基本生活需要。失业保险金是劳动者社会保障体系中重要的项目,失业保险金的获取体现了国家对劳动者的社会救济。

二、失业保险金因法定事由而无法获得

根据《失业保险条例》规定,非因本人意愿中断就业的人员可以申领失业保险金。这是劳动者可以申领失业保险金的法定事由。根据《失业保险金申领发放办法》规定,"非因本人意愿中断就业"包括被用工单位开除、除名和辞退。

【案情】

孙某是福建省厦门市某机械厂职工,于2000年入职该公司,在该公司从事仓库保管工作,月薪930元,由于工作枯燥无味,孙某经常请长假或长期旷工。单位多次要求其正常上班,但孙某始终置之不理。无奈之下,单位于2007年5月向孙某发出了因长期离职而予以除名处理的书面通知。孙某持除名通知等相关手续,要求失业保险经办机构发放失业保险金。失业保险经办机构工作人员认为,孙某属因本人意愿中断就业的,不具备享受失业保险待遇的条件,拒绝支付其失业保险金。孙某向厦门市社保局申请复议未果。将厦门市社保局起诉至人民法院。

人民法院经过审理,认为孙某不符合申领失业保险金的条件,厦门市社保局依法行使职权,没有过错,遂判决驳回了孙某的诉讼请求。

【案例分析】

本案是由社保部门没支付劳动者失业保险金而引发的争议。案中涉及的主要法律问题是:劳动者申领失业保险金的条件是什么?

孙某由于其违反了申领失业保险金的要求,不能依法申领失业保险金,厦门市社保部门拒绝支付孙某的失业保险金符合法律规定,具体理由如下:

孙某从形式上看,是因机械厂除名导致的失业,符合申领失业保险金的条件,但通过对孙某被除名的原因分析,孙某不属于申领失业保险金的要求。

非因本人意愿中断就业是指劳动者不愿意中断就业,但因本人无法控制的原因而被迫中断就业,也就是劳动者主观上并不愿意中断就业,事实上被迫中断了就业。通常有两种情况:一种属于劳动者主动提出辞职;另一种是劳动者长期旷工、长期离职、自动离职等,迫使单位与其解除劳动关系,也就是说劳动者有中断现有工作的主观意图,而且事实上也达到了这一目的,只是在形式上没有主动提出辞职要求而已。

孙某在工作岗位上没有尽职尽责地履行工作义务,而是经常请长假或长期旷工,机械厂将其除名也是基于此,这是由孙某的行为导致的,不属于“非因本人意愿中断就业”,因此不能享受失业保险待遇。

【专家提示】

虽然失业保险金是国家对劳动者失业后的社会保障制度,但是劳动者也只有符合法定条件,才能够依法获得,如果劳动者是因本人意愿中断就业,就无法申领失业保险金,如果劳动者要想获得社会保障,需要认真工作才行。

【关联法条链接】

《失业保险条例》第14条

61 合同解除劳动者能否获得工伤待遇的问题

【分析解答】

一、一次性工伤医疗补助金和伤残就业补助金是劳动者工伤致残的法定待遇

一次性工伤医疗补助金和伤残就业补助金是指在劳动者工伤被鉴定为5～10级伤残，并依法解除劳动关系时，由工伤保险基金和用人单位支付给劳动者的劳动补偿金。这两项费用与伤残补偿金的性质不同，伤残补偿金是劳动者工伤致残后，用人单位就应当立即予以支付的补偿费用。而这两项是因劳动者构成工伤伤残后，就今后治疗和重新就业所给予的相应工伤救济。

二、一次性工伤医疗补助金和伤残就业补助金的支付必须满足法定条件

用人单位支付以上费用，需要具备以下几个要件：(1)劳动者是因工负伤，即劳动者获得一次性工伤医疗补助金和伤残就业补助金的前提条件必须是劳动者属于工伤，因为该赔偿项目是法定的工伤待遇，必须以构成工伤为前提。(2)经过伤残鉴定，属于5～10级伤残。根据《工伤保险条例》第35条的规定，工伤经鉴定为1～4级伤残的，劳动者保留劳动关系，退出工作岗位，也就是说1～4级的重度伤残劳动者今后的工资待遇都由用人单位进行保障。(3)劳动者治疗终结后，经劳动者提议与用人单位解除或者终止劳动关系。劳动者在治疗终结后，如果继续在用人单位工作，则不用支付其一次性工伤医疗补助金和伤残就业补助金，只有在双方的劳动关系终结时,工伤保险基金和用人单位才需要支付上述费用。(4)一次性工伤医疗补助金和伤残就业补助金的支付标准由各省、自治区、直辖市人民政府进行具体规定,其中,一次性工伤医疗补助金由工伤保险基金支付,一次性伤残就业补助金由用人单位支付。

综上所述,合同期满不是不支付一次性工伤医疗补助金的理由,劳动者在合同期满后受工伤,依旧享受工伤待遇。

【案情】

徐某是上海市一家外商投资企业员工。2003 年 8 月他应聘进入该企业工作,在二车间从事操作工工作,与企业签订了 2 年期的劳动合同。2004 年 12 月下旬,徐某在工作中因操作机器失误造成了伤害,后来经过申请,被认定为工伤,经过治疗后,徐某进行了伤残鉴定,被鉴定为 6 级伤残。2005 年 6 月初徐某身体恢复后来上班。2005 年 8 月中旬徐某的劳动合同期满,徐某就主动向企业提出终止劳动关系。企业当即予以同意,并为徐某办理退工登记备案等手续。之后,徐某要求企业支付工伤医疗补助金和伤残就业补助金。企业没有同意,徐某经与企业多次交涉未果,于是,只能向劳动仲裁委员会提出仲裁申请,要求企业支付一次性工伤医疗补助金和伤残就业补助金。

劳动仲裁委员会经过审查后予以受理。在审理时徐某认为:本人因工负伤并经劳动能力鉴定委员会鉴定为大部分丧失劳动能力,现在双方终止劳动合同,按照本市有关规定,企业应该支付工伤医疗补助金和伤残就业补助金,但企业至今未付,所以要求企业支付工伤医疗补助金和伤残就业补助金。

企业则认为,徐某的劳动合同期满,双方协商终止劳动合同,况且又是徐某自己提出来的,企业其他费用均已支付,可以不再支付徐某工伤医疗补助金和伤残就业补助金，对徐某提出的要求不予同意。

劳动仲裁委员会经过审理后认为，徐某因工负伤并经劳动能力鉴定委员会鉴定为大部分丧失劳动能力，根据本市有关工伤保险实施办法的规定，徐某与企业终止劳动合同，企业应支付徐某一次性工伤医疗补助金和伤残就业补助金。劳动仲裁委员会依法作出裁决：企业应该按照规定支付徐某一次性工伤医疗补助金和伤残就业补助金。

【案例分析】

本案是由劳动者工伤构成伤残，在劳动合同期满，用人单位不支付一次性工伤医疗补助金和伤残就业补助金而引发的劳动争议。案中涉及的主要法律问题是：劳动合同期满，劳动者不同意续签，用人单位是否应当支付劳动者一次性工伤医疗补助金和伤残就业补助金？

徐某因工负伤，并鉴定构成6级伤残，劳动合同到期后，用人单位不能因徐某不同意续签劳动合同而剥夺了徐某获得工伤待遇的权利，应当依法支付徐某一次性工伤医疗补助金和伤残就业补助金，具体分析如下：

劳动合同期满以及徐某不续签劳动合同，都不是用人单位拒绝支付一次性工伤医疗补助金和伤残就业补助金的法定理由。

我们从一次性工伤医疗补助金和伤残就业补助金的支付条件可以得知，这两项费用支付的目的是为了劳动者与用人单位解除劳动关系后用于治疗和再就业的保障性法律救济。劳动者治疗终结后，继续留在用人单位工作，是不会产生这两项费用的。也就是说，用人单位与劳动者劳动关系的保持是拒绝支付这两项费用的法定理由。

根据《工伤保险条例》的规定,在治疗终结后,劳动者提议解除或终止劳动合同的,用人单位要支付一次性工伤医疗补助金和伤残就业补助金。本案中劳动者徐某在治疗结束后,又继续在用人单位工作了两个月后,直到劳动合同期满,徐某才提出不续签劳动合同,这是否符合《工伤保险条例》的规定呢?笔者认为应当符合法律规定,该条例并没有限定劳动者在治疗终结后,在多长时间内提议解除或终止劳动合同,也没有限定劳动者必须在治疗终结后立即与用人单位解除或终止劳动合同。从立法本意上出发,这两项费用是为了对劳动者终止劳动关系后,继续治疗和就业的补偿,对劳动者治疗终结后,继续在用人单位工作一段时间就不适用该条款,明显违背了法律的本意。所以,用人单位应当支付徐某一次性工伤医疗补助金和伤残就业补助金。2010年12月20日修订后的《工伤保险条例》规定,一次性工伤医疗补助金由工伤保险基金支付,不再需要用人单位支付,用人单位只需支付伤残就业补助金即可。

【专家提示】

用人单位在劳动者因工导致伤残后,应该更多地考虑劳动者是因为单位工作或利益而导致的伤害,伤残后的劳动者在劳动能力和劳动范围方面都有了明显的降低和缩小,用人单位应当足额支付相应的赔偿项目和费用,而不是寻找理由和借口规避法律,试图剥夺劳动者的合法权益。

【关联法条链接】

《工伤保险条例》第35~37条

62 劳动合同已经到期，劳动者患病医疗期未满用人单位能否终止劳动合同的问题

【分析解答】

对于劳动者医疗期未满而劳动合同期满，用人单位能否解除劳动合同，可分为三种情形：(1)职工在临近劳动合同期满才发病，累计医疗期未满而劳动合同期已满，且需停工休息治疗的，根据原劳动部《关于贯彻执行〈中华人民共和国劳动法〉若干问题的意见》(劳部发〔1995〕309号)第34条规定，劳动合同的期限应自动延续至医疗期满为止。同时，根据《劳动合同法》第45条的规定，患病或者非因工负伤，在规定的医疗期内的，劳动合同应当续延至相应的情形消失时终止。在医疗期内医疗终结的，医疗终结之日即可终止劳动合同；对其中经劳动鉴定委员会鉴定为完全丧失劳动能力的，可办理因病或非因工负伤退休、退职手续。不需停工休息治疗者，只要合同期满，便可终止劳动合同。(2)职工的劳动合同期将满，经医疗诊断，怀疑患有某种绝症，但又不能马上确认，需检查并停工休息治疗者，可以比照第一种情况处理；不需停工休息治疗者，不适用医疗期有关规定。医疗期已满仍不能确认的，可以终止劳动合同。对于某些已经确认患有特殊疾病的职工，可以适当延长医疗期。(3)患病职工在合同期满终止劳动合同时，用人单位应当一次性支付劳动者不低于6个月工资的医疗补助费。对于患重病或绝症的职工，用人单位应适当增加医疗补助。

【案情】①

陈骏于2002年9月到中天网络技术有限公司(以下简称中天公司)工作,月工资1200元,双方签订了2003年1月1日至2003年12月31日的劳动合同。2003年11月25日,陈骏因患乳腺癌住院治疗,同年12月起中天公司停发陈骏病假工资。陈骏与中天公司签订的劳动合同期满时,中天公司以陈骏患病为由,未与陈骏终止劳动合同。2004年5月起中天公司停止为陈骏缴纳社会保险。2004年5月陈骏申请仲裁,因为对仲裁裁决不服而起诉到人民法院。起诉要求:(1)中天公司将劳动合同的期限变更为4年;(2)中天公司为我补缴2002年9月至今的医疗、失业、养老和工伤保险;(3)中天公司将我的医疗期延长至24个月;(4)中天公司支付我2003年12月至2004年9月的医疗期工资及25%的经济补偿金;(5)中天公司支付我医疗费75,360.61元;(6)中天公司支付我工商查询费、交通费110元。中天公司称2004年3月已口头通知陈骏终止合同,同年7月公司向陈骏送达书面终止劳动合同书。但未提供充足证据。中天公司同意为陈骏补缴2004年4月至7月的"四项"保险,亦同意支付陈骏2003年12月至2004年5月的病假工资、6月至7月的最低生活费,不同意陈骏的其他诉讼请求。

一审法院经审理认为:陈骏与中天公司签订的劳动合同系双方的真实意思表示,且不违反国家法律、法规的强制性规定,为有效合同。对于陈骏要求将医疗期变更为4年的请求缺乏相关的证据和依据,不予支持。根据劳部发〔1994〕479号《企业职工患病或非因公负伤医疗期规定》,陈骏在中天公司工作的年限为5年以

① 摘自法律门,http://www.falvm.com.cn/。

下，应享受的医疗期为3个月，依据劳部发〔1995〕309号第76条的规定，对于患特殊疾病的职工，在规定的医疗期内不能痊愈的，经企业和劳动部门批准可以延长医疗期，因中天公司不同意延长陈骏的医疗期，故对陈骏要求将医疗期延长至24个月的请求，不予支持。陈骏要求中天公司支付劳动关系存续期间的“四项”社会保险理由充分，应予支持。陈骏要求支付医疗期间的病假工资及经济补偿金，理由充分，应予支持。因中天公司没有按照相关规定给陈骏缴纳医疗保险，故对陈骏要求中天公司报销医疗费的请求，应予支持。依照《中华人民共和国劳动法》第3条第1款、第73条第1款第(1)项、(2)项、(3)项、(4)项，做出如下判决：(1)中天网络技术有限公司为陈骏补缴2004年9月至判决生效之日的养老、医疗、失业和工伤保险；(2)中天网络技术有限公司支付2003年12月到判决生效之日的病假工资和25%的经济补偿金；(3)中天网络技术有限公司按其规定给陈骏报销医疗费；(4)驳回陈骏的其他诉讼请求。

中天网络技术有限公司不服一审判决上诉称：(1)中天公司已经于2004年7月31日终止了与陈骏的劳动合同，应支付病假工资到2004年7月份；(2)根据劳部发〔1994〕481号第5条及陈骏在中天公司的工作年限，中天公司认可支付给陈骏相当于1个月的经济补偿金，拒绝支付25%的经济补偿金；(3)在一审判决中先提到给陈骏补缴“四项”保险费到2004年12月份，后提到向陈骏支付病假工资到2004年9月份，判决前后矛盾，不予执行；(4)中天公司已经为陈骏缴纳过基本医疗保险费，故不予报销陈骏的医疗费；(5)因陈骏负责销售的GPRS网卡没有及时清理库存，给中天公司造成62,600元的损失，减去陈骏的病假工资和生活费6960元，陈骏应向中天公司赔偿54,440元。被上诉人陈骏辩称从来没有收到中天公司解除劳动合同通知书，劳动合同没有解除,中天公司从2003年12月起就没有发病假工资,因此应当加发经济补偿金。

二审法院经审理认为:终止、解除劳动合同应当按照相关规定进行。中天公司称于2004年7月以邮寄方式通知陈骏终止劳动合同并办理相关手续,但未提供证据证明陈骏已收到该通知,故中天公司称与陈骏的劳动合同于2004年7月31日终止,不予支持。陈骏与中天公司于2002年9月起形成劳动关系,中天公司应为陈骏缴纳相应的社会保险费,中天公司称因陈骏没有办理保险转移手续而造成没有交纳保险,缺乏相关证据和依据。中天公司没有按照相关规定为陈骏缴纳医疗保险费用,致使医疗保险基金未能按规定划入个人账户,中天公司应承担为陈骏报销医疗费的责任。陈骏在病假医疗期间,中天公司应当按照规定给陈骏发病假工资,没有按时发放的,应当加发25%的经济补偿金。中天公司要求陈骏赔偿因没有及时清理库存造成的损失等一节,非本案受理范围,故本案不予处理。据此二审法院做出驳回上诉,维持一审判决。

【案例分析】

本案争议焦点在于劳动合同已经到期,劳动者患病医疗期未满用人单位是否可以终止劳动合同?

本案法院的审判理由于现行法并不适用,这里用现行的劳动合同法分析本案。

由于在劳动关系中,用人单位对劳动者具有一定的管理权,处于强势地位,因此,法律对其解除或终止劳动合同的条件作出了明确的规定,以免用人单位凭借自己的优势地位侵犯劳动者的合法权益。

一、对用人单位解除劳动合同的限制

《劳动合同法》第42条规定:"劳动者有下列情形之一的,用人单位不得依照本法第四十条、第四十一条的规定解除劳动合同：(一)从事接触职业病危害作业的劳动者未进行离岗前职业健康检查，或者疑似职业病病人在诊断或者医学观察期间的；(二)在本单位患职业病或者因工负伤并被确认丧失或者部分丧失劳动能力的；(三)患病或者非因工负伤，在规定的医疗期内的；(四)女职工在孕期、产期、哺乳期的；(五)在本单位连续工作满十五年，且距法定退休年龄不足五年的；(六)法律、行政法规规定的其他情形。"

二、劳动合同终止的条件

《劳动合同法》第44条规定：有下列情形之一的，劳动合同终止："(一)劳动合同期满的；(二)劳动者开始依法享受基本养老保险待遇的；(三)劳动者死亡，或者被人民法院宣告死亡或者宣告失踪的；(四)用人单位被依法宣告破产的；(五)用人单位被吊销营业执照、责令关闭、撤销或者用人单位决定提前解散的；(六)法律、行政法规规定的其他情形。"

对于劳动合同期满是否必然导致劳动合同终止，《劳动合同法》第45条作出了限制："劳动合同期满，有本法第四十二条规定情形之一的，劳动合同应当续延至相应的情形消失时终止。但是，本法第四十二条第二项规定丧失或者部分丧失劳动能力劳动者的劳动合同的终止，按照国家有关工伤保险的规定执行。"

三、对"医疗期"的理解

按照劳动部《企业职工患病或非因公负伤医疗期规定》第2条的解释："医疗期是指企业职工因患病或非因公负伤停止工作治病休息不得解除劳动合同的期限。"劳动法律法规之所以对医疗期作出规定，究其原因，主要是为劳动者在患病时候提供物质保障，解决劳动者的后顾之忧，消除社会不安定因素。关于医疗期的期限，《劳动合同法》没有规定，劳动部《企业职工患病或非因公负伤医疗期规定》第3条规定："企业职工因患病或非因公负伤，需要停止工作医疗时,根据本人实际参加工作年限和在本单位的工作年限,给与3个月到24个月的医疗期……”并对不同情况下的医疗期作出了具体规定。关于工资待遇,按照劳动部《关于贯彻执行〈中华人民共和国劳动法〉若干问题的意见》第59条的规定:“职工患病或非因工负伤治疗期间,在规定的医疗期间内由企业按有关规定支付其病假工资或疾病救济费,病假工资或疾病救济费可以低于当地最低工资标准支付,但不能低于最低工资标准的百分之八十”。

本案中,陈骏在劳动合同有效期间患病,按照劳动合同法及有关规定,应该享受医疗期待遇。中天公司作为用人单位应发给陈骏病假期工资,为陈骏缴纳此期间的社会保险费。本案不属于劳动合同期限届满,即可终止劳动合同的情形。依照法律的规定,陈骏与中天公司的劳动合同在陈骏的医疗期满之前终止,不符合法律的规定。本案中陈骏要求中天公司补发病假工资、补缴社会保险费并延长劳动合同期限至医疗期满的请求能得到法院的支持。

【专家提示】

劳动者在劳动合同履行过程中生病需要停工住院医疗,应该向用人单位履行告知义务并履行必要的请假手续,在此前提下依法应该享受一定的医疗期,医疗期跨越劳动合同的终止日期的,劳动合同应该延续至医疗期满时止。

【关联法条链接】

《劳动合同法》第40条、第42条、第44条、第45条、第47条

《企业职工患病或非因公负伤医疗期规定》第2条、第3条

《关于贯彻执行〈中华人民共和国劳动法〉若干问题的意见》第59条

No. 6

劳动合同的解除和终止

63 被派遣劳动者在被用工单位退回后，派遣公司能否将其解雇的问题

【分析解答】

根据《劳动合同法》第65条之规定，被派遣劳动者被用工单位退回的，除有违法违纪、“病”、不能胜任工作的情形外，劳务派遣单位不能解除被派遣劳动者。

【案情】①

2008年6月，冯某与W公司签订无固定期限劳动合同及派遣协议书，协议书中约定W公司派遣冯某至S律所上海代表处工作。2009年3月，S律所上海代表处告知冯某因受金融危机的影响、客观情况发生重大变化，不得已减少员工以维持经营，通知冯某聘用关系将于一个月后终止。2009年4月，S律所上海代表处告知W公司已将冯某退回，W公司遂为冯某开具退工证明，解除双方间的劳动合同。

后冯某诉至法院，要求S律所上海代表处恢复用工关系、W公司继续履行劳动合同，要求S律所上海代表处支付自终止聘用关系次日起至恢复工作岗位期间的全额工资及赔偿金并缴纳该期间的社会保险，并由W公司承担连带责任。

一审判决：冯某与W公司签订的劳动合同继续履行至劳动合同解除或终止时止；W公司按照上海市同期最低工资标准支

① 本案摘自劳动法律网，http://www.laodong66.com，根据需要稍作改动。

付冯某自终止聘用关系次日起至劳动合同解除或终止日止的工资;W公司按照本市最低工资标准的相应缴费基数为冯某缴纳自2009年4月起至劳动合同解除或终止之月期间的社会保险费;驳回冯某的其余诉讼请求。二审判决:驳回上诉,维持原判。

【案例分析】

本案的焦点问题是:第一,用工单位(S律所上海代表处)可否以客观情况发生重大变化为由将被派遣劳动者退回劳务派遣单位(W公司)?第二,劳务派遣单位可否以用工单位的客观情况发生重大变化为由解除与被退回劳动者之间的劳动关系?

一、用工单位退回被派遣劳动者的情况

仅就第65条的字面含义来看,无法得出劳务派遣中的用工单位是否可以像标准劳动关系中的用人单位一样以客观情况发生重大变化(第40条第3项)或者经济性裁员(第41条)为理由终止对劳动者的使用。对该问题的理解存在着两种截然相反的观点:第一种观点认为,用工单位无权以第39条和第40条第一、二项之外的理由将劳动者退回派遣单位;第二种观点认为,用工单位退回被派遣劳动者并不受到第39条和第40条第一、二项规定的约束。

劳务派遣这种用工方式的优点在于:实际用工单位不与劳动者建立劳动关系,可以有效地避免和减少与劳动者之间的劳动争议的发生,还可以减少用工单位的劳动成本。劳动合同法第66条规定:劳务派遣一般在临时性、辅助性或者替代性的工作岗位上实施。在临时性、替代性的工作岗位上,如果让用工单位等待漫长的医疗期,在医疗期满之后,还需另行安排工作以及如果被派遣劳动者不能胜任工作,还要经过培训或者调整工作岗位仍不能胜任工作才能退回,那么劳务派遣对用工单位的意义将不复存在。因此,用工单位只要有合理理由就有权随时退回被派遣劳动者,或者要求劳务派遣单位更换被派遣劳动者,这样才能体现劳务派遣的灵活性,体现劳务派遣的市场价值。

那么,能否在劳务派遣单位和用工单位在劳务派遣合同中能否约定退回的条件?劳动合同法并没有规定,对此我们认为应当允许,劳务派遣单位和用工单位在劳务派遣合同是一个普通的民事合同,双方的约定只要不违背法律的强制性规定即可。

二、劳务派遣单位不能以用工单位的客观情况发生重大变化为由解除与被退回劳动者之间的劳动关系

被派遣劳动者被用工单位退回的,除有违法违纪、"病"、不能胜任工作的情形外,劳务派遣单位不能解除被派遣劳动者。实践中存在某些劳务派遣单位只收取管理费而不积极承担用人单位的义务,而劳动者因法律知识的欠缺难以维护自己的合法权益。劳动合同法对此做了明确的规定,劳务派遣单位承担的义务有:第一,承担劳动法、劳动合同法中有关用人单位的所有责任;第二,签订两年以上的固定期限劳动合同,如少于两年的期限则属违法;第三,劳务派遣单位须对被派遣者按月支付劳动报酬;被派遣劳动者在无工作期间,劳务派遣单位应当按照所在地人民政府规定的最低工资标准,向其按月支付报酬。不能以用工单位将劳动者退回为由解除与劳动者的劳动合同关系,逃避劳动合同法第五十八条规定的按月支付报酬的责任。

【专家提示】

劳务派遣合同时一类特殊的劳动合同,订立劳务派遣合同应当遵循合合法、公平、平等自愿、协商一致、诚实信用的原则的规定。如果用人单位免除自己的法定责任、排除劳动者的权利,则该约定无效。

【关联法条链接】

《劳动合同法》第39条、第40条、第58条、第65条

64 单位办理户口不能要求辞职违约金

【分析解答】

根据《劳动合同法》第3条订立劳动合同，应当遵循合法、公平、平等自愿、协商一致、诚实信用的原则。依法订立的劳动合同具有约束力，用人单位与劳动者应当履行劳动合同约定的义务。第25条规定："除本法第二十二条和第二十三条规定的情形外，用人单位不得与劳动者约定由劳动者承担违约金。"第26条规定："下列劳动合同无效或者部分无效：(一)以欺诈、胁迫的手段或者乘人之危，使对方在违背真实意思的情况下订立或者变更劳动合同的；(二)用人单位免除自己的法定责任、排除劳动者权利的；(三)违反法律、行政法规强制性规定的。对劳动合同的无效或者部分无效有争议的，由劳动争议仲裁机构或者人民法院确认。"

由此可见，《劳动合同法》施行后，就用人单位与劳动者约定违约金作出了明确规定，杜绝了用人单位利用为劳动者提供了某些劳动待遇、生活便利，就约定了限制劳动者权利的条款，切实地保障了劳动者的就业权利。

【案情】

小殷是上海市某高校2004届研究生，毕业后进入上海一家软件公司就业，与公司签订了服务三年的毕业生服务期协议。协议约定，公司负责为小殷办理上海户口落户手续，小殷若在服务期内擅自离开公司将赔偿违约金3万元。2005年，小殷辞职离开了公司。软件公司以小殷违约为由向劳动仲裁部门申请仲裁，要求小般支付违约金2.1万元并获得支持。

小殷不服,向浦东新区法院提起诉讼,要求不支付违约金。为外地高校应届毕业生办理上海户籍是否属用人单位提供的一种特殊待遇成为双方争议的焦点。

被告公司认为,公司凭借自己的实力和声誉,才具有为外地高校应届毕业生办理上海户籍的能力,并在接收小殷后通过努力为他办理了上海户口落户手续,因此公司实际上是付出了努力,相对于其他未解决上海户口的毕业生而言,这是一种特殊待遇。为此,双方签订的劳动合同和毕业生服务期协议书都已明确约定,原告提前辞职应承担违约责任。

法院认为,非上海生源高校毕业生进沪就业能否办理上海市户籍,须符合《2004年进沪就业非上海生源高校毕业生办理上海市户籍工作的规定》中所规定的基本条件和具体要求,而这些基本条件和具体要求中,除与符合条件的在沪企业、事业等单位签订就业协议一项外,其余条件和要求均与非上海生源高校毕业生本人的知识结构、学历、毕业院校等相关情况有关。因此,对于与符合条件的在沪企业、事业单位签订就业协议的非上海生源高校毕业生来说,其是否能取得上海市户籍,更主要的是取决于其本人的素质和相关条件,并经上海市高等学校毕业生就业管理部门审核批准。

据此,法院认为原被告双方签订的毕业生服务期协议书约定三年服务期及相应违约金的相关内容与相关劳动法律、法规相悖,判定小殷不必支付违约金。

【案例分析】

本案是由用人单位为劳动者办理户口而约定了服务期违约

金,劳动者辞职引发的劳动争议。案中涉及的主要法律问题是:单位办理户口能主张辞职违约金吗?

小殷与软件公司签订的违约金条款因违法和显失公平,不能发生相应的法律效力。软件公司无权获得约定的违约金,理由具体分析如下:

一、用人单位并不决定小殷落户上海

小殷属于非上海生源高校毕业生,如果希望办理上海市户口,须符合《2004 年进沪就业非上海生源高校毕业生办理上海市户籍工作的规定》中所规定的基本条件和具体要求,而这些基本条件和具体要求中,除与符合条件的在沪企业、事业等单位签订就业协议一项外,最主要的条件和要求均与非上海生源高校毕业生本人的知识结构、学历、毕业院校等相关情况有关,也就是说小殷自身条件对落户上海起主要作用,软件公司决定不了小殷落户上海的问题。

二、用人单位提供的是协助小殷落户上海

是否能取得上海市户籍,主要是取决于毕业生本人的素质和相关条件,并经上海市高等学校毕业生就业管理部门审核批准。如果高校毕业生的条件不符合进沪条件,即便劳动者与用人单位签订劳动合同,毕业生还是无法办理落户手续。也就是说,软件公司只是为小殷落户上海提供了便利,是协助小殷落户上海,不属于用人单位所称的为小殷提供特殊待遇。

三、用人单位与小殷约定的违约金违背了公平原则

用人单位以为小殷办理上海落户手续作为条件,与小殷约定了违约金条款。按照《劳动法》规定,合同的订立应当遵守平等、自愿、公平、协商一致、诚实信用原则。违反上述法律规定,会导致劳动合同无效,部分违反法律规定的,违反法律的部分无效,不影响劳动合同其他部分的效力,其他部分有效。

软件公司只是为小殷落户上海提供了便利,能够落户最主要是小殷自身条件比较好,符合《2004 年进沪就业非上海生源高校毕业生办理上海市户籍工作的规定》,并且需要上海市高等学校毕业生就业管理部门审核批准,软件公司提供的便利与同小殷约定3 万元违约金不对等,明显属于显失公平,违背了公平原则。浦东新区法院在审理本案过程中着重引申了此观点。

四、软件公司与小殷约定违约金不符合法律规定

根据《劳动合同法》规定,只有用人单位出资专门培训劳动者,以及竞业限制才能约定违约金,其他约定违约金的情形都是法律所不允许的,软件公司与小殷约定违约金是违反法律规定的。劳动合同违反法律强制性规定的无效,软件公司与小殷约定违约金的条款因违法而导致无效。

【关联法条链接】

《劳动合同法》第 3 条、第 17 条、第 25 条、第 26 条、第 27 条

65 单位采用末位淘汰制度不合法

【分析解答】

单位利用竞争上岗、末位淘汰的制度不符合法律规定,应当认定解除劳动合同无效。

一、竞争上岗、末位淘汰的制度不合理

用人单位应当采用科学客观、公平合理的标准来判断员工的优劣,所谓的"竞争上岗、末位淘汰",却丢弃了判断尺度,而以抽象的"末位"来决定命运。只要存在竞争,总会有人落于末位,但末位并不等同胜任不了工作。竞争上岗表明了单位积极的工作理念,但末位淘汰,已混淆了竞争上岗的本意。

二、末位淘汰直接违反法律规定的解除劳动合同程序

根据《劳动法》规定,在劳动者不能胜任工作时,用人单位应当对其培训或者更换工作岗位,仍不能胜任工作的,用人单位提前30天书面通知劳动者后,方可解除劳动合同。

【案情】①

1992年,谢某从学校毕业后被招聘至某银行株洲市分行工作,被分配到株洲所属醴陵市支行,当时未签订书面劳动合同。2001~2006年,谢某与单位陆续签订了三次短期劳动合同。2006年9月,某银行株洲分行根据上级行的要求,对短期合同工实行竞聘上岗,醴陵市支行制定了《银行醴陵市支行短期合同工竞聘上岗

① 案例来源于中国法院网,根据需要做了适当改编。

方案》。2006年9月27、28日,某银行株洲分行两次在醴陵市支行召开全体职工大会,组织学习竞聘上岗方案和组织安排对短期合同工进行民主测评和考核。2006年9月28日的会上,谢某经考核测评属末位淘汰对象。

谢某与单位签订的最后一次劳动合同于2006年的12月31日到期,某银行株洲分行认为谢某不符合继续聘用条件,2006年9月30日口头通知谢某终止劳动合同。2006年10月1日后,单位未安排谢某工作岗位,但自愿交纳了谢某养老保险到2006年12月。2006年10月10日,某银行株洲分行向谢某送达了解除劳动合同的书面通知。谢某于2006年11月27日向醴陵市劳动争议仲裁委员会提出仲裁申请,2007年1月26日,醴陵市劳动争议仲裁委员会作出醴劳仲裁字(2006)50号裁决书,驳回谢某的仲裁请求。

谢某因此向法院起诉,请求法院撤销某银行株洲分行作出的解除劳动合同的通知,恢复双方劳动关系。法院经过审理后认为,被告根据企业的具体情况,对短期工竞聘上岗,是用人单位有效的管理规定,经民主测评及考核,原告属淘汰对象,在原、被告所订劳动合同期限届满后,被告终止与原告的劳动合同,符合法律规定。在案件审理过程中,被告自愿一次性补偿原告44,000元,不违反法律的规定。判决驳回了原告谢某的诉讼请求,被告某银行株洲市分行一次性补偿原告谢某44,000元,双方即解除劳动关系。

【案例分析】

本案是由用人单位采用竞争上岗、末位淘汰制度解除劳动合同,而引发的劳动争议。案中涉及的主要法律问题是:末位淘汰制度是否合法?

单位利用竞争上岗、末位淘汰的制度解除与谢某的劳动合同,不符合法律规定，应当认定解除劳动合同无效，恢复与谢某的劳动关系。理由如下：

一、单位的行为违反法定程序

本案中株洲分行只是对谢某进行了考核，在谢某末位的情况下，既没有对谢某所处的末位是否属于不能胜任工作进行认定，也没有对谢某进行培训或者更换岗位，更没有提前30天书面通知谢某，显然是违反了法律规定解除劳动合同的程序。

二、单位制定的《竞聘上岗方案》不能适用于谢某

在谢某与银行签订的劳动合同中，并没有关于“竞争上岗、末位淘汰”的约定。2006年9月银行制定《醴陵市支行短期合同工竞聘上岗方案》，用人单位在劳动合同期限内制定制度，应当经职工代表大会或者全体职工讨论，提出方案和意见，与工会或者职工代表平等协商确定。并且在劳动者合同与单位制定的《竞聘上岗方案》规定的内容不同时，谢某与单位签订的劳动合同效力优于《竞聘上岗方案》，谢某不同意，该方案不得对其适用。

三、单位应当依法恢复与谢某的劳动关系

根据《劳动合同法》规定，用人单位作出的解除劳动合同的决定被认定违法的，应当恢复劳动合同关系。如果劳动者同意解除劳动合同，用人单位应当根据劳动者的工作时间，支付劳动者经济补偿金。

【专家提示】

末位淘汰制从企业经营管理上，有其一定的优势，可以激励员工、精简机构、推动经济发展，但是与被淘汰下来的劳动者直接解除劳动关系，则涉及对劳动法律规定的违反。单位如果想采用末位淘汰制，必须在合法的限度内施行，兼顾劳动者的合法权益。

【关联法条链接】

《劳动合同法》第44条

最高人民法院《关于审理劳动争议案件适用法律若干问题的解释(二)》第16条

66 公司迟延交付离职证明造成的损失是否需赔偿的问题

【分析解答】

一、离职证明是劳动者和用人单位已解除劳动合同的证明

劳动者与用人单位建立劳动关系时,根据法律规定,双方要对劳动事项充分协商后,签订书面的劳动合同,这是证明双方在劳动法律关系上应享有的劳动权利和承担劳动义务的证据。而劳动者在与用人单位解除劳动关系时,也应当就劳动关系完结以及相关内容签订解除劳动关系的协议,或者在劳动合同期限届满后,双方没有继续签订劳动合同的意图,而由用人单位出具证明双方劳动关系终结的证明。它的形式有很多,称谓也有很多,比如,退工证明、离职证明、辞职证明、解除劳动合同书、劳动合同终止证明等,但实质上它们所起的证明作用都是相同的,都是要证明劳动者与用人单位劳动法律关系终止的事实。

二、出具离职证明是用人单位的法定义务

用人单位在招用劳动者时,通常都会要求出示原用人单位给劳动者出具的离职证明。我国劳动法规定,用人单位招用尚未解除劳动合同的劳动者,对原用人单位造成经济损失的,除该劳动者承担直接赔偿责任外,该用人单位应当承担连带赔偿责任,这就是劳动者要求出具离职证明的根本原因所在;同时,该离职证明也是作为该劳动者按规定享受失业保险待遇、就业登记和求职登记的凭证。随着法制的完善,从避免劳动纠纷发生的角度考虑,通过劳动法律规定,要求用人单位在与劳动者劳动关系终止时出具相应书面材料加以证明,不仅是劳动关系解除的需要,也为新的劳动关系的设立提供了法律保障。

三、用人单位不仅要出具离职证明,还需要将该证明及时交给劳动者

用人单位在招用劳动者时要求其出示离职证明,使得劳动者持有离职证明成为必要。而原用人单位与劳动者解除劳动合同或终止劳动合同后,将出具的离职证明交给劳动者,才能让劳动者去谋求新的工作或进行相应的劳动保障登记。用人单位不仅要依法出具离职证明,而且要及时交付给劳动者。

综上所述,公司迟延交付离职证明造成的损失需要赔偿。

【案情】①

1993年8月,柴先生进入上海市某仪表公司工作,双方并未签订劳动合同。从1997年8月起,该仪表公司开始为柴先生缴纳城镇社会保险费。后柴先生发现了有更好的就业机会,经与仪表公司协商,2006年12月13日,柴先生与公司签订协议书,约定其与公司即日解除劳动关系。公司由于对柴先生解除劳动合同不满,遂长期扣押给柴先生开具的退工单,柴先生多次到公司索要,公司均以各种借口推托,直到2007年11月15日公司才将离职证明交给柴先生。

柴先生对公司此举非常气愤,一纸诉状将公司告上法庭,要求公司按照其离职前工资水平赔偿迟延交付退工单期间的损失73,547.76元及养老、医疗、失业保险费、公积金损失45,967.35元。被告仪表公司辩称,其已于2007年1月22日为原告开具了退工单,并于同日办理了转移档案手续,不存在扣押离职证明的情况。

---

① 案例来源于中国法院网,根据需要做了适当改编。

要求驳回原告的请求。法院受理后查明,原告柴先生与被告仪表公司于 2006 年 12 月 13 日协议解除劳动关系。2007 年 1 月 22 日,被告为原告开具了上海市单位离职证明,并在上海市杨浦区职业介绍所为原告办理了移转档案的手续。11 月 15 日,被告将离职证明交给原告。

法院审理后,判决仪表公司应赔偿原告柴先生迟延交付离职证明的损失人民币 4637 元。驳回了柴先生的其他诉讼请求。

【案例分析】

本案是由用人单位迟延交付离职证明而引发的劳动争议,本案涉及的主要法律问题是:离职证明的作用是什么?用人单位出具离职证明有什么要求?

用人单位有义务为解除或终止劳动关系的劳动者及时出具离职证明等,仪表公司的行为侵犯了柴先生的合法权利,应当依法履行赔偿责任。具体理由如下:

本案中仪表公司为柴先生出具离职证明后,并没有及时地交给他,而是保留在了公司长达 11 个月之久,使得柴先生在没有离职证明的情况下,无法与其他单位建立新的劳动关系,属于侵犯柴先生劳动权益行为,并且给柴先生造成了无法获得劳动收益的财产损失。仪表公司应当根据自己的过错程度赔偿柴先生的合理损失。

【专家提示】

正规的解除劳动合同文本应包括以下内容:(1)编号,(2)劳动者姓名、身份证号码,(3)劳动合同期限,(4)工作岗位及在本单位的工作年限,(5)解除合同依据,(6)单位盖章,(7)劳动者签名。一般是一式三份,单位、个人、劳动局各一份。

劳动者在与单位终止劳动合同后,一定要记得向用人单位索要相应的证明,如果发生用人单位拒绝开具证明的情况,劳动者可向劳动行政部门投诉,或者提起劳动仲裁。

【关联法条链接】

《劳动合同法实施条例》第24条

67 可以解除无固定期限劳动合同

【分析解答】

一、无固定期限劳动合同属于合同期限特殊的劳动合同

无固定期限劳动合同,是指用人单位与劳动者约定不确定终止时间的劳动合同。由于缺乏认识,很多人把无固定期限劳动合同当成了劳动者的"护身符",认为只要签订了无固定期限劳动合同,就等于劳动者端上了"铁饭碗";而另一方面,用人单位认为无固定期限劳动合同是企业的"终身包袱",又想办法甩掉。这都是对无固定期限劳动合同的误解,无固定期限劳动合同只是合同期限的特殊,而其他方面与固定期限劳动合同没有什么区别,并不是"无期合同"的意思。用人单位与劳动者建立无固定期限劳动合同的目的是为了建立长期、稳定的劳动关系,实现企业与劳动者的共同成长,减少频繁更换劳动者带来的人力成本增加。

二、无固定期限劳动合同可依法解除

根据《劳动合同法》规定,无固定期限劳动合同可以多种方式解除,除了用人单位与劳动者协商一致解除外,还有:严重违反用人单位的规章制度的;劳动者不能胜任工作,经过培训或者调整工作岗位,仍不能胜任工作的;劳动合同订立时依据的客观情况发生重大变化,致使劳动合同无法履行,经用人单位与劳动者协商,未能就变更劳动合同内容达成协议的等,都可解除无固定期限劳动合同。

【案情】

日立数据原为日立公司在北京的办事处,2006 年升格为日立公司的子公司,姜某2005年就在此工作。2006年,姜某与公司签订了无固定期限劳动合同,职务是商务经理,主要负责招投标文件的审核,订单、财务收入确认等工作,并约定2007年起其年基本工资为40.7万元,目标奖金为4.7万元。

2007年5月,姜某的工作内容发生变动,她要多承担一部分销售订单数据录入的工作内容。接手该工作一段时间后,有同事给她发邮件称其录入错误太多,希望她能改正,否则将由她承担因此产生的责任。姜某认为这份录入表格是手工的,难免有错误。最重要的是,许多所谓的"错误"是因为数据实时更新后发生变动,导致之前录入的数据与当时数据不符。姜某和她的部门经理对此进行了多次沟通。对方认为责任在姜某,既然有录入错误就该改正,姜某则坚持认为,负责对数据审核是公司财务的事情,公司必须明确她的职责范围。

2007年年底,姜某通过邮件在公司内部宣布,她"不得不暂时停止"录入工作,原因是如果她录入和审核后,必须要有除她以外的第二个人复核,而不是由她自己复核,否则就违反了公司的制度。不久,日立数据人事部门向姜某下达了"业绩改进通知书",要求她签字并继续进行录入工作,她没有同意。人事部门告诫她,如果再不同意公司的整改,那她只有走人了。2008年3月11日,人事部门为姜某送来了一份通知书,称根据《劳动合同法》的相关规定,公司决定解除与姜某之间的劳动合同关系。

事后,姜某向北京市劳动争议仲裁委员会提请仲裁,要求与日立数据恢复劳动关系并索要经济赔偿等。由来自北京市劳动仲裁委员会、北京市总工会和北京市妇联的三位仲裁员组成的委员会认为:劳动者在履行工作职责中发生错误,应该持积极的改进态度,但姜某强调的是该项工作的职责范围问题。为此,日立公司认定其拒绝工作,依据《雇员工作规范》的规定予以解除劳动合同的行为，并无不当。仲裁委员会驳回了姜某的所有请求。

在仲裁裁决书送达后不久，姜某向北京市东城区人民法院提起诉讼。法院审理认为，劳动者严重违反单位规章制度的，用人单位可以解除劳动合同。日立数据曾多次与姜某沟通，姜某拒不接受，并擅自停止工作，且不参加公司的培训，姜某的行为已严重违反了单位的规章制度。法院认为，日立数据以姜某违反公司规章制度为由解除劳动合同并无不妥。法院驳回了姜某的全部请求。

【案例分析】

本案是由用人单位解除无固定期限劳动合同引发的劳动争议，案中涉及的主要法律问题是：用人单位能解除无固定期限劳动合同吗？

一、姜某的行为严重违反单位规章制度的规定

姜某在从事数据录入的工作时，经常出现错误，在同事多次发邮件提醒她改正的情况下，不仅没有及时更正，而是在部门经理与其沟通时，还将数据录入错误的责任，推向了财务部门。并且在2007年年底单方宣布停止工作，在人事部门下达“业绩改进通知书”后，依然不开展，严重地影响了单位工作，属于明显的严重违反单位规章制度的行为。

二、日立数据解除姜某劳动合同符合法律规定

根据《劳动合同法》规定，劳动者严重违反规章制度的，用人单位可以解除劳动合同。以上规定并没有给无固定期限劳动合同以特权，而是与固定期限劳动合同根据平等原则共同适用。因姜某严重违反规章制度，日立数据与姜某依法解除劳动合同，不用支付姜某经济补偿；姜某在解除劳动合同中存在主观过错，无权获得经济补偿。

【专家提示】

无固定期限劳动合同在联系用人单位与劳动者关系方面,要比固定期限劳动合同存在的优势多,但这并不是说无固定期限劳动合同就拥有某些法律方面的特权。用人单位和劳动者都应该以积极的心态、认真的态度来履行合同义务,存在侥幸和误解,必然会搬起石头砸自己的脚!

【关联法条链接】

《劳动合同法》第36条

《劳动合同法实施条例》第19条、第39条、第40条

68 口头辞职半月离岗不合法

【分析解答】

单方提前解除劳动合同应履行法定程序。根据《劳动法》规定,劳动者单方解除劳动合同分两类:一类是用人单位在履行劳动合同中存在过错或违法情形或在试用期,劳动者可随时通知用人单位解除劳动合同,而无须承担任何赔偿责任;另一类是双方均无过错,劳动者单方解除劳动合同,履行提前30天通知用人单位的法定义务后,无须承担任何赔偿责任。

劳动部办公厅回复浙江省劳动厅的《关于劳动者解除劳动合同有关问题的复函》进一步明确"劳动者提前三十日以书面形式通知用人单位,既是解除劳动合同的程序,也是解除劳动合同的条件。劳动者提前三十日以书面形式通知用人单位,解除劳动合同,无须征得用人单位的同意。超过三十日,劳动者向用人单位提出办理解除劳动合同的手续,用人单位应予以办理。但由于劳动者违反劳动合同有关约定而给用人单位造成经济损失的,应依据有关法律、法规、规章的规定和劳动合同的约定,由劳动者承担赔偿责任"。

从上述规定可得知,一方面,劳动者具有提前解除劳动合同的权利,无须任何的理由,或者换句话说,劳动者可以基于任何理由而提前单方解除合同,无须用人单位同意,这是我国劳动法律基于公民人身自由权而赋予劳动者的权利。另一方面,劳动者提前解除合同必须履行提前30天书面通知用人单位的义务,否则属于违法解除劳动合同,应赔偿因此而给原用人单位造成的经济损失。

【案情】

2005年12月,山东省临沂市民张某无业在家,经人介绍与当地一家企业签订了3年期限的劳动合同,约定月工资800元,张某在公司的职务是生产科技术员。2006年10月,张某的朋友告诉他有一家公司正高薪招人,薪水可达每月1200元,张某听了很心动,与该企业联系后,对方也表示了同意招聘张某的意愿。张某于2006年10月12日向原企业口头提出解除劳动合同,但原企业未作出答复。

10月27日,也就是张某口头提出解除劳动合同第15天,张某便离开原企业到新企业上班去了。张某的离开给原企业的生产造成一定的影响,导致原企业由张某负责生产的一批次货物无法完成,原企业要求张某回厂上班,但张某以已向企业提出解除劳动合同为由拒不回厂。

随后,该企业向临沂市劳动仲裁委员会提起申诉,要求张某承担违约赔偿责任。经当地劳动仲裁委员会协调,张某主动向原企业承认错误,并愿意承担原企业一定的经济损失。原企业鉴于张某已经认识到自己的错误,并充分考虑到张某的经济承受能力以及其当时离职的心情,让张某承担了小部分违约赔偿责任。

【案例分析】

本案是因劳动者口头向企业提出解除劳动合同,未经企业同意,并在半个月后即离开该企业而引发的劳动争议,案中主要涉及的法律问题是:劳动者单方解除劳动合同应履行什么手续?

劳动者单方解除劳动合同,必须履行法定手续。张某在辞职的过程中由于没履行法定手续,应当承担违约给企业造成的经济损失。具体原因如下:

一、张某具有单方解除劳动合同的权利

劳动者具有单方提前解除合同的权利是因为:通常的合同对当事人具有普遍的法律约束力,如果当事人不履行合同义务,对方当事人可以诉诸法律要求强制履行。但劳动合同具有不同的特点,最明显的是劳动者因履行劳动合同,其人身会受到一定约束,如按时上下班、遵守单位的规章制度等,所以劳动合同有一定的限制人身自由的属性,不是仅明确劳资双方经济权利义务的契约。劳动关系中对劳动者的人身限制必须是基于自愿的基础上,否则劳动合同就变成了包身契,公民的人身自由权难以保障。故而,如果劳动者已经不愿意在用人单位继续工作,法律不能强制该劳动者继续履行合同,而应赋予其单方提前解除劳动合同的权利。

二、张某属于违法解除劳动合同,对给原企业造成的经济损失应负赔偿责任

法律赋予劳动者在劳动合同期限未到之前,就可单方提前解除劳动合同的权利,但是必须履行提前30天书面通知用人单位的法定程序。本案中张某虽然向原企业提出了解除劳动合同的意思,但没采用书面形式通知,并且在向原企业提出解除劳动合同后15天就离开了原企业,张某没有履行法定解除劳动合同的程序,属于违法解除劳动合同。

由于张某是生产技术员,对产品的生产、出库都起着一定作用,张某离开原企业,导致原企业由张某负责生产的一批次货物无法完成,给原企业造成了一定的损失,张某对违法解除劳动合同给原企业造成的损失应负赔偿责任。至于原企业最终原谅了张某,是原企业对自己权利的处分。

【专家提示】

关于劳动合同的解除问题,既要保障劳动者享有的解除权,也要保障用人单位因解除合同受到的损失获得救济，因此，法律如何设置以及司法实践上如何防止任何一方滥用权利，力保双方都得到公平合理的对待，值得我们思索。

【关联法条链接】

《劳动法》第24条、第31条、第32条、第102条

69 劳动者举报不实,不能解除劳动合同

【分析解答】

举报不实,不是法定解除劳动合同的条件。根据《劳动合同法》规定,用人单位对严重违反用人单位规章制度的、严重失职,营私舞弊,给用人单位造成重大损害的这两种劳动者存在过错的行为,有解除劳动合同的权利。由以上分析可知,举报不实并不属于用人单位可解除劳动合同的情形。

【案情】

周某系开化县食品厂职工。2005 年 1 月,周某从原承包开化县食品厂糕点车间加层工程的汪××处得知,汪在承包该工程期间,送给该厂厂长潘某现金 1100 元及火腿、香烟等物。周某就将该问题和其所掌握的其他问题,于同年 1 月 17 日和本厂职工高××联名写信,向开化县监察局举报潘某的受贿行为。县监察局核实后认为,周某举报信上反映的问题基本属实,遂移送开化县检察院立案侦查。

县检察院侦查查明,周某举报潘受贿 1100 元是汪××故意捏造的(汪已受到刑事追究),故于 2005 年 6 月 18 日对潘受贿一案决定撤销。同年 6 月 20 日,开化县食品厂以周某“怀着个人目的,私自非法调查他人受贿材料,使其厂长受到不应有追究”等为理由,作出开食厂(2005)第 5 号解除劳动关系决定。周某不服决定,向开化县劳动争议仲裁委员会申请仲裁。该委员会于 2006 年 5 月 4 日,以开仲(2006 年)裁定第 1 号作出撤销开食厂(2005)第 5

号对周某解除劳动关系的决定。开化县食品厂不服仲裁，于1992年5月20日向开化县人民法院起诉。

周某辩称：其举报是符合国家举报政策规定的，是通过正当渠道进行的，并无不妥，而且造成举报部分失实是汪××故意捏造所致，其无陷害潘某之意。要求撤销开食厂(1991)第5号解除劳动合同决定。

开化县人民法院经审理认为，周某署名写信给开化县监察局反映潘某受贿等问题要求查证，是公民的权利，符合国家法律、法规的规定，属举报行为。其举报内容部分失实，是由于汪××故意捏造事实所致(检察机关已查证)。开化县食品厂以周某"举报目的不纯，造成后果"等为理由，认定周某的举报行为属犯有严重错误，作出解除劳动合同决定，事实不清，依据不足，依法不予支持。于1993年1月4日判决：撤销原告开化县食品厂开食厂(1991)第5号关于对周某开除公职的处理决定。开化县食品厂不服，以原审法院认定事实有误，适用法律不当等为理由提出上诉。衢州市中级人民法院审理后，认为原审法院认定事实清楚，适用法律正确，于1993年3月17日判决：驳回上诉，维持原判。

【案例分析】

本案是由劳动者举报不实，用人单位与其解除劳动合同而引发的劳动争议。案中涉及的主要法律问题是：劳动者举报不实，用人单位能解除劳动合同吗？

周某虽然有举报不实的情况，但其本身并无过错，开化县食品厂解除劳动合同，不符合法律规定，应依法予以撤销。具体理由如下：

一、举报违法犯罪是每个公民应尽的义务

根据《刑事诉讼法》规定，任何单位和个人发现有犯罪事实或者犯罪嫌疑人，有权利也有义务向公安机关、人民检察院或者人民法院报案或者举报。举报一般是举报人对可能存在的违法、渎职行为和行为人向有关机关检举揭发。举报权是我国宪法和法律赋予公民对国家机关和国家机关工作人员进行监督的一项广泛的民主权利，只要公民发现有犯罪事实或者犯罪嫌疑人，都可以向有关机关举报。

公民通过举报的形式，实现法律赋予的管理国家事务和监督国家工作人员的民主权利，是我国公民同职务违法犯罪行为作斗争的有力武器和重要手段。周某发现厂长存在受贿情节，通过法律途径进行举报是在履行作为一个公民的法定义务，行为动机和目的都没有过错。

二、举报失实并非周某过错所致

举报厂长存在受贿情节失实，是由于汪××故意捏造所致，周某本身并不存在过错，并且举报是公民发现违法犯罪线索后，向司法机关提供线索的方式。法律并没有赋予举报人有调查核实的权利，周某在向某些单位进行举报后，就履行了举报的法定义务，至于举报内容是否真实，周某无权调查核实，应由接受举报的单位如有权限可立案侦查、核实，如果没有权限，可移送有权限的部门侦查、核实。

三、举报不实不是单位与劳动者解除劳动合同的法定条件。

开化县食品厂以周某“怀着个人目的，私自非法调查他人受贿材料，使其厂长受到不应有追究”为理由解除与周某的劳动关系不符合法律规定。

四、应当撤销开化县食品厂解除劳动关系的决定，恢复双方的劳动关系

开化县食品厂作出的解除与周某劳动合同的决定，因违反法律规定而导致无效，应当对周某具有合法的劳动关系进行认定。

判决撤销开化县食品厂的解除劳动关系决定,是合法合理的。

【专家提示】

本案中开化县食品厂以“怀着个人目的,私自非法调查他人受贿材料,使其厂长受到不应有追究”为由解除劳动合同,属于对举报人的打击报复。一方面法律赋予公民享有对违法犯罪的举报权利;另一方面法律也保护举报人的安全,严惩对举报人的打击报复。

【关联法条链接】

《劳动合同法》第36条、第39条、第40条

70 劳动者收取大额钱款,跳槽要返还

【分析解答】

单位如与劳动者约定劳动时间,而让劳动者享受某种劳动待遇时,要尽量采用书面等有形形式记录下来,作为证据保存。如果劳动者违反了约定,用人单位可取消或者部分取消所提供的福利或特殊待遇,如给用人单位造成了损失,还可向劳动者求偿。

【案情】①

2004 年年初,江苏省某市刘女士开办了外国语幼儿园,同年聘用王某进入外国语幼儿园工作,后任该幼儿园的副园长,但双方未签订书面劳动合同。因王某对长期以来在该幼儿园工作得到的工资报酬不满意,2006 年 5 月,王某欲离开外国语幼儿园另谋工作,该幼儿园园长刘女士当即出面与王某协商予以挽留。后双方口头约定,由外国语幼儿园一次性向王某支付人民币 100,000 元,王某则保证在外国语幼儿园再继续工作 2 年。随后外国语幼儿园即向王某支付了人民币 100,000 元,且未要求王某出具收条。随后不久,刘女士与王某多次因工作事宜发生争执,王某即被安排在家休息。

2007 年 3 月,外国语幼儿园召开全园大会,王某未接到参加会议的通知,其与刘女士之间的矛盾加剧。后王某遇到另一家幼儿园的邀请,于 2007 年 3 月 20 日,进入另一家幼儿园工作。幼儿

① 案例来源于中国法院网,根据需要做了适当改编。

园获悉后即要求其返还人民币100,000元,但遭到王某拒绝,幼儿园遂申请劳动争议仲裁,并诉至法院。

经人民法院审理,认为王某违反了双方关于在幼儿园工作两年的约定,判决王某向幼儿园返还人民币62,500元。

【案例分析】

本案是因劳动者收取单位的大额聘金,而在劳动期限未满的情况下离职,就聘金的返还引起的争议。本案主要涉及的法律问题是:幼儿园支付给王某人民币100,000元的性质为何?王某是否应当返还?

王某在幼儿园工作是其获得100,000元的前提,王某在没有与原幼儿园解除劳动合同的情况下,受聘于另一幼儿园,违反了劳动合同义务,丧失了取得该100,000元的权利。具体理由如下:

一、王某与外国语幼儿园已形成事实劳动关系

事实劳动关系,就是用人单位与劳动者虽然没有订立书面劳动合同,但双方实际履行了劳动法所规定的劳动权利义务而形成的劳动关系。王某受外国语幼儿园聘用,在该幼儿园工作,虽然多年没有签订劳动合同,但双方已经在口头上对劳动合同内容进行了约定,王某实际上已经跟幼儿园形成了事实劳动关系。

二、幼儿园支付王某的100,000元,属于工作担保、补偿金

外国语幼儿园在2006年5月,得知王某因对工资报酬不满意,而打算离开该幼儿园另谋工作时,出于留住王某继续在幼儿园工作,并且对王某的待遇进行一定补偿的目的,支付给王某人民币100,000元,一方面说明王某在该幼儿园的工作成绩是被认可的,另一方面说明幼儿园舍得投入大额资金,来挽留人才;王某也保证在外国语幼儿园再继续工作2年。这100,000元人民币拥有了补偿王某工作报酬和王某继续在该幼儿园工作两年的保证作用。这笔钱款是在双方不违背法律的情况下,自愿协商、实际给付,属于劳动合同内容的补充,已经发生了法律效力,双方都应该认真遵守。

三、王某在 2007 年 3 月 20 日到另一家幼儿园工作,属于对原劳动合同的违约

王某在收取 100,000 元人民币款项后,就留在了该外国语幼儿园继续工作,后来王某因工作事宜与刘女士发生争执,被外国语幼儿园安排在家休息,这个过程中,王某没有违反双方对劳动条款的约定,也不存在过错。但在 2007 年 3 月 20 日,王某受另一家幼儿园邀请,进入其他幼儿园工作,这期间王某并没有与外国语幼儿园进行交涉、协商,变更原来约定的工作时间的内容,在没有完成继续为该外国语幼儿园工作两年的情况下,就进入其他幼儿园工作,已构成了违约。

四、王某应当承担违约责任

王某并没有按保证继续工作两年的承诺执行,实际上工作了不到一年时间就发生了跳槽事件,对外国语幼儿园而言,支付了王某两年报酬补偿款人民币 100,000 元,而实际上只获得了王某 9 个月的工作。根据权利、义务相适应原则,王某无权就 100,000 元人民币全部取得,应当返还未履行劳动合同约定工作时间部分的钱款。

71 外派员工,经济补偿支付主体

【分析解答】

在《劳动合同法》施行之前,因劳务派遣用工形式,引发了多种劳动争议,劳动者在服务单位期间,很多劳动权利都得不到保护。随着法律的完善,即使用人单位采用劳务派遣方式,劳动者也可依法保障权利。根据《劳动合同法》第59条劳务派遣单位派遣劳动者应当与接受以劳务派遣形式用工的单位(以下称用工单位)订立劳务派遣协议。劳务派遣协议应当约定派遣岗位和人员数量、派遣期限、劳动报酬和社会保险费的数额与支付方式以及违反协议的责任。用工单位应当根据工作岗位的实际需要与劳务派遣单位确定派遣期限,不得将连续用工期限分割订立数个短期劳务派遣协议。第60条劳务派遣单位应当将劳务派遣协议的内容告知被派遣劳动者。劳务派遣单位不得克扣用工单位按照劳务派遣协议支付给被派遣劳动者的劳动报酬。劳务派遣单位和用工单位不得向被派遣劳动者收取费用。第65条被派遣劳动者可以依照本法第36条、第38条的规定与劳务派遣单位解除劳动合同。被派遣劳动者有本法第39条和第40条第1项、第2项规定情形的,用工单位可以将劳动者退回劳务派遣单位,劳务派遣单位依照本法有关规定,可以与劳动者解除劳动合同。

综上所述,外派员工,经济补偿应该由原单位支付。

【案情】[1]

1999年杨某与上海某外事服务公司签订了劳动合同,工作内容为翻译,约定每月工资1328元。杨某在外事公司工作了一年后,于2000年5月被派往某加拿大公司天津办事处从事翻译工作,双方未签订劳动合同,但约定聘用期间每月薪水4365元。2004年,该外事服务公司与加拿大公司天津办事处签订了自2004年生效的聘用中国员工合同,该合同中约定:加拿大公司天津办事处应为中国员工提供工作用车;中国员工每年享受带薪休假;加拿大公司天津办事处解聘中国员工,应当提前30天以书面形式通知对方或者直接向对方支付一个月聘用费作为代替通知金,同时向对方支付补偿费。2007年11月24日,加拿大公司天津办事处通知杨某与其终止聘用关系。同年12月30日,该外事服务公司与杨解除了劳动合同关系,同时支付其解除劳动合同的经济补偿金7000余元。

杨某认为,自己与外事服务公司形成劳动关系,而实际聘用其的是加拿大公司天津办事处,故外事服务公司及加拿大公司天津办事处应分别按照《劳动法》的规定支付其经济补偿金及额外经济补偿金。杨某以两家单位为被诉人向天津市劳动仲裁委员会申请仲裁。

仲裁委员会经过审理认为,杨某同时向外事服务公司和加拿大公司天津办事处两家主张经济补偿金和额外经济补偿金,不符合法律规定。遂对其请求不予支持。

① 案例来源于中国人力资源开发网,根据需要做了适当改编。

【案例分析】

本案是因用人单位终止劳务派遣关系,而引发的劳动争议。案中主要涉及的法律问题是:杨某的经济补偿金如何支付?

杨某的实际工资收入与合同约定工资收入不符,实际工资是杨某提供劳动后的实际劳动报酬所得,在解除劳动合同时,应当按照实际工资支付杨某经济补偿金,理由如下:

一、合同中杨某1328元工资属于杨某与服务公司的约定工资

劳动者的工资数额经劳动者与用人单位协商确定后,在劳动合同中体现出来,这是劳动者在为用人单位提供劳动的价值回报。通常劳动合同中约定的工资,是劳动者建立劳动关系时,从用人单位获取的劳动报酬,是用人单位为劳动者缴纳社会保险、支付加班工资的标准。杨某1328元工资就属于这种情况。

二、劳动合同中约定的工资数额与实际工资数额通常会有差距

随着劳动者工作时间的推移,出现实际工资数额大于劳动合同约定工资数额的情况很正常。劳动者业务的熟练、劳动质量的提高以及用人单位调整工资标准,都会造成劳动者工资的变动。在这样的情况下,按照正常的法律程序,劳动者应当与用人单位协商变更劳动合同中关于工资的内容。

三、解除劳动合同后,用人单位应当按照劳动者实际工资来计算经济补偿金

劳动者实际工资高于劳动合同工资的时候,遇到解除劳动合同,涉及经济补偿金,就会遇到本案涉及的问题。杨某只要能举出自己在加拿大公司天津办事处的实际工资收入,在外事公司支付杨某经济补偿金时就应按每月薪水4365元的标准进行计算。

四、杨某主张外事服务公司与加拿大公司天津办事处都支付经济补偿金的要求不符合法律规定

杨某与外事服务公司之间签订了劳动合同，双方之间建立了劳动法律关系。外事服务公司委派杨某到加拿大公司天津办事处工作，属于劳务派遣，杨某只是按照外事服务公司的要求，为加拿大公司天津办事处提供劳动，但其与加拿大公司天津办事处之间只是服务关系，而非劳动关系。在加拿大公司天津办事处解聘中国员工的时候，杨某只能通过与外事服务公司之间的劳动合同获取经济补偿金，杨某向两家单位都主张经济补偿金是不合法的，只能向外事服务公司主张。

【关联法条链接】

《劳动合同法》第59条、第60条、第65条

72 违反就业权买断协议,责任承担问题

【分析解答】

一、就业权是公民的法定权利

就业权是指具有劳动权利能力与劳动行为能力的有劳动愿望的劳动者,依法从事有劳动报酬或经营收入的劳动的权利。即劳动者享有平等就业和选择职业的权利,本案所涉及的是就业权中劳动者应享受的选择职业的权利。

我国《就业促进法》明确规定了劳动者享有自主择业的权利,劳动者自主择业权是劳动者人格独立和意志自由的法律体现,劳动者自主择业有利于充分发挥劳动者的聪明才智和劳动热情,有利于提高劳动效率,有利于建立新型、稳定、和谐的劳动关系。

二、买断就业权是对劳动者择业的限制

择业权是劳动者对用人单位的选择,是劳动者对合适的岗位、单位、企业文化、发展潜力等综合因素进行选择的权利,择业权最主要的特点是劳动者根据自己的意愿,对工作进行选择。如果就业权可以被买断,劳动者就失去了选择其他用人单位进行工作的权利,只能为买断方提供劳动,被别的单位招用或者劳动者为别的单位提供劳动,都会构成违约的发生。而买断就业权的钱款,也是劳动者不得再择业的补偿和保证。

三、买断就业权属于劳动者对权利的处分

劳动合同的内容原则上由劳动者和用人单位协商约定,只要内容不违反法律强制性规定,比如免除用人单位义务、增加劳动者责任、违反最低工资标准、童工、不缴纳社会保险等,都发生预期的

法律效力。

劳动者择业本来就是对用人单位、工作岗位、工作时间、劳动报酬的选择，买断就业权是劳动者对用人单位和劳动合同期限作出的特殊约定，劳动合同期限为长期，用人单位为买断方，而其他方面跟普通劳动合同并没有什么差异。劳动者同意买断就业权，是同意与用人单位建立长期稳定的劳动关系，主动放弃与其他用人单位建立劳动合同的权利，并没有违反法律强制性规定，属于劳动者对权利的处分。

四、违反买断就业权约定，应承担违约责任

买断就业权的约定不违反法律强制性规定，就会发生法律效力，当事人双方都应当严格按照约定履行。

【案情】

2005 年 6 月，57 岁的张某由于有着多年食品生产经验，被四川省邛崃一家食品厂的柳老板聘请为厂里的技术负责人，双方签订了《聘用合同》，合同以该食品厂向张某支付 30 万元养老金的方式，买断他的打工权，双方约定，聘用期限为长期，张某每月工资 5000 元。聘用后，张某只独家为食品厂服务，绝不另外从事同类工作。

2007 年 8 月 23 日，成都一家名特食品厂与邛崃这家食品厂签订《关于委托加工协议》后，食品厂的柳老板发现该名特食品厂的老板竟是张某，而且两家食品厂生产的都是同类产品。面对老板的质问，双方产生隔阂。2007 年 12 月 16 日起，张某再没到食品厂上班。

2008 年 2 月，食品厂向邛崃市劳动争议仲裁委员会申请仲裁，以张某违约为由，要求其退还 30 万元打工权买断费。2008 年 7 月，在劳动仲裁不予受理的情况下，双方又诉至邛崃法院。

开庭后,张某一再解释,自己创办名特食品是柳老板知晓的,当时,柳老板因为没有相应的设备满足生产的需要,经双方协商,同意他设厂,而且,老板还委托他加工产品。柳老板及其代理律师则辩解说,张某成立个人独资企业,与老板的厂属同类工作,其行为已经违约,当然应该退还30万元。

经过庭审之后,法院判定,张某未经食品厂同意,擅自开办与食品厂同类性质的企业,其行为已经违反劳动合同约定的事项,应当依法承担责任。据此,法院判决张某退还老板支付的30万元。

【案例分析】

本案是由劳动者违背了与用人单位签订的劳动协议中关于打工权买断内容而引发的劳动争议。案中涉及的主要法律问题是:劳动者与用人单位签订的买断就业权是否有效?

张某与食品厂约定的买断就业权并不违反法律规定,张某违约应承担返还钱款的义务。具体分析如下:

本案中张某与食品厂在劳动合同中约定期限为长期,张某只独家为食品厂服务,绝不另外从事同类工作,这个约定里面包括了两项要求:(1)张某只独家长期为食品厂服务,而不得为他人服务;(2)不得为他人从事食品加工工作,也不得自己在食品厂外从事食品加工工作。这是张某取得食品厂支付30万元的条件。

2007年8月,食品厂发现张某开办了一家名特食品厂。由于张某无法证明开办名特食品厂经过用人单位同意,推定张某在劳动合同期限内从事了其他食品加工工作,属于违约行为。因为张某取得30万元是以履行约定义务为前提,张某违约后,也就丧失了取得该30万元的权利,张某应当将上述钱款返还食品厂。

【专家提示】

随着《劳动合同法》、《就业促进法》的颁布实行，劳动者的就业权更加凸显出来。劳动者就业权是我国《宪法》赋予劳动者享有的一项基本的权利；是法律赋予有劳动能力的公民获得职业并通过劳动取得劳动报酬的一项资格能力。劳动就业权在各项劳动权利中居于首要地位，是劳动者赖以生存的权利，应当受到更多的劳动者关注。

【关联法条链接】

《劳动合同法》第16条、第17条

73 未支付补偿金,劳动者是否承担竞业限制的问题

【分析解答】

保密协议,是指用人单位与劳动者通过协议约定的劳动者对用人单位的商业秘密负有保密义务的条款。《劳动合同法》规定,用人单位与劳动者可以在劳动合同中约定保守用人单位商业秘密和知识产权相关的保密事项。劳动双方的保密约定可以通过合同中的保密条款进行,也可以通过单独设立保密协议的形式设立。保密的范围、内容、违约金等均由用人单位和劳动者协商确定。

【案情】①

2001年7月30日,简先生到北京某开发公司工作,后双方经几次续签合同,将劳动合同期限延续至2006年7月31日。简先生与开发公司两次签订《保密协议》约定,双方劳动合同结束后连续三年之内,简先生不得到与开发公司生产同类产品或经营同类业务且有竞争关系的其他用人单位任职,也不得自己生产或开发与公司有竞争关系的同类产品或经营同类业务。2005年10月9日,简先生提出辞职申请,后离开开发公司。2007年,开发公司以简先生到与其有同业竞争关系的公司工作为由申请劳动争议仲裁,要求简先生返还自2001年7月30日至2005年11月的9.5万余元保密工资。

---

① 案例来源于中国法院网,根据需要做了适当改编。

2007年8月,仲裁委裁决简先生返还开发公司2002年8月至2005年11月期间的9万余元保密工资。简先生不服仲裁裁决,起诉到北京市一审法院,请求法院撤销该仲裁裁决。一审法院经审理作出简先生不必支付开发公司要求返还的"保密工资"的判决,开发公司不服,上诉到北京市第二中级人民法院。

第二中级人民法院经审理,开发公司提交的简先生工资明细表显示,自2002年5月始简先生月工资总额分为岗位工资、"保密工资"、绩效工资,开发公司支付简先生"保密工资"前后的工资总额未增加。对此,开发公司解释为公司减少了简先生的工资,但除劳动合同外未提交其他证据证明其向简先生释明并经简先生同意降低简先生的工资数额。简先生对此不予认可。第二中级人民法院经审理认为,开发公司主张简先生返还"保密工资"缺乏依据,不予支持。据此,第二中级人民法院判决驳回上诉,维持原判。

【案例分析】

本案是由双方签订了竞业限制内容的保密协议,劳动者从事了与原工作内容相同的工作,原用人单位主张返还保密费而引发的劳动争议。案中主要涉及的法律问题是:单位支付保密工资后劳动者是否有竞业限制的义务?

开发公司于简先生在单位工作期间,支付其的保密工资与所要求简先生履行的竞业限制性质是不同的,不能混同,其要求简先生返还保密工资没有法律依据,依法不能得到支持,具体理由如下:

一、开发公司与简先生签订《保密协议》并支付保密费,符合法律规定

开发公司与简先生签订《保密协议》并在支付给简先生的工

资中,明确列出了保密工资的项目,从协议的名称以及支付工资的时间上来看,可以认为开发公司要求简先生承担保守在公司工作期间知悉的公司的商业秘密的义务,不得将所知悉的商业秘密告知他人,或者自己利用。该协议签订后,开发公司支付了保密工资,已经履行了自己的义务,简先生负有保密的约定义务。

二、简先生不具有竞业限制的义务

竞业限制是用人单位与负有保守用人单位商业秘密的劳动者约定,劳动者在终止或解除劳动合同后的一定期限内不得在生产同类产品、经营同类业务或有其他竞争关系的用人单位任职,也不得自己生产与原单位有竞争关系的同类产品或经营同类业务。竞业限制是对劳动者就业权利的一种限制,目的是为了保护用人单位的商业秘密和经济利益。

《劳动合同法》规定,用人单位可以在劳动合同或者保密协议中与劳动者约定竞业限制条款,并约定在解除或者终止劳动合同后,在竞业限制期限内按月给予劳动者经济补偿。劳动者违反竞业限制约定的,应当按照约定向用人单位支付违约金。竞业限制条款的适用时间是劳动者解除或终止劳动合同后,适用条件是在竞业限制期限内按月给予劳动者经济补偿。

简先生与开发公司虽然签订了《保密协议》,并且其中也明确了简先生在劳动合同结束后,应履行竞业限制的义务,但是开发公司并未就竞业限制期间简先生的经济补偿数额以及支付时间进行约定,也就是说,《保密协议》中开发公司剥夺了简先生获得竞业限制经济补偿的权利。由于双方并没有对此进行约定,更没有实际支付简先生竞业限制期间的经济补偿,因而简先生不承担竞业限制义务。

三、开发公司主张简先生返还保密工资没有合法依据

开发公司与简先生的《保密协议》签订后,在劳动合同期限内,开发公司每月都支付简先生保密工资,并且简先生在劳动合同期间内,也履行了保密义务,关于保密的权利、义务,双方都已经履行完结。开发公司在简先生没有泄密的事实情况下,以为支付保密工资,就享有要求简先生履行竞业限制义务,混淆了两种法律概念,属于自己的认识错误,该主张不符合法律规定,无法得到法律支持。

【专家提示】

保密协议与竞业限制,是两种不同的法律概念、两种不同的法律关系,但有很多相同的部分。例如这两种法律关系的义务主体是一致的,都是用人单位能接触到核心技术、经营信息、知识产权、市场信息等能带来经济利益的劳动者;竞业限制的违反,也是对保密协议的违反;这两种情况是法律允许在劳动合同中约定违约金的合法情形。

他们之间也有区别,比如适用的时间,保密协议通常适用于劳动期限内,竞业限制通常适用于劳动合同终止后;违反保密协议的约定,不一定就违反了竞业限制。竞业限制期限以两年为限,而保密协议却没这样的规定。

【关联法条链接】

《劳动合同法》第23条、第24条、第25条

74 延付经济补偿是否担责的问题

【分析解答】

一、用人单位与劳动者解除劳动合同,应当支付经济补偿金

经济补偿金是用人单位与劳动者解除劳动关系时,给予劳动者的经济补偿。根据《劳动合同法》规定,经济补偿按劳动者在本单位工作的年限,每满1年支付1个月工资的标准向劳动者支付。6个月以上不满1年的,按1年计算;不满6个月的,向劳动者支付半个月工资的经济补偿金,支付经济补偿金是用人单位的法定义务。

并不是劳动者和用人单位解除劳动合同,用人单位都必须支付经济补偿金,针对以下情形,用人单位不用支付经济补偿金:(1)劳动者严重违反用人单位的规章制度的;(2)劳动者严重失职,营私舞弊,给用人单位造成重大损害的;(3)劳动者同时与其他用人单位建立劳动关系,对完成本单位的工作任务造成严重影响,或者经用人单位提出,拒不改正的;(4)劳动者以欺诈、胁迫的手段或者乘人之危,使用人单位在违背真实意思的情况下订立或者变更劳动合同的;(5)劳动者在试用期间被证明不符合录用条件的。以上由于劳动者的过错导致双方解除劳动合同的,劳动者不享有经济补偿的权利。

二、经济补偿金的数额依照劳动者的工作时间计算

根据《劳动合同法》规定,经济补偿按劳动者在本单位工作的年限,每满1年支付1个月工资的标准向劳动者支付。6个月以上不满1年的,按1年计算;不满6个月的,向劳动者支付半个月工资的经济补偿。经济补偿金的工资计算标准是按照劳动者解除合同前12个月的月平均工资进行计算。

三、经济补偿金应当一次性支付给劳动者

按照法律规定,经济补偿金应当在双方解除劳动关系、进行工作交接时一次性支付,这是经济补偿金的法定支付时间。这样的规定,不仅明确了经济补偿金的支付时间,也为劳动者的权利提供了保障。

四、用人单位违反一次性支付经济补偿金的规定,应承担法律责任

根据本案发生时应适用的《违反和解除劳动合同的经济补偿办法》(劳部发〔1994〕481号)规定,用人单位解除劳动合同后,未按规定给予劳动者经济补偿的,除全额发给经济补偿金外,还须按该经济补偿金数额的50%支付额外经济补偿金。钟女士因公司未履行一次性支付经济补偿金,主张50%的额外经济补偿金,符合当时的法律规定。

【案情】①

钟女士2005年1月1日与北京市某商务公司建立劳动关系,双方签订了劳动合同。最后一次合同期限为2年,即从2007年1月1日至2008年12月31日,工资待遇为22,000元。但2007年9月5日,该公司提出与钟女士解除劳动合同,钟女士考虑后同意了公司解除劳动合同的建议,双方签订了《解除劳动关系协议书》,约定双方于2007年9月14日起解除劳动关系,并约定在工作交接完毕后由公司一次性支付经济补偿金66,000元。2007年9月11日双方办理完毕工作交接手续后,公司于2007年9月21

① 案例来源于中国法院网,根据需要做了适当改编。

日和9月29日分两次将经济补偿金66,000元通过网上银行转账支付给了钟女士。

钟女士认为,公司没有按照协议书的约定一次性支付解除劳动合同经济补偿金,同时违反法律规定,因此要求该公司支付额外经济补偿金,即约定解除劳动合同经济补偿金的50%即33,000元。2008年2月18日,东城区仲裁委支持了钟女士的仲裁请求,该公司不服,起诉至北京市东城区人民法院。

法院经审理认为,对劳动者的经济补偿金,由用人单位一次性发给。根据已查明的事实,原、被告交接手续于2007年9月11日完成,原告应同时一次性发放解除劳动合同补偿金,但却于2007年9月20日、30日分两次向被告发放经济补偿金,其行为既不符合相关法律、法规规定的一次性发给经济补偿金的要求,也不符合双方办理完交接手续后发放经济补偿金的约定。因此,原告除应全额发给被告经济补偿金外,还须按该经济补偿金数额的50%支付额外经济补偿金。最终,法院支持了钟女士要求支付额外解除劳动合同补偿金的请求。

【案例分析】

本案是由于用人单位迟延支付劳动者经济补偿金而引发的劳动纠纷。案中涉及的主要法律问题是:单位迟延支付劳动者经济补偿金,需要承担什么责任?

单位应当在与劳动者解除劳动关系时,将经济补偿金一次性支付给劳动者,迟延支付经济补偿金不符合法律规定,应承担赔偿责任。钟女士主张33,000元额外经济补偿金符合法律规定,理由如下:

钟女士自2005年1月1日起到2007年9月14日,在商务公司持续工作了两年九个月时间，钟女士符合获得经济补偿金的法定条件。

钟女士每月工资22,000元，工作时间为两年九个月，应支付钟女士3个月的经济补偿金66,000元。

除了按照法律规定，经济补偿金的支付时间，还可以由劳动者和用人单位协商确定。本案中双方就约定在工作交接完毕后由公司一次性支付经济补偿金66,000元，在2007年9月11日双方办理完毕工作交接手续时，用人单位就应当履行一次性支付经济补偿金的约定。但公司是2007年9月21日和9月29日分两次将经济补偿金66,000元通过网上银行转账支付给了钟女士，违反了双方约定。

根据生效的《劳动合同法》规定，用人单位逾期不支付经济补偿金的，由劳动行政部门责令用人单位按应付金额50%以上100%以下的标准向劳动者加付赔偿金。《劳动合同法》加重了用人单位逾期不支付经济补偿金的法律责任，更有力地保障了劳动者的合法权益。

【专家提示】

《劳动合同法》中关于用人单位迟延支付劳动者经济补偿金，与生效前适用的法律规定是不同的。《劳动合同法》生效后发生的案件，应当适用该法，生效前的案件，应当适用当时有效的法律规定。

【关联法条链接】

《劳动合同法》第36条、第38条、第40条、第41条、第42条、第47条、第50条、第85条、第87条

《劳动合同法实施条例》第6条、第10条、第27条

75 用人单位不能对劳动者进行就业歧视

【分析解答】

一、劳动者享有平等的就业权利

劳动者在选择就业时,不因民族、种族、性别、年龄、文化、宗教信仰、经济能力等而受到限制;任何劳动者均可平等地参与就业竞争,任何人不得享有特权,用人单位也不得对任何人予以歧视;劳动者享有的平等就业权利,是我国《宪法》保障实施的劳动者的基本权利,任何用人单位在招用劳动者时,应认真对待,给劳动者平等的就业机会。

二、就业权的平等不等于就业权的同等

就业权的平等是指对于符合要求、符合特殊职位条件的人,应给予他们平等的机会,而不是不论条件如何都同等对待。针对社会上各行各业的工作,根据其工作岗位的特殊性,可以聘用具有特殊才能或专长的劳动者,但是用人单位以种族、户籍、性别等非特异性要求,来区分对待劳动者的就业机会,就违背了就业权平等的规定。

【案情】①

2002年10月25日,张某与鹰牌糖果(中国)口香糖有限公司签订了劳动合同书,合同期限为2年,张某在公司的职位是司机,负责单位的送货工作,张某月工资为人民币1000元。2004年鹰牌

① 案例来源于中国法院网,根据需要做了适当改编。

糖果(中国)口香糖有限公司(以下简称鹰牌糖果)将张某转入被告北京峻峰企业顾问有限公司(以下简称北京峻峰),双方签订了劳动合同。

2007年8月,鹰牌糖果要求体检,张某就开始紧张,担心自己的乙肝小三阳被查出以后会因此丢了工作。但本着相信鹰牌糖果是国内著名企业,不会作出违反法律法规的事,他还是去体检了。没想到体检结果出来以后,一直担心的事情还是发生了。2007年10月31日,北京峻峰和鹰牌糖果杭州分公司以张先生具有乙肝小三阳携带乙肝病毒为由,强行要求立即解除劳动关系,同时停止了张某在鹰牌糖果的工作合同。接到通知后,张某多次告知北京峻峰其肝功能正常,只是乙肝表面抗原携带,不会在工作中给他人造成危害,要求被告撤销解除劳动关系的决定,但遭北京峻峰拒绝。张某被逼无奈,只好于2007年11月13日签署了解除劳动合同协议,失业至今。

张某认为,北京峻峰侵犯了其平等就业的权利,严重损害了原告的身心健康,故诉至法院,要求法院确认解除劳动合同的行为侵犯了原告就业权,判令被告赔礼道歉,并支付财产使用费、精神损失费和律师费共计5万余元。由于工作所属单位在鹰牌糖果,因此原告请求追加鹰牌糖果为第三人。人民法院经过审理,认为峻峰公司与鹰牌糖果对乙肝病毒携带者张某解除劳动合同的行为属于就业歧视,鉴于张某不同意恢复劳动合同关系,判决北京峻峰支付张某经济补偿金,鹰牌糖果承担连带责任。

【案例分析】

本案是由用人单位歧视携带乙肝病毒的劳动者而引发的劳动争议。本案主要涉及的法律问题是:用人单位是否构成就业歧视?

用人单位不得因劳动者属于乙肝病毒携带者而对其实施就业

歧视,峻峰公司的行为违反了法律规定,应当依法被认定无效。具体理由如下:

北京峻峰解除劳动合同属于就业歧视。就业歧视,是指用人单位没有合法依据潜在的或已有的对就业人员自行设立的各种限制性条款。张先生虽然是乙肝小三阳表面抗原携带者,但其不具有传染性,在实际工作和生活中,遇人接触,并不具有危险性。我国的乙肝携带者超过一亿人,由于社会对乙肝的普遍误解和歧视,很多乙肝携带者在求职时被拒录,或者因体检查出乙肝阳性而被单位辞退。随着我国立法的完备,对不具有传染性的乙肝表面抗原携带者,是可以就业的,国家通过法律保护这部分人的就业权利。劳动者遭遇此类就业歧视后,要勇于拿起法律武器来维护自己的合法权益。

【专家提示】

乙肝病毒携带者,并不是都具有传染性,但具有传染性的乙肝病毒携带者,要避免隐瞒自己的病情,而参加就业和工作,以免在接触人的时候将乙肝病毒传播给其他人,给对方的身体造成伤害,否则,要承担损害赔偿责任。

76 员工主动辞职能否获得经济补偿金的问题

【分析解答】

根据《劳动法》规定，用人单位出现经营困难，确实需要裁员的，应当提前30天向工会或全体职工说明情况，提出裁减人员方案，将方案征求工会或全体劳动者意见，并报告当地劳动行政部门。用人单位履行以上法定程序后，才能和劳动者解除劳动关系，并且需要支付劳动者经济补偿金。劳动者以及用人单位一定要正确地理解透彻法律规定的具体含义，在适用"协商一致"解除劳动合同的条款时，要充分注意，解除劳动合同的意思由谁提起，提出意见方不同，会导致不同的法律后果。

【案情】①

李某在2006年10月10日与北京某贸易公司签订劳动合同，合同期限自2006年10月10日至2007年10月9日，李某月工资为24,000元，岗位是业务员。劳动合同签订后，公司为李某缴纳了社会保险费用，李某在公司工作也很顺利，每月工资都可以足额领取。2007年因行业市场波动，对贸易公司的业务造成了很大的影响，8月公司出现了经济困难局面，遂召开全体会议，宣布公司在与现有人员劳动合同到期后将不再续签合同，要求现有人员提前与单位协商解除劳动合同。后于2007年9月1日李某与公司

① 案例来源于中国法院网，根据需要做了适当改编。

协商解除了劳动合同,公司与其办理完工作交接手续后,李某离开公司。

李某离开公司后以贸易公司未在解除劳动合同时支付经济补偿金为由,向北京市门头沟劳动争议仲裁委员会提请仲裁,仲裁委经审理,驳回了李某的申诉请求。李某不服,起诉至门头沟人民法院,要求公司支付自己解除劳动合同经济补偿金24,000余元。

贸易公司则辩称,单位经济困难是事实,也通过开会的形式通告员工劳动合同到期后不再续签,员工可与公司协商解除劳动合同,但李某是以回老家照顾孩子为由,向公司提出解除劳动合同的,故公司不同意支付解除劳动合同经济补偿金。

法院经审理,查明的事实是李某以申请书的形式,首先向公司提出解除劳动合同,故其要求公司给付补偿金的诉讼请求不予支持,法院判决驳回李某的诉讼请求。

【案例分析】

本案是由劳动者与用人单位协商解除劳动合同,因是否支付经济补偿金而引发的劳动争议。案中主要涉及的法律问题是:劳动者提出解除劳动合同,用人单位需支付经济补偿金吗?

李某以回老家照顾孩子为由,以申请书的方式向贸易公司提出解除劳动合同,在没有证据证明贸易公司有违法的情形发生的情况下,李某请求贸易公司给付经济补偿金法律不予支持。具体分析如下:

一、贸易公司开会宣布劳动合同到期后不再续签并不违法

贸易公司在生产经营期间,遭遇行业市场波动,这属于正常的经营风险,贸易公司通过会议宣布员工劳动合同到期后,将不再续签劳动合同,属于贸易公司与员工之间对正常劳动合同的终止,如果李某在2007年10月9日劳动合同终止后，贸易公司与其不再续签劳动合同，那么双方的劳动关系就此为止。劳动关系终止双方办理交接、财务、转档手续后，就不再具有权利义务关系。

二、贸易公司要求现有人员提前协商解除劳动合同，并不直接导致李某劳动关系解除

贸易公司虽然开会要求员工提前解除劳动合同，但并没有履行相应的法律手续，在这样的情况下，贸易公司是不能以经济困难为由解除与李某的劳动合同的，如果贸易公司在这样的情况下解除了与李某之间的劳动合同，那贸易公司也应当支付李某经济补偿金。

三、李某与贸易公司属于第一次建立劳动关系，合同期限为1年

李某与北京某贸易公司的合同期限自2006年10月10日起至2007年10月9日止，期限为一年整，由于双方合同签订之前没有建立过劳动关系，李某与贸易公司之间属于第一次建立劳动关系。李某不享有要求建立无固定期限劳动合同或者以该理由主张经济补偿金的权利。

四、李某解除劳动关系是因自己的原因

李某与贸易公司解除劳动合同，是由于李某自己提出因照顾孩子需要，并且向贸易公司出具了解除劳动合同的申请，属于劳动者主动提出解除劳动关系的情形。根据《劳动合同法》规定，用人单位提出解除劳动合同，而与劳动者协商一致解除劳动合同的，用人单位应当支付经济补偿金。公司开会是向全体员工提出终止劳动合同的意向，而李某提出解除劳动合同的申请，则属于变更劳动合同的要约，这种情形，贸易公司无须支付经济补偿金给李某。

【关联法条链接】

《劳动合同法》第36条、第46条、第47条

《劳动法》第24条、第27条、第28条

77 约定离职违约金是否合法的问题

【分析解答】

劳动合同中的违约金条款,法律作了明确限制。《劳动合同法》中对用人单位出资培训条款、保密条款、竞业禁止条款,明确可约定违约金。也就是除了以上三项外,约定违约金条款的,都属无效条款,不受法律保护。

【案情】①

2004年7月15日,徐某到浙江省杭州某会计公司处工作,双方经协商签订了劳动合同,合同期限为10年,自2004年7月15日起至2014年7月15日止,徐某的工资为年薪6万元。合同对出资培训、违反合同的责任等进行了约定,任何一方在合同期未满时提出解除劳动合同,是否需要支付违约金和具体支付额度,按《劳动法》及公司有关劳动合同实施细则办理,造成损失的,需承担赔偿责任。嗣后,会计公司并没有对徐某进行出资培训。徐某在会计公司处工作期间,根据公司的要求,每周工作6天,但公司并没有按照法律规定支付加班工资。2005年5月23日,徐某提出辞职,公司于同年6月23日作出同意辞职的决定,但在办理离职手续过程中,公司无根据地要求徐某支付违约金18,900元,还向徐某收取工作服成本费1395元。

徐某以劳动合同期间提前一个月提出辞职,并没有违反法律

---

① 案例来源于"(2005)萧民一初字第3915号判决书",根据需要做了适当改编。

规定或合同约定,公司向其收取违约金和工作服费用没有依据,拒绝发放加班工资属违反法律规定为由向劳动仲裁委申请仲裁,后徐某不服仲裁裁决,起诉至人民法院,要求公司返还收取的违约金18,900元和工作服成本费1395元,支付星期六的加班工资14,400元,并支付赔偿金3600元。

会计公司辩称,按公司的《劳动合同实施细则》规定"违约金按上年收入折算成月收入,按未履行年限一年一个月的收入或上年度收入50%两者中取高值确定"。公司的培训教材中规定"员工工作服原则上不收费,但在工作服发放后一年之内,员工辞职、辞退、开除等,由人事部提供名单,由财务部收回工作服全额成本费(扣除税款,实物归员工个人处置)"。徐某于2005年5月23日因个人原因向公司提出辞职,该行为已构成违约。公司向徐某收取违约金和工作服成本费用,符合劳动合同的约定及单位的管理制度。

人民法院审理后,按《浙江省劳动合同办法》以及双方在劳动合同中约定的违约金的计算方法,判决会计公司向徐某支付加班工资1184.42元,驳回了徐某其他诉讼请求。

【案例分析】

本案是由用人单位与劳动者约定了服务期限以及违约责任引发的劳动争议。案中涉及的主要法律问题是:劳动合同中双方约定的培训后服务期限的效力如何?

会计公司与徐某约定违约金的行为,不符合2008年1月1日《劳动合同法》的规定。法院根据地方性法规判决符合当时的法律规定。具体理由如下:

一、劳动合同期限是劳动关系当事人双方享有权利和履行义务的时间

任何劳动过程,都是在一定的时间和空间中进行的,劳动时间被认为是衡量劳动效率和成果的一把尺子。劳动合同期限的规定是为了使双方当事人的劳动权利、义务处于确定状态,有利于维护各自的合法权益。

二、劳动合同期限应双方协商确定

徐某与会计公司在本案中属于初次设立劳动关系,双方对劳动合同期限经过协商,约定了10年的合同有效期,这是双方对劳动合同时间,以及劳动合同中约定的劳动权利、义务持续时间的合意。

三、劳动合同期限对双方均有法律约束力

劳动合同期限既然是由劳动双方当事人约定,符合法律规定的,就发生了相应的法律效力。劳动者和用人单位都应当严格遵照约定期限,来履行己方的劳动义务。

四、劳动合同期限的法律效力有一定的限制

法律为了保护劳动者的合法权益,对劳动合同期限的法律效力,就劳动者和用人单位作出了不同的规定。在劳动合同期限内,用人单位不因法定事由,不得解除劳动合同。而劳动者可提前一个月,向用人单位主张解除劳动合同。如果劳动者和用人单位就劳动合同期限进行了重新协商,也可以提前终止劳动合同期限,这属于劳动合同的变更。

五、劳动合同约定用人单位付费培训员工的,可约定服务期限以及违约责任

用人单位为了使劳动者能胜任工作岗位,出资让劳动者参加培训,可以约定劳动者应当提供的服务期限,劳动者有义务按约定期限为用人单位提供劳动。

如果劳动者违反了服务期限,用人单位可行使求偿权,要求劳动者承担违约责任。但必须符合两个条件:(1)用人单位必须出资,让劳动者参与相应工作内容的学习,而不是用人单位自己提供的岗前培训,这是劳动者承担违约的前提。(2)用人单位出资培训劳动者,如劳动者违反服务期限的约定,应承担的违约责任以培训费用为限,并要减去已履行的服务期限部分。

徐某虽然和会计公司在劳动合同中就培训以及服务期限、违约责任作出了明确的约定,但会计公司并没有履行出资培训徐某的义务,这使得劳动合同中关于服务期限以及违约责任的约定,因缺少了法定的前提要件,而没有生效,没生效的合同约定,不具有法律效力。会计公司让徐某承担违约责任,没有事实和法律依据。

六、会计公司的《劳动合同实施细则》既不合理又不合法

用人单位可以制定内部的薪酬规章制度,但必须具有合理性和合法性,并且要告知劳动者,才能对劳动者发生法律效力。约定的违约金通常以不超过损害的数额为度。约定违约金的目的是为了督促双方履行劳动合同,在一方违反约定后,给对方一定的赔偿来弥补损失,而不是通过高额违约金来惩罚对方。会计公司内部的《劳动合同实施细则》对违约金的规定,已经大大地超过了违约金的设立原则,不符合法律规定,应当认定其无效。

【专家提示】

从法律适用角度考虑,《劳动合同法》生效后,新发生的此类纠纷,应当适用该法,与该法相抵触的规定,应当无效。

大家应当注意法律、行政法规、规章、地方性法规的效力等级以及适用顺序。

【关联法条链接】

《劳动合同法》第22、第23条、第25条

78 竞业限制的人员限于用人单位的高级管理人员、高级技术人员和其他负有保密义务的人员

【分析解答】

商业秘密权依附于商业秘密而存在,包含人身权和财产权两方面内容。而劳动权是一系列权利的组合,其中自由择业权是劳动权的核心。劳动者享有自由择业权是劳动者人格独立和意志自由的法律表现。商业秘密权与自由择业权本是两项性质不同的权利,各自独立存在,但是在实践中商业秘密往往由劳动者创造、掌握和应用,商业秘密的创造者、使用者或者经手人往往成为商业秘密的人格化载体,这使得人才流动和商业秘密保护的矛盾突显出来,为了实现对于上述两项权利的平衡保护,竞业限制制度应运而生。就其本质而言,竞业限制是对劳动者劳动权利的限制,它在保护商业秘密权的同时限制甚至伤害了劳动者自由择业权的实现,为了防止用人单位滥用竞业限制协议侵犯劳动者的择业自由,法律规定只有劳动者属于用人单位的高级管理人员和负有保密义务的人员时,用人单位才能够与其签订竞业限制协议;也即,用人单位与没有掌握商业秘密的员工签订的竞业限制协议属于无效协议,如果此类员工离职后没有遵守竞业禁止协议,那么用人单位也是没有权利去要求员工赔偿的。

【案情】

2012 年 1 月 1 日,胡某入职从事国际贸易业务的甲公司,双方

签订了劳动合同,其中胡某任甲公司前台,负责接听电话和来访人员的接待工作。2013 年 1 月 1 日,胡某自甲公司辞职,双方于同日办理工作交接手续,且甲公司与胡某签订一份期限为两年的《竞业限制协议》,其中约定胡某自甲公司离职后不得前往任何与甲公司存在竞争性业务的公司工作。胡某离职后不久,甲公司发现胡某前往本市的另一家从事国际贸易业务的公司工作,甲公司旋即提起仲裁诉讼程序,要求胡某支付违反竞业限制协议的违约金 10 万元。胡某认为,其在甲公司工作过程中没有接触任何商业秘密,其亦不属于甲公司的高级管理人员,因此,其并不负担自甲公司离职后的竞业限制义务,且甲公司在竞业限制协议中约定的禁止从业范围过宽,该协议属于无效条款。

法院经审理认为,在甲公司没有提供证据证明胡某属于公司高级管理人员或者其他掌握公司商业秘密的人员的情形下,甲公司与胡某签订的竞业限制协议属于无效协议,因此,判决驳回甲公司要求胡某支付竞业限制违约金的诉讼请求。

【案例分析】

本案的争议焦点为胡某与甲公司所签订的竞业限制协议的效力判断。根据法律规定,竞业限制的人员限于用人单位的高级管理人员、高级技术人员和其他负有保密义务的人员。竞业限制的范围、地域、期限由用人单位与劳动者约定,竞业限制的约定不得违反法律、法规的规定。本案中,胡某在甲公司担任前台,其并不属于甲公司的高级管理人员,且根据其工作性质,胡某并不必然掌握有甲公司的商业秘密。所以,即使甲公司与胡某签订了竞业限制协议,但因为甲公司并没有提供证据证明胡某属于可以设定竞业限制义务的人员范围,因此,从根本上而言,胡某与甲公司之间所签订的竞业限制协议应属于无效协议。甲公司依据无效协议而要求胡某支付违反该无效协议而产生的违约金的诉讼请求缺乏法律依据,必然无法得到法院支持。

就用人单位与劳动者签订的竞业限制协议的效力判断而言,审查用人单位是否存在保护合法利益之必要,也即劳动者是否属于用人单位的高级管理人员或者其他掌握公司商业秘密是其首要问题;除此以外,劳动者履行竞业禁止义务的期限是否合理、双方约定竞业禁止的区域是否合理、协议中限制劳动者的从业范围是否合理、用人单位是否及时足额支付竞业禁止补偿等诸多问题都会影响双方所签订的竞业限制协议的效力。

【关联法条链接】

《劳动合同法》第24条

79 未约定支付竞业限制补偿金的，竞业限制协议并不必然失效

【分析解答】

竞业限制不仅涉及用人单位的商业秘密及其竞争优势的保护，而且和劳动者择业自由权乃至生存权的保护密切相关。用人单位与劳动者有关竞业限制的约定无疑会限制甚至剥夺了劳动者在自己最为熟悉的行业就业及将自己的能力、知识、经验充分施展出来服务于社会的权利和机会。因此，用人单位给予被禁止的劳动者在禁业期间的经济补偿就成为平衡两种利益冲突的最佳方式，可以使劳动者和用人单位双方的利益均得到有效保障。

通常而言，用人单位和劳动者签订的竞业限制协议中会约定用人单位支付劳动者竞业限制补偿标准；但在某些特殊情况下，双方可能会遗漏补偿标准的具体约定，此时，双方竞业限制协议的效力判断成为焦点问题。一般而言，用人单位与劳动者在劳动合同或保密协议中约定了竞业限制条款，但未就补偿费的给付或具体给付标准进行约定，不应据此认定竞业限制条款无效，双方在劳动关系存续期间或在解除、终止劳动合同时，可以通过协商予以补救，经协商不能达成一致的，且劳动者已经履行了竞业限制义务的，可按照双方劳动关系解除或者终止前最后一个年度劳动者工资的30%确定补偿费数额。

【案情】

高某于2011年6月30日入职甲公司。双方签订期限自2011

年6月30日至2012年6月29日的书面劳动合同，其中约定高某月基本工资为10 000元，另享受有700元住房补贴。双方于高某入职当日签订《保密协议》。该协议第5条约定：双方同意，高某离职之后仍对其在甲公司任职期间接触、知悉的属于甲公司或者虽属于第三方但甲公司承诺有保密义务的技术秘密和其他商业秘密信息，承担如同任职期间一样的保密义务及不擅自使用有关秘密信息的义务，而无论高某因何种原因离职。高某离职后承担保密义务的期限为自离职之日3年内。高某承诺在被甲公司雇佣期间和结束雇佣关系2年内，不在中国或任何其他甲公司或其关联企业的所在地，直接或间接地拥有、管理、运营、加入、控制、或受雇于与甲公司有竞争业务的公司或其他组织。在高某任职期间，甲公司每月向高某支付的报酬中已包含一定金额的保密费。该协议第7条约定：高某承诺在受聘于甲公司期间，不从事任何兼职工作；离职后，两年内不进入与甲公司有同业竞争关系的企业任职。非经甲公司事先书面同意，不在与生产、经营同类产品或提供同类服务的其他企业、事业单位、社会团体内担任任何职务，包括但不限于股东、合伙人、董事、监事、经理、代理人、顾问等。2012年6月29日，高某与甲公司签订的劳动合同到期终止，双方均无续订劳动合同意愿，协商办理了劳动合同终止手续，高某于同日自甲公司离职。高某自甲公司离职后，严格遵守双方签订的《保密协议》的约定，没有重新就业，而是长期处于失业状态；但是甲公司一直没有支付高某竞业限制违约金。无奈之下，高某提起仲裁诉讼程序，要求甲公司支付自2012年6月29日至提起诉讼之日的竞业限制补偿金。庭审中，甲公司主张双方在签订的《保密协议》中没有约定该公司向高某支付竞业限制补偿金的约定，因此协议属于无效条款，高某自离职后无需履行竞业限制义务亦无权主张竞业限制补偿金。高某则主张其离职后严格遵守了竞业限制义务，虽《保密协议》没有约定具体的竞业补偿标准，但不应由其承担不利后果，甲公司仍应支付其竞业限制补偿金。

法院经审理认为，甲公司与高某签订的《保密协议》中约定了高某应该自离职后二年内履行竞业限制义务，虽然该份协议没有约定具体的竞业限制经济补偿，但在本案中，高某选择了离职后继续履行竞业限制义务，因此上述协议中的竞业限制约定对于双方均具有拘束力，甲公司应支付高某竞业限制补偿金。而关于补偿标准，因双方未能协商一致予以确定，因此法院参照高某离职前十二个月平均工资水平判决甲公司支付了高某自离职之日至提起诉讼之日的竞业限制经济补偿金。

【案例分析】

本案的争议焦点为在高某与甲公司签订的《保密协议》中仅约定了高某需要在离职后履行竞业限制义务而没有明确约定甲公司支付高某竞业限制补偿金的情形下，竞业限制条款的效力判断。本案中，甲公司与高某签订的《保密协议》为高某设置了离职后的竞业限制义务，虽然该份协议没有约定具体的竞业限制经济补偿，但根据权利义务对等原则，在高某选择了离职后继续履行竞业限制义务的情形下，上述协议中的竞业限制约定对于双方均具有拘束力，甲公司应支付高某竞业限制补偿金。

在实践中，我们经常会遇到用人单位与劳动者约定竞业限制义务而未约定给付经济补偿的情形。以往对于上述情况应当如何处理存在不同意见。一种意见认为此时双方约定的竞业限制条款无效，因为这样的约定只规定了劳动者的义务、没有规定劳动者的权利，符合《劳动合同法》第 26 条第 1 款第 2 项规定的情形；一种意见认为此时双方约定的竞业限制条款有效，认为只要约定了竞业限制义务,劳动者即应当履行,至于经济补偿金可以参照劳动者之前工资的一定比例进行支付。我们认为,根据《劳动争议司法解释(四)》的相关规定,此时用人单位与劳动者签订的竞业限制条款应属于“效力待定”条款,即如果没有约定经济补偿,则劳动者离职后可以选择履行或者不履行竞业限制条款,如果选择履行,则视为劳动者认为接受了竞业限制约定,该条款有效;如果劳动者选择不履行,则该竞业限制条款不发生法律效力。

【关联法条链接】

《最高人民法院关于审理劳动争议案件适用法律若干问题的解释(四)》第6条、第7条

80 用人单位超过三个月未支付劳动者竞业限制补偿金，劳动者可以行使解除权

【分析解答】

根据相关法律规定，对于负有竞业限制义务的劳动者，用人单位有义务在竞业限制期限内按月支付经济补偿。根据目前的司法实践，竞业限制的经济补偿标准通常为劳动者在职期间工资的30%。法律之所以做出如此规定是为了平衡保护用人单位和劳动者两方面的利益，如果劳动者在离职后如约履行竞业限制义务，则用人单位应该保证劳动者的基本生存权利。反之，如果用人单位在离职后一段时期之内没有支付劳动者竞业限制补偿金，则构成对劳动者生存权的侵害，则劳动者在履行催告义务或者采取诉讼方式行使解除权之后，双方之前订立的竞业限制协议即告解除，劳动者重新恢复择业自由。即使将来劳动者从事与用人单位有竞争关系的业务或到竞争对手处工作，也不构成对竞业限制协议的违反。

【案情】

2008 年 1 月 1 日，甲公司与外来从业人员倪某签订为期 5 年的劳动合同，约定倪某任研发工程师，基本工资为每年 12 万元，其他报酬另定。双方于同日签订一份《竞业限制协议》，其中约定竞业限制期限一年，即倪某在本合同终止或离职后的一年内，不得从事与公司有竞争性质的工作；作为补偿，甲公司需要在倪某离职后

的一年内按月向倪某支付竞业限制经济补偿金5000元。

2012年8月,倪某向甲公司提出辞职。8月20日,双方进行工作交接。之后,倪某自甲公司离职。倪某自甲公司离职后,甲公司一直没有履行双方之前的约定向倪某支付竞业限制经济补偿金。倪某多次催要无果,后倪某于2013年1月初向甲公司邮寄送达《解除竞业限制协议通知书》,告知甲公司因该公司在倪某离职后长达四个多月的时间里没有向倪某支付竞业限制补偿金,迫于生计倪某决定自谋职业,故告知甲公司双方解除竞业限制约定,甲公司自此无需支付倪某竞业限制补偿金;倪某自此无需履行竞业限制义务。

2013年3月,甲公司通过客户了解到,倪某辞职后以本人名义,通过某提供域名的服务商注册开设网站,并在该网站出售与公司经营的同样产品。公司遂向劳动仲裁部门申请仲裁,后向法院起诉。庭审过程中,甲公司主张因在倪某离职后长期联系不上倪某,故而未能履行支付竞业限制补偿金的义务,但倪某属于违约在先,应当承担支付违约金的义务。倪某则主张双方之间的竞业限制协议已经解除,自解除之日起双方不再负担竞业限制义务与权利,故其并不存在违约行为。

法院经审理认为,甲公司与倪某签订的协议限制协议合法有效,双方均应如约履行。在倪某离职后,甲公司未能如约履行竞业限制义务,亦未能举证证明系倪某过错而导致甲公司未能履约,故而甲公司应当承担相应法律后果。在倪某离职后的三个月内,甲公司未能支付其竞业限制补偿金,故倪某此时具备行使解除权的法定条件;而倪某于2013年1月向甲公司邮寄通知书,告知竞业限制协议被其单方解除,通知自有效送达甲公司时生效,也即双方之间的竞业限制约定自2013年1月起解除。此后,倪某与甲公司

均不再负担竞业限制义务与权利。现甲公司主张倪某自2013年1月之后的从业行为违反双方已经解除的竞业限制协议缺乏依据，法院最终驳回甲公司要求倪某支付违约金的诉讼请求。

【案例分析】

本案中，倪某于甲公司签订的竞业限制协议合法有效，对于双方而言均具有拘束力。而倪某于甲公司离职后的一段时期内并未从事违反竞业限制约定的行为，故甲公司应该按照约定向倪某支付竞业限制经济补偿金。但是，甲公司在经过倪某催要后仍拒绝支付经济补偿，此时，倪某已经具备行使竞业限制法定解除权的要件。故在倪某通过书面形式通知甲公司解除双方之间的竞业限制协议后，双方之间的约定自此解除。协议自解除之日起不再对双方当事人具有拘束力，故甲公司以倪某在解除协议后从事的行为构成违约要求其支付违约金的诉讼请求缺乏依据。

实践中，经常有用人单位为了降低所谓的用工成本而没有如约履行支付竞业限制经济补偿金的法定义务，此时，用人单位的法律风险就增加了，因为在劳动者自用人单位离职后的三个月内，用人单位没有履行支付竞业限制补偿金的义务时，劳动者可以解除双方之间签订的竞业限制协议。当然，此时，劳动者必须以明示的方式告知用人单位解除竞业限制协议，而不能以行为的方式"默示解除"，也即劳动者要么书面通知用人单位解除、要么通过仲裁诉讼行使请求解除，而不能通过实际入职新的竞争行业或者竞争公司造成协议不能履行，否则劳动者就会构成违约。

【关联法条链接】

《最高人民法院关于审理劳动争议案件适用法律若干问题的解释(四)》第8条

81 被派遣的劳动者发生工伤事故的，劳务派遣单位承担赔偿责任

【分析解答】

劳务派遣中涉及劳动者、劳务派遣单位和用工单位三方，其中劳动者与劳务派遣单位是劳动关系，劳动者与用工单位是用工关系，劳务派遣单位与用工单位是合同关系。劳务派遣单位作为用人单位，应当为劳动者缴纳工伤保险。如果劳务派遣单位未为被派遣劳动者缴纳工伤保险的，劳动者发生工伤事故的，则由劳务派遣单位支付全部工伤保险待遇。但用人单位就工伤保险待遇是否应当承担连带责任，则要根据全国人大常委会关于修改《劳动合同法》的决定的施行时间即2013年7月1日来确定。《劳动合同法》修订前第92条规定："劳务派遣单位违反本法规定的，……给被派遣劳动者造成损害的，劳务派遣单位与用工单位承担连带赔偿责任。"《劳动合同法实施条例》第35条规定："用工单位违反劳动合同法和本条例有关劳务派遣规定的，……给被派遣劳动者造成损害的，劳务派遣单位和用工单位承担连带赔偿责任。"故2013年7月1日之前，劳务派遣单位与用工单位互负连带责任，用工单位应就工伤保险待遇承担连带赔偿责任。而《劳动合同法》修订后，第92条修改为："用工单位给被派遣劳动者造成损害的，劳务派遣单位与用工单位承担连带赔偿责任。"故2013年7月1日起，用工单位就工伤保险待遇无需承担连带赔偿责任。

【案情】

2010年12月22日熊某与某劳务派遣中心签订了劳务派遣性质的劳动合同,合同期限自2010年12月22日至2012年12月21日止,职位为服务员,月工资为2800元。某劳务派遣中心与某酒店签订有2010年1月1日至2011年12月31日期间的《酒店服务员派遣协议书》。2010年12月29日某劳务派遣中心将熊某派遣至某酒店工作。某劳务派遣中心为熊某缴纳工伤保险。2011年1月13日熊某在去上班的路上发生交通事故而受伤。2011年5月4日劳动行政部门认定2011年1月13日熊某的受伤为工伤。2012年8月26日劳动能力鉴定委员会鉴定熊某为右胫骨平台粉碎性骨折,右胫骨间斯脱骨折伴前交叉韧带骨裂,右腓骨小头骨折,达到工伤致残程度鉴定标准柒级。工伤事故发生后,熊某未再到某酒店工作,某劳务派遣中心也未再派遣熊某到其他单位工作。某劳务派遣中心未与熊某续签劳动合同,双方劳动合同于2012年12月21日到期终止。2012年12月22日熊某向仲裁委申请仲裁,要求某劳务派遣中心及某酒店向其终止劳动合同的经济补偿金和一次性伤残就业补助金等。仲裁委支持了熊某的部分申请请求,熊某不服该裁决向法院提起诉讼。一审法院判决:1.某劳务派遣中心向熊某支付终止劳动合同经济补偿金5600元;2.某劳务派遣中心向熊某支付一次性伤残就业补助金56,061元,某酒店对此承担连带赔偿责任。各方均未上诉,该判决生效。

【案例分析】

劳务派遣涉及被派遣劳动者、劳务派遣单位和用工单位三方主体,三方之间的权利、义务及责任比较复杂。当用工单位侵犯被派遣劳动者权益时,为避免用工单位与劳务派遣单位相互推诿,法律对于用工单位损害被派遣劳动者权益的责任进行了更加有效的规制。修订前的《劳动合同法》第 92 条第 2 款规定:“劳务派遣单位违反本法规定的,……给被派遣劳动者造成损害的,劳务派遣单位与用工单位承担连带赔偿责任。”《劳动合同法实施条例》第 35 条规定:“用工单位违反劳动合同法和本条例有关劳务派遣规定的,给被派遣劳动者造成损害的,劳务派遣单位和用工单位承担连带赔偿责任。”即 2013 年 7 月 1 日之前,劳务派遣单位与用工单位互负连带责任。如果劳务派遣单位未为被派遣劳动者缴纳工伤保险,致使无法享受工伤保险待遇的,用工单位应就工伤保险待遇承担连带赔偿责任。本案中,某劳务派遣中心作为用人单位,与熊某的劳动合同到期终止,故其应向熊某支付终止劳动合同的经济补偿金。熊某被某劳务派遣中心派遣到某酒店工作期间,在上班途中发生工伤事故,工伤事故发生在 2013 年 7 月 1 日之前,被认定为工伤七级。在劳动合同终止时,熊某享有一次性伤残就业补助金,由某劳务派遣中心支付;同时,某酒店作为用工单位,应对此承担连带赔偿责任。但《劳动合同法》修订后,第 92 条修改为:“用工单位给被派遣劳动者造成损害的,劳务派遣单位与用工单位承担连带赔偿责任。”故 2013 年 7 月 1 日起,用工单位就工伤保险待遇无需承担连带赔偿责任。2014 年 3 月 1 日开始实施的《劳务派遣暂行规定》第 10 条更是明确规定:“被派遣劳动者在用工单位因工作遭受事故伤害的,劳务派遣单位应当依法申请工伤认定,用工单位应当协助工伤认定的调查核实工作。劳务派遣单位承担工伤保险责任,但可以与用工单位约定补偿办法。”

【关联法条链接】

《劳动合同法》第 92 条
《劳动合同法实施条例》第 35 条
《劳务派遣暂行规定》第 10 条

82 用人单位无故终止劳动合同不合法

【分析解答】

用人单位解除与劳动者的事实劳动关系并不违法。

对于事实劳动关系，劳动部办公厅《关于全民合同制工人合同期满后形成事实劳动关系问题的复函》中指出，“企业与职工应尽快补办终止或续订合同的手续”。《劳动合同法》规定：建立劳动关系，应当订立书面劳动合同。

劳动部《关于实行劳动合同制度若干问题的通知》规定，有固定期限的劳动合同期满后，因用人单位方面的原因未办理终止或续订手续而形成事实劳动关系的，视为续订劳动合同。用人单位应及时与劳动者协商合同期限，办理续订手续。因此给劳动者造成损失的，该用人单位应当依法承担赔偿责任。对“视为续订劳动合同”的期限，该规定没有明确。

【案情】①

湖北省某无线电厂（以下简称原告无线电厂）因与卢某、倪某、刘某、何某（以下简称4名被告）等4人发生终止劳动合同纠纷，不服宜昌市某劳动争议仲裁委员会的裁决，向湖北省宜昌市某人民法院提起诉讼。

原告无线电厂诉称：因4名被告与本厂的劳动合同期满，本厂通知终止劳动合同，宜昌市劳动争议仲裁委员会却裁决本厂与4

① 案例来源于《法制日报》，根据需要做了适当改编。

名被告补签2~7年的劳动合同。这个裁决于法无据,请求人民法院判决终止4名被告与本厂的劳动合同关系。

4名被告辩称:按照原告制定的《全员劳动合同制实施细则》,原告应当与我们签订5~10年的劳动合同,但是原告不向我们宣传、告知细则的具体内容,使我们在不知情的情况下与其签订了为期2年的劳动合同。这个劳动合同违背了我们的真实意思表示,是无效的。劳动争议仲裁委员会裁决叫原告与我们续签劳动合同,是正确的,原告应当执行。请求驳回原告的诉讼请求。

宜昌市某人民法院经审理查明:

1998年11月至1999年12月期间,原告无线电厂分别与被告卢某、倪某、刘某、何某签订了为期5年的劳动合同。被告何某在1997年与宜昌市旭光棉纺织厂签订了为期5年的劳动合同,2002年调入无线电厂工作。

2005年5月,原告无线电厂按照实行全员劳动合同制的要求,制定出《宜昌市无线电厂全员劳动合同制实施细则》,经厂职工代表大会讨论通过。8月,无线电厂根据该细则,分别与4名被告签订了为期两年的劳动合同,合同期限从2005年8月1日起至2007年8月1日止。合同到期后,无线电厂没有通知4名被告终止劳动合同,也未续签劳动合同,双方形成了事实上的劳动关系。2008年7月,无线电厂以双方所签订的劳动合同已到期为由,通知4名被告终止劳动合同关系。4名被告向宜昌市劳动争议仲裁委员会申请仲裁,请求裁决维持原劳动关系,并与无线电厂续签劳动合同。劳动争议仲裁委员会裁决,无线电厂应与4名被告补签2~7年的劳动合同,并为4名被告缴纳社会保险金。无线电厂不服该裁决,遂提起诉讼。

宜昌市某人民法院认为:

《劳动法》规定:"劳动合同是劳动者与用人单位确立劳动关系、明确双方权利和义务的协议。""建立劳动关系应当订立劳动合同。"在原告无线电厂于2005年实行全员劳动合同制前,4名被告就是合同制职工。按照无线电厂制定并经该厂职工代表大会讨论一致通过的《全员劳动合同制实施细则》第6条第2项的规定,合同制职工应与无线电厂签订期限为5~10年的劳动合同。无线电厂与4名被告签订为期两年的劳动合同,不是4名被告的真实意思表示,且违背了上述规定,该合同中有关劳动合同期限的约定无效。据此,宜昌市某人民法院判决:

1. 驳回原告无线电厂的诉讼请求。

2. 原告无线电厂应当于本判决生效后15日内,组织被告补签2~7年期限的劳动合同。原告如不在规定的时间内签订,则按800元/月的标准支付4名被告的经济损失,并为4名被告缴纳社会保险金至所签订的劳动合同期限届满为止。

3. 原告无线电厂应为4名被告补齐至本判决生效前的社会保险金。

诉讼费70元,由原告无线电厂负担。

无线电厂不服一审判决,向湖北省某中级人民法院提起上诉称:

1. 人民法院无权就劳动合同当事人是否签订劳动合同以及签订多长期限的劳动合同作出裁决。一审判决强令上诉人与被上诉人签订2~7年期限的劳动合同,干涉了劳动合同当事人的签约自由,违反了签订劳动合同应当平等自愿、协商一致的原则。

2. 双方签订的劳动合同有效。首先,被上诉人没有证据证明本案劳动合同的签订违背了其真实意思表示;其次,原判对《全员劳动合同制实施细则》的规定断章取义地引用,认为上诉人违背了该规定,从而判令上诉人与4名被上诉人补签2~7年的劳动合同是错误的。请求二审法院撤销原判,判决终止双方之间的劳动合同关系。

【案例分析】

本案是由用人单位制定的规章制度与劳动合同内容相冲突,而引发的劳动争议。案中涉及的主要法律问题是:用人单位与劳动者签订了与规章制度冲突的劳动合同,能无故终止吗?

一、用人单位与劳动者签订的劳动合同合法有效

无线电厂制定并经该厂职工代表大会讨论通过的《全员劳动合同制实施细则》中,虽然有合同制职工应与无线电厂签订5~10年劳动合同的规定,但同时也规定如果本人自愿,职工可与无线电厂签订短期劳动合同,也可不与无线电厂签订劳动合同。

因此,无线电厂与4名被上诉人签订为期两年的劳动合同,并不违背该实施细则的规定。实施细则曾经下发到全厂各个科室学习过。对于发生在全厂且与自己切身利益相关的《全员劳动合同制实施细则》,4名被上诉人应当知道。其在3年后提出不知道实施细则的具体内容,签订为期两年的劳动合同违背了其真实意思表示,没有任何证据证实,难以采信。无线电厂与4名被上诉人签订的两年期限劳动合同,是有效的。一审以不是被上诉人真实意思表示,违背了实施细则的规定为由,认定该劳动合同中关于期限的约定无效,是错误的。

二、劳动合同到期后,双方形成的是事实劳动关系

事实上,由于劳动力供需关系的失衡,使得用人单位在用人时占据主导地位,劳动者无法与用人单位平等,无法经平等协商通过签订劳动合同来保护自己的合法权益。在此情况下,国家以强制手段确定用人单位与劳动者各自的权利和义务,符合我国宪法与劳动法贯彻的保护劳动者合法权益的精神。

劳动合同期满后，双方都未提出终止或续订劳动合同，劳动者继续提供劳动，用人单位继续提供工作条件和报酬，这是在原劳动合同的基础上形成的事实劳动关系。很多事实劳动关系，都是由于用人单位企图在用人方面摆脱劳动合同的约束造成的，这是违反劳动法规定的行为。

三、用人单位解除与劳动者的事实劳动关系并不违法

上诉人无线电厂应当与4名被上诉人续签劳动合同。如果双方不能达成续签劳动合同的协议，则对从2007年存在的事实劳动关系，视为续订了为期两年的劳动合同，至2009年期满即行终止。一审判决双方补签2～7年期限的劳动合同，于法无据，应当纠正。

【专家提示】

补办终止劳动合同或者补办续订劳动合同的手续，都是对事实劳动关系的纠正方法，但在劳动者与用人单位事实上无法平等的情况下，如果过多地强调两种方法都是可行的，只能在事实上损害劳动者--方的利益。

【关联法条链接】

《劳动合同法》第10条

《劳动法》第16条、第62条、第63条

83 经济赔偿金是否可以分段计算的问题

【分析解答】

《劳动合同法实施条例》规定,用人单位自用工之日起超过1个月不满1年未与劳动者订立书面劳动合同的,应当依照《劳动合同法》第82条的规定向劳动者每月支付两倍的工资,并与劳动者补订书面劳动合同;劳动者不与用人单位订立书面劳动合同的,用人单位应当书面通知劳动者终止劳动关系,并依照《劳动合同法》第47条的规定支付经济补偿。

【案情】

张某2000年到某企业工作,双方未签订劳动合同,张某工作认真负责,成绩突出;薪酬也不断提高,2007年张某的月薪已经达到了15,000元。2008年1月2日双方签订了劳动合同。2008年10月,因为世界金融危机,企业经营效益不好,决定裁员,便提前一个月通知在没有任何理由的情况下与张某解除了劳动合同。张某和企业协商经济补偿的问题,企业认为依据《劳动合同法》的规定:按每满一年支付一个月工资的标准向劳动者支付工资。《劳动合同法》从2008年1月1日开始实施,故只同意支付张某1个月的工资。因为张某的工资已经超过了当地社会平均工资的3倍,故企业仅按照当地工资的3倍来支付。张某不同意企业的意见,双方多次交涉,但企业置之不理。2008年11月,申诉人张某到某市劳动争议仲裁委员会申请仲裁,要求企业支付其9个月的经济补偿金。

劳动争议仲裁委员会受理后，经过调查认为，企业支付张某的经济补偿金的计算方法错误，违反了《劳动法》、《劳动合同法》和《劳动合同法实施条例》的规定，应当按法律规定的标准向张某支付经济补偿金。仲裁委员会依法作出如下裁决：某企业向张某支付9个月的经济补偿金，其中8个月的经济补偿金，按照每月15,000元支付。1个月的经济补偿金按照当地社会平均工资的3倍来支付。

【案例分析】

本案是由用人单位与劳动者解除劳动合同，就经济补偿金的支付发生的争议。案中涉及的主要法律问题是：经济补偿金能否分段计算？

虽然《劳动合同法》是从2008年1月1日开始正式实施的，但并不表示在2008年1月1日之前劳动者付出的劳动就无法获得经济补偿，下面从三部不同时期的法律适用来分析此案件：

1. 依据《劳动合同法》的规定：每满1年支付1个月工资的标准向劳动者支付。6个月以上不满1年的，按1年计算；不满6个月的，向劳动者支付半个月工资的经济补偿。劳动者月工资高于用人单位所在直辖市、设区的市级人民政府公布的本地区上年度职工月平均工资3倍的，向其支付经济补偿的标准按职工月平均工资3倍的数额支付，向其支付经济补偿的年限最高不超过12年。因为张某的工资15,000元已经超过了当地社会平均工资的3倍，故企业仅按照当地工资的3倍来支付2008年的经济补偿金是正确的。

2.《违反和解除劳动合同的经济补偿办法》规定，经劳动合同当事人协商一致，由用人单位解除劳动合同的，用人单位应根据劳动者在本单位工作年限,每满1年发给相当于1个月工资的经济补偿金,最多不超过12个月。工作时间不满1年的按1年的标准发给经济补偿金。依据《劳动合同法》的规定,本法施行之日存续的劳动合同在本法施行后解除或者终止,依照本法第46条规定应当支付经济补偿的,经济补偿年限自本法施行之日起计算;本法施行前按照当时有关规定,用人单位应当向劳动者支付经济补偿的,按照当时有关规定执行。依据上述规定,经济补偿金按照2008年1月1日之前的规定,超过社会平均工资的3倍也不封顶,张某2008年之前的补偿金,年限是8年,那么2008年之前张某应该得到的补偿年限的补偿金为1.5万元×8=12万元。

经济补偿金的补偿应当是用人单位自用工之日起,所以张某要求的从2000年起支付经济补偿金是完全正确的。

【专家提示】

对于这种情况,看起来似乎有些复杂,其实不然。由于张某没有任何过错,所以企业就应当支付给张某经济补偿金。如果张某的月薪是1.5万元的话,企业应该支付给张某多少经济补偿金呢?应结合不同时期的三部不同的法律和法规进行分段来算。三部法律法规虽然规定得不同,但均同时存在,没有废止,具有法律效力。这样的计算更能维护劳动者的合法权益。

【关联法条链接】

《劳动合同法》第47条、第97条、第98条

《劳动合同法实施条例》第6条

《违反和解除劳动合同的经济补偿办法》第5条

84 能否以失业保险金代替经济补偿金的问题

【分析解答】

一、经济补偿金和失业保险金的法律性质不同

经济补偿金是因用人单位解除劳动合同等原因,而依法对劳动者在单位工作的一种补偿,补偿的多少视劳动者的收入以及工作时间长短而定。而失业保险费属于社会保险费用,是用人单位依法应当为劳动者支付的,目的就在于非因劳动者原因终止劳动合同,对劳动者进行的短期经济救济。这两种"金"是性质不同的两种费用,其获得的条件和途径都是不同的。

二、用人单位支付失业保险金不能代替经济补偿

用人单位在与劳动者签订劳动合同时,就应当依法为其缴纳失业保险费,当劳动者失业后,就可向社保部门申领失业保险金。这是劳动者依法获得的社会保障费用。用人单位为劳动者支付失业保险费是其应尽的义务,并且失业保险费是由用人单位缴纳给社保部门,而不是支付给劳动者本人。劳动者失业后也是从社保部门领取失业保险金,而不是由用人单位支付。

根据《违反和解除劳动合同的经济补偿办法》(劳部发〔1994〕481号)的规定:"用人单位濒临破产进行法定整顿期间或者生产经营状况发生严重困难,必须裁减人员的,用人单位按被裁减人员在本单位工作的年限支付经济补偿金。在本单位工作的时间每满一年,发给相当于一个月工资的经济补偿金。"

【案情】

小段1999年从学校毕业,应聘到深圳市一家汽车零部件制造厂,从事车间管理工作。2006年3月,工厂召开职工代表大会表示:厂里效益开始滑坡,需要裁减一部分人员。厂里将负责为这批被裁减的人员办理失业登记,享受失业保险待遇。裁减人员名单下发时,小段发现自己也成了其中一名。在职工代表大会上,厂方只表示将办理失业登记,并没有提到其他的补偿。据他了解,用人单位解除劳动关系是有经济补偿的。于是,小段来到工厂劳资部门询问,劳资部门工作人员的答复是:“工厂已经为你缴纳了失业保险费,既然以后可以领取了失业金,就相当于已经给你补偿了,没有其他的经济补偿金。”“可是,我缴纳了失业保险费,现在符合领取失业保险金的条件,领取失业保险金是没有错误的,但单位的经济补偿和失业保险金是完全不同的两回事,怎么能两者相抵消呢?”小段辩解道。但是单位最终还是拒绝支付经济补偿金,于是,小段申请了劳动争议仲裁。

劳动仲裁委员会经过审理,认为工厂以为劳动者支付失业保险金而免除经济补偿的理由不符合法律规定,裁决工厂依法为小段支付经济补偿金。

【案例分析】

本案是因用人单位为劳动者支付失业保险费而拒绝支付经济补偿金而引发的劳动争议。案中涉及的主要法律问题是:用人单位能否以失业保险金代替经济补偿?

制造厂承担的经济补偿金责任,不因其为劳动者缴纳了失业保险费而免除,制造厂拒绝支付小段经济补偿的理由没有法律依

据,不能成立,理由如下:

制造厂按照裁减人员的方法与小段解除劳动合同,支付其经济补偿金是理所应当的。这并不排除小段在失业后向社保部门领取失业保险金。

制造厂应当依法对小段予以经济补偿,根据劳动部《关于贯彻执行〈中华人民共和国劳动法〉若干问题的意见》(劳部发〔1995〕309号)的规定,劳动合同解除后,用人单位对符合规定的劳动者应支付经济补偿金。不能因劳动者领取了失业保险金而拒付或克扣经济补偿金,失业保险机构也不得以劳动者领取了经济补偿金为由,停发或减发失业保险金。所以,本案中劳动仲裁委的裁决是正确的,该汽车零部件制造厂应该支付小段的经济补偿金。

【专家提示】

法律规定的各种权利,是劳动者因某项事由而应获得的法律保障或救济,用人单位不能因履行了其中的某项义务,而剥夺劳动者的其他劳动权利,而劳动者应该分清楚每项权利获得的条件,不要被用人单位的某些借口所蒙骗。

【关联法条链接】

《劳动合同法》第46条、第47条

《失业保险条例》第14条

《违反和解除劳动合同的经济补偿办法》第9条

85 劳动者假"病假条"能否解除劳动合同的问题

【分析解答】

因病休假是劳动者应享有的合法权利,生老病死是每个人都会遇到的,作为劳动者在工作期间可能会因为自身原因或者外界原因产生一定的疾病,这是难以避免的事情。劳动者生病后,其工作能力和工作效率就会下降,严重的不仅不能继续从事工作,甚至可能危及生命健康,所以,劳动者在生病后,有进行医治的权利。用人单位在保障劳动者享有的治疗疾病权利和救治的休息休假的同时,还应当为劳动者提供必要的救治便利,比如在单位设立医务室或者对生病的劳动者进行接送、陪护等。根据《劳动合同法》的规定,劳动者和用人单位都应当尽到诚实信用的义务。虚构病假诊疗凭证的行为,构成了对用人单位的欺诈,因欺诈而导致欺诈行为无效。

【案情】①

2000年11月,谢女士到北京市某公司工作,2003年9月1日双方签订《劳动合同书》,合同期限经过续签至2008年4月19日。2008年2月21日,谢女士向该公司递交休假申请表,休假原因一栏载明"假病假两周",后由单位主管人员签章确认,谢女士同时提交了医院诊断证明,但该证明关于医嘱需病休部分系谢女士自

① 案例来源于中国法院网,根据需要做了适当改编。

行添加。2008 年 3 月 28 日谢女士再次向公司递交病假申请表，申请休病假 2 天，并提交了医院诊断证明，该证明系该院个别人员经谢女士要求而违规出具，内容并不属实。后经公司核实，发现谢女士所提交的病假条是虚假的，根据经单位工会公示同意实施的《员工守则》规定，连续旷工 3 天(含)及以上或一年累计旷工 5 天以上的给予甲类过失处分，得到甲类过失处分，该公司可与之立即解除劳动合同。2008 年 4 月 19 日，该公司以谢女士使用虚假假条，累计旷工 16 天给予甲类过失处分为由，向谢女士发出解除劳动合同告知书。谢女士遂向北京市劳动仲裁委员会申请仲裁，请求裁决公司支付经济补偿金。劳动仲裁委裁决没支持谢女士的请求，谢女士又起诉至人民法院。

庭审中，谢女士认为 2008 年 2 月 21 日的休假申请表中载明的"假病假两周"，其中第一个"假"为形容词，说明申请时就已明示单位所请病假是虚构的，单位主管是在明知为假的病假的情况下签字批准的。而公司则认为"假病假两周"第一个"假"是动词，意为请求假借病假两周而不是明示为假的病假。

法院经审理认为，本案争议的焦点问题在于谢女士使用变造、虚假的医院证明休病假 16 天的行为是否属于旷工。谢女士主张其第一次申请病假时提交的"假病假两周"的病假申请书已主动向单位说明所请病假为虚构，而单位是在明知的情况下批准确认的。假设谢女士主张属实，则其自无须再行提交变造的医院证明，可见谢女士的上述主张明显缺失诚信，有悖于通常情理，法院对此不予采信。谢女士利用变造、虚假的诊断证明，虚构事实病休 16 天，确属旷工行为。根据该公司员工守则之规定，可以作为本案审理之依据。谢女士累计旷工 16 天，公司与谢女士解除劳动关系，符合上述规定。鉴于该公司系因谢女士严重违反劳动纪律而与之

解除劳动合同,故对谢女士要求公司支付解除劳动合同的经济补偿金的诉讼请求法院不予支持。法院驳回了谢女士的诉讼请求。

【案例分析】

本案是由劳动者提供虚假"病假条",用人单位解除劳动合同并且不同意支付经济补偿金而引发的劳动争议。案中涉及的主要法律问题是:劳动者提供虚假的"病假条"能获得经济补偿吗?

谢女士实际上并没有发生病假事实,其提供虚假的"病假条",属于欺诈用人单位的行为,用人单位据此解除与其的劳动合同,是由谢女士导致的,谢女士根据法律无权要求经济补偿,具体理由如下:

一、谢女士以虚假病假为由,实施了欺诈用人单位的行为

谢女士本身不具有因病休假的事实,采用添加或者虚构休假事实和提交虚假医疗凭证的方法,目的是在原本不符合休息休假的情况下,通过这样的行为骗取到休息休假的机会和时间。谢女士对自己虚构休假事实和制作虚假医疗凭证在主观上是明知的,也就是说,谢女士是故意造假来欺骗用人单位的。虽然谢女士声称在自己虚构的休假凭证中,休假之前有个"假"字,是自己已经向用人单位作出了告知,但用人单位对谢女士提交的医疗凭证只要跟其主张的休假内容相符,就算尽到了自己的审查义务,而对休假之前的"假"字无作出其他解释的审查义务,并且谢女士提交病假条的目的也是获得休假,只能认定谢女士的行为属于欺诈。

二、应当认定谢女士请假的行为无效,谢女士构成旷工

谢女士的请假行为因欺诈而导致无效,自制作虚假凭证之时起就不具有法律效力。谢女士通过虚假病假条获得的16天假期因原因无效而丧失了存在的合法依据,而根据用人单位《员工守则》规定,谢女士休假的16天时间属于旷工行为。

三、谢女士无权获得经济补偿

按照用人单位的《员工守则》，连续旷工3天以上的，用人单位即可与之解除劳动合同，谢女士连续旷工16日符合以上规定，所以用人单位与其解除劳动合同是符合法律规定的。谢女士因自己的欺诈行为导致劳动合同的解除，不属于获得经济补偿的情形，所以用人单位拒绝支付经济补偿金的做法是正确的。

【专家提示】

劳动者遇到用人单位解除劳动合同时，不要急着查找、计算用人单位应当支付的经济补偿金的数额是多少，而是应当首先确认解除劳动合同的行为，是否有哪方存在过错，是否属于能够获得经济补偿的情形。

【关联法条链接】

《劳动合同法》第26条

《企业职工患病或非因工负伤医疗期规定》第3条

No. 7

特殊劳动群体的保护

86 非法使用童工造成伤害赔偿方式

【分析解答】

一、用人单位禁止使用童工

童工是指未满16周岁，与单位或者个人发生劳动关系从事有经济收入的劳动或者从事个体劳动的少年、儿童。我国《劳动法》规定，禁止用人单位招用未满16周岁的未成年人。童工的保护是国际劳工组织一直很关注的事情，未满16周岁的未成年人，身体和心智都不成熟，处于发育时期，对工作的行为认识和控制并没有达到熟练的程度，不能承受繁重的体力劳动或复杂的工序操作，在劳动中很容易受到伤害。禁止使用童工是为他们的身体和未来着想，也是为了保障他们的合法权益。

二、法定的使用童工的例外

并不是所有未年满16周岁的未成年人都不得参加劳动，法律对一些特殊的行业招用16周岁以下未成年人作了专门规定。文艺、体育和特种工艺单位可招用未满16周岁的未成年人，这类单位正是根据未成年人的生理特点，需要劳动者从小就开始专业训练，才能发挥出最好的成绩。这些单位拥有法律上允许招童工的特权，但是必须履行法定的审批程序才行。并且还要保障招用的未成年人的受教育权利。

综上所述，单位非法使用童工造成伤害应该承担赔偿责任。

【案情】①

2007年8月初,现年14岁的元某家住甘肃,因家庭拮据到上海投奔姑姑,想找一个包吃包住的地方学门手艺。姑姑将元某带到了一直有业务往来的上海某模具公司,让模具公司李老板帮忙介绍去一修电动机的地方做学徒。由于修电动机的地方不提供住宿,在姑姑的要求下,模具公司李老板让元某暂时留在了公司。李老板让元某白天在车间帮忙修修塑料制品的毛边,晚上就住在公司的办公室里。在模具公司修了几天毛边后,李老板开始让工人教元某操作机器。

起初,工人只教元某使用操作简单的卧式机器,在元某熟练掌握后,又开始教元某使用较为复杂的立式注塑机。让人意想不到的是,仅仅几天以后,元某就在操作立式注塑机时不慎被机器卷走了半个手掌。事故发生后,公司立即将小元送进了医院,经诊断,元某右手的拇指、食指和中指完全断失。面对突如其来的意外,李老板全额支付了元某的医疗费用和3000元营养费,通知了元某的家人并为他们安排了食宿。由于在元某伤残的赔偿问题上存在分歧,元某的父亲向区劳动争议仲裁委员会提起申诉,认为模具公司使用童工,要求模具公司支付元某伤害赔偿金236,544元。

仲裁委受理后,委托劳动能力鉴定委员会对元某的伤残程度进行了鉴定,确定元某致残程度为五级。因元某未年满16周岁,仲裁委确认模具公司系非法用工,裁决模具公司支付元某伤害赔偿金236,544元。仲裁裁决作出后,模具公司认为其与元某不存在劳动关系,元某系在公司生产车间玩耍时擅自操作机器造成伤害;公司是出于人道主义为其支付了医疗费用,不应承担伤害赔偿

① 案例来源于中国法院网,根据需要做了适当改编。

金，并以此为由向嘉定区法院起诉要求判决不予支付元某伤害赔偿金。

法院审理后认为，元某在模具公司生产车间操作注塑机时发生伤害事故，公司认为事故系元某自行玩耍时造成的，但其未提供充分、有效的证据加以证明。结合元某被介绍到模具公司是为了安排工作，公司提供元某食宿，伤后为其支付医疗费，并支付营养费的事实，法院认定系模具公司安排元某操作机器时发生事故。另据规定，童工受到事故伤害致残五级的由所在单位支付单位所在地工伤保险统筹地区上年度职工年平均工资 8 倍的一次性赔偿金。元某在模具公司发生事故时年龄未满 16 周岁。判决模具公司支付元某伤害赔偿金人民币 236,544 元。

【案例分析】

本案是由用人单位使用童工造成伤害而引发的劳动争议。案中主要涉及的法律问题是：和童工签订劳动合同的法律效力如何？童工受到伤害如何处理？

使用童工是法律明令禁止的，模具公司在明知不得招用童工的情况下，安排元某工作并造成了伤害，应当依法赔偿元某损失，具体理由如下：

模具公司构成使用童工，对元某的损伤应承担赔偿责任。元某 2007 年到上海时年满 14 周岁，模具公司在开始的时候是出于好意，给元某介绍工作，后在元某姑妈的请求下，模具公司安排元某在公司休息，并安排元某在车间帮忙修修塑料制品的毛边，到后来又安排工人教元某操作机器，直到元某的手受伤，元某一直从事模具公司安排的工作内容，而模具公司安排给元某的工作内容，是其公司的岗位工作，完全符合使用童工的规定。虽然用人单位和未成年人无法形成合法的劳动关系,但不表示元某手受伤模具公司就可以免除责任,模具公司应根据我国相关法律,对元某手受伤承担赔偿责任。

【专家提示】

家长要保障自己未满16周岁孩子的教育权利,尽可能地让他们多学知识,以备今后就业使用,不能贪图眼前经济利益,而让儿童过早参与工作,给孩子的发育和安全造成影响和损害。

用人单位在招用劳动者时,一定要严格审查其身份证件,如发现疑似童工的,要加以核实,避免因使用童工造成不必要的纠纷和每使用一名童工5000元以上的罚款。

任何公民如发现用人单位招用童工,均可向劳动行政部门进行举报或投诉,由劳动行政部门进行处罚。

【关联法条链接】

《劳动法》第15条、第94条

87 工会主席任期被辞维权方式

【分析解答】

法律给予工会工作人员特殊的权利保护。工会是每个企业、单位都依法组建的工人阶级群众组织，在参与企业经营管理方面起着不可替代的作用，被大家形象地称为“劳动者的娘家”。工会的职责中，主要的一项就是依法维护职工的合法权益。为了更好地保障工会职能的履行，《工会法》对于基层工会的专职、非专职主席、副主席以及委员在劳动合同期限、履行职责，以及被用人单位侵犯等方面都给予了特殊的规定。

用人单位不得在工会主席任职期间解除其劳动合同，根据《工会法》的规定，工会工作人员因履行职责而被解除劳动合同的，用人单位应当支付本人年收入二倍的赔偿金。

【案情】①

王某于1998年3月24日到被告青岛某佛檀制品公司(以下简称佛檀公司)从事总务工作。后来双方签订了劳动合同，期限自2000年9月1日至2005年9月1日。2000年6月5日，王某经胶州市总工会批复担任佛檀制品公司的工会主席一职(专职工会主席)，任期5年。2005年8月29日，佛檀制品公司向王某下达了《解除劳动合同通知书》，宣布自2005年8月31日起与王某解除劳动合同。王某在佛檀制品公司处工作期间月平均

① 案例来源于《法制日报》，根据需要做了适当改编。

工资为2570元。

2005年9月14日,王某向胶州市劳动争议仲裁委员会申请劳动仲裁,请求:(1)由被告支付原告赔偿金61,680元;(2)支付因被告提出解除合同的经济补偿金20,560元及50%的额外经济补偿金10,280元;(3)支付违约金77,100元;(4)仲裁费由被告负担。该仲裁委员会经审理作出胶劳仲案字(2005)第161号裁决书,裁决:(1)佛檀制品公司于裁决书生效后10日内支付王某解除劳动合同经济补偿金20,560元;(2)驳回王某的其他仲裁请求;(3)仲裁费3764元,由王某承担3308元,佛檀制品公司承担456元。王某不服该裁决诉至法院。2006年1月26日,佛檀制品公司支付原告经济补偿金20,000元(已扣除个人所得税428元)。

一审法院认为,被告佛檀制品公司在合同未到期的情况下,向原告王某下达了《解除(终止)劳动合同通知书》,该通知书明确写明被告决定自2005年8月31日起解除(终止)与原告签订的5年劳动合同,违反双方所签劳动合同的约定,应按《劳动法》第28条、《违反和解除劳动合同的经济补偿办法》第10条的规定支付原告王某经济补偿金20,560元及额外经济补偿金10,280元(20,560元的50%)。仲裁裁决后,原告王某起诉前,被告佛檀制品公司已支付王某经济补偿金,现原告王某主张额外经济补偿金10,280元,法院予以支持。原审法院据此判决:(1)被告佛檀公司于判决生效后10日内支付原告王某额外经济补偿金10,280元;(2)被告佛檀公司于判决生效后10日内付给原告王某仲裁费684元;(3)驳回原告王某的其他诉讼请求。

宣判后,原、被告均提起上诉。王某上诉请求佛檀公司支付其因担任工会主席期间被解除劳动合同的年收入两倍的赔偿金。佛檀公司上诉请求撤销原判,依法改判。

二审法院经开庭审理,认为原判决并无不当,双方的上诉理由均不充分,双方的上诉请求,二审法院均不予支持。判决驳回上诉,维持原判。

【案例分析】

本案是因为单位解除劳动合同期未满的工会主席的劳动合同而引发的劳动争议。案中主要涉及的法律问题是:劳动合同期限未满,用人单位解除工会人员的劳动合同应承担什么责任?

王某与佛檀制品公司的劳动合同期限至 2005 年 9 月 1 日,单位在劳动合同期满前解除劳动合同,违反了法律规定,应当承担相应责任,劳动仲裁委、一审法院、二审法院依据当时的法律规定进行的判决是正确的,具体分析如下:

一、佛檀制品公司解除王某劳动合同属违法行为

王某于 2000 年 6 月 5 日经胶州市总工会批复担任佛檀制品公司的工会主席一职,任期 5 年,截至 2005 年 6 月 5 日王某任期届满。但王某任期届满后,佛檀制品公司并未选举新的工会主席,也未将王某罢免,应当认定在此期间王某仍然是工会主席,履行工会主席一职。佛檀制品公司在王某劳动合同前解除劳动合同违反了法律规定。

二、佛檀制品公司应承担相应法律责任

用人单位不得在工会主席任职期间解除其劳动合同,佛檀制品公司违法解除与王某的劳动合同,王某可以主张解除劳动合同无效,但王某同意解除劳动合同,佛檀制品公司应当根据法律规定,对王某予以赔偿。根据 2008 年 1 月 1 日施行的《劳动合同法》,佛檀制品公司应当按照王某的工作年限支付其经济补偿金。如果佛檀制品公司在劳动行政部门责令支付经济补偿金后仍未支付,用人单位需按应付经济补偿金数额50%以上100%以下的标准向王某加付赔偿金。

三、佛檀制品公司不必支付王某年收入二倍赔偿

根据《工会法》的规定,工会工作人员因履行职责而被解除劳动合同的,用人单位应当支付本人年收入二倍的赔偿金。工会主席主张年收入二倍的赔偿金应当是以其参加工会活动或履行工会法规定的职责而被解除劳动合同为前提,而王某与佛檀公司解除劳动合同是因佛檀公司认为双方合同期满不再与王某续签劳动合同所致。因此,王某请求法院支持其年收入二倍的赔偿金的请求,没有法律依据。

【专家提示】

虽然法律对工会工作人员的劳动权利给予了特殊保护,但并不是说作为工会工作人员拥有用人单位无法解除劳动合同的特权。如果存在工会人员违法行使职权,严重违反用人单位规章制度等情形,用人单位可以与其解除劳动合同,而不用支付经济补偿金。

88 用人单位不得因女职工怀孕、生育、哺乳而降低其工资

【分析解答】

女职工的“三期”指孕期、产假、哺乳期，是女职工因妊娠、生育、抚育婴儿所处的特殊生理时期。上述期间，基于特殊的身体状况，女职工往往无法正常地提供劳动，而导致劳动权益得不到保障的情况时常发生。司法实践中，怀孕女职工因岗位和工资待遇产生的争议，是涉及女职工权益案件中较为常见的一类。法律规定用人单位与劳动者只有通过协商一致采用书面形式才能变更劳动合同中约定的工作岗位和工资标准。但部分用人单位在女职工怀孕后便单方变更其工作岗位，并减少女职工的工资报酬，甚至以此逼迫女职工主动辞职，上述做法显然欠妥。此外需要指出的是，如果是因为女职工确实不能胜任原工作岗位，而进行相应的岗位调整和工资报酬变更，则需要有完备的管理制度作为支撑，否则用人单位可能承担相应的法律风险。

【案情】

2011年10月，陈某入职甲公司担任行政专员，双方签订了为期三年的劳动合同，约定陈某的工资标准为每月4500元。2012年4月底陈某发现自己怀孕，在如实相告公司后不久，公司便对陈某进行了岗位调换，并相应地将其工资标准降为每月2000元。经与甲公司多次协商后无果，陈某于2012年8月提起劳动仲裁，要求甲公司支付2012年5月至2012年8月期间工资差额7500元，仲

裁裁决支持了陈某的申请请求。甲公司不服仲裁裁决,诉请法院判令无需支付上述款项。甲公司认为,陈某怀孕后身体状况不适合现有岗位需求,且公司也与陈某事先进行了沟通并取得其口头同意,但表示无法向法院提供相应证据。陈某对甲公司的该项陈述不予认可,表示其工作范畴主要涉及起草并发布通知、撰写文件等书面工作,怀孕后完全可以胜任,并且,甲公司从未就调岗降薪问题征询过其本人的意见,其亦多次向公司反映并不同意上述决定。

法院经审理认为,甲公司未能完成相应的举证责任,在明知陈某怀孕的情况仍降低其工资水平并无事实与法律依据,最终判决甲公司向陈某支付2012年5月至2012年8月期间工资差额7500元。

【案例分析】

本案争议焦点有二,一为陈某怀孕后能否适应原工作岗位的事实认定,甲公司应就其主张承担相应的举证责任;二为甲公司对处于怀孕期间的陈某进行调岗降薪的行为是否具备法律依据的认定。

关于焦点一,《女职工劳动保护特别规定》第6条规定,女职工在孕期不能适应原劳动的,用人单位应当根据医疗机构的证明,予以减轻劳动量或者安排其他能够适应的劳动。甲公司主张陈某怀孕后不能适合原工作岗位,但未能提举有效证据证明陈某的原岗位职责及陈某怀孕后完成工作的情况,故举证不能的相应不利后果应由甲公司承担。因此法院认定甲公司关于陈某不能适应原工作岗位的主张不能成立。

关于焦点二,《劳动合同法》第35条规定,用人单位与劳动者协商一致,可以变更劳动合同约定的内容,变更劳动合同,应当采用书面形式。本案中,甲公司未能举证证明就调岗和降薪问题与陈某达成协商一致,且未采用书面形式,故其单方的调岗降薪行为并无依据。并且,《女职工劳动保护特别规定》第5条规定,用人单位不得因女职工怀孕、生育、哺乳降低其工资。故综上,甲公司对陈某进行调岗降薪的行为并无法律依据,应当向陈某支付因岗位调换而产生的工资差额。

考虑到女职工在怀孕、生育、哺乳期间的各种特殊情况,法律规定对上述期间女职工的工资待遇进行了严格规制。用人单位应当知悉并严格遵守上述法律规定,依法履行对“三期”女职工的工资支付制度,并妥善加强对“三期”女职工的保护力度。

【关联法条链接】

《劳动合同法》第35条

《女职工劳动保护特别规定》第5条、第6条

89 用人单位不得因女职工怀孕、生育、哺乳而滥用解除权

【分析解答】

女职工在怀孕、生育、哺乳期间,在无明显过错的情形下,用人单位不得因其处于上述“三期”期间而与其解除劳动关系。如用人单位违法与处于“三期”女职工解除劳动合同的,女职工可择以下两种途径之一维护自身权益,一为不同意解除劳动合同,要求双方继续履行劳动合同;二为不主张双方劳动关系继续存续,但要求用人单位支付违法解除劳动合同赔偿金。司法实践中,涉女职工权益类案件中最为常见的一类便是用人单位以女职工怀孕为由,单方提出解除劳动关系,严重侵害女职工的合法权益。在此情况下,法律对此作出特殊保护性规定,用人单位应当给予足够的重视。

【案情】

2008年7月张某入职甲公司担任行政文员,月工资标准3500元。2012年4月张某经医院诊断:怀孕20周,先兆流产症状,建议全休三周。张某向公司领导提出请假,没想到领导经考虑后,告知其孕妇的形象和特殊身体状况并不能满足其岗位需求,并提出让张某主动辞职,否则公司将以不服从公司安排、严重违纪为由将张某开除。张某当即表示不同意。公司当天便向张某下发了《解除劳动关系通知书》,内容为因张某严重违反公司规章制度,故公司与张某解除劳动关系,且将不支付任何形式的经济补偿。张某感

到非常气愤,后以要求甲公司支付违法解除劳动合同赔偿金28000 元为由提起仲裁申请,仲裁裁决支持了张某的申请请求。甲公司不服,诉请法院要求无需支付上述款项。案件审理过程中,甲公司主张张某怀孕后已不适合原岗位需求,且不服从公司的安排,但未能就解除依据提举相应证据予以证明,构成违法解除劳动合同。最终法院判决甲公司应当向张某支付违法解除劳动合同赔偿金 28000 元。

【案例分析】

本案争议焦点在于甲公司与张某解除劳动合同是否有事实及法律依据。

从事实层面上讲,甲公司主张张某怀孕后不适合原岗位安排,但考虑到行政文员工作的一般职责和张某此前的工作常态,甲公司的该项主张显难成立,亦缺乏证据支持。即便该情况属实,亦不能构成甲公司与张某解除劳动合同的合法理由。甲公司另主张张某不服从公司安排,但未能就特定情形下合理提出异议行为和严重违纪行为进行区分,故甲公司提出与张某解除劳动合同的理由缺乏事实依据。

从法律层面上讲,《妇女权益保障法》第 27 条规定,任何单位不得因结婚、怀孕、产假、哺乳等情形辞退女职工,单方解除劳动(聘用)合同或者服务协议。《女职工劳动保护特别规定》第 5 条亦规定,用人单位不得因女职工怀孕、生育、哺乳降低其工资、予以辞退、与其解除劳动或者聘用合同。上述规定均对女职工的劳动合同权益进行了特殊保护。本案中,甲公司知悉张某怀孕后,在其并无严重违纪行为的情况下,未考虑到其特殊的身体状况及相关的法律规定,即以张某怀孕不能适应岗位需求为由提出解除劳动合同,缺乏法律依据。故综上,甲公司与陈某解除劳动合同的行为缺乏事实与法律支撑,应当按照陈某的工资标准及工作年限支付解除劳动合同经济补偿金。

用人单位对劳动关系单方解除权的滥用,既不利于保障"三期"女职工的特殊权益,亦不利于用人单位生产经营的正常运行,应当予以杜绝。女职工处于"三期"期间时,用人理应赋予其更多的工作便利和人文关怀,而非一味地将其视为"包袱",唯有双方进行相互的尊重、理解与支持,方能构建和谐有序的劳动关系。

【关联法条链接】

《妇女权益保障法》第27条

《女职工劳动保护特别规定》第5条

90 女职工怀孕、生育、哺乳期间适逢劳动合同期满，用人单位应当续延合同期限至相应情形消失

【分析解答】

通常情况下，劳动者与用人单位签订的固定期限劳动合同系到期终止，法律规定除用人单位维持或者提高劳动合同约定条件续订劳动合同，劳动者不同意续订的情形外，用人单位应当向劳动者支付终止劳动合同经济补偿金。但对于“三期”女职工这一特殊群体，考虑到他们的特殊身体状况及择业能力，法律给予该群体更加充分的保障，即女职工在孕期、产期、哺乳期的，劳动合同期满，则劳动合同应当续延至相应的情形消失时终止，即除非“三期”女职工提出坚持要求终止劳动合同，否则用人单位通常不得与“三期”女职工终止劳动合同。司法实践中，部分用人单位缺乏对女职工劳动权益的基本了解，在“三期”女职工劳动合同到期时作出终止劳动合同决定，则在女职工要求继续履行劳动合同时，该通知通常将面临被撤销的后果。

【案情】

2009 年 8 月 1 日金某入职甲公司，担任业务联络部员工一职。双方签订有为期三年的书面劳动合同，期限自 2009 年 8 月 1 日至 2012 年 7 月 31 日止。2012 年 5 月金某检出怀孕，并因请休假事宜向甲公司出具了怀孕检验报告以及医院诊断证明。2012 年 6

月30日,甲公司向金某书面送达了《终止劳动合同通知书》,载明因双方劳动合同即将到期,公司将于2012年7月31日与金某终止劳动关系,并告知金某在劳动合同到期前依程序办理离职手续。2012年7月,金某以要求甲公司撤销《终止劳动合同通知书》,双方继续履行劳动合同为由提起仲裁。仲裁裁决支持了金某的申请请求。甲公司不服该裁决结果,诉请法院要求确认《终止劳动合同通知书》合法有效,双方无需继续履行劳动合同。

法院经审理认为,双方劳动合同到期之日金某仍处于孕期,依据法律规定,劳动合同期限应当续延至金某孕期、产期、哺乳期情形消失为止,故判决撤销甲公司于2012年6月30日作出的《终止劳动合同通知书》,甲公司与金某继续履行劳动合同。

【案例分析】

本案争议焦点在于双方劳动合同到期后,甲公司能否与金某终止劳动合同。

根据《劳动合同法》第44条规定,劳动合同期满的,劳动合同终止。即通常情况下,用人单位与劳动者签订的劳动合同到期终止。但同时,国家为保障女职工的特定劳动权益,在《劳动合同法》第45条中规定,劳动合同期满,女职工在孕期、产期、哺乳期的,劳动合同应当续延至相应的情形消失时终止。本案中,甲公司与金某签订的劳动合同于2012年7月31日到期终止,但金某于2012年5月怀孕,劳动合同到期时其仍处于孕期,除非金某个人提出要求终止劳动合同,否则甲公司不得与金某终止劳动合同。现甲公司已向金某送达《终止劳动合同通知书》,金某主张予以撤销,法律依据充分,故法院判决撤销甲公司于2012年6月30日作出的《终止劳动合同通知书》,甲公司与金某继续履行劳动合同。

劳动合同终止后，劳动者与用人单位之间的权利义务不再存在。“三期”女职工面临劳动合同到期终止的情形时，其后续权利往往处于“无着落”的状态，故国家法律规定对此作出特定保护条款，用人单位应当充分予以重视和保障。

【关联法条链接】

《劳动合同法》第44条、第45条

91 用人单位未为女职工缴纳生育保险，应承担相应的生育医疗费用

【分析解答】

生育保险是国家在怀孕、分娩女职工无法正常提供劳动时，由国家和社会提供医疗服务、生育津贴和产假的一项社会保险制度。用人单位应当依法为劳动者缴纳生育保险，以保障女职工在怀孕、生育和哺乳期间获得相应待遇。但实践中我们发现，部分用人单位基于眼前利益，为节省用工成本，拒绝为女职工缴纳生育保险，导致女职工无法报销因生育产生的相关医疗费用，亦无法领取生育津贴。此种情形下，符合国家及北京市的计划生育和生育保险政策应予报销的医疗费用部分以及产假工资待遇，均应当由用人单位承担。

【案情】

孙某系非京籍城镇户口，2005年入职甲公司从事销售工作，在职期间甲公司未为孙某缴纳生育保险。2012年1月孙某怀孕，同年9月入北京某医院剖宫产一男婴。孙某在产前检查、住院生产、产后治疗期间共花费了医疗费8250元，其中符合国家及北京市的计划生育和生育保险政策应予报销的费用金额为4020元。但因甲公司未为其缴纳生育保险，故该笔费用迟迟无法报销。经与甲公司协商无果，孙某提起仲裁程序，要求甲公司为其报销生育期间产生的全部医疗费用，仲裁机构裁决甲公司应当向孙某支付生育医疗费用4020元。甲公司不服仲裁裁决，诉请法院判令无需

支付上述款项。案件庭审过程中,甲公司表示,孙某没有北京市户口,因此公司无法为其在京办理生育保险,其要求公司为其报销生育费用缺乏法律依据。孙某亦提出异议,表示甲公司应当未其报销全部的医疗费用。法院经审理认为,孙某虽然没有北京市户口,但根据国家及北京市的计划生育和生育保险政策,因甲公司未为孙某缴纳生育保险,甲公司仍应按照规定向孙某支付相关的生育费用,孙某要求甲公司向其全额支付医疗费用于法无据,法院对其该项主张不予采纳,并最终判令甲公司应当向孙某支付生育医疗费用 4020 元。

【案例分析】

本案争议焦点在于甲公司是否应向孙某支付生育医疗费用以及支付费用的具体金额。

根据《劳动法》第 72 条、第 73 条规定,用人单位和劳动者必须依法参加社会保险,缴纳社会保险费。女职工生育时依法享受社会保险待遇。本案中,为劳动者孙某缴纳生育保险,是甲公司的法定义务。现甲公司未为孙某缴纳生育保险,导致孙某无法报销生育医疗费用,则相应的法律后果应由甲公司承担。根据《女职工劳动保护特别规定》第 8 条规定,女职工生育或者流产的医疗费用,按照生育保险规定的项目和标准,对已经参加生育保险的,由生育保险基金支付;对未参加生育保险的,由用人单位支付。故孙某因生育产生的相关医疗费用,甲公司应当予以支付。甲公司提出关于孙某非本市户籍故无法缴纳生育保险的抗辩,并无法律及政策支持,故法院对其该项主张不予采纳。

至于甲公司应当向孙某支付的生育费用的具体金额,则应当由社会保险行政部门进行核准,对于符合国家及北京市的计划生育和生育保险政策的部分,应当由用人单位向女职工支付。本案中,孙某提出要求甲公司为其报销全额的医疗费用,亦没有法律依据,且其未就仲裁裁决结果提起诉讼,在未有权利义务严重失衡的情形下,应当视为其认可仲裁裁决结果。故甲公司应当依照符合国家及北京市的计划生育和生育保险政策的部分,向孙某支付医疗费用。

女职工在生育期间必然会产生相应的医疗费用,国家为保障女职工依法享受相应的生育医疗待遇,建立并实施了比较完善的生育保险体系。用人单位应当从长远利益出发,清醒认识并切实履行为女职工缴纳生育保险的法定义务,以此实现对女职工以及用人单位自身权益的双重保护。

【关联法条链接】

《劳动法》第72条、第73条

《女职工劳动保护特别规定》第8条

No. 8

劳动合同纠纷仲裁与诉讼

92 劳动者是否可以持工资欠条直接起诉的问题

【分析解答】

一、劳动争议仲裁是诉讼的前置程序

根据《劳动法》的规定,劳动争议发生后,当事人可以向本单位劳动争议调解委员会申请调解;调解不成,当事人一方要求仲裁的,可以向劳动争议仲裁委员会申请仲裁。当事人一方也可以直接向劳动争议仲裁委员会申请仲裁。对仲裁裁决不服的,可以向人民法院提起诉讼。

仲裁是诉讼的前置程序,应当理解为只要当事人向劳动争议仲裁委员会提出了仲裁申请,无论仲裁机构作出什么样的处理结果,当事人不服,向法院起诉,法院都应受理。

二、劳动者持工资欠条可直接向法院起诉

最高人民法院《关于审理劳动争议案件适用法律若干问题的解释(二)》规定:劳动者以用人单位的工资欠条为证据直接向人民法院起诉,诉讼请求不涉及劳动关系其他争议的,视为拖欠劳动报酬争议,按照普通民事纠纷处理。持工资欠条不经过劳动仲裁而可直接向人民法院起诉,属于劳动争议解决程序的特例。

在该条款适用的时候有以下要求:(1)必须是持用人单位出具的工资欠条;(2)诉讼请求只能是单独的追讨劳动报酬内容,不能涉及其他劳动争议。必须上面两个要求同时具备,劳动者才能直接向人民法院起诉,而不需要先提起劳动仲裁。

【案情】[①]

周先生于2004年1月到科普兰德公司工作,双方未签订劳动合同。为证明双方在2004年1月至12月期间存在事实上的劳动关系,周先生向法院提交科普兰德公司法定代表人王某于2004年12月1日签字的协议一份。

该协议有下列内容:经双方友好协商,就有关周先生在科普兰德公司工作期间的协议报酬有关补偿达成如下协议:科普兰德公司应付周先生15万元工资,在周先生保证无偿提供个人发行资源,不得有损科普兰德公司声誉的前提下,两年内付清。

科普兰德公司对上述证据的真实性认可,但主张双方系合作关系,并非事实上的劳动关系,向法院提交2004年12月1日由王某与周先生签订的《12期发行收入明细》。该明细中有周老师即周先生本人工资的字样。科普兰德公司辩称,双方存在合作关系,周先生应履行相关义务,科普兰德公司才向其支付2004年12月1日之后的工资15万元,亦未提交充分证据。周先生对于科普兰德公司的辩称亦不予认可。另外,科普兰德公司提交的2004年12月1日的收入明细在协议之前签订。

因科普兰德公司不同意向周先生支付2004年7~11月的工资,故周先生诉至法院,要求科普兰德公司向其支付2004年7~11月的工资15万元。

法院经审理认为,周先生向法院提交的由科普兰德公司法定代表人王某签字的《协议》中"科普兰德公司应付周先生6个月工资15万元"以及科普兰德公司向法院提交的双方签字的《12期发

① 案例来源于北京法院网,根据需要做了适当改编。

行收入明细》中“周老师工资”的表述，足以认定双方在 2004 年 1 月至 12 月期间存在事实上的劳动关系。在庭审中，科普兰德公司虽然认可《协议》的真实性，但主张双方系合作关系，未向本院提交充分证据，故法院对其此项辩称不予采信。周先生要求科普兰德公司支付 2004 年 7 ~ 11 月的工资 15 万元，于法有据，法院予以支持。据此，法院判决支持了周先生的诉讼请求。

【案例分析】

本案是由用人单位向劳动者出具工资欠条，劳动者没经过劳动仲裁而直接起诉的劳动争议。案中涉及的主要法律问题是：用人单位出具工资欠条，劳动者可否不经劳动仲裁直接向人民法院起诉？

科普兰德公司向周先生出具的协议中，有关于拖欠周先生 15 万元工资的表述，周先生依据法律规定可直接向人民法院提出诉讼，周先生主张权利的途径正确，并得到了法律的支持。具体理由如下：

本案中，科普兰德公司应当支付周先生工资 15 万元。科普兰德公司对其出具的记载应支付周先生 15 万元工资的协议真实性并无异议，但主张双方是合作关系，却没有提交证据加以证明。根据“谁主张，谁举证”的规定，科普兰德公司与周先生之间属于劳动关系中拖欠工资的劳动争议。

根据法律规定，劳动者持用人单位出具的工资欠条可直接向人民法院起诉。周先生的解决劳动报酬的程序符合法律规定。科普兰德公司应当支付周先生 15 万元工资。

【专家提示】

法律规定对劳动者持用人单位出具的工资欠条，可直接向人民法院起诉，既快捷地解决劳动争议，又节约了劳动者追讨劳动报酬的成本，提高了解决劳动报酬引发的劳动争议的效率。

【关联法条链接】

《劳动法》第79条

最高人民法院《关于审理劳动争议案件适用法律若干问题的解释(二)》第3条

93 如何认定电脑记录考勤资料的证据效力的问题

【分析解答】

一、《考勤打卡电脑记录单》属于电子证据

随着计算机和网络技术的普及，电子商贸活动和其他许多基于网络的人际交往大量出现，电子文件已经成为传递信息、记录事实的重要载体。电子文件是指基于电子技术生成、以数字化形式存在于磁盘、磁带、硬盘、存储卡等载体，其内容可与载体分离，并可多次复制到其他载体的文件。一旦发生纠纷或案件，相关的电子文件就成为重要的证据。

根据《合同法》的规定，书面形式是指合同书、信件和数据电文（包括电报、电传、传真、电子数据交换和电子邮件）等可以有形地表现所载内容的形式。从《合同法》的规定看，是把数据电文作为合同的书面形式，也就是书证。根据最高人民法院《关于民事诉讼证据的若干规定》的规定，调查人员调查收集计算机数据或者录音、录像等视听资料的，应当要求被调查人提供有关资料的原始载体，这里的计算机数据是视听资料证据。

二、电子证据必须和其他证据印证才能被采用

不同的证据种类有不同的审查判断标准。对于电子证据多部法律将其归类不明，导致审查判断电子证据时标准有些混乱。根据最高人民法院《关于民事诉讼证据的若干规定》的规定，有其他证据佐证并以合法手段取得的、无疑点的视听资料或者与视听资料核对无误的复制件，法院应确认其证明力。而《民事诉讼法》规定,人民法院对视听资料,应当辨别真伪,并结合本案的其他证据,审查确定能否作为认定事实的根据。

【案情】

2000年2月1日,山东济南某公司与冯某签订无固定期限劳动合同,约定冯某在某公司第三分公司从事经营管理工作,冯某月工资10,000元。2006年3月16日,某公司将冯某调配到第五分公司。2007年3月19日,某公司因冯某旷工,征得同级工会同意后,解除了与冯某的劳动关系。2007年5月10日,冯某向济南市某区劳动仲裁委提起劳动仲裁,请求劳动仲裁委裁决:(1)某公司向冯某补发拖欠的劳动报酬8万余元;(2)某公司向冯某支付违约金3万元和经济补偿金8万元。

某公司辩称,冯某自2006年6月至2007年3月采取偶尔打卡,但不到公司上班的方式,一年内累计旷工超过30天,严重违反了劳动纪律;故依据《中华人民共和国劳动法》第25条的规定和双方劳动合同的约定,某公司有权解除与冯某的劳动关系。但冯某否认电子考勤记录的真实性,自称一直上班。

某公司提交了2006年8月至2007年3月的《出勤簿》、《考勤打卡电脑记录单》和《批评教育通知单》等证据,证明在此期间冯某存在长期旷工的行为。冯某则称上述期间内自己正常上班,并提交了加盖青岛市某医院病假专用章的健康证明、病假单等,证明一段期间内冯某患病需要休假;某公司对上述证据的真实性不予认可,认为病假单并无相应的病历印证,且冯某从未向某公司交过病假条用以请假,因此对该证据持有异议。

劳动仲裁委经审理认为,依据《山东省劳动争议仲裁证据规则》第53条第1款"一方当事人提出的证据,另一方当事人认可或

者提出的相反证据不足以反驳的,仲裁委员会可以确认其证明力”的规定,认为冯某存在长期旷工的严重违纪行为,对冯某正常上班的诉称,不予认可;某公司有权解除与冯某的劳动合同,无须支付经济补偿金或违约金;冯某主张旷工期间的工资缺乏法律依据,不予支持。

【案例分析】

本案是由用人单位利用电子证据证明劳动者违纪,而解除劳动合同引发的劳动纠纷。案中涉及的主要法律问题是:电子证据在劳动争议处理中的证据效力如何?

某公司提交的《出勤簿》、《考勤打卡电脑记录单》和《批评教育通知单》等证据能够相互印证,起到证明冯某没有按时上班,严重违反公司规章制度的作用,公司可依法解除与冯某劳动合同,无须支付经济补偿金。具体分析如下:

我国已经从立法层面上确认了电子证据的合法性,某公司提交的《考勤打卡电脑记录单》,是公司员工考勤登记情况的电脑记录资料,通过该登记单,可以明确员工打卡上班、下班、迟到、缺勤等情况,在审理案件中被使用,属于电子证据。

法律确定了电子证据的证据资格,但也规定了电子证据不具有单独的证明力,必须结合其他证据,才能作为认定案件事实的依据。也就是说,公司单独提交的《考勤打卡电脑记录单》单独并不能证明冯某旷工的事实,而是需要结合其他证据。所以公司同时提交了《出勤簿》和《批评教育通知单》,三份证据相结合达到证明冯某旷工违纪的事实,也就是公司出具了三份证据相互印证,才对公司主张的事实作出了确认。

冯某提交健康证明、病假单起不到反证作用。冯某在仲裁过程中,提交了青岛市某医院病假专用章的健康证明、病假单,这个证据是冯某身体健康状况的证明,能证明的方面有两个:(1)健康状况证明、病假单上记载的冯某健康以及患病情况;(2)看病当日冯某并不在单位上班。冯某提交的这两样证明,无法达到推翻公司提交的《出勤簿》、《考勤打卡电脑记录单》和《批评教育通知单》的证明效力,起不到反证的作用。

【专家提示】

电子证据随着人事管理手段高度信息化,给用人单位带来了很多的便捷,许多单位采取规章制度及相关通知在内部网上公示、录取手续通过网络完成、劳动合同通过电子邮件订立,工作安排以及请假通过网络邮件、即时通信工具进行批示等管理方式。对于电子证据的使用,应当引起劳动者与用人单位的足够关注。

【关联法条链接】

《民事诉讼法》第63条
最高人民法院《关于民事诉讼证据的若干规定》第22条
最高人民法院《关于行政诉讼证据若干问题的规定》第12条

94 劳动者恶意造成单位损失要赔偿

【分析解答】

劳动者恶意造成单位损失，是对公司利益的侵犯，应该承担赔偿责任。

【案情】①

2003年6月，王某进入北京某工业科技公司工作，双方签订了劳动合同，合同期限为5年，王某职务是公司的业务员，工资按底薪加提成的方式支付，并详细约定了计算方式。2007年3月21日，王某向科技公司发出离职邮件后自行离职。此后，公司在进行半年服务器维护时发现王某在离职前一天登录客户信息资料数据库，更改了上百家由王某开发的客户的联系信息，因数据库更改后无法自行恢复，给公司造成了难以计算的经济损失，遂起诉至北京市海淀区人民法院，要求王某赔偿科技公司为保全证据发生的公证费、经济损失等。

一审法院作出判决后，科技公司不服，向北京市第二中级人民法院提起上诉。二审中，经第二中级人民法院委托鉴定机构进行鉴定，鉴定机构出具《声像资料司法鉴定意见书》，鉴定结论为：发现并提取出存储的用户名为"王某"的用户于2007年3月20日8时21分58秒通过管理权限登录该数据库系统，先后共修改数据库记录132条；其中用户名为"王某"的用户在2007年

① 案例来源于中国法院网，根据需要做了适当改编。

3月20日8时21分至2007年3月20日9时3分的时间内使用登录授权登录,并对该服务器内置的数据库共做132条写记录。经对提取数据库文件的鉴定,该文件的记录在2007年3月20日10时(即人为修改后)后未发现人为修改的痕迹。

第二中级人民法院经审理认为,根据鉴定结论,可认定王某离职前篡改公司电脑数据库数据的事实,故工业科技公司要求王某赔偿损失请求应予支持。判决工业科技公司的公证费2500元、鉴定费用1万元均由王某负担。

【案例分析】

本案是由劳动者离职前篡改公司数据,而引发的劳动争议。案中主要涉及的法律问题是:王某篡改公司数据是什么性质?应承担什么责任?

王某篡改公司数据是对公司财产权利的侵犯,对给公司造成的经济损失应当依法予以赔偿,具体分析如下:

一、王某在工作期间开发的客户属于职务行为

王某与科技公司签订劳动合同后,根据劳动合同上约定的业务员职责开展工作。业务员的工作职责就是开拓市场,发展客户和销售渠道,客户资源是业务员的主要工作成绩体现。王某根据公司要求开拓出客户资源,公司根据王某的实际表现支付了王某相应的报酬,王某开发客户资源的行为是完成单位工作的表现,属于职务行为。王某所开拓的客户资源属于单位所有,客户资源带来的经济利益归于单位。

二、王某对其开发的客户资源掌握第一手信息

由于客户系王某开发,王某对客户的联系方式、联系人等最为熟悉,公司也是通过王某与客户进行联系、交流以及交易的,王某掌握客户资源,是由其工作决定的。王某对所掌握的客户资源信息,有审慎的保护和注意义务,防止公司的客户资源信息丢失,给工作带来不便或损失。

三、王某在离职前篡改客户资料主观上属于恶意

首先,王某已经决定了离开公司,这可通过其篡改客户资料第二天就离职来认定,也就是说王某已经做好了与公司解除劳动合同的准备。其次,王某篡改客户资料目的不是为公司提供便利或者牟利,公司是通过客户来达到盈利的目的的,客户资料更改后,公司无法联系上客户,给公司带来的是不便和损失。最后,王某对篡改客户的后果是明知的,其能预料到篡改客户资料的性质和后果,根据王某的工作内容以及认知能力,对此明知是没有疑问的。

四、王某篡改客户资料侵犯了公司合法经济权益,并造成了实际损失

王某篡改客户资料的目的是排除公司继续保有这些客户,阻断公司与客户之间的联系,使得双方无法继续进行经济行为。在未获得公司同意的情况下,擅自篡改客户资料的行为,不符合法律规定,属于违法侵犯公司经济权益的行为,实际上也使得客户数据无法恢复,给公司造成了较大的经济损失。

五、王某应当赔偿公司的损失

王某主观有篡改客户资料,阻止公司和客户联系的故意,客观上实施了上述行为,并且给公司造成了客观的经济损失,王某应当根据过错程度,承担相应的赔偿责任。在案件审理过程中,依法进行了司法鉴定,如果认定篡改客户资料的行为确实为王某所为,王某对鉴定费和取证费也应当予以承担。

【专家提示】

如果公司在制度上将这些客户资料列入保密范围并采取了相应的保密措施,该客户资料通过公开渠道是无法获得的,则就属于单位的商业秘密,王某离职后使用这些客户资料,可能就会涉及侵犯商业秘密,严重的可承担刑事责任。

95 证明员工缺勤是用人单位义务

【分析解答】

考勤记录是证明劳动者进行劳动的最基本证据，考勤制度的完善与否关系着劳资双方的直接经济利益。针对不同工种的劳动者，应当制定适合工作特点、便于操作的考勤制度，防止纠纷的发生。根据劳动和社会保障部《关于确立劳动关系有关事项的通知》（劳社部发〔2005〕12号）第2条的规定，考勤记录属于用人单位的举证责任。

【案情】

周女士是北京市某科技公司的地区销售经理，2005年12月1日，她和公司签订了《入职通知》，双方约定，周女士任深圳区域销售经理，试用期3个月，试用期工资为每月4200元。试用期届满后，周女士仍在该公司工作，月工资不变。自2006年4月1日起至2006年6月15日，公司就不再向其支付工资，在此情况下周女士被迫解除合同并向劳动争议仲裁委员会提起仲裁。因在仲裁委没有得到满意的结果，周女士又将公司起诉至法院，请求法院判令公司向其支付2006年4月1日至2006年6月15日的工资10,500元及经济补偿金2625元，支付解除劳动合同的经济补偿金4200元，并支付损失4200元。

在案件审理过程中，公司辩称，周女士在2005年4月11日至6月15日期间擅自离职，公司已向其支付了2006年3月的工资，并不拖欠其工资。因周女士系深圳区域销售经理，故单位未对其作严格的考勤管理,但其必须每周五与单位联系汇报工作。但是,公司并未向法院提交双方曾就此工作方式进行协商的证据,也未能提交充分证据证明周女士自2006年4月11日后一直未来公司上班。

法院认为,周女士与公司签订的《入职通知》,未违反法律规定,应属有效,双方均应严格履行各自的义务。该公司主张周女士自2006年4月11日后就未到公司上班,未向法院提交充分证据予以证明,故法院认可周女士一直工作至2006年6月15日。周女士以公司未按时向其支付2006年4月至6月15日期间的工资为由,提出辞职,符合《中华人民共和国劳动法》有关用人单位延付工资,劳动者可以提前解除劳动合同的规定。其要求公司向其支付上述期间的工资、经济补偿金、解除劳动合同的经济补偿金,于法有据,法院应予支持。法院终审判决公司支付拖欠的两个月工资10,500元(税后)及各项经济补偿金6825元。

【案例分析】

本案是由劳动者向用人单位索薪,而引发的劳动争议。案中涉及的主要法律问题是:如何认定劳动者已经履行了工作义务?

劳动者履行了工作义务,最直接的证据就是考勤制度。科技公司由于制度不完善,无法证明周女士未履行工作义务,应当承担举证不能的法律责任。理由如下:

一、双方签订的《入职通知书》具有准劳动合同性质

在周女士与科技公司签订的《入职通知书》中,对周女士的职位、工资、试用期等作了明确约定,该通知书的内容具备了劳动合同最基本的条款,能够证明周女士与科技公司之间属于劳动合同关系,可视为一个准劳动合同。

根据《劳动合同法》的规定，周女士与科技公司应当签订书面的劳动合同，这里所讲的书面劳动合同，不仅形式上要求是“劳动合同书”，内容上也应当具备工作岗位、报酬、期限、劳动条件等劳动合同实质内容。

二、周女士主张劳动报酬的前提是其履行了工作义务

劳动报酬是劳动者在用人单位进行了职位工作后应获得的酬劳。劳动报酬是劳动的对价，是劳动者付出劳动后获取的，付出劳动是获取报酬的前提。只有证明周女士在2006年4月1日起至2006年6月15日在科技公司进行了工作，才可以向科技公司主张工资、经济补偿金。

根据《劳动争议调解仲裁法》的规定，发生劳动争议，当事人对自己提出的主张，有责任提供证据。按照上述法律规定，周女士对自己在2006年4月1日起至2006年6月15日履行了工作义务，负有提供证据证明的义务。

三、科技公司对周女士辞职负举证责任

科技公司如能证明周女士在2006年4月11日起至2006年6月15日期间擅自离职，没有给公司提供劳动，并且属于严重违反单位规章制度的行为，周女士就无权获得相应劳动报酬。科技公司与周女士的举证共同指向了周女士是否在那两个月履行了工作义务。

四、科技公司承担的证明责任大于周女士

根据《劳动争议调解仲裁法》的规定，与争议事项有关的证据属于用人单位掌握管理的，用人单位应当提供；用人单位不提供的，应当承担不利后果。周女士是否履行工作，有两方面证据可以证明：一方面是周女士的考勤情况；另一方面是周女士的工作成果。

由于周女士工作职位是深圳区域销售经理，科技公司不可能在北京对其进行考勤登记,但周女士在深圳也未进行考勤登记,这就要看科技公司是否有对外地工作的职员进行考勤的制度。深圳销售部门有考勤登记的话,就可从其上面直接反映周女士是否工作,但深圳并没有考勤记录。而工作成果是个不确定的衡量证据,如果周女士有销售业绩,那么就能反映出来,如果周女士没有销售业绩,对其是否进行工作,却无法证实。

五、科技公司应承担举证不能的败诉后果

由于科技公司无法提交周女士工作的考勤记录,无法证明周女士擅自离岗,法律推定周女士进行了工作,遂判决科技公司败诉。

【关联法条链接】

《劳动争议调解仲裁法》第6条、第39条

96 劳动仲裁时效的法律规定

【分析解答】

《劳动争议调解仲裁法》规定劳动争议申请仲裁的时效为1年。2008年5月1日生效的《劳动争议仲裁调解法》，将劳动争议申请仲裁的时效从《劳动法》规定的60日延长至1年，这是法制适应社会发展的结果。《劳动法》规定申请仲裁时效为60日，是为了尽快解决劳动者与用人单位的劳动争议，但在司法实践中，60日的申请仲裁时效太短，劳动者在权利被侵害后，稍不留神就超过了时效规定，申请仲裁后，往往出现不利的裁决结果，《劳动法》迅速有效地解决劳动争议的立法本意没有得到体现，反而使得更多的劳动者权益无法得到保护，加剧了劳动关系双方的矛盾。

为了解决《劳动法》实际遇到的问题，最高人民法院在司法解释中，对劳动争议的发生之日作了具体规定，来完善法律，便于司法操作。《劳动争议调解仲裁法》的出台，将申请仲裁的时效延长至1年，更有利于劳动关系双方对争议的解决，更有利于劳动者维权，是法制的一大进步。

【案情】①

2007年4月5日，当时23岁的常某与北京市某商贸公司签订了劳动合同，合同期限为两年，常某担任开发拓展部经理职务，工资每月3000元。然而，从2007年5月起，公司就开始拖欠员工工

① 案例来源于中国法院网，根据需要做了适当改编。

资。2007年11月13日,常某从公司离职。公司一直拖欠着常某三个多月(2007年8月到11月13日)的工资。常某曾多次与公司总经理协商,均无结果。和常某有着同样经历的还有原单位的其他三位同事。无奈之下,2008年3月,常某向北京市朝阳区劳动争议仲裁委员会提起了申诉,但是,3月25日,劳动仲裁委以申诉超过60日时效为由,不予受理常某的申诉。无奈常某又将公司起诉至朝阳区人民法院,要求公司支付拖欠的工资、各种补贴,并给付经济补偿金。

庭审中,该公司辩称,一方面,常某的起诉未经过仲裁裁决,其起诉不符合规定;另一方面,起诉也已经超过了60日的时效规定。法院经审理认为,用人单位应当以货币形式按月支付劳动者工资,不得克扣或者无故拖欠劳动者的工资。公司应当补发拖欠员工的工资。关于是否超过申诉时效的问题,法院认为,2008年5月1日实施的《劳动争议调解仲裁法》规定了劳动争议申请仲裁的时效期间为一年,故原告主张的诉讼请求并未超过该法规定的申诉时效。因被告未及时发放工资,故应当支付拖欠工资25%的经济补偿金。最终,法院支持了常某的诉讼请求,判决公司支付常某工资、加班费以及经济补偿金。

【案例分析】

本案是因用人单位拖欠支付劳动者工资而引发的劳动争议,是劳动争议的程序法问题。案中主要涉及的法律问题是:劳动争议的申请仲裁的时效应如何计算?

申请劳动仲裁的时效,是决定本案当事人的劳动权利能否获得保障的关键,本案根据《劳动争议仲裁调解法》,常某与公司的劳动争议,在法定的申请仲裁时效之内,其劳动权利应当予以保护。理由如下:

一、公司拖欠常某工资属于劳动争议事项

常某与商贸公司签订劳动合同后，在双方之间就形成了劳动法律关系，在常某为公司付出正常劳动后，公司就应当按照规定支付常某劳动报酬，公司拖欠常某的工资，根据《劳动法》和最高人民法院《关于审理劳动争议案件适用法律若干问题的解释（二）》的规定，劳动者就工资拖欠引发的纠纷，属于劳动争议的范围。

二、《劳动法》规定的劳动争议申请仲裁的时效为60日

《劳动法》规定，劳动争议当事人申请仲裁的期限为60日，自劳动争议发生之日起计算。就本案涉及的拖欠工资纠纷，根据最高人民法院《关于审理劳动争议案件适用法律若干问题的解释（二）》，视具体情况来认定劳动争议仲裁时效的起算日期。

常某是在劳动关系存续期间被公司拖欠支付工资的，在双方劳动关系终止后，公司应当及时支付拖欠常某的工资，完结双方债权债务。常某的仲裁申诉时效通常应在这个时候开始起算，但常某多次找公司领导协商欠款的情节，是主张权利行为，其仲裁申诉时效应当因主张权利而中断，只要常某最后一次向公司主张权利到常某向劳动仲裁委员会提起仲裁，中间不超过60日，那常某的仲裁申诉都在法定的时效之内，劳动仲裁委都应当受理。

三、公司应当支付拖欠常某的工资、加班工资以及经济补偿金

公司在常某付出劳动后，就应当及时地支付常某相应的工资、加班工资，在与常某解除劳动合同后，应当将经济补偿金也予以支付。公司不仅没有支付，还以常某的起诉没经过仲裁违反程序规定和超过60日的申请仲裁时效予以抗辩，既不符合法律规定，也不符合商业道德规范。

【专家提示】

本案主要涉及两部效力等级相同的法律，就相同事项作了不同规定的法律适用问题,根据法律适用的新法优于旧法的原则,应当在新法生效后适用新法,在新法生效前,适用过去的法律。

【关联法条链接】

《劳动法》第82条

《劳动争议调解仲裁法》第27条

97 用人单位口头通知解除劳动关系是否有效的问题

【分析解答】

用人单位解除合同应当履行法定程序。用人单位因劳动者在试用期间被证明不符合录用条件的；严重违反劳动纪律或者用人单位规章制度的；严重失职，营私舞弊，对用人单位利益造成重大损害的；被依法追究刑事责任的，可单方与其解除劳动关系。但必须履行法定的解除程序，即用人单位要提前30日书面通知劳动者或者额外支付1个月的工资给劳动者，并且要将解除劳动关系的理由、时间加以说明。法律规定是为了提前将解除劳动关系的内容让劳动者得知，便于劳动者重新就业或者提出申辩，防止用人单位利用经济上的支配地位肆意地剥夺劳动者的权利。

【案情】①

2007年3月6日，江苏省沭阳县农民穆某，男，43岁，经人推荐到青伊湖镇某卫生院工作，负责儿童保健，月工资600元左右，但未签订书面的劳动合同。穆某在卫生院工作期间，感到节假日、休息日加班工资太低，卫生院在安排学习、培训及工资增幅等方面有歧视，多次向卫生院领导提及此事，卫生院领导却置之不理，穆某因此与卫生院领导常发生矛盾。2007年8月27日，卫生院领导又因工作与穆某发生争执，随即口头通知将穆某辞退，并要求穆某

① 案例来源于中国法院网，根据需要做了适当改编。

立即结清工资离开卫生院,穆某当日结清工资等离开卫生院。2007年9月14日,穆某向劳动仲裁部门申请劳动仲裁,要求恢复劳动关系,如果不能恢复,则要求卫生院按法律规定支付经济补偿金。仲裁机构对该案不予受理。

2007年10月25日,穆某以相同要求向沭阳县人民法院提起民事诉讼。被告青伊湖镇某卫生院辩称,原告穆某拒绝领取2007年8月的工资,妨碍被告卫生院开早会,且被告卫生院未与穆某签订劳动合同,不同意原告的诉讼请求。沭阳法院一审后认为,原告穆某向被告提供劳务并接受其管理、指挥与监督,被告向原告支付劳动报酬,双方形成事实劳动关系。被告于2007年8月27日将原告辞退,原告当日结清工资离开卫生院,双方的事实劳动关系实际已终止。原、被告之间应当订立书面劳动合同而未订立,若用人单位继续使用该劳动者的,应当与劳动者协商订立书面劳动合同。现原、被告双方矛盾激化,被告表示不同意继续聘用原告,双方不能就建立合法的劳动关系协商一致,故对原告要求被告恢复其劳动关系的诉讼请求,不予支持。但被告作为用人单位,其单方提出与原告终止劳动关系,应当按照劳动者在本单位的工作年限,发给劳动者经济补偿金。因调解不成,法院一审判决,驳回原告要求恢复劳动关系的诉讼请求。被告于判决生效后3日内支付原告经济补偿金600元。

穆某不服沭阳县人民法院的一审判决,上诉至宿迁市中级人民法院,经审理判决撤销沭阳县人民法院对此案的一审判决,沭阳县青伊湖镇某卫生院以口头形式作出的解除与穆某劳动合同的决定无效。

【案例分析】

本案是因用人单位口头通知劳动者解除劳动关系而引发的纠

纷。案中主要涉及的法律问题是：用人单位口头作出的解除劳动合同的通知是否有效？

用人单位解除劳动合同应当按照法定程序进行，青伊湖镇某卫生院解除与穆某的劳动关系不符合法律规定，应当认定行为无效。具体理由如下：

一、穆某与卫生院已形成了事实劳动关系

简言之，事实劳动关系是指没有书面合同形式的劳动关系。只要用人单位和劳动者主体符合法律规定，并且用人单位依法制定的各项劳动规章制度适用于劳动者，劳动者受用人单位的劳动管理，从事用人单位安排的有报酬的劳动，就属于事实劳动关系。本案中穆某经人介绍后进入卫生院，从事卫生院安排的儿童保健的工作，穆某在卫生院中遵守规章制度，按月领取工资600元，虽然双方没有签订劳动合同，但从以上事实，可知双方已形成事实劳动关系，这是适用劳动法律法规的前提。

二、用人单位口头解除劳动合同违法，不具有法律效力

穆某在卫生院工作期间，虽然对卫生院所给付的报酬不满，但是并没有为此而严重违反单位的规章制度，卫生院在穆某不符合《劳动法》中关于用人单位单方解除劳动合同的条件下，解除与穆某的事实劳动关系，本身就是错误的。并且卫生院也没有履行法定的解除劳动合同的程序，既没有提前30日通知穆某，也没有说明解除劳动合同的原因和时间，更没有支付穆某一个月的劳动报酬，完全不符合解除劳动合同的法律规定，侵犯了穆某的合法劳动权益。

【专家提示】

解除劳动合同要履行法定的程序，如果未履行法定程序，将会导致解除行为违法，违法的行为自始不发生法律效力，给对方带来的损失还要负责赔偿。

如果用人单位未履行法定解除劳动合同的程序,而劳动者又不希望恢复双方的劳动关系,可同意解除劳动合同,但要根据自己的工作时间和收入,向用人单位主张经济补偿金和代通知的工资。

【关联法条链接】

《劳动法》第25条、第40条、第46条

98 原单位丢失档案资料应否担责的问题

【分析解答】

一、用人单位对劳动者的档案资料具有妥善保管的义务

劳动者的人事档案对用人单位来说,是劳动者历史的真实记录,通过档案,可以清楚地了解过去的工作轨迹,为领导决策和管理提供参考和依据。而对于劳动者来说,工作调动、出国政审、职称评审、工资调整、劳动保险、党团关系以及离退休手续的办理、各项证明的出具等手续都将以档案材料的审核为重要依据。

根据《企业职工档案管理工作规定》规定,用人单位具有为劳动者建立档案、收集档案材料(如合同资料、奖惩情况等)、妥善保管档案的义务。用人单位在履行以上义务时,一定要做到认真、细致,保证劳动者档案的真实和完整。防止档案丢失、灭失这是最基本的保管义务。

二、办理劳动者档案转移是用人单位的法定义务

根据《劳动合同法》的规定,用人单位应当出具解除或者终止劳动合同的证明并在15日内为劳动者办理档案和社会保险关系转移手续。并且在《企业职工档案管理工作规定》中,也对用人单位在劳动者离开单位,应及时地将其档案转出作了规定。档案留存在用人单位,是因双方具有劳动关系,当双方的劳动关系终止后,用人单位也就丧失了保存劳动者档案的条件和依据,及时转移劳动者档案,是用人单位的法定义务。

三、劳动者档案转移是续缴养老保险的条件

用人单位在劳动关系建立后,劳动者的劳动档案会转入用人单位,用人单位凭劳动关系为劳动者办理养老保险的缴纳手续,档案的转入就成为用人单位为劳动者缴纳养老保险的前提条件。在没有劳动者档案的情况下,无法为劳动者办理养老保险。

综上所述,原单位丢失档案资料应承担赔偿责任。

【案情】①

肖某与北京市某城建公司于2002年1月签订了解除劳动合同书,肖某解除劳动关系后一直未办理档案转移手续,后城建公司通知肖某因档案中的进京审批表遗失而无法办理档案转移。直至2007年10月,该城建公司才将其档案转至街道办事处。由于该城建公司的过错,导致肖某5年零11个月没有缴纳社会保险,致使其无法领取失业救济金,同时也给再就业带来障碍。肖某向北京市西城区劳动争议仲裁委员会申诉,仲裁委以不属于劳动争议为由不予受理。故肖某起诉至北京市西城区人民法院,要求城建公司赔偿经济损失8万元及精神损失费2万元。

该城建公司辩称,劳动关系解除后,肖某提出将其档案留在公司,等待肖某找接收单位。2002年5月,按照北京市劳动局国企会议中要求进一步理顺劳动关系的精神,公司通知肖某尽快寻找接收单位,否则将其档案转到街道办事处。2002年9月,公司进行对肖某档案的转档工作,因其档案中缺少进京审批表,朝阳职介不接收肖某的档案。直至2007年10月23日,朝阳职介不再要求转档必须有进京审批表,公司才将肖某的档案转移。肖某档案的迟延转移是客观原因造成的,公司不应承担责任,不同意肖某的诉

---

① 案例来源于中国法院网,根据需要做了适当改编。

讼请求。

经审理查明,双方诉辩称情况均属实。法院认为,劳动部、国家档案局在《企业职工档案管理工作规定》中规定:企业职工调动、辞职、解除劳动合同或被开除、辞退等,应由职工所在单位在1个月内将其档案转交其新的工作单位或其户口所在地的街道劳动部门。被告城建公司作为用人单位,负有妥善保管和在劳动关系解除或终止后及时转移职工档案的义务。虽然被告城建公司已积极为原告肖某办理了档案转移手续,但因材料不全致使原告肖某的档案未能及时转移,在事实上给原告造成了损害,被告应给予适当的补偿。原告要求的赔偿数额于法无据,法院综合考虑各方面的因素,判决被告补偿原告人民币1万元。

【案例分析】

本案是因用人单位丢失劳动者档案资料,导致无法办理档案转移手续,而引发的劳动争议。案中主要涉及的法律问题是:用人单位保存劳动者档案、办理转移手续的责任是什么?

案中用人单位丢失劳动者档案资料,导致劳动者档案5年11个月无法办理转移手续,劳动者无法缴纳社会保险,用人单位应当承担过错责任,对劳动者的损失予以赔偿。

本案中,用人单位应承担过错责任。公司因自身过错,将肖某档案中的“进京审批表”遗失,导致肖某的档案无法转出长达5年零11个月时间,直到北京市在档案调动过程中取消对“进京审批表”的要求,公司理应对肖某进行赔偿。

在赔偿的数额上,要考虑劳动者的养老保险构成是由国家、单位、个人共同负担的,肖某以及新劳动单位并没有缴纳养老保险费用,公司承担的赔偿范围,应为肖某未缴纳社会养老保险期间的滞纳金。法院作出的判决符合案件事实与过错赔偿责任的法律精神。

【专家提示】

人事档案的存放涉及的法律问题是不太引起人们注意的,并且在流动人口中,是采用人才交流中心托管档案的方式进行。虽然劳动者本人并不具有保存档案的权利,但人事档案中资料的真实性、完整性与当事人关系重大,需要引起用人单位以及劳动者的更多关注。

【关联法条链接】

《劳动合同法》第50条

99 执业证被借用解决方式

【分析解答】

执业资质是指政府对某些责任较大,社会通用性强,关系公共利益的专业(职业)实行准入控制,是依法独立开业或从事某一特定专业(职业)学识、技术和能力的必备标准。执业证被企业借用,企业应该履行义务,保证劳动者能享受到相应的权利,不能因此而侵犯劳动者的就业权。

【案情】①

2002 年 5 月,上海市居民钱先生通过考核获得上海房产经纪人执业证书。适逢一家房地产中介公司筹建,而根据规定开办该类公司的必须具备 5 张房产经纪人执业证书,于是其便想到了"借用"钱先生的证书。同年 7 月,中介公司将钱先生的房产经纪人执业证书登记在其单位名下,并为钱先生缴纳了当月的社会保险费。2002 年 9 月,双方又签订一份 1 年期的劳动合同,但钱先生从未到公司上班,亦未领取工资。至今,钱先生的房产经纪人执业证书仍登记在该中介公司名下。

2008 年 3 月 21 日,钱先生向劳动争议仲裁委员会申请仲裁,要求中介公司注销他的房产经纪人执业证书登记备案,未被受理。钱先生遂于 3 月 26 日诉至法院。法庭上,中介公司表示同意从工商部门注销钱先生的房产经纪人执业证书登记备案。但由于公司

① 案例来源于中国法院网,根据需要做了适当改编。

存续必须要具备5张房产经纪人执业证书,希望钱先生能给予一定时间宽限让其准备。

法院经审理后认为,房产经纪人执业证书是钱先生参加与该证书相关行业就业的必备条件之一。鉴于双方未真正建立劳动关系,而中介公司将钱先生的执业证书登记在其单位名下,有可能会侵害钱先生的就业权。现钱先生要求公司从工商部门注销其房产经纪人执业证书登记备案,中介公司表示同意,法院予以支持。对于中介公司要求给予合理的宽限期,法院认为,因双方并无劳动关系,故中介公司应预见钱先生随时可能要求其注销证书的登记备案,而为此早做准备。从2002年7月登记之时至今已近六年,中介公司应已完全做好准备,故其提出要求再给予宽限期,法院难以支持。据此依法判决,中介公司应向工商部门办理钱先生的房产经纪人执业证书登记备案注销之手续。

【案例分析】

本案是因劳动者的执业资质证书被借用,导致自身无法从业而引起的劳动争议。案中主要涉及的法律问题是:劳动者的执业资质证书能否被借用?

应首先确认钱先生与中介公司之间无劳动关系,中介公司借用钱先生的执业资质证书不符合从业法律规定,应当为钱先生办理注销登记手续,理由如下:

一、执业资质证书是劳动者从业的必备条件

本案中所涉及的房产经纪人执业证书就是房地产经纪行业中,作为从业资质的证书。

并且成立房地产中介公司,必须具备5张房产经纪人执业证书,这是行政部门对设立房地产中介机构的专业人员要求,该要求的目的是要房地产中介机构具备有 5 名符合房地产经纪人资质的专业人员，便于业务的开展和技能的专业化服务。

二、钱先生出借房地产经纪人执业证书不符合法律规定

设立房地产中介机构，要求具有 5 名房地产经纪人执业资格证的人，不是为了收集执业资格证书，而是为了保障房地产服务的专业化、技术化，为了保障服务对象的合法权益，为了规范行业管理。钱先生出借了房地产经纪人执业资格证书，但实际上并不是该房地产中介公司的发起人，也不是该中介公司的从业人员，不符合法律设立房地产中介须 5 名房地产经纪人执业资格证书的实质精神。双方属于以借用执业资格证书的形式，达到非法注册中介公司的目的。

三、钱先生与中介公司不是劳动关系

劳动关系的设立须双方签订书面劳动合同，并且符合劳动关系的实质才行。钱先生与中介公司在出借执业资格证书后，虽然中介公司为其缴纳了 1 个月的养老保险，但钱先生始终没有到中介公司上过班，也没有为中介公司提供过任何的劳动，他们双方并不存在劳动关系的实质内容，不属于劳动关系，中介公司为其缴纳养老保险的行为，属于借用钱先生执业资格证书的酬劳。

四、中介公司侵犯了钱先生的就业权利

按照行业规定，房地产经纪执业资格证书只能登记在一个单位名下，并只能在登记的单位开展经纪工作。该中介公司借用钱先生的执业资格证书，导致钱先生只能到该中介公司工作，而不能到其他同行单位进行工作；实际上钱先生并没有去该中介公司上班，而该中介公司不协助钱先生办理注销登记，导致钱先生无法从事房地产经纪工作，侵犯了钱先生的就业权。

五、中介公司应当为钱先生办理注销登记手续

中介公司借用钱先生的执业资格证书，进行违法注册的行为本身,就是不符合法律规定的,中介公司至少应在钱先生向其主张注销登记后,及时地为其办理相关手续。

【专家提示】

通常的劳动争议是要求确认双方的劳动关系合法性,从而要求保障劳动者的劳动权利,而本案是要求确认双方不具有合法性,从而保护劳动者的就业权利。我们要注意到劳动权利的存在前提,是存在或不存在劳动法律关系,而不是必须具有劳动关系才享有劳动权利。

100 集体合同不履行,工会能提起法律程序

【分析解答】

一、工会是与用人单位签订集体劳动合同的"法定部门"

根据《劳动法》、《劳动合同法》的规定,只有用人单位在没有建立工会的情况下,集体合同才会由劳动者推荐代表和用人单位签订,凡是设立工会的用人单位,集体劳动合同由工会代表企业职工一方与用人单位签订。根据《工会法》的规定,用人单位都应当依法设立工会,工会是保护职工权益的组织。工会的职能是保护企业职工的合法权益,代表企业职工与用人单位签订劳动合同是工会行使保护职工合法权益的职能之一。并且法律也规定了,设立工会的用人单位,集体合同是由工会和用人单位进行签订的。

二、工会与用人单位签订集体劳动合同的程序必须合法

根据《劳动合同法》的规定,集体合同必须履行了以下程序后,才能够符合法律规定:

首先是工会拟写集体合同草案;工会通常签订的集体合同涉及所有职工都能适用的关于劳动报酬、工作时间、休息休假、劳动安全卫生、保险福利待遇等方面的内容。工会应当把以上内容结合企业以及职工的实际情况,站到职工角度予以充分考虑拟定集体合同草稿。

其后,工会应当将拟写的集体合同草案提交职工代表大会讨论通过。工会代表的是职工的权益,在工会拟写的集体合同草案中能否体现工会的职能,以及该集体合同草案中是否有侵害职工

的权益的内容,都需要职工通过代表大会的形式进行讨论通过,这样才符合职工的意愿。

其次是将职工代表大会通过的集体劳动合同草案与用人单位协商签订。这是集体合同成立的关键,集体合同的签订是职工与企业双赢的合同,找到利益的平衡点是签订集体劳动合同的关键。合理把握签订集体劳动合同的关键,妥善与用人单位进行协商,签订集体合同,也是工会价值的体现。

最后由工会和用人单位签订好的集体合同应当报送劳动行政部门审核。劳动保障部门对集体劳动合同的内容以及签订程序行使行政监督权,保障集体劳动合同成立的合法性,经过审核无误,该集体劳动合同就能发生法律效力,广泛地适用于用人单位的所有劳动者。

三、工会可作为申诉主体向劳动争议仲裁委员会主张权利

通常来讲,只有权利享有人才能作为提起法律程序的主体,工会作为非当事人,只能在当事人的授权下才可以提起法律程序来维护职工权利。但是《劳动合同法》赋予了工会以自己的名义提起劳动仲裁以及起诉的权利。也就是说,工会发现了棉纺集团拖欠职工社会保险费的事实后,以自己的名义向劳动争议仲裁委员会提起申诉,是符合法律规定的。

【案情】

河南省某棉纺集团拥有职工3246人,是该省大型纺织企业,该企业无论从生产经营规模还是从销售产值来说,都在该省纺织行业中名列前茅,先后获得了多项企业大奖,所有企业职工先后与企业签订了劳动合同。2005年9月5日,经过多次磋商,棉纺集团与集团工会签订了集体合同,并于9月29日报经劳动行政部门审查通过。该集体合同规定:“公司根据国家有关规定,为员工办理社会统筹保险，并按时足额缴纳养老、工伤、生育、失业等保险费。工会有权监督，并向职工定期公开。”

棉纺集团每月从职工工资中按规定扣缴了个人应缴的社会保险费，却没有及时上缴职工已缴给企业部分和企业应缴的社保费。截至2007年3月底，企业累计欠缴社会保险费5,219,828.71元，其中养老保险费4,955,140.34元、工伤保险费132,397.22元、生育保险费28,421.39元、失业保险费103,869.76元。工会发现棉纺集团拖欠职工社会保险后，多次派人与集团领导协商，希望棉纺集团尽快将职工的社保缴纳齐全。正好企业上马了几条新的生产线，占用了大量的资金，一时无法筹到为职工补缴社会保险费的钱款，就一拖再拖，迟迟不能缴纳职工的社保费。2007年4月，棉纺集团工会委员会向劳动争议仲裁委员会申请仲裁，要求棉纺集团补缴拖欠的社会保险费。棉纺集团向劳动争议仲裁委员会讲述了集团的发展规划以及当前的财务状况，表示不是不愿意为职工缴纳社会保险费，而是当下无法筹备缴纳社会保险费的款项，希望劳动争议仲裁委员会体谅企业的难处，以保障企业顺利发展为念，协调工会推迟社会保险费的缴纳。

仲裁委在受理此案后依法组成仲裁庭，经审理后认为，本案属于履行集体合同发生的争议，申诉人集团工会要求补缴社会保险费的请求应予以支持。被诉人棉纺集团的抗辩理由不符合法律规定，依法不能成立，遂裁决棉纺集团公司依法补缴拖欠职工的社会保险费5,219,828.71元。

【案例分析】

本案是由用人单位订立集体劳动合同后，拖欠职工社会保险费，工会替职工维护权益而引发的劳动争议。案中涉及的主要法律问题是:工会能否替职工维护缴纳社会保险费的权利?

虽然集团工会没有接受职工的委托,但是法律赋予了工会签订集体劳动合同、监督集体劳动合同的执行,以及发现侵犯集体合同权益行为的维权的权利。集团工会的一系列行为都是符合法律规定的,而棉纺集团无论是因企业发展或是其他理由拖欠应当缴纳的职工社会保险费,都是不符合法律规定的,应当承担依法补缴的法律责任。

就本案而言,棉纺集团应当为劳动者补缴社会保险费。棉纺集团为劳动者缴纳社会保险费属于其法定义务,棉纺集团履行该义务应当及时、足额,不能以生产建设为由进行拖欠,社会保险费是国家强制险,是保障劳动者生产、生活的法定项目。棉纺集团与工会订立的集体劳动合同履行了合法程序,发生相应的法律效力。当棉纺集团拖欠劳动者社会保险费用,工会依法代表劳动者维权时,棉纺集团就不应当再以理由加以推托,并且由于棉纺集团拖欠社会保险费造成的滞纳金损失,也应当由纺织集团承担。

【专家提示】

虽然法律规定了工会保障劳动者权益的内容,但是在司法实践中,真正使用的却不多,现在很多企业的工会都被企业所把持和掌握,很难张口为劳动者维护权利。光有关于工会的法律的规定,恐怕还远远不够,如何能调动工会行使职能才是关键所在。

【关联法条链接】

《劳动合同法》第51条、第52条、第54条、第55条、第56条
《劳动法》第33条

101 没进行工伤认定，能否依法维权的问题

【分析解答】

一、受伤职工在未经工伤认定的情况下，能否直接以劳动争议为由向人民法院提起诉讼

工伤认定和工伤等级鉴定是处理工伤劳动争议的两个不可或缺的必要前提条件。根据《工伤保险条例》的规定，劳动者或用人单位对工伤认定结论不服的，可以依法申请行政复议；对复议决定仍不服的，可以提起行政诉讼。可见工伤认定属于劳动保障行政部门的职责和权限，它是一种行政行为。

人民法院在审理劳动争议案件中无权对劳动者是否构成工伤作出认定，也无权改变劳动保障行政部门的工伤认定结论，这也就是我们常说的司法权不干预行政权。因此，受伤职工在未经工伤认定的情况下，以劳动争议为由向人民法院提起诉讼的，人民法院应裁定不予受理或驳回起诉。

二、因受伤职工未经工伤认定而申请劳动仲裁，劳动仲裁部门以其申诉材料不齐全为由不予受理，能否视为仲裁部门已对该劳动争议作出处理

最高人民法院在《全国民事案件审判质量工作座谈会纪要》中明确规定："对于劳动争议仲裁委员会作出的不予受理通知或决定、裁决的，可视为劳动争议仲裁机构已对该劳动争议作出处理，当事人对该不予受理的通知不服，向人民法院起诉的，人民法院应予受理。"

【案情】

原告自2001年11月经人介绍到被告某公司工作,双方签订了为期1年的劳动合同,但未依法办理各项社会保险。2002年12月24日原告在正常操作机械的过程中,因机械故障导致右肢严重受伤,后经住院手术治疗。原告受伤后,被告一直没有为原告申报工伤,2004年7月原告右肢所受损伤经该市劳动能力鉴定委员会鉴定,作出受伤致残程度鉴定为六级的结论。原告在向劳动仲裁委员会申请仲裁被不予受理的情况下,向法院提起诉讼,要求被告立即给付医药费、护理费、住院伙食补助费、工伤津贴及伤残抚恤金等合计人民币173,427元;案件诉讼费由被告负担。

被告辩称:原告在其损伤未经劳动保障行政部门进行工伤认定的情况下,向法院起诉要求被告按工伤保险待遇标准对其进行赔偿,不属人民法院受理案件范围,请求法院驳回原告的起诉。

法院经公开审理后认为,工伤认定和工伤等级鉴定是处理工伤劳动争议的两个不可或缺的必要前提条件。根据国务院《工伤保险条例》的规定,用人单位未按规定提出工伤认定申请的,工伤职工或其直系亲属、工会组织可在事故伤害发生之日起1年内直接向用人单位所在地统筹地区劳动保障行政部门提出工伤认定申请。劳动者或用人单位对工伤认定结论不服的,可以依法申请行政复议;对复议决定仍不服的,可以提起行政诉讼。因此,工伤认定属于劳动保障行政部门的职责和权限,人民法院在审理劳动争议案件中无权对劳动者是否构成工伤作出认定,也无权改变劳动保障行政部门的工伤认定结论。

本案中,原告右肢受伤属实,但其在未对该损伤是否属工伤进行认定的情况下,即以工伤争议赔偿为由向本院起诉,要求被告某公司给予工伤保险待遇,不符合我国法律所规定的起诉条件,原告可通过行政救济途径解决。据此,法院依照《民事诉讼法》第108条第4项的规定,驳回原告的起诉。

一审宣判后,原、被告双方均未上诉。

【案例分析】

本案是由于劳动者受伤后,用人单位没有申报工伤认定,劳动者也没有申请工伤认定,而导致的维权纠纷。本案涉及的主要法律问题是:未经过工伤认定,劳动者的权利能否得到法律保护?

本案的原告在目前的情况下是无法通过民事途径对自己所受损伤进行救济的。工伤认定属劳动保障行政部门的职责和权限,无论是《工伤保险条例》还是《工伤认定办法》对用人单位或职工就发生工伤事故后应如何进行工伤认定申请以及用人单位未履行工伤认定申请义务所应承担的责任等都有明确规定。具体作如下分析:

1. 本案劳动仲裁部门在接到原告申诉材料后,单以申诉材料不齐全,就作出了不予受理决定。而不予受理通常适用在不属于劳动争议的纠纷上;属于劳动争议的,应当进行立案受理,在开庭发现其材料不足的情况下裁决其败诉,就属于劳动仲裁处理过了,在没有具体立案之前就直接不予受理,并不符合法律规定。

2. 原告的请求无法得到支持。本案原告在没有履行工伤认定、工伤鉴定的情况下,不符合往下追索工伤待遇的条件,而工伤认定、工伤鉴定属于权利救济的前置程序,并且其结果会直接被作为审理案件的依据。在当事人没有履行相关程序的情况下,法院是无法直接认定是否属于工伤的,并且又不能像交通事故那样,抛开交通事故认定,而以证据的有效性来助推审理进行,毕竟劳动法律关系和其他法律关系,在调整的社会人群方面,还是存在很大差异的。

【专家提示】

笔者建议受伤职工在发生工伤事故后,应积极、及时向有关部门提出工伤认定申请,对认定不服的,依法进行复议或提起行政诉讼,通过行政途径来自行救济。当然,若对仲裁结果不服,可依法向法院提起诉讼。因为法院具有最终司法裁决权。

【关联法条链接】

《工伤保险条例》第53条

102 劳动者对工伤认定不服能否直接起诉的问题

【分析解答】

工伤行政确认案件，行政复议是否为提起行政诉讼必经的前置程序，是目前在行政诉讼中遇到的一个较普遍的问题，各地法院做法不一致。国务院《工伤保险条例》实施前，行政复议不是提起行政诉讼必经的前置程序，劳部发〔1996〕266号《企业职工工伤保险试行办法》规定：对工伤行政确认不服，按照行政复议和行政诉讼的有关法律、法规办理。实践中对工伤行政确认不服，申请行政复议的较少，大多数直接向法院提起行政诉讼，因工伤行政确认类案件不断增长，加大了人民法院的工作负担。国务院《工伤保险条例》于2004年1月1日施行，该条例第53条第1项规定，申请工伤认定的职工或其直系亲属、该职工所在单位对工伤认定结论不服的，有关单位和个人可以依法申请行政复议；对复议决定不服的，可以依法提起行政诉讼。对第53条怎样理解，是本案处理的关键。

【案情】[①]

农民工丁长江于2004年11月6日向某市劳动局申请工伤认定，市劳动局于2004年12月21日作出宜劳社工认(2004)第369号《工伤认定决定书》，该决定书确认以下事实：2004年10月26日，由宜昌久丰制网有限公司（以下简称久丰制网公司）安排丁长

① 案例来源于中国劳动保障网，根据需要做了适当改编。

江到浙江省衢州市双堂头村生产加工基地编网,扎钢筋时,钢筋反弹将其右眼扎伤。事发后,丁长江到当地集古医院治疗,因无钱而转回宜昌市万寿医院治疗。诊断为右眼内容剜除术后。

市劳动局根据国务院《工伤保险条例》的规定,认定丁长江为工伤,并告知久丰制网公司,若对本决定不服,可在收到本决定书之日起60日内向市人民政府或省劳动和社会保障厅申请行政复议,对复议不服的向西陵区人民法院提起行政诉讼。即告知了久丰制网公司复议是前置程序。

市劳动局于2005年1月28日送达至久丰制网公司,该公司在复议期内,未申请行政复议。2005年6月2日,久丰制网公司作为原告以市劳动局(作为被告)作出具体行政行为时未告知起诉期限为由直接向西陵区提起行政诉讼。

一审西陵区人民法院经审理认为:根据国务院《工伤保险条例》的规定,申请工伤认定的职工或其直系亲属、该职工所在单位对工伤认定结论不服的,有关单位和个人可以依法申请行政复议;对复议决定不服的,可以依法提起行政诉讼。

原告久丰制网公司对被告市劳动局作出的上述工伤认定结论不服,应先向有关部门申请行政复议,对复议决定不服的,再向人民法院提起行政诉讼。原告未经复议前置程序,而直接提起行政诉讼,依法应裁定驳回原告起诉。原告称根据劳动和社会保障部《工伤认定办法》第19条的规定,对工伤认定不服,行政复议不是提起行政诉讼必经的前置程序。因该办法属部门规章,其效力低于行政法规国务院《工伤保险条例》。根据《中华人民共和国行政诉讼法》第37条第2款规定,即"法律、法规规定应当先向行政机关申请复议,对复议不服再向人民法院提起诉讼的,依照法律、法规的规定",对原告的观点,依法不予支持。根据最高人民法院

《关于执行〈中华人民共和国行政诉讼法〉若干问题的解释》第44条第1款第7项之规定,裁定驳回原告宜昌久丰制网公司的起诉。

原告宜昌久丰制网公司不服,以与在一审中的相同理由提起上诉。

二审宜昌市中级人民法院经审理认为:根据《行政诉讼法》的规定和国务院《工伤保险条例》第53条第1项规定,当事人对工伤认定结论不服,行政复议是前置程序。上诉人未经复议而径行起诉,不符合法定条件,原审法院据此裁定驳回起诉并无不当。劳动和社会保障部的《工伤认定办法》虽规定当事人对工伤认定决定不服,既可以选择行政复议,又可以选择直接起诉,但作为部门规章,其效力低于行政法规《工伤保险条例》,上诉人以劳动和社会保障部的《工伤认定办法》为据,主张复议不是必经程序不能成立,其请求二审不予支持,根据《行政诉讼法》第61条第1项之规定,裁定如下:驳回上诉,维持原裁定。

【案例分析】

本案是因劳动者对工伤认定有异议,没提起复议程序而产生的法律纠纷。案中涉及的主要法律问题是:劳动者对工伤认定结果不服能不能直接起诉?

在本案处理时,有两种意见:一种观点认为,对第53条应从立法本义上理解,因工伤保险经办、管理是行政性、技术性较强的工作,作出决策需要掌握大量的政策。对工伤行政确认不服,将行政复议前置,有利于加强上下级行政机关之间的监督和管理,提高工作效率,有利于解决问题。同时将行政复议作为此类案件提起行政诉讼必经的前置条件,也有利于减轻人民法院的工作负担。因此,《工伤保险条例》第53条本义是将行政复议前置。劳动和社会保障部《工伤认定办法》第19条的规定与《工伤保险条例》规定不一致,但作为部门规章,其效力低于作为行政法规的《工伤保险条例》,故工伤行政确认案件行政复议是提起行政诉讼必经的前置程序。

另一种观点认为,《工伤保险条例》第53条原文是“可以依法申请行政复议”,“可以”的含义是可以选择的,《工伤认定办法》第19条又规定,对工伤认定不服,行政复议不是提起行政诉讼必经的前置程序。劳动和社会保障部《工伤认定办法》第19条的规定与《工伤保险条例》的规定是一致的。故本案原告未经复议程序,直接提起行政诉讼,法院应予受理。

一、二审法院查阅了由李建主编的《工伤保险条例释义》一书,该书对《工伤保险条例》第53条的解释同第一种观点,因此,一、二审法院采信了工伤行政确认案件行政复议是提起行政诉讼必经的前置条件的观点,一审裁定驳回了原告宜昌久丰制网公司的起诉。原告不服,上诉于湖北省宜昌市中级人民法院,二审法院裁定驳回上诉,维持原裁定。

【专家提示】

我们应当从本案中,思考以下几点:一是认真研究《行政诉讼法》有关规定,把握大原则;二是对《工伤保险条例》有关规定,从宗旨、目的和原则确定其含义,避免刻板僵化地理解和适用法律条文;三是正确应用法律规范冲突的适用原则,正确作出下位法不符合上位法的判断和适用;四是遇到法律适用问题及时向有关部门请示,本案二审法院通过高院请示了最高人民法院,最高人民法院电话答复为:工伤行政确认案件行政复议是提起行政诉讼必经的前置程序。

【关联法条链接】

《行政诉讼法》第37条

附　　录

中华人民共和国劳动合同法

（2007 年 6 月 29 日第十届全国人民代表大会常务委员会
第二十八次会议通过　2007 年 6 月 29 日中华人民共和国主席令
第 65 号公布　自 2008 年 1 月 1 日起施行　2012 年 12 月 28 日修订）

第一章　总　　则

第一条　【立法宗旨】为了完善劳动合同制度，明确劳动合同双方当事人的权利和义务，保护劳动者的合法权益，构建和发展和谐稳定的劳动关系，制定本法。

第二条　【适用范围】中华人民共和国境内的企业、个体经济组织、民办非企业单位等组织（以下称用人单位）与劳动者建立劳动关系，订立、履行、变更、解除或者终止劳动合同，适用本法。

国家机关、事业单位、社会团体和与其建立劳动关系的劳动者，订立、履行、变更、解除或者终止劳动合同，依照本法执行。

第三条　【基本原则】订立劳动合同，应当遵循合法、公平、平等自愿、协商一致、诚实信用的原则。

依法订立的劳动合同具有约束力，用人单位与劳动者应当履行劳动合同约定的义务。

第四条　【规章制度】用人单位应当依法建立和完善劳动规章制度，保障劳动者享有劳动权利、履行劳动义务。

用人单位在制定、修改或者决定有关劳动报酬、工作时间、休息休假、劳动安全卫生、保险福利、职工培训、劳动纪律以及劳动定额管理等直接涉及劳动者切身利益的规章制度或者重大事项时，应当经职工代表大会或者全体职工讨论，提出方案和意见，与工会或者职工代表平等协商确定。

在规章制度和重大事项决定实施过程中，工会或者职工认为不适当的，有权向用人单位提出,通过协商予以修改完善。

用人单位应当将直接涉及劳动者切身利益的规章制度和重大事项决定公示,或者告知劳动者。

第五条 【协调劳动关系三方机制】县级以上人民政府劳动行政部门会同工会和企业方面代表,建立健全协调劳动关系三方机制,共同研究解决有关劳动关系的重大问题。

第六条 【集体协商机制】工会应当帮助、指导劳动者与用人单位依法订立和履行劳动合同,并与用人单位建立集体协商机制,维护劳动者的合法权益。

第二章 劳动合同的订立

第七条 【劳动关系的建立】用人单位自用工之日起即与劳动者建立劳动关系。用人单位应当建立职工名册备查。

第八条 【用人单位的告知义务和劳动者的说明义务】用人单位招用劳动者时,应当如实告知劳动者工作内容、工作条件、工作地点、职业危害、安全生产状况、劳动报酬,以及劳动者要求了解的其他情况;用人单位有权了解劳动者与劳动合同直接相关的基本情况,劳动者应当如实说明。

第九条 【用人单位不得扣押劳动者证件和要求提供担保】用人单位招用劳动者,不得扣押劳动者的居民身份证和其他证件,不得要求劳动者提供担保或者以其他名义向劳动者收取财物。

第十条 【订立书面劳动合同】建立劳动关系,应当订立书面劳动合同。

已建立劳动关系,未同时订立书面劳动合同的,应当自用工之日起一个月内订立书面劳动合同。

用人单位与劳动者在用工前订立劳动合同的,劳动关系自用工之日起建立。

第十一条 【未订立书面劳动合同时劳动报酬不明确的解决】用人单位未在用工的同时订立书面劳动合同,与劳动者约定的劳动报酬不明确的,新招用的劳动者的劳动报酬按照集体合同规定的标准执行;没有集体合同或者集体合同未规定的,实行同工同酬。

第十二条　【劳动合同的种类】劳动合同分为固定期限劳动合同、无固定期限劳动合同和以完成一定工作任务为期限的劳动合同。

第十三条　【固定期限劳动合同】固定期限劳动合同，是指用人单位与劳动者约定合同终止时间的劳动合同。

用人单位与劳动者协商一致，可以订立固定期限劳动合同。

第十四条　【无固定期限劳动合同】无固定期限劳动合同，是指用人单位与劳动者约定无确定终止时间的劳动合同。

用人单位与劳动者协商一致，可以订立无固定期限劳动合同。有下列情形之一，劳动者提出或者同意续订、订立劳动合同的，除劳动者提出订立固定期限劳动合同外，应当订立无固定期限劳动合同：

（一）劳动者在该用人单位连续工作满十年的；

（二）用人单位初次实行劳动合同制度或者国有企业改制重新订立劳动合同时，劳动者在该用人单位连续工作满十年且距法定退休年龄不足十年的；

（三）连续订立二次固定期限劳动合同，且劳动者没有本法第三十九条和第四十条第一项、第二项规定的情形，续订劳动合同的。

用人单位自用工之日起满一年不与劳动者订立书面劳动合同的，视为用人单位与劳动者已订立无固定期限劳动合同。

第十五条　【以完成一定工作任务为期限的劳动合同】以完成一定工作任务为期限的劳动合同，是指用人单位与劳动者约定以某项工作的完成为合同期限的劳动合同。

用人单位与劳动者协商一致，可以订立以完成一定工作任务为期限的劳动合同。

第十六条　【劳动合同的生效】劳动合同由用人单位与劳动者协商一致，并经用人单位与劳动者在劳动合同文本上签字或者盖章生效。

劳动合同文本由用人单位和劳动者各执一份。

第十七条　【劳动合同的内容】劳动合同应当具备以下条款：

（一）用人单位的名称、住所和法定代表人或者主要负责人；

（二）劳动者的姓名、住址和居民身份证或者其他有效身份证件号码；

(三)劳动合同期限;

(四)工作内容和工作地点;

(五)工作时间和休息休假;

(六)劳动报酬;

(七)社会保险;

(八)劳动保护、劳动条件和职业危害防护;

(九)法律、法规规定应当纳入劳动合同的其他事项。

劳动合同除前款规定的必备条款外,用人单位与劳动者可以约定试用期、培训、保守秘密、补充保险和福利待遇等其他事项。

第十八条 【劳动合同对劳动报酬和劳动条件约定不明确的解决】劳动合同对劳动报酬和劳动条件等标准约定不明确,引发争议的,用人单位与劳动者可以重新协商;协商不成的,适用集体合同规定;没有集体合同或者集体合同未规定劳动报酬的,实行同工同酬;没有集体合同或者集体合同未规定劳动条件等标准的,适用国家有关规定。

第十九条 【试用期】劳动合同期限三个月以上不满一年的,试用期不得超过一个月;劳动合同期限一年以上不满三年的,试用期不得超过二个月;三年以上固定期限和无固定期限的劳动合同,试用期不得超过六个月。

同一用人单位与同一劳动者只能约定一次试用期。

以完成一定工作任务为期限的劳动合同或者劳动合同期限不满三个月的,不得约定试用期。

试用期包含在劳动合同期限内。劳动合同仅约定试用期的,试用期不成立,该期限为劳动合同期限。

第二十条 【试用期工资】劳动者在试用期的工资不得低于本单位相同岗位最低档工资或者劳动合同约定工资的百分之八十,并不得低于用人单位所在地的最低工资标准。

第二十一条 【试用期内解除劳动合同】在试用期中,除劳动者有本法第三十九条和第四十条第一项、第二项规定的情形外,用人单位不得解除劳动合同。用人单位在试用期解除劳动合同的,应当向劳动者说明理由。

第二十二条 【服务期】用人单位为劳动者提供专项培训费用,对其进行专业技术培训的，可以与该劳动者订立协议，约定服务期。

劳动者违反服务期约定的，应当按照约定向用人单位支付违约金。违约金的数额不得超过用人单位提供的培训费用。用人单位要求劳动者支付的违约金不得超过服务期尚未履行部分所应分摊的培训费用。

用人单位与劳动者约定服务期的，不影响按照正常的工资调整机制提高劳动者在服务期期间的劳动报酬。

第二十三条　【保密义务和竞业限制】用人单位与劳动者可以在劳动合同中约定保守用人单位的商业秘密和与知识产权相关的保密事项。

对负有保密义务的劳动者，用人单位可以在劳动合同或者保密协议中与劳动者约定竞业限制条款，并约定在解除或者终止劳动合同后，在竞业限制期限内按月给予劳动者经济补偿。劳动者违反竞业限制约定的，应当按照约定向用人单位支付违约金。

第二十四条　【竞业限制的范围和期限】竞业限制的人员限于用人单位的高级管理人员、高级技术人员和其他负有保密义务的人员。竞业限制的范围、地域、期限由用人单位与劳动者约定，竞业限制的约定不得违反法律、法规的规定。

在解除或者终止劳动合同后，前款规定的人员到与本单位生产或者经营同类产品、从事同类业务的有竞争关系的其他用人单位，或者自己开业生产或者经营同类产品、从事同类业务的竞业限制期限，不得超过二年。

第二十五条　【违约金】除本法第二十二条和第二十三条规定的情形外，用人单位不得与劳动者约定由劳动者承担违约金。

第二十六条　【劳动合同的无效】下列劳动合同无效或者部分无效：

（一）以欺诈、胁迫的手段或者乘人之危，使对方在违背真实意思的情况下订立或者变更劳动合同的；

（二）用人单位免除自己的法定责任、排除劳动者权利的；

（三）违反法律、行政法规强制性规定的。

对劳动合同的无效或者部分无效有争议的，由劳动争议仲裁机构或者人民法院确认。

第二十七条　【劳动合同部分无效】劳动合同部分无效，不影响其他部分效力的,其他部分仍然有效。

第二十八条 【劳动合同无效后劳动报酬的支付】劳动合同被确认无效,劳动者已付出劳动的,用人单位应当向劳动者支付劳动报酬。劳动报酬的数额,参照本单位相同或者相近岗位劳动者的劳动报酬确定。

第三章 劳动合同的履行和变更

第二十九条 【劳动合同的履行】用人单位与劳动者应当按照劳动合同的约定,全面履行各自的义务。

第三十条 【劳动报酬】用人单位应当按照劳动合同约定和国家规定,向劳动者及时足额支付劳动报酬。

用人单位拖欠或者未足额支付劳动报酬的,劳动者可以依法向当地人民法院申请支付令,人民法院应当依法发出支付令。

第三十一条 【加班】用人单位应当严格执行劳动定额标准,不得强迫或者变相强迫劳动者加班。用人单位安排加班的,应当按照国家有关规定向劳动者支付加班费。

第三十二条 【劳动者拒绝违章指挥、强令冒险作业】劳动者拒绝用人单位管理人员违章指挥、强令冒险作业的,不视为违反劳动合同。

劳动者对危害生命安全和身体健康的劳动条件,有权对用人单位提出批评、检举和控告。

第三十三条 【用人单位名称、法定代表人等的变更】用人单位变更名称、法定代表人、主要负责人或者投资人等事项,不影响劳动合同的履行。

第三十四条 【用人单位合并或者分立】用人单位发生合并或者分立等情况,原劳动合同继续有效,劳动合同由承继其权利和义务的用人单位继续履行。

第三十五条 【劳动合同的变更】用人单位与劳动者协商一致,可以变更劳动合同约定的内容。变更劳动合同,应当采用书面形式。

变更后的劳动合同文本由用人单位和劳动者各执一份。

第四章 劳动合同的解除和终止

第三十六条 【协商解除劳动合同】用人单位与劳动者协商一致,可以解除劳动合同。

第三十七条　【劳动者提前通知解除劳动合同】劳动者提前三十日以书面形式通知用人单位，可以解除劳动合同。劳动者在试用期内提前三日通知用人单位，可以解除劳动合同。

第三十八条　【劳动者解除劳动合同】用人单位有下列情形之一的，劳动者可以解除劳动合同：

（一）未按照劳动合同约定提供劳动保护或者劳动条件的；

（二）未及时足额支付劳动报酬的；

（三）未依法为劳动者缴纳社会保险费的；

（四）用人单位的规章制度违反法律、法规的规定，损害劳动者权益的；

（五）因本法第二十六条第一款规定的情形致使劳动合同无效的；

（六）法律、行政法规规定劳动者可以解除劳动合同的其他情形。

用人单位以暴力、威胁或者非法限制人身自由的手段强迫劳动者劳动的，或者用人单位违章指挥、强令冒险作业危及劳动者人身安全的，劳动者可以立即解除劳动合同，不需事先告知用人单位。

第三十九条　【用人单位单方解除劳动合同】劳动者有下列情形之一的，用人单位可以解除劳动合同：

（一）在试用期间被证明不符合录用条件的；

（二）严重违反用人单位的规章制度的；

（三）严重失职，营私舞弊，给用人单位造成重大损害的；

（四）劳动者同时与其他用人单位建立劳动关系，对完成本单位的工作任务造成严重影响，或者经用人单位提出，拒不改正的；

（五）因本法第二十六条第一款第一项规定的情形致使劳动合同无效的；

（六）被依法追究刑事责任的。

第四十条　【无过失性辞退】有下列情形之一的，用人单位提前三十日以书面形式通知劳动者本人或者额外支付劳动者一个月工资后，可以解除劳动合同：

（一）劳动者患病或者非因工负伤，在规定的医疗期满后不能从事原工作，也不能从事由用人单位另行安排的工作的；

(二)劳动者不能胜任工作,经过培训或者调整工作岗位,仍不能胜任工作的;

(三)劳动合同订立时所依据的客观情况发生重大变化,致使劳动合同无法履行,经用人单位与劳动者协商,未能就变更劳动合同内容达成协议的。

第四十一条 【经济性裁员】有下列情形之一,需要裁减人员二十人以上或者裁减不足二十人但占企业职工总数百分之十以上的,用人单位提前三十日向工会或者全体职工说明情况,听取工会或者职工的意见后,裁减人员方案经向劳动行政部门报告,可以裁减人员:

(一)依照企业破产法规定进行重整的;

(二)生产经营发生严重困难的;

(三)企业转产、重大技术革新或者经营方式调整,经变更劳动合同后,仍需裁减人员的;

(四)其他因劳动合同订立时所依据的客观经济情况发生重大变化,致使劳动合同无法履行的。

裁减人员时,应当优先留用下列人员:

(一)与本单位订立较长期限的固定期限劳动合同的;

(二)与本单位订立无固定期限劳动合同的;

(三)家庭无其他就业人员,有需要扶养的老人或者未成年人的。

用人单位依照本条第一款规定裁减人员,在六个月内重新招用人员的,应当通知被裁减的人员,并在同等条件下优先招用被裁减的人员。

第四十二条 【用人单位不得解除劳动合同的情形】劳动者有下列情形之一的,用人单位不得依照本法第四十条、第四十一条的规定解除劳动合同:

(一)从事接触职业病危害作业的劳动者未进行离岗前职业健康检查,或者疑似职业病病人在诊断或者医学观察期间的;

(二)在本单位患职业病或者因工负伤并被确认丧失或者部分丧失劳动能力的;

(三)患病或者非因工负伤,在规定的医疗期内的;

(四)女职工在孕期、产期、哺乳期的;

(五)在本单位连续工作满十五年,且距法定退休年龄不足五年的;

（六）法律、行政法规规定的其他情形。

第四十三条　【工会在劳动合同解除中的监督作用】用人单位单方解除劳动合同，应当事先将理由通知工会。用人单位违反法律、行政法规规定或者劳动合同约定的，工会有权要求用人单位纠正。用人单位应当研究工会的意见，并将处理结果书面通知工会。

第四十四条　【劳动合同的终止】有下列情形之一的，劳动合同终止：

（一）劳动合同期满的；

（二）劳动者开始依法享受基本养老保险待遇的；

（三）劳动者死亡，或者被人民法院宣告死亡或者宣告失踪的；

（四）用人单位被依法宣告破产的；

（五）用人单位被吊销营业执照、责令关闭、撤销或者用人单位决定提前解散的；

（六）法律、行政法规规定的其他情形。

第四十五条　【劳动合同的逾期终止】劳动合同期满，有本法第四十二条规定情形之一的，劳动合同应当续延至相应的情形消失时终止。但是，本法第四十二条第二项规定丧失或者部分丧失劳动能力劳动者的劳动合同的终止，按照国家有关工伤保险的规定执行。

第四十六条　【经济补偿】有下列情形之一的，用人单位应当向劳动者支付经济补偿：

（一）劳动者依照本法第三十八条规定解除劳动合同的；

（二）用人单位依照本法第三十六条规定向劳动者提出解除劳动合同并与劳动者协商一致解除劳动合同的；

（三）用人单位依照本法第四十条规定解除劳动合同的；

（四）用人单位依照本法第四十一条第一款规定解除劳动合同的；

（五）除用人单位维持或者提高劳动合同约定条件续订劳动合同，劳动者不同意续订的情形外，依照本法第四十四条第一项规定终止固定期限劳动合同的；

（六）依照本法第四十四条第四项、第五项规定终止劳动合同的；

（七）法律、行政法规规定的其他情形。

第四十七条 【经济补偿的计算】经济补偿按劳动者在本单位工作的年限,每满一年支付一个月工资的标准向劳动者支付。六个月以上不满一年的,按一年计算;不满六个月的,向劳动者支付半个月工资的经济补偿。

劳动者月工资高于用人单位所在直辖市、设区的市级人民政府公布的本地区上年度职工月平均工资三倍的,向其支付经济补偿的标准按职工月平均工资三倍的数额支付,向其支付经济补偿的年限最高不超过十二年。

本条所称月工资是指劳动者在劳动合同解除或者终止前十二个月的平均工资。

第四十八条 【违法解除或者终止劳动合同的法律后果】用人单位违反本法规定解除或者终止劳动合同,劳动者要求继续履行劳动合同的,用人单位应当继续履行;劳动者不要求继续履行劳动合同或者劳动合同已经不能继续履行的,用人单位应当依照本法第八十七条规定支付赔偿金。

第四十九条 【社会保险关系跨地区转移接续】国家采取措施,建立健全劳动者社会保险关系跨地区转移接续制度。

第五十条 【劳动合同解除或者终止后双方的义务】用人单位应当在解除或者终止劳动合同时出具解除或者终止劳动合同的证明,并在十五日内为劳动者办理档案和社会保险关系转移手续。

劳动者应当按照双方约定,办理工作交接。用人单位依照本法有关规定应当向劳动者支付经济补偿的,在办结工作交接时支付。

用人单位对已经解除或者终止的劳动合同的文本,至少保存二年备查。

第五章 特别规定

第一节 集体合同

第五十一条 【集体合同的订立和内容】企业职工一方与用人单位通过平等协商,可以就劳动报酬、工作时间、休息休假、劳动安全卫生、保险福利等事项订立集体合同。集体合同草案应当提交职工代表大会或者全体职工讨论通过。

集体合同由工会代表企业职工一方与用人单位订立;尚未建立工会的用人单位,由上级工会指导劳动者推举的代表与用人单位订立。

第五十二条　【专项集体合同】企业职工一方与用人单位可以订立劳动安全卫生、女职工权益保护、工资调整机制等专项集体合同。

第五十三条　【行业性集体合同、区域性集体合同】在县级以下区域内，建筑业、采矿业、餐饮服务业等行业可以由工会与企业方面代表订立行业性集体合同，或者订立区域性集体合同。

第五十四条　【集体合同的报送和生效】集体合同订立后，应当报送劳动行政部门；劳动行政部门自收到集体合同文本之日起十五日内未提出异议的，集体合同即行生效。

依法订立的集体合同对用人单位和劳动者具有约束力。行业性、区域性集体合同对当地本行业、本区域的用人单位和劳动者具有约束力。

第五十五条　【集体合同中劳动报酬、劳动条件等标准】集体合同中劳动报酬和劳动条件等标准不得低于当地人民政府规定的最低标准；用人单位与劳动者订立的劳动合同中劳动报酬和劳动条件等标准不得低于集体合同规定的标准。

第五十六条　【集体合同纠纷和法律救济】用人单位违反集体合同，侵犯职工劳动权益的，工会可以依法要求用人单位承担责任；因履行集体合同发生争议，经协商解决不成的，工会可以依法申请仲裁、提起诉讼。

第二节　劳务派遣

第五十七条　【劳务派遣单位的设立】经营劳务派遣业务应当具备下列条件：

（一）注册资本不得少于人民币二百万元；

（二）有与开展业务相适应的固定的经营场所和设施；

（三）有符合法律、行政法规规定的劳务派遣管理制度；

（四）法律、行政法规规定的其他条件。

经营劳务派遣业务，应当向劳动行政部门依法申请行政许可；经许可的，依法办理相应的公司登记。未经许可，任何单位和个人不得经营劳务派遣业务。

第五十八条　【劳务派遣单位、用工单位及劳动者的权利义务】劳务派遣单位是本法所称用人单位,应当履行用人单位对劳动者的义务。劳务派遣单位与被派遣劳动者订立的劳动合同,除应当载明本法第十七条规定的事项外,还应当载明被派遣劳动者的用工单位以及派遣期限、工作岗位等情况。

劳务派遣单位应当与被派遣劳动者订立二年以上的固定期限劳动合同,按月支付劳动报酬;被派遣劳动者在无工作期间,劳务派遣单位应当按照所在地人民政府规定的最低工资标准,向其按月支付报酬。

第五十九条　【劳务派遣协议】劳务派遣单位派遣劳动者应当与接受以劳务派遣形式用工的单位(以下称用工单位)订立劳务派遣协议。劳务派遣协议应当约定派遣岗位和人员数量、派遣期限、劳动报酬和社会保险费的数额与支付方式以及违反协议的责任。

用工单位应当根据工作岗位的实际需要与劳务派遣单位确定派遣期限,不得将连续用工期限分割订立数个短期劳务派遣协议。

第六十条　【劳务派遣单位的告知义务】劳务派遣单位应当将劳务派遣协议的内容告知被派遣劳动者。

劳务派遣单位不得克扣用工单位按照劳务派遣协议支付给被派遣劳动者的劳动报酬。

劳务派遣单位和用工单位不得向被派遣劳动者收取费用。

第六十一条　【跨地区派遣劳动者的劳动报酬、劳动条件】劳务派遣单位跨地区派遣劳动者的,被派遣劳动者享有的劳动报酬和劳动条件,按照用工单位所在地的标准执行。

第六十二条　【用工单位的义务】用工单位应当履行下列义务:

(一)执行国家劳动标准,提供相应的劳动条件和劳动保护;

(二)告知被派遣劳动者的工作要求和劳动报酬;

(三)支付加班费、绩效奖金,提供与工作岗位相关的福利待遇;

(四)对在岗被派遣劳动者进行工作岗位所必需的培训;

(五)连续用工的,实行正常的工资调整机制。

用工单位不得将被派遣劳动者再派遣到其他用人单位。

第六十三条　【被派遣劳动者同工同酬】被派遣劳动者享有与用工单位的劳动者同工同酬的权利。用工单位应当按照同工同酬原则,对被派遣劳动者与本单位同类岗位的劳动者实行相同的劳动报酬分配办法。用工单位无同类岗位劳动者的,参照用工单位所在地相同或者相近岗位劳动者的劳动报酬确定。

劳务派遣单位与被派遣劳动者订立的劳动合同和与用工单位订立的劳务派遣协议,载明或者约定的向被派遣劳动者支付的劳动报酬应当符合前款规定。

第六十四条　【被派遣劳动者参加或者组织工会】被派遣劳动者有权在劳务派遣单位或者用工单位依法参加或者组织工会,维护自身的合法权益。

第六十五条　【劳务派遣中解除劳动合同】被派遣劳动者可以依照本法第三十六条、第三十八条的规定与劳务派遣单位解除劳动合同。

被派遣劳动者有本法第三十九条和第四十条第一项、第二项规定情形的,用工单位可以将劳动者退回劳务派遣单位,劳务派遣单位依照本法有关规定,可以与劳动者解除劳动合同。

第六十六条　【劳务派遣的适用岗位】劳动合同用工是我国的企业基本用工形式。劳务派遣用工是补充形式,只能在临时性、辅助性或者替代性的工作岗位上实施。

前款规定的临时性工作岗位是指存续时间不超过六个月的岗位;辅助性工作岗位是指为主营业务岗位提供服务的非主营业务岗位;替代性工作岗位是指用工单位的劳动者因脱产学习、休假等原因无法工作的一定期间内,可以由其他劳动者替代工作的岗位。

用工单位应当严格控制劳务派遣用工数量,不得超过其用工总量的一定比例,具体比例由国务院劳动行政部门规定。

第六十七条　【用人单位不得自设劳务派遣单位】用人单位不得设立劳务派遣单位向本单位或者所属单位派遣劳动者。

第三节　非全日制用工

第六十八条　【非全日制用工的概念】非全日制用工,是指以小时计酬为主,劳动者在同一用人单位一般平均每日工作时间不超过四小时,每周工作时间累计不超过二十四小时的用工形式。

第六十九条 【非全日制用工的劳动合同】非全日制用工双方当事人可以订立口头协议。

从事非全日制用工的劳动者可以与一个或者一个以上用人单位订立劳动合同;但是,后订立的劳动合同不得影响先订立的劳动合同的履行。

第七十条 【非全日制用工不得约定试用期】非全日制用工双方当事人不得约定试用期。

第七十一条 【非全日制用工的终止用工】非全日制用工双方当事人任何一方都可以随时通知对方终止用工。终止用工,用人单位不向劳动者支付经济补偿。

第七十二条 【非全日制用工的劳动报酬】非全日制用工小时计酬标准不得低于用人单位所在地人民政府规定的最低小时工资标准。

非全日制用工劳动报酬结算支付周期最长不得超过十五日。

第六章 监督检查

第七十三条 【劳动合同制度的监督管理体制】国务院劳动行政部门负责全国劳动合同制度实施的监督管理。

县级以上地方人民政府劳动行政部门负责本行政区域内劳动合同制度实施的监督管理。

县级以上各级人民政府劳动行政部门在劳动合同制度实施的监督管理工作中,应当听取工会、企业方面代表以及有关行业主管部门的意见。

第七十四条 【劳动行政部门监督检查事项】县级以上地方人民政府劳动行政部门依法对下列实施劳动合同制度的情况进行监督检查:

(一)用人单位制定直接涉及劳动者切身利益的规章制度及其执行的情况;

(二)用人单位与劳动者订立和解除劳动合同的情况;

(三)劳务派遣单位和用工单位遵守劳务派遣有关规定的情况;

(四)用人单位遵守国家关于劳动者工作时间和休息休假规定的情况;

(五)用人单位支付劳动合同约定的劳动报酬和执行最低工资标准的情况;

（六）用人单位参加各项社会保险和缴纳社会保险费的情况；

（七）法律、法规规定的其他劳动监察事项。

第七十五条　【监督检查措施和依法行政、文明执法】县级以上地方人民政府劳动行政部门实施监督检查时，有权查阅与劳动合同、集体合同有关的材料，有权对劳动场所进行实地检查，用人单位和劳动者都应当如实提供有关情况和材料。

劳动行政部门的工作人员进行监督检查，应当出示证件，依法行使职权，文明执法。

第七十六条　【其他有关主管部门的监督管理】县级以上人民政府建设、卫生、安全生产监督管理等有关主管部门在各自职责范围内，对用人单位执行劳动合同制度的情况进行监督管理。

第七十七条　【工会监督检查的权利】劳动者合法权益受到侵害的，有权要求有关部门依法处理，或者依法申请仲裁、提起诉讼。

第七十八条　【劳动者权利救济途径】工会依法维护劳动者的合法权益，对用人单位履行劳动合同、集体合同的情况进行监督。用人单位违反劳动法律、法规和劳动合同、集体合同的，工会有权提出意见或者要求纠正；劳动者申请仲裁、提起诉讼的，工会依法给予支持和帮助。

第七十九条　【对违法行为的举报】任何组织或者个人对违反本法的行为都有权举报，县级以上人民政府劳动行政部门应当及时核实、处理，并对举报有功人员给予奖励。

第七章　法律责任

第八十条　【规章制度违法的法律责任】用人单位直接涉及劳动者切身利益的规章制度违反法律、法规规定的，由劳动行政部门责令改正，给予警告；给劳动者造成损害的，应当承担赔偿责任。

第八十一条　【缺乏必备条款、不提供劳动合同文本的法律责任】用人单位提供的劳动合同文本未载明本法规定的劳动合同必备条款或者用人单位未将劳动合同文本交付劳动者的，由劳动行政部门责令改正；给劳动者造成损害的，应当承担赔偿责任。

第八十二条　【不订立书面劳动合同的法律责任】用人单位自用工之日起超过一个月不满一年未与劳动者订立书面劳动合同的,应当向劳动者每月支付二倍的工资。

用人单位违反本法规定不与劳动者订立无固定期限劳动合同的,自应当订立无固定期限劳动合同之日起向劳动者每月支付二倍的工资。

第八十三条　【违法约定试用期的法律责任】用人单位违反本法规定与劳动者约定试用期的,由劳动行政部门责令改正;违法约定的试用期已经履行的,由用人单位以劳动者试用期满月工资为标准,按已经履行的超过法定试用期的期间向劳动者支付赔偿金。

第八十四条　【扣押劳动者身份等证件的法律责任】用人单位违反本法规定,扣押劳动者居民身份证等证件的,由劳动行政部门责令限期退还劳动者本人,并依照有关法律规定给予处罚。

用人单位违反本法规定,以担保或者其他名义向劳动者收取财物的,由劳动行政部门责令限期退还劳动者本人,并以每人五百元以上二千元以下的标准处以罚款;给劳动者造成损害的,应当承担赔偿责任。

劳动者依法解除或者终止劳动合同,用人单位扣押劳动者档案或者其他物品的,依照前款规定处罚。

第八十五条　【未依法支付劳动报酬、经济补偿等的法律责任】用人单位有下列情形之一的,由劳动行政部门责令限期支付劳动报酬、加班费或者经济补偿;劳动报酬低于当地最低工资标准的,应当支付其差额部分;逾期不支付的,责令用人单位按应付金额百分之五十以上百分之一百以下的标准向劳动者加付赔偿金:

(一)未按照劳动合同的约定或者国家规定及时足额支付劳动者劳动报酬的;

(二)低于当地最低工资标准支付劳动者工资的;

(三)安排加班不支付加班费的;

(四)解除或者终止劳动合同,未依照本法规定向劳动者支付经济补偿的。

第八十六条　【订立无效劳动合同的法律责任】劳动合同依照本法第二

十六条规定被确认无效,给对方造成损害的,有过错的一方应当承担赔偿责任。

第八十七条　【违反解除或者终止劳动合同的法律责任】用人单位违反本法规定解除或者终止劳动合同的,应当依照本法第四十七条规定的经济补偿标准的二倍向劳动者支付赔偿金。

第八十八条　【侵害劳动者人身权益的法律责任】用人单位有下列情形之一的,依法给予行政处罚;构成犯罪的,依法追究刑事责任;给劳动者造成损害的,应当承担赔偿责任:

(一)以暴力、威胁或者非法限制人身自由的手段强迫劳动的;

(二)违章指挥或者强令冒险作业危及劳动者人身安全的;

(三)侮辱、体罚、殴打、非法搜查或者拘禁劳动者的;

(四)劳动条件恶劣、环境污染严重,给劳动者身心健康造成严重损害的。

第八十九条　【不出具解除、终止书面证明的法律责任】用人单位违反本法规定未向劳动者出具解除或者终止劳动合同的书面证明,由劳动行政部门责令改正;给劳动者造成损害的,应当承担赔偿责任。

第九十条　【劳动者的赔偿责任】劳动者违反本法规定解除劳动合同,或者违反劳动合同中约定的保密义务或者竞业限制,给用人单位造成损失的,应当承担赔偿责任。

第九十一条　【用人单位的连带赔偿责任】用人单位招用与其他用人单位尚未解除或者终止劳动合同的劳动者,给其他用人单位造成损失的,应当承担连带赔偿责任。

第九十二条　【劳务派遣单位的法律责任】违反本法规定,未经许可,擅自经营劳务派遣业务的,由劳动行政部门责令停止违法行为,没收违法所得,并处违法所得一倍以上五倍以下的罚款;没有违法所得的,可以处五万元以下的罚款。

劳务派遣单位、用工单位违反本法有关劳务派遣规定的,由劳动行政部门责令限期改正;逾期不改正的,以每人五千元以上一万元以下的标准处以罚款,对劳务派遣单位,吊销其劳务派遣业务经营许可证。用工单位给被派遣劳动者造成损害的,劳务派遣单位与用工单位承担连带赔偿责任。

第九十三条 【无营业执照经营单位的法律责任】对不具备合法经营资格的用人单位的违法犯罪行为,依法追究法律责任;劳动者已经付出劳动的,该单位或者其出资人应当依照本法有关规定向劳动者支付劳动报酬、经济补偿、赔偿金;给劳动者造成损害的,应当承担赔偿责任。

第九十四条 【个人承包经营者的连带赔偿责任】个人承包经营违反本法规定招用劳动者,给劳动者造成损害的,发包的组织与个人承包经营者承担连带赔偿责任。

第九十五条 【不履行法定职责、违法行使职权的法律责任】劳动行政部门和其他有关主管部门及其工作人员玩忽职守、不履行法定职责,或者违法行使职权,给劳动者或者用人单位造成损害的,应当承担赔偿责任;对直接负责的主管人员和其他直接责任人员,依法给予行政处分;构成犯罪的,依法追究刑事责任。

第八章 附 则

第九十六条 【事业单位聘用制劳动合同的法律适用】事业单位与实行聘用制的工作人员订立、履行、变更、解除或者终止劳动合同,法律、行政法规或者国务院另有规定的,依照其规定;未作规定的,依照本法有关规定执行。

第九十七条 【过渡性条款】本法施行前已依法订立且在本法施行之日存续的劳动合同,继续履行;本法第十四条第二款第三项规定连续订立固定期限劳动合同的次数,自本法施行后续订固定期限劳动合同时开始计算。

本法施行前已建立劳动关系,尚未订立书面劳动合同的,应当自本法施行之日起一个月内订立。

本法施行之日存续的劳动合同在本法施行后解除或者终止,依照本法第四十六条规定应当支付经济补偿的,经济补偿年限自本法施行之日起计算;本法施行前按照当时有关规定,用人单位应当向劳动者支付经济补偿的,按照当时有关规定执行。

第九十八条 【施行时间】本法自2008年1月1日起施行。

中华人民共和国劳动法

（1994年7月5日第八届全国人民代表大会常务委员会第八次会议通过　1994年7月5日中华人民共和国主席令第28号公布　自1995年1月1日起施行　根据2009年8月27日第十一届全国人民代表大会常务委员会第十次会议《关于修改部分法律的决定》修正）

第一章　总　　则

第一条　【立法目的】为了保护劳动者的合法权益，调整劳动关系，建立和维护适应社会主义市场经济的劳动制度，促进经济发展和社会进步，根据宪法，制定本法。

第二条　【适用范围】在中华人民共和国境内的企业、个体经济组织（以下统称用人单位）和与之形成劳动关系的劳动者，适用本法。

国家机关、事业组织、社会团体和与之建立劳动合同关系的劳动者，依照本法执行。

第三条　【劳动者权利】劳动者享有平等就业和选择职业的权利、取得劳动报酬的权利、休息休假的权利、获得劳动安全卫生保护的权利、接受职业技能培训的权利、享受社会保险和福利的权利、提请劳动争议处理的权利以及法律规定的其他劳动权利。

劳动者应当完成劳动任务，提高职业技能，执行劳动安全卫生规程，遵守劳动纪律和职业道德。

第四条　【用人单位义务】用人单位应当依法建立和完善规章制度，保障劳动者享有劳动权利和履行劳动义务。

第五条　【国家措施】国家采取各种措施，促进劳动就业，发展职业教育，制定劳动标准，调节社会收入，完善社会保险，协调劳动关系，逐步提高劳动者的生活水平。

第六条 【国家倡导和鼓励义务劳动】国家提倡劳动者参加社会义务劳动,开展劳动竞赛和合理化建议活动,鼓励和保护劳动者进行科学研究、技术革新和发明创造,表彰和奖励劳动模范和先进工作者。

第七条 【参加和组织工会】劳动者有权依法参加和组织工会。

工会代表和维护劳动者的合法权益,依法独立自主地开展活动。

第八条 【参与民主管理或协商】劳动者依照法律规定,通过职工大会、职工代表大会或者其他形式,参与民主管理或者就保护劳动者合法权益与用人单位进行平等协商。

第九条 【劳动工作主管部门】国务院劳动行政部门主管全国劳动工作。

县级以上地方人民政府劳动行政部门主管本行政区域内的劳动工作。

第二章 促进就业

第十条 【国家扶持就业】国家通过促进经济和社会发展,创造就业条件,扩大就业机会。

国家鼓励企业、事业组织、社会团体在法律、行政法规规定的范围内兴办产业或者拓展经营,增加就业。

国家支持劳动者自愿组织起来就业和从事个体经营实现就业。

第十一条 【职介机构发展】地方各级人民政府应当采取措施,发展多种类型的职业介绍机构,提供就业服务。

第十二条 【就业平等】劳动者就业,不因民族、种族、性别、宗教信仰不同而受歧视。

第十三条 【就业男女平等】妇女享有与男子平等的就业权利。在录用职工时,除国家规定的不适合妇女的工种或者岗位外,不得以性别为由拒绝录用妇女或者提高对妇女的录用标准。

第十四条 【特殊人员的就业】残疾人、少数民族人员、退出现役的军人的就业,法律、法规有特别规定的,从其规定。

第十五条 【禁招未成年人和特殊行业相关规定】禁止用人单位招用未满十六周岁的未成年人。

文艺、体育和特种工艺单位招用未满十六周岁的未成年人,必须依照国家有关规定,履行审批手续,并保障其接受义务教育的权利。

第三章　劳动合同和集体合同

第十六条　【劳动合同】劳动合同是劳动者与用人单位确立劳动关系、明确双方权利和义务的协议。

建立劳动关系应当订立劳动合同。

第十七条　【合同的订立和变更】订立和变更劳动合同,应当遵循平等自愿、协商一致的原则,不得违反法律、行政法规的规定。

劳动合同依法订立即具有法律约束力,当事人必须履行劳动合同规定的义务。

第十八条　【无效合同】下列劳动合同无效:

(一)违反法律、行政法规的劳动合同;

(二)采取欺诈、威胁等手段订立的劳动合同。

无效的劳动合同,从订立的时候起,就没有法律约束力。确认劳动合同部分无效的,如果不影响其余部分的效力,其余部分仍然有效。

劳动合同的无效,由劳动争议仲裁委员会或者人民法院确认。

第十九条　【合同形式和条款】劳动合同应当以书面形式订立,并具备以下条款:

(一)劳动合同期限;

(二)工作内容;

(三)劳动保护和劳动条件;

(四)劳动报酬;

(五)劳动纪律;

(六)劳动合同终止的条件;

(七)违反劳动合同的责任。

劳动合同除前款规定的必备条款外,当事人可以协商约定其他内容。

第二十条　【合同期限】劳动合同的期限分为有固定期限、无固定期限和以完成一定的工作为期限。

劳动者在同一用人单位连续工作满十年以上,当事人双方同意续延劳动合同的,如果劳动者提出订立无固定期限的劳动合同,应当订立无固定期限的劳动合同。

第二十一条 【试用期约定】劳动合同可以约定试用期。试用期最长不得超过六个月。

第二十二条 【商业秘密事项约定】劳动合同当事人可以在劳动合同中约定保守用人单位商业秘密的有关事项。

第二十三条 【合同终止】劳动合同期满或者当事人约定的劳动合同终止条件出现,劳动合同即行终止。

第二十四条 【合同解除】经劳动合同当事人协商一致,劳动合同可以解除。

第二十五条 【单位解除劳动合同事项】劳动者有下列情形之一的,用人单位可以解除劳动合同:

(一)在试用期间被证明不符合录用条件的;

(二)严重违反劳动纪律或者用人单位规章制度的;

(三)严重失职,营私舞弊,对用人单位利益造成重大损害的;

(四)被依法追究刑事责任的。

第二十六条 【解除合同提前通知】有下列情形之一的,用人单位可以解除劳动合同,但是应当提前三十日以书面形式通知劳动者本人:

(一)劳动者患病或者非因工负伤,医疗期满后,不能从事原工作也不能从事由用人单位另行安排的工作的;

(二)劳动者不能胜任工作,经过培训或者调整工作岗位,仍不能胜任工作的;

(三)劳动合同订立时所依据的客观情况发生重大变化,致使原劳动合同无法履行,经当事人协商不能就变更劳动合同达成协议的。

第二十七条 【用人单位裁员】用人单位濒临破产进行法定整顿期间或者生产经营状况发生严重困难,确需裁减人员的,应当提前三十日向工会或者全体职工说明情况,听取工会或者职工的意见,经向劳动行政部门报告后,可以裁减人员。

用人单位依据本条规定裁减人员,在六个月内录用人员的,应当优先录用被裁减的人员。

第二十八条　【经济补偿】用人单位依据本法第二十四条、第二十六条、第二十七条的规定解除劳动合同的，应当依照国家有关规定给予经济补偿。

第二十九条　【用人单位解除合同的限制情形】劳动者有下列情形之一的，用人单位不得依据本法第二十六条、第二十七条的规定解除劳动合同：

（一）患职业病或者因工负伤并被确认丧失或者部分丧失劳动能力的；

（二）患病或者负伤，在规定的医疗期内的；

（三）女职工在孕期、产期、哺乳期内的；

（四）法律、行政法规规定的其他情形。

第三十条　【工会职权】用人单位解除劳动合同，工会认为不适当的，有权提出意见。如果用人单位违反法律、法规或者劳动合同，工会有权要求重新处理；劳动者申请仲裁或者提起诉讼的，工会应当依法给予支持和帮助。

第三十一条　【劳动者解除合同的提前通知期限】劳动者解除劳动合同，应当提前三十日以书面形式通知用人单位。

第三十二条　【劳动者随时通知解除合同情形】有下列情形之一的，劳动者可以随时通知用人单位解除劳动合同：

（一）在试用期内的；

（二）用人单位以暴力、威胁或者非法限制人身自由的手段强迫劳动的；

（三）用人单位未按照劳动合同约定支付劳动报酬或者提供劳动条件的。

第三十三条　【集体合同】企业职工一方与企业可以就劳动报酬、工作时间、休息休假、劳动安全卫生、保险福利等事项，签订集体合同。集体合同草案应当提交职工代表大会或者全体职工讨论通过。

集体合同由工会代表职工与企业签订；没有建立工会的企业，由职工推举的代表与企业签订。

第三十四条　【集体合同生效】集体合同签订后应当报送劳动行政部门；劳动行政部门自收到集体合同文本之日起十五日内未提出异议的，集体合同即行生效。

第三十五条　【集体合同效力】依法签订的集体合同对企业和企业全体职工具有约束力。职工个人与企业订立的劳动合同中劳动条件和劳动报酬等标准不得低于集体合同的规定。

第四章　工作时间和休息休假

第三十六条　【国家工时制度】国家实行劳动者每日工作时间不超过八小时、平均每周工作时间不超过四十四小时的工时制度。

第三十七条　【报酬标准和劳动定额确定】对实行计件工作的劳动者,用人单位应当根据本法第三十六条规定的工时制度合理确定其劳动定额和计件报酬标准。

第三十八条　【休息日最低保障】用人单位应当保证劳动者每周至少休息一日。

第三十九条　【工休办法替代】企业因生产特点不能实行本法第三十六条、第三十八条规定的,经劳动行政部门批准,可以实行其他工作和休息办法。

第四十条　【法定假日】用人单位在下列节日期间应当依法安排劳动者休假:

(一)元旦;

(二)春节;

(三)国际劳动节;

(四)国庆节;

(五)法律、法规规定的其他休假节日。

第四十一条　【工作时间延长限制】用人单位由于生产经营需要,经与工会和劳动者协商后可以延长工作时间,一般每日不得超过一小时;因特殊原因需要延长工作时间的,在保障劳动者身体健康的条件下延长工作时间每日不得超过三小时,但是每月不得超过三十六小时。

第四十二条　【延长工作时间限制的例外】有下列情形之一的,延长工作时间不受本法第四十一条规定的限制:

(一)发生自然灾害、事故或者因其他原因,威胁劳动者生命健康和财产安全,需要紧急处理的;

(二)生产设备、交通运输线路、公共设施发生故障,影响生产和公众利

益,必须及时抢修的;

(三)法律、行政法规规定的其他情形。

第四十三条　【禁止违法延长工作时间】用人单位不得违反本法规定延长劳动者的工作时间。

第四十四条　【延长工时的报酬支付】有下列情形之一的,用人单位应当按照下列标准支付高于劳动者正常工作时间工资的工资报酬:

(一)安排劳动者延长工作时间的,支付不低于工资的百分之一百五十的工资报酬;

(二)休息日安排劳动者工作又不能安排补休的,支付不低于工资的百分之二百的工资报酬;

(三)法定休假日安排劳动者工作的,支付不低于工资的百分之三百的工资报酬。

第四十五条　【带薪年休假制度】国家实行带薪年休假制度。

劳动者连续工作一年以上的,享受带薪年休假。具体办法由国务院规定。

第五章　工　　资

第四十六条　【工资分配原则】工资分配应当遵循按劳分配原则,实行同工同酬。

工资水平在经济发展的基础上逐步提高。国家对工资总量实行宏观调控。

第四十七条　【工资分配方式、水平确定】用人单位根据本单位的生产经营特点和经济效益,依法自主确定本单位的工资分配方式和工资水平。

第四十八条　【最低工资保障】国家实行最低工资保障制度。最低工资的具体标准由省、自治区、直辖市人民政府规定,报国务院备案。

用人单位支付劳动者的工资不得低于当地最低工资标准。

第四十九条　【最低工资标准参考因素】确定和调整最低工资标准应当综合参考下列因素:

(一)劳动者本人及平均赡养人口的最低生活费用;

(二)社会平均工资水平;

(三)劳动生产率;

(四)就业状况;

(五)地区之间经济发展水平的差异。

第五十条 【工资支付形式】工资应当以货币形式按月支付给劳动者本人。不得克扣或者无故拖欠劳动者的工资。

第五十一条 【法定休假日和婚丧假期间工资保障】劳动者在法定休假日和婚丧假期间以及依法参加社会活动期间,用人单位应当依法支付工资。

第六章 劳动安全卫生

第五十二条 【用人单位职责】用人单位必须建立、健全劳动安全卫生制度,严格执行国家劳动安全卫生规程和标准,对劳动者进行劳动安全卫生教育,防止劳动过程中的事故,减少职业危害。

第五十三条 【劳动安全卫生设施标准】劳动安全卫生设施必须符合国家规定的标准。

新建、改建、扩建工程的劳动安全卫生设施必须与主体工程同时设计、同时施工、同时投入生产和使用。

第五十四条 【劳动者劳动安全防护及健康保护】用人单位必须为劳动者提供符合国家规定的劳动安全卫生条件和必要的劳动防护用品,对从事有职业危害作业的劳动者应当定期进行健康检查。

第五十五条 【特种作业资格】从事特种作业的劳动者必须经过专门培训并取得特种作业资格。

第五十六条 【劳动过程安全防护】劳动者在劳动过程中必须严格遵守安全操作规程。

劳动者对用人单位管理人员违章指挥、强令冒险作业,有权拒绝执行;对危害生命安全和身体健康的行为,有权提出批评、检举和控告。

第五十七条 【伤亡事故和职业病统计报告、处理制度】国家建立伤亡事故和职业病统计报告和处理制度。县级以上各级人民政府劳动行政部门、有关部门和用人单位应当依法对劳动者在劳动过程中发生的伤亡事故和劳动者的职业病状况,进行统计、报告和处理。

第七章　女职工和未成年工特殊保护

第五十八条　【女职工和未成年工特殊劳动保护】国家对女职工和未成年工实行特殊劳动保护。

未成年工是指年满十六周岁未满十八周岁的劳动者。

第五十九条　【劳动强度限制】禁止安排女职工从事矿山井下、国家规定的第四级体力劳动强度的劳动和其他禁忌从事的劳动。

第六十条　【经期劳动强度限制】不得安排女职工在经期从事高处、低温、冷水作业和国家规定的第三级体力劳动强度的劳动。

第六十一条　【孕期劳动强度限制】不得安排女职工在怀孕期间从事国家规定的第三级体力劳动强度的劳动和孕期禁忌从事的劳动。对怀孕七个月以上的女职工,不得安排其延长工作时间和夜班劳动。

第六十二条　【产假】女职工生育享受不少于九十天的产假。

第六十三条　【哺乳期劳动保护】不得安排女职工在哺乳未满一周岁的婴儿期间从事国家规定的第三级体力劳动强度的劳动和哺乳期禁忌从事的其他劳动,不得安排其延长工作时间和夜班劳动。

第六十四条　【未成年工劳动保护】不得安排未成年工从事矿山井下、有毒有害、国家规定的第四级体力劳动强度的劳动和其他禁忌从事的劳动。

第六十五条　【未成年工健康检查】用人单位应当对未成年工定期进行健康检查。

第八章　职 业 培 训

第六十六条　【发展目标】国家通过各种途径,采取各种措施,发展职业培训事业,开发劳动者的职业技能,提高劳动者素质,增强劳动者的就业能力和工作能力。

第六十七条　【政府支持】各级人民政府应当把发展职业培训纳入社会

经济发展的规划,鼓励和支持有条件的企业、事业组织、社会团体和个人进行各种形式的职业培训。

第六十八条 【职业培训】用人单位应当建立职业培训制度,按照国家规定提取和使用职业培训经费,根据本单位实际,有计划地对劳动者进行职业培训。

从事技术工种的劳动者,上岗前必须经过培训。

第六十九条 【职业技能标准和资格证书】国家确定职业分类,对规定的职业制定职业技能标准,实行职业资格证书制度,由经过政府批准的考核鉴定机构负责对劳动者实施职业技能考核鉴定。

第九章 社会保险和福利

第七十条 【发展目标】国家发展社会保险事业,建立社会保险制度,设立社会保险基金,使劳动者在年老、患病、工伤、失业、生育等情况下获得帮助和补偿。

第七十一条 【协调发展】社会保险水平应当与社会经济发展水平和社会承受能力相适应。

第七十二条 【基金来源】社会保险基金按照保险类型确定资金来源,逐步实行社会统筹。用人单位和劳动者必须依法参加社会保险,缴纳社会保险费。

第七十三条 【享受社保情形】劳动者在下列情形下,依法享受社会保险待遇:

(一)退休;

(二)患病、负伤;

(三)因工伤残或者患职业病;

(四)失业;

(五)生育。

劳动者死亡后,其遗属依法享受遗属津贴。

劳动者享受社会保险待遇的条件和标准由法律、法规规定。

劳动者享受的社会保险金必须按时足额支付。

第七十四条 【社保基金管理】社会保险基金经办机构依照法律规定收支、管理和运营社会保险基金,并负有使社会保险基金保值增值的责任。

社会保险基金监督机构依照法律规定,对社会保险基金的收支、管理和运营实施监督。

社会保险基金经办机构和社会保险基金监督机构的设立和职能由法律规定。

任何组织和个人不得挪用社会保险基金。

第七十五条 【补充保险和个人储蓄保险】国家鼓励用人单位根据本单位实际情况为劳动者建立补充保险。

国家提倡劳动者个人进行储蓄性保险。

第七十六条 【国家和用人单位的发展福利事业责任】国家发展社会福利事业,兴建公共福利设施,为劳动者休息、休养和疗养提供条件。

用人单位应当创造条件,改善集体福利,提高劳动者的福利待遇。

第十章 劳动争议

第七十七条 【劳动争议处理】用人单位与劳动者发生劳动争议,当事人可以依法申请调解、仲裁、提起诉讼,也可以协商解决。

调解原则适用于仲裁和诉讼程序。

第七十八条 【解决争议的原则】解决劳动争议,应当根据合法、公正、及时处理的原则,依法维护劳动争议当事人的合法权益。

第七十九条 【调解和仲裁】劳动争议发生后,当事人可以向本单位劳动争议调解委员会申请调解;调解不成,当事人一方要求仲裁的,可以向劳动争议仲裁委员会申请仲裁。当事人一方也可以直接向劳动争议仲裁委员会申请仲裁。对仲裁裁决不服的,可以向人民法院提起诉讼。

第八十条 【劳动争议调解委员会及调解协议】在用人单位内,可以设立劳动争议调解委员会。劳动争议调解委员会由职工代表、用人单位代表和工会代表组成。劳动争议调解委员会主任由工会代表担任。

劳动争议经调解达成协议的,当事人应当履行。

第八十一条 【仲裁委员会组成】劳动争议仲裁委员会由劳动行政部门

代表、同级工会代表、用人单位方面的代表组成。劳动争议仲裁委员会主任由劳动行政部门代表担任。

第八十二条 【仲裁期日】提出仲裁要求的一方应当自劳动争议发生之日起六十日内向劳动争议仲裁委员会提出书面申请。仲裁裁决一般应在收到仲裁申请的六十日内作出。对仲裁裁决无异议的,当事人必须履行。

第八十三条 【起诉和强制执行】劳动争议当事人对仲裁裁决不服的,可以自收到仲裁裁决书之日起十五日内向人民法院提起诉讼。一方当事人在法定期限内不起诉又不履行仲裁裁决的,另一方当事人可以申请人民法院强制执行。

第八十四条 【集体合同争议处理】因签订集体合同发生争议,当事人协商解决不成的,当地人民政府劳动行政部门可以组织有关各方协调处理。

因履行集体合同发生争议,当事人协商解决不成的,可以向劳动争议仲裁委员会申请仲裁;对仲裁裁决不服的,可以自收到仲裁裁决书之日起十五日内向人民法院提起诉讼。

第十一章 监督检查

第八十五条 【劳动行政部门监督检查】县级以上各级人民政府劳动行政部门依法对用人单位遵守劳动法律、法规的情况进行监督检查,对违反劳动法律、法规的行为有权制止,并责令改正。

第八十六条 【公务检查】县级以上各级人民政府劳动行政部门监督检查人员执行公务,有权进入用人单位了解执行劳动法律、法规的情况,查阅必要的资料,并对劳动场所进行检查。

县级以上各级人民政府劳动行政部门监督检查人员执行公务,必须出示证件,秉公执法并遵守有关规定。

第八十七条 【政府监督】县级以上各级人民政府有关部门在各自职责范围内,对用人单位遵守劳动法律、法规的情况进行监督。

第八十八条 【工会监督和组织、个人检举控告】各级工会依法维护劳动者的合法权益,对用人单位遵守劳动法律、法规的情况进行监督。

任何组织和个人对于违反劳动法律、法规的行为有权检举和控告。

第十二章 法律责任

第八十九条 【对劳动规章违法的处罚】用人单位制定的劳动规章制度违反法律、法规规定的,由劳动行政部门给予警告,责令改正;对劳动者造成损害的,应当承担赔偿责任。

第九十条 【违法延长工时处罚】用人单位违反本法规定,延长劳动者工作时间的,由劳动行政部门给予警告,责令改正,并可以处以罚款。

第九十一条 【用人单位侵权处理】用人单位有下列侵害劳动者合法权益情形之一的,由劳动行政部门责令支付劳动者的工资报酬、经济补偿,并可以责令支付赔偿金:

(一)克扣或者无故拖欠劳动者工资的;

(二)拒不支付劳动者延长工作时间工资报酬的;

(三)低于当地最低工资标准支付劳动者工资的;

(四)解除劳动合同后,未依照本法规定给予劳动者经济补偿的。

第九十二条 【用人单位违反劳保规定的处罚】用人单位的劳动安全设施和劳动卫生条件不符合国家规定或者未向劳动者提供必要的劳动防护用品和劳动保护设施的,由劳动行政部门或者有关部门责令改正,可以处以罚款;情节严重的,提请县级以上人民政府决定责令停产整顿;对事故隐患不采取措施,致使发生重大事故,造成劳动者生命和财产损失的,对责任人员依照刑法有关规定追究刑事责任。

第九十三条 【违章作业造成事故处罚】用人单位强令劳动者违章冒险作业,发生重大伤亡事故,造成严重后果的,对责任人员依法追究刑事责任。

第九十四条 【非法招用未成年工处罚】用人单位非法招用未满十六周岁的未成年人的,由劳动行政部门责令改正,处以罚款;情节严重的,由工商行政管理部门吊销营业执照。

第九十五条 【侵害女工和未成年工合法权益的处罚】用人单位违反本法对女职工和未成年工的保护规定,侵害其合法权益的,由劳动行政部门责令改正,处以罚款;对女职工或者未成年工造成损害的,应当承担赔偿责任。

第九十六条 【人身侵权处罚】用人单位有下列行为之一,由公安机关对责任人员处以十五日以下拘留、罚款或者警告;构成犯罪的,对责任人员依法追究刑事责任:

(一)以暴力、威胁或者非法限制人身自由的手段强迫劳动的;

(二)侮辱、体罚、殴打、非法搜查和拘禁劳动者的。

第九十七条 【无效合同损害赔偿责任】由于用人单位的原因订立的无效合同,对劳动者造成损害的,应当承担赔偿责任。

第九十八条 【违法解除和拖延订立合同损害赔偿】用人单位违反本法规定的条件解除劳动合同或者故意拖延不订立劳动合同的,由劳动行政部门责令改正;对劳动者造成损害的,应当承担赔偿责任。

第九十九条 【招用未解除合同者损害赔偿】用人单位招用尚未解除劳动合同的劳动者,对原用人单位造成经济损失的,该用人单位应当依法承担连带赔偿责任。

第一百条 【不缴纳保险费处理】用人单位无故不缴纳社会保险费的,由劳动行政部门责令其限期缴纳;逾期不缴的,可以加收滞纳金。

第一百零一条 【妨碍检查公务处罚】用人单位无理阻挠劳动行政部门、有关部门及其工作人员行使监督检查权,打击报复举报人员的,由劳动行政部门或者有关部门处以罚款;构成犯罪的,对责任人员依法追究刑事责任。

第一百零二条 【违法解除合同和违反保密事项损害赔偿】劳动者违反本法规定的条件解除劳动合同或者违反劳动合同中约定的保密事项,对用人单位造成经济损失的,应当依法承担赔偿责任。

第一百零三条 【渎职的法律责任】劳动行政部门或者有关部门的工作人员滥用职权、玩忽职守、徇私舞弊,构成犯罪的,依法追究刑事责任;不构成犯罪的,给予行政处分。

第一百零四条 【挪用社保基金处罚】国家工作人员和社会保险基金经办机构的工作人员挪用社会保险基金,构成犯罪的,依法追究刑事责任。

第一百零五条 【处罚竞合处理】违反本法规定侵害劳动者合法权益,其他法律、行政法规已规定处罚的,依照该法律、行政法规的规定处罚。

第十三章　附　　则

第一百零六条　【实施步骤制定】省、自治区、直辖市人民政府根据本法和本地区的实际情况，规定劳动合同制度的实施步骤，报国务院备案。

第一百零七条　【生效日期】本法自 1995 年 1 月 1 日起施行。

中华人民共和国劳动合同法实施条例

(2008年9月18日国务院令第535号公布
自2008年9月18日起施行)

第一章　总　　则

第一条　【立法宗旨】为了贯彻实施《中华人民共和国劳动合同法》(以下简称劳动合同法),制定本条例。

第二条　【政府义务】各级人民政府和县级以上人民政府劳动行政等有关部门以及工会等组织,应当采取措施,推动劳动合同法的贯彻实施,促进劳动关系的和谐。

第三条　【用人单位范围界定】依法成立的会计师事务所、律师事务所等合伙组织和基金会,属于劳动合同法规定的用人单位。

第二章　劳动合同的订立

第四条　【分支机构订立劳动合同】劳动合同法规定的用人单位设立的分支机构,依法取得营业执照或者登记证书的,可以作为用人单位与劳动者订立劳动合同;未依法取得营业执照或者登记证书的,受用人单位委托可以与劳动者订立劳动合同。

第五条　【劳动者一月内不订合同的处理】自用工之日起一个月内,经用人单位书面通知后,劳动者不与用人单位订立书面劳动合同的,用人单位应当书面通知劳动者终止劳动关系,无需向劳动者支付经济补偿,但是应当依法向劳动者支付其实际工作时间的劳动报酬。

第六条　【用人单位一年内不订合同的处理】用人单位自用工之日起超过一个月不满一年未与劳动者订立书面劳动合同的,应当依照劳动合同法第八十二条的规定向劳动者每月支付两倍的工资,并与劳动者补订书面劳动合同;劳动者不与用人单位订立书面劳动合同的,用人单位应当书面通知劳动者终止劳动关系,并依照劳动合同法第四十七条的规定支付经济补偿。

前款规定的用人单位向劳动者每月支付两倍工资的起算时间为用工之日起满一个月的次日,截止时间为补订书面劳动合同的前一日。

第七条　【用人单位满一年不订合同的处理】用人单位自用工之日起满一年未与劳动者订立书面劳动合同的,自用工之日起满一个月的次日至满一年的前一日应当依照劳动合同法第八十二条的规定向劳动者每月支付两倍的工资,并视为自用工之日起满一年的当日已经与劳动者订立无固定期限劳动合同,应当立即与劳动者补订书面劳动合同。

第八条　【职工名册内容】劳动合同法第七条规定的职工名册,应当包括劳动者姓名、性别、公民身份号码、户籍地址及现住址、联系方式、用工形式、用工起始时间、劳动合同期限等内容。

第九条　【连续工作时间计算】劳动合同法第十四条第二款规定的连续工作满10年的起始时间,应当自用人单位用工之日起计算,包括劳动合同法施行前的工作年限。

第十条　【到新单位工作的年限计算】劳动者非因本人原因从原用人单位被安排到新用人单位工作的,劳动者在原用人单位的工作年限合并计算为新用人单位的工作年限。原用人单位已经向劳动者支付经济补偿的,新用人单位在依法解除、终止劳动合同计算支付经济补偿的工作年限时,不再计算劳动者在原用人单位的工作年限。

第十一条　【订立无固定期限劳动合同】除劳动者与用人单位协商一致的情形外,劳动者依照劳动合同法第十四条第二款的规定,提出订立无固定期限劳动合同的,用人单位应当与其订立无固定期限劳动合同。对劳动合同的内容,双方应当按照合法、公平、平等自愿、协商一致、诚实信用的原则协商确定;对协商不一致的内容,依照劳动合同法第十八条的规定执行。

第十二条　【公益性岗位的特殊规定】地方各级人民政府及县级以上地方人民政府有关部门为安置就业困难人员提供的给予岗位补贴和社会保险补贴的公益性岗位,其劳动合同不适用劳动合同法有关无固定期限劳动合同的规定以及支付经济补偿的规定。

第十三条 【用人单位不得约定法外终止条件】用人单位与劳动者不得在劳动合同法第四十四条规定的劳动合同终止情形之外约定其他的劳动合同终止条件。

第十四条 【劳动合同履行地与用人单位注册地不一致时的执行标准】劳动合同履行地与用人单位注册地不一致的,有关劳动者的最低工资标准、劳动保护、劳动条件、职业危害防护和本地区上年度职工月平均工资标准等事项,按照劳动合同履行地的有关规定执行;用人单位注册地的有关标准高于劳动合同履行地的有关标准,且用人单位与劳动者约定按照用人单位注册地的有关规定执行的,从其约定。

第十五条 【试用期工资】劳动者在试用期的工资不得低于本单位相同岗位最低档工资的80%或者不得低于劳动合同约定工资的80%,并不得低于用人单位所在地的最低工资标准。

第十六条 【培训费用范围】劳动合同法第二十二条第二款规定的培训费用,包括用人单位为了对劳动者进行专业技术培训而支付的有凭证的培训费用、培训期间的差旅费用以及因培训产生的用于该劳动者的其他直接费用。

第十七条 【合同期满服务期未满的处理】劳动合同期满,但是用人单位与劳动者依照劳动合同法第二十二条的规定约定的服务期尚未到期的,劳动合同应当续延至服务期满;双方另有约定的,从其约定。

第三章 劳动合同的解除和终止

第十八条 【劳动者解除合同情形】有下列情形之一的,依照劳动合同法规定的条件、程序,劳动者可以与用人单位解除固定期限劳动合同、无固定期限劳动合同或者以完成一定工作任务为期限的劳动合同:

(一)劳动者与用人单位协商一致的;

(二)劳动者提前30日以书面形式通知用人单位的;

(三)劳动者在试用期内提前3日通知用人单位的;

(四)用人单位未按照劳动合同约定提供劳动保护或者劳动条件的;

(五)用人单位未及时足额支付劳动报酬的;

（六）用人单位未依法为劳动者缴纳社会保险费的；

（七）用人单位的规章制度违反法律、法规的规定，损害劳动者权益的；

（八）用人单位以欺诈、胁迫的手段或者乘人之危，使劳动者在违背真实意思的情况下订立或者变更劳动合同的；

（九）用人单位在劳动合同中免除自己的法定责任、排除劳动者权利的；

（十）用人单位违反法律、行政法规强制性规定的；

（十一）用人单位以暴力、威胁或者非法限制人身自由的手段强迫劳动者劳动的；

（十二）用人单位违章指挥、强令冒险作业危及劳动者人身安全的；

（十三）法律、行政法规规定劳动者可以解除劳动合同的其他情形。

第十九条　【用人单位解除合同情形】有下列情形之一的，依照劳动合同法规定的条件、程序，用人单位可以与劳动者解除固定期限劳动合同、无固定期限劳动合同或者以完成一定工作任务为期限的劳动合同：

（一）用人单位与劳动者协商一致的；

（二）劳动者在试用期间被证明不符合录用条件的；

（三）劳动者严重违反用人单位的规章制度的；

（四）劳动者严重失职，营私舞弊，给用人单位造成重大损害的；

（五）劳动者同时与其他用人单位建立劳动关系，对完成本单位的工作任务造成严重影响，或者经用人单位提出，拒不改正的；

（六）劳动者以欺诈、胁迫的手段或者乘人之危，使用人单位在违背真实意思的情况下订立或者变更劳动合同的；

（七）劳动者被依法追究刑事责任的；

（八）劳动者患病或者非因工负伤，在规定的医疗期满后不能从事原工作，也不能从事由用人单位另行安排的工作的；

（九）劳动者不能胜任工作，经过培训或者调整工作岗位，仍不能胜任工作的；

（十）劳动合同订立时所依据的客观情况发生重大变化，致使劳动合同无法履行，经用人单位与劳动者协商，未能就变更劳动合同内容达成协议的；

（十一）用人单位依照企业破产法规定进行重整的；

(十二)用人单位生产经营发生严重困难的;

(十三)企业转产、重大技术革新或者经营方式调整,经变更劳动合同后,仍需裁减人员的;

(十四)其他因劳动合同订立时所依据的客观经济情况发生重大变化,致使劳动合同无法履行的。

第二十条 【额外支付的工资标准】用人单位依照劳动合同法第四十条的规定,选择额外支付劳动者一个月工资解除劳动合同的,其额外支付的工资应当按照该劳动者上一个月的工资标准确定。

第二十一条 【退休时合同终止】劳动者达到法定退休年龄的,劳动合同终止。

第二十二条 【终止以完成一定工作任务为期限的劳动合同】以完成一定工作任务为期限的劳动合同因任务完成而终止的,用人单位应当依照劳动合同法第四十七条的规定向劳动者支付经济补偿。

第二十三条 【终止工伤职工劳动合同】用人单位依法终止工伤职工的劳动合同的,除依照劳动合同法第四十七条的规定支付经济补偿外,还应当依照国家有关工伤保险的规定支付一次性工伤医疗补助金和伤残就业补助金。

第二十四条 【解除、终止劳动合同证明的内容】用人单位出具的解除、终止劳动合同的证明,应当写明劳动合同期限、解除或者终止劳动合同的日期、工作岗位、在本单位的工作年限。

第二十五条 【赔偿金与经济补偿不并罚】用人单位违反劳动合同法的规定解除或者终止劳动合同,依照劳动合同法第八十七条的规定支付了赔偿金的,不再支付经济补偿。赔偿金的计算年限自用工之日起计算。

第二十六条 【解除约定服务期的劳动合同】用人单位与劳动者约定了服务期,劳动者依照劳动合同法第三十八条的规定解除劳动合同的,不属于违反服务期的约定,用人单位不得要求劳动者支付违约金。

有下列情形之一,用人单位与劳动者解除约定服务期的劳动合同的,劳动者应当按照劳动合同的约定向用人单位支付违约金:

(一)劳动者严重违反用人单位的规章制度的;

（二）劳动者严重失职，营私舞弊，给用人单位造成重大损害的；

（三）劳动者同时与其他用人单位建立劳动关系，对完成本单位的工作任务造成严重影响，或者经用人单位提出，拒不改正的；

（四）劳动者以欺诈、胁迫的手段或者乘人之危，使用人单位在违背真实意思的情况下订立或者变更劳动合同的；

（五）劳动者被依法追究刑事责任的。

第二十七条 【月工资的计算】劳动合同法第四十七条规定的经济补偿的月工资按照劳动者应得工资计算，包括计时工资或者计件工资以及奖金、津贴和补贴等货币性收入。劳动者在劳动合同解除或者终止前12个月的平均工资低于当地最低工资标准的，按照当地最低工资标准计算。劳动者工作不满12个月的，按照实际工作的月数计算平均工资。

第四章 劳务派遣特别规定

第二十八条 【不得设立的劳务派遣单位】用人单位或者其所属单位出资或者合伙设立的劳务派遣单位，向本单位或者所属单位派遣劳动者的，属于劳动合同法第六十七条规定的不得设立的劳务派遣单位。

第二十九条 【用工单位义务】用工单位应当履行劳动合同法第六十二条规定的义务，维护被派遣劳动者的合法权益。

第三十条 【不得以非全日制用工形式派遣】劳务派遣单位不得以非全日制用工形式招用被派遣劳动者。

第三十一条 【经济补偿的参照执行】劳务派遣单位或者被派遣劳动者依法解除、终止劳动合同的经济补偿，依照劳动合同法第四十六条、第四十七条的规定执行。

第三十二条 【解除、终止劳动合同的参照执行】劳务派遣单位违法解除或者终止被派遣劳动者的劳动合同的，依照劳动合同法第四十八条的规定执行。

第五章 法 律 责 任

第三十三条 【违反建立职工名册规定的处罚】用人单位违反劳动合同

法有关建立职工名册规定的,由劳动行政部门责令限期改正;逾期不改正的,由劳动行政部门处2000元以上2万元以下的罚款。

第三十四条 【未支付两倍工资或赔偿金的处理】用人单位依照劳动合同法的规定应当向劳动者每月支付两倍的工资或者应当向劳动者支付赔偿金而未支付的,劳动行政部门应当责令用人单位支付。

第三十五条 【违反劳务派遣规定的处罚】用工单位违反劳动合同法和本条例有关劳务派遣规定的,由劳动行政部门和其他有关主管部门责令改正;情节严重的,以每位被派遣劳动者1000元以上5000元以下的标准处以罚款;给被派遣劳动者造成损害的,劳务派遣单位和用工单位承担连带赔偿责任。

第六章 附 则

第三十六条 【对投诉、举报的处理】对违反劳动合同法和本条例的行为的投诉、举报,县级以上地方人民政府劳动行政部门依照《劳动保障监察条例》的规定处理。

第三十七条 【发生争议的处理】劳动者与用人单位因订立、履行、变更、解除或者终止劳动合同发生争议的,依照《中华人民共和国劳动争议调解仲裁法》的规定处理。

第三十八条 【施行时间】本条例自公布之日起施行。

劳务派遣暂行规定

（2013年12月20日经人力资源社会保障部第21次部务会审议通过
自2014年3月1日起施行）

第一章　总　　则

第一条　为规范劳务派遣，维护劳动者的合法权益，促进劳动关系和谐稳定，依据《中华人民共和国劳动合同法》（以下简称劳动合同法）和《中华人民共和国劳动合同法实施条例》（以下简称劳动合同法实施条例）等法律、行政法规，制定本规定。

第二条　劳务派遣单位经营劳务派遣业务，企业（以下称用工单位）使用被派遣劳动者，适用本规定。

依法成立的会计师事务所、律师事务所等合伙组织和基金会以及民办非企业单位等组织使用被派遣劳动者，依照本规定执行。

第二章　用工范围和用工比例

第三条　用工单位只能在临时性、辅助性或者替代性的工作岗位上使用被派遣劳动者。

前款规定的临时性工作岗位是指存续时间不超过6个月的岗位；辅助性工作岗位是指为主营业务岗位提供服务的非主营业务岗位；替代性工作岗位是指用工单位的劳动者因脱产学习、休假等原因无法工作的一定期间内，可以由其他劳动者替代工作的岗位。

用工单位决定使用被派遣劳动者的辅助性岗位，应当经职工代表大会或者全体职工讨论，提出方案和意见，与工会或者职工代表平等协商确定，并在用工单位内公示。

第四条　用工单位应当严格控制劳务派遣用工数量，使用的被派遣劳动者数量不得超过其用工总量的10%。

前款所称用工总量是指用工单位订立劳动合同人数与使用的被派遣劳动者人数之和。

计算劳务派遣用工比例的用工单位是指依照劳动合同法和劳动合同法实施条例可以与劳动者订立劳动合同的用人单位。

第三章 劳动合同、劳务派遣协议的订立和履行

第五条 劳务派遣单位应当依法与被派遣劳动者订立2年以上的固定期限书面劳动合同。

第六条 劳务派遣单位可以依法与被派遣劳动者约定试用期。劳务派遣单位与同一被派遣劳动者只能约定一次试用期。

第七条 劳务派遣协议应当载明下列内容:

(一)派遣的工作岗位名称和岗位性质;

(二)工作地点;

(三)派遣人员数量和派遣期限;

(四)按照同工同酬原则确定的劳动报酬数额和支付方式;

(五)社会保险费的数额和支付方式;

(六)工作时间和休息休假事项;

(七)被派遣劳动者工伤、生育或者患病期间的相关待遇;

(八)劳动安全卫生以及培训事项;

(九)经济补偿等费用;

(十)劳务派遣协议期限;

(十一)劳务派遣服务费的支付方式和标准;

(十二)违反劳务派遣协议的责任;

(十三)法律、法规、规章规定应当纳入劳务派遣协议的其他事项。

第八条 劳务派遣单位应当对被派遣劳动者履行下列义务:

(一)如实告知被派遣劳动者劳动合同法第八条规定的事项、应遵守的规章制度以及劳务派遣协议的内容;

(二)建立培训制度,对被派遣劳动者进行上岗知识、安全教育培训;

（三）按照国家规定和劳务派遣协议约定，依法支付被派遣劳动者的劳动报酬和相关待遇；

（四）按照国家规定和劳务派遣协议约定，依法为被派遣劳动者缴纳社会保险费，并办理社会保险相关手续；

（五）督促用工单位依法为被派遣劳动者提供劳动保护和劳动安全卫生条件；

（六）依法出具解除或者终止劳动合同的证明；

（七）协助处理被派遣劳动者与用工单位的纠纷；

（八）法律、法规和规章规定的其他事项。

第九条　用工单位应当按照劳动合同法第六十二条规定，向被派遣劳动者提供与工作岗位相关的福利待遇，不得歧视被派遣劳动者。

第十条　被派遣劳动者在用工单位因工作遭受事故伤害的，劳务派遣单位应当依法申请工伤认定，用工单位应当协助工伤认定的调查核实工作。劳务派遣单位承担工伤保险责任，但可以与用工单位约定补偿办法。

被派遣劳动者在申请进行职业病诊断、鉴定时，用工单位应当负责处理职业病诊断、鉴定事宜，并如实提供职业病诊断、鉴定所需的劳动者职业史和职业危害接触史、工作场所职业病危害因素检测结果等资料，劳务派遣单位应当提供被派遣劳动者职业病诊断、鉴定所需的其他材料。

第十一条　劳务派遣单位行政许可有效期未延续或者《劳务派遣经营许可证》被撤销、吊销的，已经与被派遣劳动者依法订立的劳动合同应当履行至期限届满。双方经协商一致，可以解除劳动合同。

第十二条　有下列情形之一的，用工单位可以将被派遣劳动者退回劳务派遣单位：

（一）用工单位有劳动合同法第四十条第三项、第四十一条规定情形的；

（二）用工单位被依法宣告破产、吊销营业执照、责令关闭、撤销、决定提前解散或者经营期限届满不再继续经营的；

（三）劳务派遣协议期满终止的。

被派遣劳动者退回后在无工作期间，劳务派遣单位应当按照不低于所在地人民政府规定的最低工资标准，向其按月支付报酬。

第十三条 被派遣劳动者有劳动合同法第四十二条规定情形的,在派遣期限届满前,用工单位不得依据本规定第十二条第一款第一项规定将被派遣劳动者退回劳务派遣单位;派遣期限届满的,应当延续至相应情形消失时方可退回。

第四章 劳动合同的解除和终止

第十四条 被派遣劳动者提前30日以书面形式通知劳务派遣单位,可以解除劳动合同。被派遣劳动者在试用期内提前3日通知劳务派遣单位,可以解除劳动合同。劳务派遣单位应当将被派遣劳动者通知解除劳动合同的情况及时告知用工单位。

第十五条 被派遣劳动者因本规定第十二条规定被用工单位退回,劳务派遣单位重新派遣时维持或者提高劳动合同约定条件,被派遣劳动者不同意的,劳务派遣单位可以解除劳动合同。

被派遣劳动者因本规定第十二条规定被用工单位退回,劳务派遣单位重新派遣时降低劳动合同约定条件,被派遣劳动者不同意的,劳务派遣单位不得解除劳动合同。但被派遣劳动者提出解除劳动合同的除外。

第十六条 劳务派遣单位被依法宣告破产、吊销营业执照、责令关闭、撤销、决定提前解散或者经营期限届满不再继续经营的,劳动合同终止。用工单位应当与劳务派遣单位协商妥善安置被派遣劳动者。

第十七条 劳务派遣单位因劳动合同法第四十六条或者本规定第十五条、第十六条规定的情形,与被派遣劳动者解除或者终止劳动合同的,应当依法向被派遣劳动者支付经济补偿。

第五章 跨地区劳务派遣的社会保险

第十八条 劳务派遣单位跨地区派遣劳动者的,应当在用工单位所在地为被派遣劳动者参加社会保险,按照用工单位所在地的规定缴纳社会保险费,被派遣劳动者按照国家规定享受社会保险待遇。

第十九条 劳务派遣单位在用工单位所在地设立分支机构的,由分支机构为被派遣劳动者办理参保手续,缴纳社会保险费。

劳务派遣单位未在用工单位所在地设立分支机构的，由用工单位代劳务派遣单位为被派遣劳动者办理参保手续，缴纳社会保险费。

第六章　法律责任

第二十条　劳务派遣单位、用工单位违反劳动合同法和劳动合同法实施条例有关劳务派遣规定的，按照劳动合同法第九十二条规定执行。

第二十一条　劳务派遣单位违反本规定解除或者终止被派遣劳动者劳动合同的，按照劳动合同法第四十八条、第八十七条规定执行。

第二十二条　用工单位违反本规定第三条第三款规定的，由人力资源社会保障行政部门责令改正，给予警告；给被派遣劳动者造成损害的，依法承担赔偿责任。

第二十三条　劳务派遣单位违反本规定第六条规定的，按照劳动合同法第八十三条规定执行。

第二十四条　用工单位违反本规定退回被派遣劳动者的，按照劳动合同法第九十二条第二款规定执行。

第七章　附　则

第二十五条　外国企业常驻代表机构和外国金融机构驻华代表机构等使用被派遣劳动者的，以及船员用人单位以劳务派遣形式使用国际远洋海员的，不受临时性、辅助性、替代性岗位和劳务派遣用工比例的限制。

第二十六条　用人单位将本单位劳动者派往境外工作或者派往家庭、自然人处提供劳动的，不属于本规定所称劳务派遣。

第二十七条　用人单位以承揽、外包等名义，按劳务派遣用工形式使用劳动者的，按照本规定处理。

第二十八条　用工单位在本规定施行前使用被派遣劳动者数量超过其用工总量10%的，应当制定调整用工方案，于本规定施行之日起2年内降至规定比例。但是，《全国人民代表大会常务委员会关于修改〈中华人民共和国劳动合同法〉的决定》公布前已依法订立的劳动合同和劳务派遣协议期限届满日期在本规定施行之日起2年后的，可以依法继续履行至期限届满。

用工单位应当将制定的调整用工方案报当地人力资源社会保障行政部门备案。

用工单位未将本规定施行前使用的被派遣劳动者数量降至符合规定比例之前,不得新用被派遣劳动者。

第二十九条 本规定自2014年3月1日起施行。

最高人民法院关于审理劳动争议案件适用法律若干问题的解释

（2001 年 4 月 16 日公布　自 2001 年 4 月 30 日起施行
法释〔2001〕14 号）

为正确审理劳动争议案件，根据《中华人民共和国劳动法》（以下简称《劳动法》）和《中华人民共和国民事诉讼法》（以下简称《民事诉讼法》）等相关法律之规定，就适用法律的若干问题，作如下解释。

第一条　劳动者与用人单位之间发生的下列纠纷，属于《劳动法》第二条规定的劳动争议，当事人不服劳动争议仲裁委员会作出的裁决，依法向人民法院起诉的，人民法院应当受理：

（一）劳动者与用人单位在履行劳动合同过程中发生的纠纷；

（二）劳动者与用人单位之间没有订立书面劳动合同，但已形成劳动关系后发生的纠纷；

（三）劳动者退休后，与尚未参加社会保险统筹的原用人单位因追索养老金、医疗费、工伤保险待遇和其他社会保险费而发生的纠纷。

第二条　劳动争议仲裁委员会以当事人申请仲裁的事项不属于劳动争议为由，作出不予受理的书面裁决、决定或者通知，当事人不服，依法向人民法院起诉的，人民法院应当分别情况予以处理：

（一）属于劳动争议案件的，应当受理；

（二）虽不属于劳动争议案件，但属于人民法院主管的其他案件，应当依法受理。

第三条　劳动争议仲裁委员会根据《劳动法》第八十二条之规定，以当事人的仲裁申请超过六十日期限为由，作出不予受理的书面裁决、决定或者通知，当事人不服，依法向人民法院起诉的，人民法院应当受理；对确已超过仲裁申请期限，又无不可抗力或者其他正当理由的，依法驳回其诉讼请求。

第四条 劳动争议仲裁委员会以申请仲裁的主体不适格为由,作出不予受理的书面裁决、决定或者通知,当事人不服,依法向人民法院起诉的,经审查,确属主体不适格的,裁定不予受理或者驳回起诉。

第五条 劳动争议仲裁委员会为纠正原仲裁裁决错误重新作出裁决,当事人不服,依法向人民法院起诉的,人民法院应当受理。

第六条 人民法院受理劳动争议案件后,当事人增加诉讼请求的,如该诉讼请求与讼争的劳动争议具有不可分性,应当合并审理;如属独立的劳动争议,应当告知当事人向劳动争议仲裁委员会申请仲裁。

第七条 劳动争议仲裁委员会仲裁的事项不属于人民法院受理的案件范围,当事人不服,依法向人民法院起诉的,裁定不予受理或者驳回起诉。

第八条 劳动争议案件由用人单位所在地或者劳动合同履行地的基层人民法院管辖。

劳动合同履行地不明确的,由用人单位所在地的基层人民法院管辖。

第九条 当事人双方不服劳动争议仲裁委员会作出的同一仲裁裁决,均向同一人民法院起诉的,先起诉的一方当事人为原告,但对双方的诉讼请求,人民法院应当一并作出裁决。

当事人双方就同一仲裁裁决分别向有管辖权的人民法院起诉的,后受理的人民法院应当将案件移送给先受理的人民法院。

第十条 用人单位与其他单位合并的,合并前发生的劳动争议,由合并后的单位为当事人;用人单位分立为若干单位的,其分立前发生的劳动争议,由分立后的实际用人单位为当事人。

用人单位分立为若干单位后,对承受劳动权利义务的单位不明确的,分立后的单位均为当事人。

第十一条 用人单位招用尚未解除劳动合同的劳动者,原用人单位与劳动者发生的劳动争议,可以列新的用人单位为第三人。

原用人单位以新的用人单位侵权为由向人民法院起诉的,可以列劳动者为第三人。

原用人单位以新的用人单位和劳动者共同侵权为由向人民法院起诉的,新的用人单位和劳动者列为共同被告。

第十二条　劳动者在用人单位与其他平等主体之间的承包经营期间，与发包方和承包方双方或者一方发生劳动争议，依法向人民法院起诉的，应当将承包方和发包方作为当事人。

第十三条　因用人单位作出的开除、除名、辞退、解除劳动合同、减少劳动报酬、计算劳动者工作年限等决定而发生的劳动争议，用人单位负举证责任。

第十四条　劳动合同被确认为无效后，用人单位对劳动者付出的劳动，一般可参照本单位同期、同工种、同岗位的工资标准支付劳动报酬。

根据《劳动法》第九十七条之规定，由于用人单位的原因订立的无效合同，给劳动者造成损害的，应当比照违反和解除劳动合同经济补偿金的支付标准，赔偿劳动者因合同无效所造成的经济损失。

第十五条　用人单位有下列情形之一，迫使劳动者提出解除劳动合同的，用人单位应当支付劳动者的劳动报酬和经济补偿，并可支付赔偿金：

（一）以暴力、威胁或者非法限制人身自由的手段强迫劳动的；

（二）未按照劳动合同约定支付劳动报酬或者提供劳动条件的；

（三）克扣或者无故拖欠劳动者工资的；

（四）拒不支付劳动者延长工作时间工资报酬的；

（五）低于当地最低工资标准支付劳动者工资的。

第十六条　劳动合同期满后，劳动者仍在原用人单位工作，原用人单位未表示异议的，视为双方同意以原条件继续履行劳动合同。一方提出终止劳动关系的，人民法院应当支持。

根据《劳动法》第二十条之规定，用人单位应当与劳动者签订无固定期限劳动合同而未签订的，人民法院可以视为双方之间存在无固定期限劳动合同关系，并以原劳动合同确定双方的权利义务关系。

第十七条　劳动争议仲裁委员会作出仲裁裁决后，当事人对裁决中的部分事项不服，依法向人民法院起诉的，劳动争议仲裁裁决不发生法律效力。

第十八条　劳动争议仲裁委员会对多个劳动者的劳动争议作出仲裁裁决后，部分劳动者对仲裁裁决不服，依法向人民法院起诉的，仲裁裁决对提出起诉的劳动者不发生法律效力；对未提出起诉的部分劳动者，发生法律效力，如其申请执行的,人民法院应当受理。

第十九条 用人单位根据《劳动法》第四条之规定,通过民主程序制定的规章制度,不违反国家法律、行政法规及政策规定,并已向劳动者公示的,可以作为人民法院审理劳动争议案件的依据。

第二十条 用人单位对劳动者作出的开除、除名、辞退等处理,或者因其他原因解除劳动合同确有错误的,人民法院可以依法判决予以撤销。

对于追索劳动报酬、养老金、医疗费以及工伤保险待遇、经济补偿金、培训费及其他相关费用等案件,给付数额不当的,人民法院可以予以变更。

第二十一条 当事人申请人民法院执行劳动争议仲裁机构作出的发生法律效力的裁决书、调解书,被申请人提出证据证明劳动争议仲裁裁决书、调解书有下列情形之一,并经审查核实的,人民法院可以根据《民事诉讼法》第二百一十七条之规定,裁定不予执行:

(一)裁决的事项不属于劳动争议仲裁范围,或者劳动争议仲裁机构无权仲裁的;

(二)适用法律确有错误的;

(三)仲裁员仲裁该案时,有徇私舞弊、枉法裁决行为的;

(四)人民法院认定执行该劳动争议仲裁裁决违背社会公共利益的。

人民法院在不予执行的裁定书中,应当告知当事人在收到裁定书之次日起三十日内,可以就该劳动争议事项向人民法院起诉。

最高人民法院关于审理劳动争议案件适用法律若干问题的解释(二)

(2006 年 8 月 14 日公布
自 2006 年 10 月 1 日起施行 法释〔2006〕6 号)

为正确审理劳动争议案件,根据《中华人民共和国劳动法》、《中华人民共和国民事诉讼法》等相关法律规定,结合民事审判实践,对人民法院审理劳动争议案件适用法律的若干问题补充解释如下:

第一条 人民法院审理劳动争议案件,对下列情形,视为劳动法第八十二条规定的"劳动争议发生之日":

(一)在劳动关系存续期间产生的支付工资争议,用人单位能够证明已经书面通知劳动者拒付工资的,书面通知送达之日为劳动争议发生之日。用人单位不能证明的,劳动者主张权利之日为劳动争议发生之日。

(二)因解除或者终止劳动关系产生的争议,用人单位不能证明劳动者收到解除或者终止劳动关系书面通知时间的,劳动者主张权利之日为劳动争议发生之日。

(三)劳动关系解除或者终止后产生的支付工资、经济补偿金、福利待遇等争议,劳动者能够证明用人单位承诺支付的时间为解除或者终止劳动关系后的具体日期的,用人单位承诺支付之日为劳动争议发生之日。劳动者不能证明的,解除或者终止劳动关系之日为劳动争议发生之日。

第二条 拖欠工资争议,劳动者申请仲裁时劳动关系仍然存续,用人单位以劳动者申请仲裁超过六十日为由主张不再支付的,人民法院不予支持。但用人单位能够证明劳动者已经收到拒付工资的书面通知的除外。

第三条 劳动者以用人单位的工资欠条为证据直接向人民法院起诉,诉讼请求不涉及劳动关系其他争议的,视为拖欠劳动报酬争议,按照普通民事纠纷受理。

第四条 用人单位和劳动者因劳动关系是否已经解除或者终止,以及应否支付解除或终止劳动关系经济补偿金产生的争议,经劳动争议仲裁委员会仲裁后,当事人依法起诉的,人民法院应予受理。

第五条 劳动者与用人单位解除或者终止劳动关系后,请求用人单位返还其收取的劳动合同定金、保证金、抵押金、抵押物产生的争议,或者办理劳动者的人事档案、社会保险关系等移转手续产生的争议,经劳动争议仲裁委员会仲裁后,当事人依法起诉的,人民法院应予受理。

第六条 劳动者因为工伤、职业病,请求用人单位依法承担给予工伤保险待遇的争议,经劳动争议仲裁委员会仲裁后,当事人依法起诉的,人民法院应予受理。

第七条 下列纠纷不属于劳动争议:

(一)劳动者请求社会保险经办机构发放社会保险金的纠纷;

(二)劳动者与用人单位因住房制度改革产生的公有住房转让纠纷;

(三)劳动者对劳动能力鉴定委员会的伤残等级鉴定结论或者对职业病诊断鉴定委员会的职业病诊断鉴定结论的异议纠纷;

(四)家庭或者个人与家政服务人员之间的纠纷;

(五)个体工匠与帮工、学徒之间的纠纷;

(六)农村承包经营户与受雇人之间的纠纷。

第八条 当事人不服劳动争议仲裁委员会作出的预先支付劳动者部分工资或者医疗费用的裁决,向人民法院起诉的,人民法院不予受理。

用人单位不履行上述裁决中的给付义务,劳动者依法向人民法院申请强制执行的,人民法院应予受理。

第九条 劳动者与起有字号的个体工商户产生的劳动争议诉讼,人民法院应当以营业执照上登记的字号为当事人,但应同时注明该字号业主的自然情况。

第十条 劳动者因履行劳动力派遣合同产生劳动争议而起诉,以派遣单位为被告;争议内容涉及接受单位的,以派遣单位和接受单位为共同被告。

第十一条 劳动者和用人单位均不服劳动争议仲裁委员会的同一裁决,向同一人民法院起诉的,人民法院应当并案审理,双方当事人互为原告和被告。在诉讼过程中,一方当事人撤诉的,人民法院应当根据另一方当事人的诉讼请求继续审理。

第十二条　当事人能够证明在申请仲裁期间内因不可抗力或者其他客观原因无法申请仲裁的,人民法院应当认定申请仲裁期间中止,从中止的原因消灭之次日起,申请仲裁期间连续计算。

第十三条　当事人能够证明在申请仲裁期间内具有下列情形之一的,人民法院应当认定申请仲裁期间中断:

(一)向对方当事人主张权利;

(二)向有关部门请求权利救济;

(三)对方当事人同意履行义务。

申请仲裁期间中断的,从对方当事人明确拒绝履行义务,或者有关部门作出处理决定或明确表示不予处理时起,申请仲裁期间重新计算。

第十四条　在诉讼过程中,劳动者向人民法院申请采取财产保全措施,人民法院经审查认为申请人经济确有困难,或有证据证明用人单位存在欠薪逃匿可能的,应当减轻或者免除劳动者提供担保的义务,及时采取保全措施。

第十五条　人民法院作出的财产保全裁定中,应当告知当事人在劳动仲裁机构的裁决书或者在人民法院的裁判文书生效后三个月内申请强制执行。逾期不申请的,人民法院应当裁定解除保全措施。

第十六条　用人单位制定的内部规章制度与集体合同或者劳动合同约定的内容不一致,劳动者请求优先适用合同约定的,人民法院应予支持。

第十七条　当事人在劳动争议调解委员会主持下达成的具有劳动权利义务内容的调解协议,具有劳动合同的约束力,可以作为人民法院裁判的根据。

当事人在劳动争议调解委员会主持下仅就劳动报酬争议达成调解协议,用人单位不履行调解协议确定的给付义务,劳动者直接向人民法院起诉的,人民法院可以按照普通民事纠纷受理。

第十八条　本解释自 2006 年 10 月 1 日起施行。本解释施行前本院颁布的有关司法解释与本解释规定不一致的,以本解释的规定为准。

本解释施行后,人民法院尚未审结的一审、二审案件适用本解释。本解释施行前已经审结的案件,不得适用本解释的规定进行再审。

最高人民法院关于审理劳动争议案件适用法律若干问题的解释(三)

(2010年9月13日公布 法释[2010]12号
自2010年9月14日起施行)

为正确审理劳动争议案件,根据《中华人民共和国劳动法》、《中华人民共和国劳动合同法》、《中华人民共和国劳动争议调解仲裁法》、《中华人民共和国民事诉讼法》等相关法律规定,结合民事审判实践,特作如下解释。

第一条 劳动者以用人单位未为其办理社会保险手续,且社会保险经办机构不能补办导致其无法享受社会保险待遇为由,要求用人单位赔偿损失而发生争议的,人民法院应予受理。

第二条 因企业自主进行改制引发的争议,人民法院应予受理。

第三条 劳动者依据劳动合同法第八十五条规定,向人民法院提起诉讼,要求用人单位支付加付赔偿金的,人民法院应予受理。

第四条 劳动者与未办理营业执照、营业执照被吊销或者营业期限届满仍继续经营的用人单位发生争议的,应当将用人单位或者其出资人列为当事人。

第五条 未办理营业执照、营业执照被吊销或者营业期限届满仍继续经营的用人单位,以挂靠等方式借用他人营业执照经营的,应当将用人单位和营业执照出借方列为当事人。

第六条 当事人不服劳动人事争议仲裁委员会作出的仲裁裁决,依法向人民法院提起诉讼,人民法院审查认为仲裁裁决遗漏了必须共同参加仲裁的当事人的,应当依法追加遗漏的人为诉讼当事人。

被追加的当事人应当承担责任的,人民法院应当一并处理。

第七条 用人单位与其招用的已经依法享受养老保险待遇或领取退休金的人员发生用工争议,向人民法院提起诉讼的,人民法院应当按劳务关系处理。

第八条　企业停薪留职人员、未达到法定退休年龄的内退人员、下岗待岗人员以及企业经营性停产放长假人员，因与新的用人单位发生用工争议，依法向人民法院提起诉讼的，人民法院应当按劳动关系处理。

第九条　劳动者主张加班费的，应当就加班事实的存在承担举证责任。但劳动者有证据证明用人单位掌握加班事实存在的证据，用人单位不提供的，由用人单位承担不利后果。

第十条　劳动者与用人单位就解除或者终止劳动合同办理相关手续、支付工资报酬、加班费、经济补偿或者赔偿金等达成的协议，不违反法律、行政法规的强制性规定，且不存在欺诈、胁迫或者乘人之危情形的，应当认定有效。

前款协议存在重大误解或者显失公平情形，当事人请求撤销的，人民法院应予支持。

第十一条　劳动人事争议仲裁委员会作出的调解书已经发生法律效力，一方当事人反悔提起诉讼的，人民法院不予受理；已经受理的，裁定驳回起诉。

第十二条　劳动人事争议仲裁委员会逾期未作出受理决定或仲裁裁决，当事人直接提起诉讼的，人民法院应予受理，但申请仲裁的案件存在下列事由的除外：

（一）移送管辖的；

（二）正在送达或送达延误的；

（三）等待另案诉讼结果、评残结论的；

（四）正在等待劳动人事争议仲裁委员会开庭的；

（五）启动鉴定程序或者委托其他部门调查取证的；

（六）其他正当事由。

当事人以劳动人事争议仲裁委员会逾期未作出仲裁裁决为由提起诉讼的，应当提交劳动人事争议仲裁委员会出具的受理通知书或者其他已接受仲裁申请的凭证或证明。

第十三条　劳动者依据调解仲裁法第四十七条第（一）项规定，追索劳动报酬、工伤医疗费、经济补偿或者赔偿金，如果仲裁裁决涉及数项，每项确定的数额均不超过当地月最低工资标准十二个月金额的,应当按照终局裁决处理。

第十四条 劳动人事争议仲裁委员会作出的同一仲裁裁决同时包含终局裁决事项和非终局裁决事项,当事人不服该仲裁裁决向人民法院提起诉讼的,应当按照非终局裁决处理。

第十五条 劳动者依据调解仲裁法第四十八条规定向基层人民法院提起诉讼,用人单位依据调解仲裁法第四十九条规定向劳动人事争议仲裁委员会所在地的中级人民法院申请撤销仲裁裁决的,中级人民法院应不予受理;已经受理的,应当裁定驳回申请。

被人民法院驳回起诉或者劳动者撤诉的,用人单位可以自收到裁定书之日起三十日内,向劳动人事争议仲裁委员会所在地的中级人民法院申请撤销仲裁裁决。

第十六条 用人单位依照调解仲裁法第四十九条规定向中级人民法院申请撤销仲裁裁决,中级人民法院作出的驳回申请或者撤销仲裁裁决的裁定为终审裁定。

第十七条 劳动者依据劳动合同法第三十条第二款和调解仲裁法第十六条规定向人民法院申请支付令,符合民事诉讼法第十七章督促程序规定的,人民法院应予受理。

依据劳动合同法第三十条第二款规定申请支付令被人民法院裁定终结督促程序后,劳动者就劳动争议事项直接向人民法院起诉的,人民法院应当告知其先向劳动人事争议仲裁委员会申请仲裁。

依据调解仲裁法第十六条规定申请支付令被人民法院裁定终结督促程序后,劳动者依据调解协议直接向人民法院提起诉讼的,人民法院应予受理。

第十八条 劳动人事争议仲裁委员会作出终局裁决,劳动者向人民法院申请执行,用人单位向劳动人事争议仲裁委员会所在地的中级人民法院申请撤销的,人民法院应当裁定中止执行。

用人单位撤回撤销终局裁决申请或者其申请被驳回的,人民法院应当裁定恢复执行。仲裁裁决被撤销的,人民法院应当裁定终结执行。

用人单位向人民法院申请撤销仲裁裁决被驳回后,又在执行程序中以相同理由提出不予执行抗辩的,人民法院不予支持。

最高人民法院关于审理劳动争议案件适用法律若干问题的解释(四)

(2012年12月31日最高人民法院审判委员会第1566次会议通过
法释〔2013〕4号　自2013年2月1日起施行)

为正确审理劳动争议案件,根据《中华人民共和国劳动法》《中华人民共和国劳动合同法》《中华人民共和国劳动争议调解仲裁法》《中华人民共和国民事诉讼法》等相关法律规定,结合民事审判实践,就适用法律的若干问题,作如下解释:

第一条　劳动人事争议仲裁委员会以无管辖权为由对劳动争议案件不予受理,当事人提起诉讼的,人民法院按照以下情形分别处理:

(一)经审查认为该劳动人事争议仲裁委员会对案件确无管辖权的,应当告知当事人向有管辖权的劳动人事争议仲裁委员会申请仲裁;

(二)经审查认为该劳动人事争议仲裁委员会有管辖权的,应当告知当事人申请仲裁,并将审查意见书面通知该劳动人事争议仲裁委员会,劳动人事争议仲裁委员会仍不受理,当事人就该劳动争议事项提起诉讼的,应予受理。

第二条　仲裁裁决的类型以仲裁裁决书确定为准。

仲裁裁决书未载明该裁决为终局裁决或非终局裁决,用人单位不服该仲裁裁决向基层人民法院提起诉讼的,应当按照以下情形分别处理:

(一)经审查认为该仲裁裁决为非终局裁决的,基层人民法院应予受理;

(二)经审查认为该仲裁裁决为终局裁决的,基层人民法院不予受理,但应告知用人单位可以自收到不予受理裁定书之日起三十日内向劳动人事争议仲裁委员会所在地的中级人民法院申请撤销该仲裁裁决;已经受理的,裁定驳回起诉。

第三条　中级人民法院审理用人单位申请撤销终局裁决的案件,应当组成合议庭开庭审理。经过阅卷、调查和询问当事人,对没有新的事实、证据或者理由,合议庭认为不需要开庭审理的,可以不开庭审理。

中级人民法院可以组织双方当事人调解。达成调解协议的,可以制作调解书。一方当事人逾期不履行调解协议的,另一方可以申请人民法院强制执行。

第四条 当事人在人民调解委员会主持下仅就给付义务达成的调解协议,双方认为有必要的,可以共同向人民调解委员会所在地的基层人民法院申请司法确认。

第五条 劳动者非因本人原因从原用人单位被安排到新用人单位工作,原用人单位未支付经济补偿,劳动者依照劳动合同法第三十八条规定与新用人单位解除劳动合同,或者新用人单位向劳动者提出解除、终止劳动合同,在计算支付经济补偿或赔偿金的工作年限时,劳动者请求把在原用人单位的工作年限合并计算为新用人单位工作年限的,人民法院应予支持。

用人单位符合下列情形之一的,应当认定属于“劳动者非因本人原因从原用人单位被安排到新用人单位工作”:

(一)劳动者仍在原工作场所、工作岗位工作,劳动合同主体由原用人单位变更为新用人单位;

(二)用人单位以组织委派或任命形式对劳动者进行工作调动;

(三)因用人单位合并、分立等原因导致劳动者工作调动;

(四)用人单位及其关联企业与劳动者轮流订立劳动合同;

(五)其他合理情形。

第六条 当事人在劳动合同或者保密协议中约定了竞业限制,但未约定解除或者终止劳动合同后给予劳动者经济补偿,劳动者履行了竞业限制义务,要求用人单位按照劳动者在劳动合同解除或者终止前十二个月平均工资的30%按月支付经济补偿的,人民法院应予支持。

前款规定的月平均工资的30%低于劳动合同履行地最低工资标准的,按照劳动合同履行地最低工资标准支付。

第七条 当事人在劳动合同或者保密协议中约定了竞业限制和经济补偿,当事人解除劳动合同时,除另有约定外,用人单位要求劳动者履行竞业限制义务,或者劳动者履行了竞业限制义务后要求用人单位支付经济补偿的,人民法院应予支持。

第八条　当事人在劳动合同或者保密协议中约定了竞业限制和经济补偿，劳动合同解除或者终止后，因用人单位的原因导致三个月未支付经济补偿，劳动者请求解除竞业限制约定的，人民法院应予支持。

第九条　在竞业限制期限内，用人单位请求解除竞业限制协议时，人民法院应予支持。

在解除竞业限制协议时，劳动者请求用人单位额外支付劳动者三个月的竞业限制经济补偿的，人民法院应予支持。

第十条　劳动者违反竞业限制约定，向用人单位支付违约金后，用人单位要求劳动者按照约定继续履行竞业限制义务的，人民法院应予支持。

第十一条　变更劳动合同未采用书面形式，但已经实际履行了口头变更的劳动合同超过一个月，且变更后的劳动合同内容不违反法律、行政法规、国家政策以及公序良俗，当事人以未采用书面形式为由主张劳动合同变更无效的，人民法院不予支持。

第十二条　建立了工会组织的用人单位解除劳动合同符合劳动合同法第三十九条、第四十条规定，但未按照劳动合同法第四十三条规定事先通知工会，劳动者以用人单位违法解除劳动合同为由请求用人单位支付赔偿金的，人民法院应予支持，但起诉前用人单位已经补正有关程序的除外。

第十三条　劳动合同法施行后，因用人单位经营期限届满不再继续经营导致劳动合同不能继续履行，劳动者请求用人单位支付经济补偿的，人民法院应予支持。

第十四条　外国人、无国籍人未依法取得就业证件即与中国境内的用人单位签订劳动合同，以及香港特别行政区、澳门特别行政区和台湾地区居民未依法取得就业证件即与内地用人单位签订劳动合同，当事人请求确认与用人单位存在劳动关系的，人民法院不予支持。

持有《外国专家证》并取得《外国专家来华工作许可证》的外国人，与中国境内的用人单位建立用工关系的，可以认定为劳动关系。

第十五条　本解释施行前本院颁布的有关司法解释与本解释抵触的，自本解释施行之日起不再适用。

本解释施行后尚未终审的劳动争议纠纷案件,适用本解释;本解释施行前已经终审,当事人申请再审或者按照审判监督程序决定再审的,不适用本解释。

中华人民共和国劳动争议调解仲裁法

（2007年12月29日第十届全国人民代表大会常务委员会
第三十一次会议通过　2007年12月29日中华人民共和国主席令
第80号公布　自2008年5月1日起施行）

第一章　总　则

第一条　【立法目的】为了公正及时解决劳动争议，保护当事人合法权益，促进劳动关系和谐稳定，制定本法。

第二条　【调整范围】中华人民共和国境内的用人单位与劳动者发生的下列劳动争议，适用本法：

（一）因确认劳动关系发生的争议；

（二）因订立、履行、变更、解除和终止劳动合同发生的争议；

（三）因除名、辞退和辞职、离职发生的争议；

（四）因工作时间、休息休假、社会保险、福利、培训以及劳动保护发生的争议；

（五）因劳动报酬、工伤医疗费、经济补偿或者赔偿金等发生的争议；

（六）法律、法规规定的其他劳动争议。

第三条　【劳动争议处理的原则】解决劳动争议，应当根据事实，遵循合法、公正、及时、着重调解的原则，依法保护当事人的合法权益。

第四条　【劳动争议当事人的协商和解】发生劳动争议，劳动者可以与用人单位协商，也可以请工会或者第三方共同与用人单位协商，达成和解协议。

第五条　【劳动争议处理的基本程序】发生劳动争议，当事人不愿协商、协商不成或者达成和解协议后不履行的，可以向调解组织申请调解；不愿调解、调解不成或者达成调解协议后不履行的，可以向劳动争议仲裁委员会申请仲裁；对仲裁裁决不服的，除本法另有规定的外，可以向人民法院提起诉讼。

第六条 【举证责任】发生劳动争议,当事人对自己提出的主张,有责任提供证据。与争议事项有关的证据属于用人单位掌握管理的,用人单位应当提供;用人单位不提供的,应当承担不利后果。

第七条 【劳动争议处理的代表人制度】发生劳动争议的劳动者一方在十人以上,并有共同请求的,可以推举代表参加调解、仲裁或者诉讼活动。

第八条 【劳动争议处理的协调劳动关系三方机制】县级以上人民政府劳动行政部门会同工会和企业方面代表建立协调劳动关系三方机制,共同研究解决劳动争议的重大问题。

第九条 【劳动监察】用人单位违反国家规定,拖欠或者未足额支付劳动报酬,或者拖欠工伤医疗费、经济补偿或者赔偿金的,劳动者可以向劳动行政部门投诉,劳动行政部门应当依法处理。

第二章 调 解

第十条 【调解组织】发生劳动争议,当事人可以到下列调解组织申请调解:

(一)企业劳动争议调解委员会;

(二)依法设立的基层人民调解组织;

(三)在乡镇、街道设立的具有劳动争议调解职能的组织。

企业劳动争议调解委员会由职工代表和企业代表组成。职工代表由工会成员担任或者由全体职工推举产生,企业代表由企业负责人指定。企业劳动争议调解委员会主任由工会成员或者双方推举的人员担任。

第十一条 【担任调解员的条件】劳动争议调解组织的调解员应当由公道正派、联系群众、热心调解工作,并具有一定法律知识、政策水平和文化水平的成年公民担任。

第十二条 【调解申请】当事人申请劳动争议调解可以书面申请,也可以口头申请。口头申请的,调解组织应当当场记录申请人基本情况、申请调解的争议事项、理由和时间。

第十三条 【调解方式】调解劳动争议,应当充分听取双方当事人对事实和理由的陈述,耐心疏导,帮助其达成协议。

第十四条　【调解协议】经调解达成协议的,应当制作调解协议书。

调解协议书由双方当事人签名或者盖章,经调解员签名并加盖调解组织印章后生效,对双方当事人具有约束力,当事人应当履行。

自劳动争议调解组织收到调解申请之日起十五日内未达成调解协议的,当事人可以依法申请仲裁。

第十五条　【申请仲裁】达成调解协议后,一方当事人在协议约定期限内不履行调解协议的,另一方当事人可以依法申请仲裁。

第十六条　【支付令】因支付拖欠劳动报酬、工伤医疗费、经济补偿或者赔偿金事项达成调解协议,用人单位在协议约定期限内不履行的,劳动者可以持调解协议书依法向人民法院申请支付令。人民法院应当依法发出支付令。

第三章　仲　裁

第一节　一般规定

第十七条　【劳动争议仲裁委员设立】劳动争议仲裁委员会按照统筹规划、合理布局和适应实际需要的原则设立。省、自治区人民政府可以决定在市、县设立;直辖市人民政府可以决定在区、县设立。直辖市、设区的市也可以设立一个或者若干个劳动争议仲裁委员会。劳动争议仲裁委员会不按行政区划层层设立。

第十八条　【制定仲裁规则及指导劳动争议仲裁工作】国务院劳动行政部门依照本法有关规定制定仲裁规则。省、自治区、直辖市人民政府劳动行政部门对本行政区域的劳动争议仲裁工作进行指导。

第十九条　【劳动争议仲裁委员会组成及职责】劳动争议仲裁委员会由劳动行政部门代表、工会代表和企业方面代表组成。劳动争议仲裁委员会组成人员应当是单数。

劳动争议仲裁委员会依法履行下列职责:

(一)聘任、解聘专职或者兼职仲裁员;

(二)受理劳动争议案件;

(三)讨论重大或者疑难的劳动争议案件;

(四)对仲裁活动进行监督。

劳动争议仲裁委员会下设办事机构,负责办理劳动争议仲裁委员会的日常工作。

第二十条 【仲裁员资格条件】劳动争议仲裁委员会应当设仲裁员名册。

仲裁员应当公道正派并符合下列条件之一:

(一)曾任审判员的;

(二)从事法律研究、教学工作并具有中级以上职称的;

(三)具有法律知识、从事人力资源管理或者工会等专业工作满五年的;

(四)律师执业满三年的。

第二十一条 【仲裁管辖】劳动争议仲裁委员会负责管辖本区域内发生的劳动争议。

劳动争议由劳动合同履行地或者用人单位所在地的劳动争议仲裁委员会管辖。双方当事人分别向劳动合同履行地和用人单位所在地的劳动争议仲裁委员会申请仲裁的,由劳动合同履行地的劳动争议仲裁委员会管辖。

第二十二条 【仲裁案件当事人】发生劳动争议的劳动者和用人单位为劳动争议仲裁案件的双方当事人。

劳务派遣单位或者用工单位与劳动者发生劳动争议的,劳务派遣单位和用工单位为共同当事人。

第二十三条 【仲裁案件第三人】与劳动争议案件的处理结果有利害关系的第三人,可以申请参加仲裁活动或者由劳动争议仲裁委员会通知其参加仲裁活动。

第二十四条 【委托代理】当事人可以委托代理人参加仲裁活动。委托他人参加仲裁活动,应当向劳动争议仲裁委员会提交有委托人签名或者盖章的委托书,委托书应当载明委托事项和权限。

第二十五条 【法定代理和指定代理】丧失或者部分丧失民事行为能力的劳动者,由其法定代理人代为参加仲裁活动;无法定代理人的,由劳动争议仲裁委员会为其指定代理人。劳动者死亡的,由其近亲属或者代理人参加仲裁活动。

第二十六条 【仲裁公开】劳动争议仲裁公开进行,但当事人协议不公开进行或者涉及国家秘密、商业秘密和个人隐私的除外。

第二节　申请和受理

第二十七条　【仲裁时效】劳动争议申请仲裁的时效期间为一年。仲裁时效期间从当事人知道或者应当知道其权利被侵害之日起计算。

前款规定的仲裁时效，因当事人一方向对方当事人主张权利，或者向有关部门请求权利救济，或者对方当事人同意履行义务而中断。从中断时起，仲裁时效期间重新计算。

因不可抗力或者有其他正当理由，当事人不能在本条第一款规定的仲裁时效期间申请仲裁的，仲裁时效中止。从中止时效的原因消除之日起，仲裁时效期间继续计算。

劳动关系存续期间因拖欠劳动报酬发生争议的，劳动者申请仲裁不受本条第一款规定的仲裁时效期间的限制；但是，劳动关系终止的，应当自劳动关系终止之日起一年内提出。

第二十八条　【仲裁申请】申请人申请仲裁应当提交书面仲裁申请，并按照被申请人人数提交副本。

仲裁申请书应当载明下列事项：

（一）劳动者的姓名、性别、年龄、职业、工作单位和住所，用人单位的名称、住所和法定代表人或者主要负责人的姓名、职务；

（二）仲裁请求和所根据的事实、理由；

（三）证据和证据来源、证人姓名和住所。

书写仲裁申请确有困难的，可以口头申请，由劳动争议仲裁委员会记入笔录，并告知对方当事人。

第二十九条　【仲裁申请的受理和不予受理】劳动争议仲裁委员会收到仲裁申请之日起五日内，认为符合受理条件的，应当受理，并通知申请人；认为不符合受理条件的，应当书面通知申请人不予受理，并说明理由。对劳动争议仲裁委员会不予受理或者逾期未作出决定的，申请人可以就该劳动争议事项向人民法院提起诉讼。

第三十条　【仲裁申请送达与仲裁答辩书的提供】劳动争议仲裁委员会

受理仲裁申请后,应当在五日内将仲裁申请书副本送达被申请人。

被申请人收到仲裁申请书副本后,应当在十日内向劳动争议仲裁委员会提交答辩书。劳动争议仲裁委员会收到答辩书后,应当在五日内将答辩书副本送达申请人。被申请人未提交答辩书的,不影响仲裁程序的进行。

第三节　开庭和裁决

第三十一条　【仲裁庭组成】劳动争议仲裁委员会裁决劳动争议案件实行仲裁庭制。仲裁庭由三名仲裁员组成,设首席仲裁员。简单劳动争议案件可以由一名仲裁员独任仲裁。

第三十二条　【书面通知仲裁庭组成情况】劳动争议仲裁委员会应当在受理仲裁申请之日起五日内将仲裁庭的组成情况书面通知当事人。

第三十三条　【仲裁员回避】仲裁员有下列情形之一,应当回避,当事人也有权以口头或者书面方式提出回避申请:

(一)是本案当事人或者当事人、代理人的近亲属的;

(二)与本案有利害关系的;

(三)与本案当事人、代理人有其他关系,可能影响公正裁决的;

(四)私自会见当事人、代理人,或者接受当事人、代理人的请客送礼的。

劳动争议仲裁委员会对回避申请应当及时作出决定,并以口头或者书面方式通知当事人。

第三十四条　【仲裁员的法律责任】仲裁员有本法第三十三条第四项规定情形,或者有索贿受贿、徇私舞弊、枉法裁决行为的,应当依法承担法律责任。劳动争议仲裁委员会应当将其解聘。

第三十五条　【开庭通知与延期开庭】仲裁庭应当在开庭五日前,将开庭日期、地点书面通知双方当事人。当事人有正当理由的,可以在开庭三日前请求延期开庭。是否延期,由劳动争议仲裁委员会决定。

第三十六条　【视为撤回仲裁裁决和缺席裁决】申请人收到书面通知,无正当理由拒不到庭或者未经仲裁庭同意中途退庭的,可以视为撤回仲裁申请。

被申请人收到书面通知,无正当理由拒不到庭或者未经仲裁庭同意中途退庭的,可以缺席裁决。

第三十七条　【鉴定】仲裁庭对专门性问题认为需要鉴定的,可以交由当事人约定的鉴定机构鉴定;当事人没有约定或者无法达成约定的,由仲裁庭指定的鉴定机构鉴定。

根据当事人的请求或者仲裁庭的要求,鉴定机构应当派鉴定人参加开庭。当事人经仲裁庭许可,可以向鉴定人提问。

第三十八条　【质证、辩论、陈述最后意见】当事人在仲裁过程中有权进行质证和辩论。质证和辩论终结时,首席仲裁员或者独任仲裁员应当征询当事人的最后意见。

第三十九条　【证据及举证责任】当事人提供的证据经查证属实的,仲裁庭应当将其作为认定事实的根据。

劳动者无法提供由用人单位掌握管理的与仲裁请求有关的证据,仲裁庭可以要求用人单位在指定期限内提供。用人单位在指定期限内不提供的,应当承担不利后果。

第四十条　【仲裁庭审笔录】仲裁庭应当将开庭情况记入笔录。当事人和其他仲裁参加人认为对自己陈述的记录有遗漏或者差错的,有权申请补正。如果不予补正,应当记录该申请。

笔录由仲裁员、记录人员、当事人和其他仲裁参加人签名或者盖章。

第四十一条　【当事人自行和解】当事人申请劳动争议仲裁后,可以自行和解。达成和解协议的,可以撤回仲裁申请。

第四十二条　【仲裁庭调解】仲裁庭在作出裁决前,应当先行调解。

调解达成协议的,仲裁庭应当制作调解书。

调解书应当写明仲裁请求和当事人协议的结果。调解书由仲裁员签名,加盖劳动争议仲裁委员会印章,送达双方当事人。调解书经双方当事人签收后,发生法律效力。

调解不成或者调解书送达前,一方当事人反悔的,仲裁庭应当及时作出裁决。

第四十三条　【仲裁审理时限及先行裁决】仲裁庭裁决劳动争议案件,应当自劳动争议仲裁委员会受理仲裁申请之日起四十五日内结束。案情复杂需要延期的，经劳动争议仲裁委员会主任批准，可以延期并书面通知当事人，但是延长期限不得超过十五日。逾期未作出仲裁裁决的，当事人可以就该劳动争议事项向人民法院提起诉讼。

仲裁庭裁决劳动争议案件时，其中一部分事实已经清楚，可以就该部分先行裁决。

第四十四条　【先予执行】仲裁庭对追索劳动报酬、工伤医疗费、经济补偿或者赔偿金的案件，根据当事人的申请，可以裁决先予执行，移送人民法院执行。

仲裁庭裁决先予执行的，应当符合下列条件：

(一)当事人之间权利义务关系明确；

(二)不先予执行将严重影响申请人的生活。

劳动者申请先予执行的，可以不提供担保。

第四十五条　【作出裁决】裁决应当按照多数仲裁员的意见作出，少数仲裁员的不同意见应当记入笔录。仲裁庭不能形成多数意见时，裁决应当按照首席仲裁员的意见作出。

第四十六条　【裁决书】裁决书应当载明仲裁请求、争议事实、裁决理由、裁决结果和裁决日期。裁决书由仲裁员签名，加盖劳动争议仲裁委员会印章。对裁决持不同意见的仲裁员，可以签名，也可以不签名。

第四十七条　【终局裁决】下列劳动争议，除本法另有规定的外，仲裁裁决为终局裁决，裁决书自作出之日起发生法律效力：

(一)追索劳动报酬、工伤医疗费、经济补偿或者赔偿金，不超过当地月最低工资标准十二个月金额的争议；

(二)因执行国家的劳动标准在工作时间、休息休假、社会保险等方面发生的争议。

第四十八条　【劳动者提起诉讼】劳动者对本法第四十七条规定的仲裁裁决不服的，可以自收到仲裁裁决书之日起十五日内向人民法院提起诉讼。

第四十九条　【用人单位申请撤销终局裁决】用人单位有证据证明本法第四十七条规定的仲裁裁决有下列情形之一，可以自收到仲裁裁决书之日起三十日内向劳动争议仲裁委员会所在地的中级人民法院申请撤销裁决：

（一）适用法律、法规确有错误的；

（二）劳动争议仲裁委员会无管辖权的；

（三）违反法定程序的；

（四）裁决所根据的证据是伪造的；

（五）对方当事人隐瞒了足以影响公正裁决的证据的；

（六）仲裁员在仲裁该案时有索贿受贿、徇私舞弊、枉法裁决行为的。

人民法院经组成合议庭审查核实裁决有前款规定情形之一的，应当裁定撤销。

仲裁裁决被人民法院裁定撤销的，当事人可以自收到裁定书之日起十五日内就该劳动争议事项向人民法院提起诉讼。

第五十条　【不服仲裁裁决提起诉讼】当事人对本法第四十七条规定以外的其他劳动争议案件的仲裁裁决不服的，可以自收到仲裁裁决书之日起十五日内向人民法院提起诉讼；期满不起诉的，裁决书发生法律效力。

第五十一条　【生效调解书、裁决书的执行】当事人对发生法律效力的调解书、裁决书，应当依照规定的期限履行。一方当事人逾期不履行的，另一方当事人可以依照民事诉讼法的有关规定向人民法院申请执行。受理申请的人民法院应当依法执行。

第四章　附　则

第五十二条　【事业单位劳动争议的处理】事业单位实行聘用制的工作人员与本单位发生劳动争议的，依照本法执行；法律、行政法规或者国务院另有规定的，依照其规定。

第五十三条　【仲裁不收费】劳动争议仲裁不收费。劳动争议仲裁委员会的经费由财政予以保障。

第五十四条　【生效时间】本法自 2008 年 5 月 1 日起施行。

中华人民共和国社会保险法

(2010年10月28日第十一届全国人民代表大会常务委员会
第十七次会议通过 2010年10月28日中华人民共和国主席令
第35号公布 自2011年7月1日起施行)

第一章 总 则

第一条 【立法目的】为了规范社会保险关系,维护公民参加社会保险和享受社会保险待遇的合法权益,使公民共享发展成果,促进社会和谐稳定,根据宪法,制定本法。

第二条 【社会保险权利】国家建立基本养老保险、基本医疗保险、工伤保险、失业保险、生育保险等社会保险制度,保障公民在年老、疾病、工伤、失业、生育等情况下依法从国家和社会获得物质帮助的权利。

第三条 【制度方针】社会保险制度坚持广覆盖、保基本、多层次、可持续的方针,社会保险水平应当与经济社会发展水平相适应。

第四条 【权利和义务】中华人民共和国境内的用人单位和个人依法缴纳社会保险费,有权查询缴费记录、个人权益记录,要求社会保险经办机构提供社会保险咨询等相关服务。

个人依法享受社会保险待遇,有权监督本单位为其缴费情况。

第五条 【财政保障】县级以上人民政府将社会保险事业纳入国民经济和社会发展规划。

国家多渠道筹集社会保险资金。县级以上人民政府对社会保险事业给予必要的经费支持。

国家通过税收优惠政策支持社会保险事业。

第六条 【监督管理】国家对社会保险基金实行严格监管。

国务院和省、自治区、直辖市人民政府建立健全社会保险基金监督管理制度，保障社会保险基金安全、有效运行。

县级以上人民政府采取措施，鼓励和支持社会各方面参与社会保险基金的监督。

第七条　【职责分工】国务院社会保险行政部门负责全国的社会保险管理工作，国务院其他有关部门在各自的职责范围内负责有关的社会保险工作。

县级以上地方人民政府社会保险行政部门负责本行政区域的社会保险管理工作，县级以上地方人民政府其他有关部门在各自的职责范围内负责有关的社会保险工作。

第八条　【经办机构】社会保险经办机构提供社会保险服务，负责社会保险登记、个人权益记录、社会保险待遇支付等工作。

第九条　【工会作用】工会依法维护职工的合法权益，有权参与社会保险重大事项的研究，参加社会保险监督委员会，对与职工社会保险权益有关的事项进行监督。

第二章　基本养老保险

第十条　【参保范围和缴费】职工应当参加基本养老保险，由用人单位和职工共同缴纳基本养老保险费。

无雇工的个体工商户、未在用人单位参加基本养老保险的非全日制从业人员以及其他灵活就业人员可以参加基本养老保险，由个人缴纳基本养老保险费。

公务员和参照公务员法管理的工作人员养老保险的办法由国务院规定。

第十一条　【制度模式和筹资方式】基本养老保险实行社会统筹与个人账户相结合。

基本养老保险基金由用人单位和个人缴费以及政府补贴等组成。

第十二条　【缴费基数和比例】用人单位应当按照国家规定的本单位职工工资总额的比例缴纳基本养老保险费，记入基本养老保险统筹基金。

职工应当按照国家规定的本人工资的比例缴纳基本养老保险费，记入个人账户。

无雇工的个体工商户、未在用人单位参加基本养老保险的非全日制从业人员以及其他灵活就业人员参加基本养老保险的,应当按照国家规定缴纳基本养老保险费,分别记入基本养老保险统筹基金和个人账户。

第十三条　【财政责任】国有企业、事业单位职工参加基本养老保险前,视同缴费年限期间应当缴纳的基本养老保险费由政府承担。

基本养老保险基金出现支付不足时,政府给予补贴。

第十四条　【个人账户养老金】个人账户不得提前支取,记账利率不得低于银行定期存款利率,免征利息税。个人死亡的,个人账户余额可以继承。

第十五条　【基本养老金的构成】基本养老金由统筹养老金和个人账户养老金组成。

基本养老金根据个人累计缴费年限、缴费工资、当地职工平均工资、个人账户金额、城镇人口平均预期寿命等因素确定。

第十六条　【最低缴费年限和制度接转】参加基本养老保险的个人,达到法定退休年龄时累计缴费满十五年的,按月领取基本养老金。

参加基本养老保险的个人,达到法定退休年龄时累计缴费不足十五年的,可以缴费至满十五年,按月领取基本养老金;也可以转入新型农村社会养老保险或者城镇居民社会养老保险,按照国务院规定享受相应的养老保险待遇。

第十七条　【因病或者非因工致残的待遇】参加基本养老保险的个人,因病或者非因工死亡的,其遗属可以领取丧葬补助金和抚恤金;在未达到法定退休年龄时因病或者非因工致残完全丧失劳动能力的,可以领取病残津贴。所需资金从基本养老保险基金中支付。

第十八条　【养老金调整机制】国家建立基本养老金正常调整机制。根据职工平均工资增长、物价上涨情况,适时提高基本养老保险待遇水平。

第十九条　【转移接续制度】个人跨统筹地区就业的,其基本养老保险关系随本人转移,缴费年限累计计算。个人达到法定退休年龄时,基本养老金分段计算、统一支付。具体办法由国务院规定。

第二十条　【农村社会养老保险制度】国家建立和完善新型农村社会养老保险制度。

新型农村社会养老保险实行个人缴费、集体补助和政府补贴相结合。

第二十一条　【农村社会养老保险待遇】新型农村社会养老保险待遇由基础养老金和个人账户养老金组成。

参加新型农村社会养老保险的农村居民，符合国家规定条件的，按月领取新型农村社会养老保险待遇。

第二十二条　【城镇居民社会养老保险】国家建立和完善城镇居民社会养老保险制度。

省、自治区、直辖市人民政府根据实际情况，可以将城镇居民社会养老保险和新型农村社会养老保险合并实施。

第三章　基本医疗保险

第二十三条　【参保范围和缴费】职工应当参加职工基本医疗保险，由用人单位和职工按照国家规定共同缴纳基本医疗保险费。

无雇工的个体工商户、未在用人单位参加职工基本医疗保险的非全日制从业人员以及其他灵活就业人员可以参加职工基本医疗保险，由个人按照国家规定缴纳基本医疗保险费。

第二十四条　【新型农村合作医疗】国家建立和完善新型农村合作医疗制度。

新型农村合作医疗的管理办法，由国务院规定。

第二十五条　【城镇居民基本医疗保险】国家建立和完善城镇居民基本医疗保险制度。

城镇居民基本医疗保险实行个人缴费和政府补贴相结合。

享受最低生活保障的人、丧失劳动能力的残疾人、低收入家庭六十周岁以上的老年人和未成年人等所需个人缴费部分，由政府给予补贴。

第二十六条　【待遇标准】职工基本医疗保险、新型农村合作医疗和城镇居民基本医疗保险的待遇标准按照国家规定执行。

第二十七条　【退休后医疗保险待遇】参加职工基本医疗保险的个人，达到法定退休年龄时累计缴费达到国家规定年限的，退休后不再缴纳基本医疗保险费，按照国家规定享受基本医疗保险待遇；未达到国家规定年限的，可以缴费至国家规定年限。

第二十八条 【支付范围】符合基本医疗保险药品目录、诊疗项目、医疗服务设施标准以及急诊、抢救的医疗费用,按照国家规定从基本医疗保险基金中支付。

第二十九条 【医疗费用的直接结算】参保人员医疗费用中应当由基本医疗保险基金支付的部分,由社会保险经办机构与医疗机构、药品经营单位直接结算。

社会保险行政部门和卫生行政部门应当建立异地就医医疗费用结算制度,方便参保人员享受基本医疗保险待遇。

第三十条 【不纳入支付范围】下列医疗费用不纳入基本医疗保险基金支付范围:

(一)应当从工伤保险基金中支付的;

(二)应当由第三人负担的;

(三)应当由公共卫生负担的;

(四)在境外就医的。

医疗费用依法应当由第三人负担,第三人不支付或者无法确定第三人的,由基本医疗保险基金先行支付。基本医疗保险基金先行支付后,有权向第三人追偿。

第三十一条 【服务协议】社会保险经办机构根据管理服务的需要,可以与医疗机构、药品经营单位签订服务协议,规范医疗服务行为。

医疗机构应当为参保人员提供合理、必要的医疗服务。

第三十二条 【转移接续】个人跨统筹地区就业的,其基本医疗保险关系随本人转移,缴费年限累计计算。

第四章 工伤保险

第三十三条 【参保范围和缴费】职工应当参加工伤保险,由用人单位缴纳工伤保险费,职工不缴纳工伤保险费。

第三十四条 【费率确定】国家根据不同行业的工伤风险程度确定行业的差别费率,并根据使用工伤保险基金、工伤发生率等情况在每个行业内确定费率档次。行业差别费率和行业内费率档次由国务院社会保险行政部门制定，报国务院批准后公布施行。

社会保险经办机构根据用人单位使用工伤保险基金、工伤发生率和所属行业费率档次等情况，确定用人单位缴费费率。

第三十五条　【工伤保险费】用人单位应当按照本单位职工工资总额，根据社会保险经办机构确定的费率缴纳工伤保险费。

第三十六条　【享受工伤保险待遇的条件】职工因工作原因受到事故伤害或者患职业病，且经工伤认定的，享受工伤保险待遇；其中，经劳动能力鉴定丧失劳动能力的，享受伤残待遇。

工伤认定和劳动能力鉴定应当简捷、方便。

第三十七条　【不认定为工伤的情形】职工因下列情形之一导致本人在工作中伤亡的，不认定为工伤：

（一）故意犯罪；

（二）醉酒或者吸毒；

（三）自残或者自杀；

（四）法律、行政法规规定的其他情形。

第三十八条　【工伤保险基金支付的待遇】因工伤发生的下列费用，按照国家规定从工伤保险基金中支付：

（一）治疗工伤的医疗费用和康复费用；

（二）住院伙食补助费；

（三）到统筹地区以外就医的交通食宿费；

（四）安装配置伤残辅助器具所需费用；

（五）生活不能自理的，经劳动能力鉴定委员会确认的生活护理费；

（六）一次性伤残补助金和一至四级伤残职工按月领取的伤残津贴；

（七）终止或者解除劳动合同时，应当享受的一次性医疗补助金；

（八）因工死亡的，其遗属领取的丧葬补助金、供养亲属抚恤金和因工死亡补助金；

（九）劳动能力鉴定费。

第三十九条　【用人单位支付的待遇】因工伤发生的下列费用，按照国家

规定由用人单位支付:

(一)治疗工伤期间的工资福利;

(二)五级、六级伤残职工按月领取的伤残津贴;

(三)终止或者解除劳动合同时,应当享受的一次性伤残就业补助金。

第四十条 【与职工基本养老保险的衔接】工伤职工符合领取基本养老金条件的,停发伤残津贴,享受基本养老保险待遇。基本养老保险待遇低于伤残津贴的,从工伤保险基金中补足差额。

第四十一条 【未缴费工伤处理】职工所在用人单位未依法缴纳工伤保险费,发生工伤事故的,由用人单位支付工伤保险待遇。用人单位不支付的,从工伤保险基金中先行支付。

从工伤保险基金中先行支付的工伤保险待遇应当由用人单位偿还。用人单位不偿还的,社会保险经办机构可以依照本法第六十三条的规定追偿。

第四十二条 【第三人造成工伤】由于第三人的原因造成工伤,第三人不支付工伤医疗费用或者无法确定第三人的,由工伤保险基金先行支付。工伤保险基金先行支付后,有权向第三人追偿。

第四十三条 【停止享受待遇的情形】工伤职工有下列情形之一的,停止享受工伤保险待遇:

(一)丧失享受待遇条件的;

(二)拒不接受劳动能力鉴定的;

(三)拒绝治疗的。

第五章 失业保险

第四十四条 【参保范围和缴费】职工应当参加失业保险,由用人单位和职工按照国家规定共同缴纳失业保险费。

第四十五条 【领取待遇的条件】失业人员符合下列条件的,从失业保险基金中领取失业保险金:

(一)失业前用人单位和本人已经缴纳失业保险费满一年的;

(二)非因本人意愿中断就业的;

(三)已经进行失业登记,并有求职要求的。

第四十六条　【领取待遇的期限】失业人员失业前用人单位和本人累计缴费满一年不足五年的，领取失业保险金的期限最长为十二个月；累计缴费满五年不足十年的，领取失业保险金的期限最长为十八个月；累计缴费十年以上的，领取失业保险金的期限最长为二十四个月。重新就业后，再次失业的，缴费时间重新计算，领取失业保险金的期限与前次失业应当领取而尚未领取的失业保险金的期限合并计算，最长不超过二十四个月。

第四十七条　【失业保险金标准】失业保险金的标准，由省、自治区、直辖市人民政府确定，不得低于城市居民最低生活保障标准。

第四十八条　【失业期间的医疗保险】失业人员在领取失业保险金期间，参加职工基本医疗保险，享受基本医疗保险待遇。

失业人员应当缴纳的基本医疗保险费从失业保险基金中支付，个人不缴纳基本医疗保险费。

第四十九条　【失业期间的丧葬补助金和抚恤金】失业人员在领取失业保险金期间死亡的，参照当地对在职职工死亡的规定，向其遗属发给一次性丧葬补助金和抚恤金。所需资金从失业保险基金中支付。

个人死亡同时符合领取基本养老保险丧葬补助金、工伤保险丧葬补助金和失业保险丧葬补助金条件的，其遗属只能选择领取其中的一项。

第五十条　【待遇领取程序】用人单位应当及时为失业人员出具终止或者解除劳动关系的证明，并将失业人员的名单自终止或者解除劳动关系之日起十五日内告知社会保险经办机构。

失业人员应当持本单位为其出具的终止或者解除劳动关系的证明，及时到指定的公共就业服务机构办理失业登记。

失业人员凭失业登记证明和个人身份证明，到社会保险经办机构办理领取失业保险金的手续。失业保险金领取期限自办理失业登记之日起计算。

第五十一条　【停止领取待遇的情形】失业人员在领取失业保险金期间有下列情形之一的，停止领取失业保险金，并同时停止享受其他失业保险待遇：

（一）重新就业的；

（二）应征服兵役的；

(三)移居境外的;

(四)享受基本养老保险待遇的;

(五)无正当理由,拒不接受当地人民政府指定部门或者机构介绍的适当工作或者提供的培训的。

第五十二条 【失业保险关系的转移接续】职工跨统筹地区就业的,其失业保险关系随本人转移,缴费年限累计计算。

第六章 生育保险

第五十三条 【参保范围和缴费】职工应当参加生育保险,由用人单位按照国家规定缴纳生育保险费,职工不缴纳生育保险费。

第五十四条 【生育保险待遇】用人单位已经缴纳生育保险费的,其职工享受生育保险待遇;职工未就业配偶按照国家规定享受生育医疗费用待遇。所需资金从生育保险基金中支付。

生育保险待遇包括生育医疗费用和生育津贴。

第五十五条 【生育医疗费用】生育医疗费用包括下列各项:

(一)生育的医疗费用;

(二)计划生育的医疗费用;

(三)法律、法规规定的其他项目费用。

第五十六条 【生育津贴】职工有下列情形之一的,可以按照国家规定享受生育津贴:

(一)女职工生育享受产假;

(二)享受计划生育手术休假;

(三)法律、法规规定的其他情形。

生育津贴按照职工所在用人单位上年度职工月平均工资计发。

第七章 社会保险费征缴

第五十七条 【社会保险登记】用人单位应当自成立之日起三十日内凭营业执照、登记证书或者单位印章,向当地社会保险经办机构申请办理社会保险登记。社会保险经办机构应当自收到申请之日起十五日内予以审核,发给社会保险登记证件。

用人单位的社会保险登记事项发生变更或者用人单位依法终止的，应当自变更或者终止之日起三十日内，到社会保险经办机构办理变更或者注销社会保险登记。

工商行政管理部门、民政部门和机构编制管理机关应当及时向社会保险经办机构通报用人单位的成立、终止情况，公安机关应当及时向社会保险经办机构通报个人的出生、死亡以及户口登记、迁移、注销等情况。

第五十八条　【申请办理社会保险登记】用人单位应当自用工之日起三十日内为其职工向社会保险经办机构申请办理社会保险登记。未办理社会保险登记的，由社会保险经办机构核定其应当缴纳的社会保险费。

自愿参加社会保险的无雇工的个体工商户、未在用人单位参加社会保险的非全日制从业人员以及其他灵活就业人员，应当向社会保险经办机构申请办理社会保险登记。

国家建立全国统一的个人社会保障号码。个人社会保障号码为公民身份号码。

第五十九条　【社会保险费征收】县级以上人民政府加强社会保险费的征收工作。

社会保险费实行统一征收，实施步骤和具体办法由国务院规定。

第六十条　【社会保险费的缴纳】用人单位应当自行申报、按时足额缴纳社会保险费，非因不可抗力等法定事由不得缓缴、减免。职工应当缴纳的社会保险费由用人单位代扣代缴，用人单位应当按月将缴纳社会保险费的明细情况告知本人。

无雇工的个体工商户、未在用人单位参加社会保险的非全日制从业人员以及其他灵活就业人员，可以直接向社会保险费征收机构缴纳社会保险费。

第六十一条　【按时足额征收】社会保险费征收机构应当依法按时足额征收社会保险费，并将缴费情况定期告知用人单位和个人。

第六十二条　【社会保险费的核定】用人单位未按规定申报应当缴纳的社会保险费数额的，按照该单位上月缴费额的百分之一百一十确定应当缴纳数额；缴费单位补办申报手续后，由社会保险费征收机构按照规定结算。

第六十三条 【未按时足额缴纳的行政处理】用人单位未按时足额缴纳社会保险费的,由社会保险费征收机构责令其限期缴纳或者补足。

用人单位逾期仍未缴纳或者补足社会保险费的,社会保险费征收机构可以向银行和其他金融机构查询其存款账户;并可以申请县级以上有关行政部门作出划拨社会保险费的决定,书面通知其开户银行或者其他金融机构划拨社会保险费。用人单位账户余额少于应当缴纳的社会保险费的,社会保险费征收机构可以要求该用人单位提供担保,签订延期缴费协议。

用人单位未足额缴纳社会保险费且未提供担保的,社会保险费征收机构可以申请人民法院扣押、查封、拍卖其价值相当于应当缴纳社会保险费的财产,以拍卖所得抵缴社会保险费。

第八章 社会保险基金

第六十四条 【基金财务管理和统筹层次】社会保险基金包括基本养老保险基金、基本医疗保险基金、工伤保险基金、失业保险基金和生育保险基金。各项社会保险基金按照社会保险险种分别建账,分账核算,执行国家统一的会计制度。

社会保险基金专款专用,任何组织和个人不得侵占或者挪用。

基本养老保险基金逐步实行全国统筹,其他社会保险基金逐步实行省级统筹,具体时间、步骤由国务院规定。

第六十五条 【基金的收支平衡和政府责任】社会保险基金通过预算实现收支平衡。

县级以上人民政府在社会保险基金出现支付不足时,给予补贴。

第六十六条 【基金预算】社会保险基金按照统筹层次设立预算。社会保险基金预算按照社会保险项目分别编制。

第六十七条 【基金预算程序】社会保险基金预算、决算草案的编制、审核和批准,依照法律和国务院规定执行。

第六十八条 【基金存入财政专户】社会保险基金存入财政专户,具体管理办法由国务院规定。

第六十九条 【基金的保值增值】社会保险基金在保证安全的前提下,按照国务院规定投资运营实现保值增值。

社会保险基金不得违规投资运营,不得用于平衡其他政府预算,不得用于兴建、改建办公场所和支付人员经费、运行费用、管理费用,或者违反法律、行政法规规定挪作其他用途。

第七十条　【基金信息公开】社会保险经办机构应当定期向社会公布参加社会保险情况以及社会保险基金的收入、支出、结余和收益情况。

第七十一条　【全国社会保障基金】国家设立全国社会保障基金,由中央财政预算拨款以及国务院批准的其他方式筹集的资金构成,用于社会保障支出的补充、调剂。全国社会保障基金由全国社会保障基金管理运营机构负责管理运营,在保证安全的前提下实现保值增值。

全国社会保障基金应当定期向社会公布收支、管理和投资运营的情况。国务院财政部门、社会保险行政部门、审计机关对全国社会保障基金的收支、管理和投资运营情况实施监督。

第九章　社会保险经办

第七十二条　【经办机构的设立和经费保障】统筹地区设立社会保险经办机构。社会保险经办机构根据工作需要,经所在地的社会保险行政部门和机构编制管理机关批准,可以在本统筹地区设立分支机构和服务网点。

社会保险经办机构的人员经费和经办社会保险发生的基本运行费用、管理费用,由同级财政按照国家规定予以保障。

第七十三条　【经办机构的管理制度和职责】社会保险经办机构应当建立健全业务、财务、安全和风险管理制度。

社会保险经办机构应当按时足额支付社会保险待遇。

第七十四条　【社会保险权益记录】社会保险经办机构通过业务经办、统计、调查获取社会保险工作所需的数据,有关单位和个人应当及时、如实提供。

社会保险经办机构应当及时为用人单位建立档案,完整、准确地记录参加社会保险的人员、缴费等社会保险数据,妥善保管登记、申报的原始凭证和支付结算的会计凭证。

社会保险经办机构应当及时、完整、准确地记录参加社会保险的个人缴费和用人单位为其缴费,以及享受社会保险待遇等个人权益记录,定期将个人权益记录单免费寄送本人。

用人单位和个人可以免费向社会保险经办机构查询、核对其缴费和享受社会保险待遇记录,要求社会保险经办机构提供社会保险咨询等相关服务。

第七十五条 【信息系统建设】全国社会保险信息系统按照国家统一规划,由县级以上人民政府按照分级负责的原则共同建设。

第十章 社会保险监督

第七十六条 【人大监督】各级人民代表大会常务委员会听取和审议本级人民政府对社会保险基金的收支、管理、投资运营以及监督检查情况的专项工作报告,组织对本法实施情况的执法检查等,依法行使监督职权。

第七十七条 【社会保险行政部门监督】县级以上人民政府社会保险行政部门应当加强对用人单位和个人遵守社会保险法律、法规情况的监督检查。

社会保险行政部门实施监督检查时,被检查的用人单位和个人应当如实提供与社会保险有关的资料,不得拒绝检查或者谎报、瞒报。

第七十八条 【财政部门、审计机关的监督】财政部门、审计机关按照各自职责,对社会保险基金的收支、管理和投资运营情况实施监督。

第七十九条 【社会保险行政部门的职责】社会保险行政部门对社会保险基金的收支、管理和投资运营情况进行监督检查,发现存在问题的,应当提出整改建议,依法作出处理决定或者向有关行政部门提出处理建议。社会保险基金检查结果应当定期向社会公布。

社会保险行政部门对社会保险基金实施监督检查,有权采取下列措施:

(一)查阅、记录、复制与社会保险基金收支、管理和投资运营相关的资料,对可能被转移、隐匿或者灭失的资料予以封存;

(二)询问与调查事项有关的单位和个人,要求其对与调查事项有关的问题作出说明、提供有关证明材料;

(三)对隐匿、转移、侵占、挪用社会保险基金的行为予以制止并责令改正。

第八十条　【社会保险监督委员会的监督】统筹地区人民政府成立由用人单位代表、参保人员代表,以及工会代表、专家等组成的社会保险监督委员会,掌握、分析社会保险基金的收支、管理和投资运营情况,对社会保险工作提出咨询意见和建议,实施社会监督。

社会保险经办机构应当定期向社会保险监督委员会汇报社会保险基金的收支、管理和投资运营情况。社会保险监督委员会可以聘请会计师事务所对社会保险基金的收支、管理和投资运营情况进行年度审计和专项审计。审计结果应当向社会公开。

社会保险监督委员会发现社会保险基金收支、管理和投资运营中存在问题的,有权提出改正建议;对社会保险经办机构及其工作人员的违法行为,有权向有关部门提出依法处理建议。

第八十一条　【信息保密责任】社会保险行政部门和其他有关行政部门、社会保险经办机构、社会保险费征收机构及其工作人员,应当依法为用人单位和个人的信息保密,不得以任何形式泄露。

第八十二条　【对违法行为的举报、投诉】任何组织或者个人有权对违反社会保险法律、法规的行为进行举报、投诉。

社会保险行政部门、卫生行政部门、社会保险经办机构、社会保险费征收机构和财政部门、审计机关对属于本部门、本机构职责范围的举报、投诉,应当依法处理;对不属于本部门、本机构职责范围的,应当书面通知并移交有权处理的部门、机构处理。有权处理的部门、机构应当及时处理,不得推诿。

第八十三条　【救济途径】用人单位或者个人认为社会保险费征收机构的行为侵害自己合法权益的,可以依法申请行政复议或者提起行政诉讼。

用人单位或者个人对社会保险经办机构不依法办理社会保险登记、核定社会保险费、支付社会保险待遇、办理社会保险转移接续手续或者侵害其他社会保险权益的行为,可以依法申请行政复议或者提起行政诉讼。

个人与所在用人单位发生社会保险争议的,可以依法申请调解、仲裁,提起诉讼。用人单位侵害个人社会保险权益的,个人也可以要求社会保险行政部门或者社会保险费征收机构依法处理。

第十一章 法律责任

第八十四条 【不办理登记的责任】用人单位不办理社会保险登记的，由社会保险行政部门责令限期改正；逾期不改正的，对用人单位处应缴社会保险费数额一倍以上三倍以下的罚款，对其直接负责的主管人员和其他直接责任人员处五百元以上三千元以下的罚款。

第八十五条 【不出具证明的责任】用人单位拒不出具终止或者解除劳动关系证明的，依照《中华人民共和国劳动合同法》的规定处理。

第八十六条 【未按时足额缴费的责任】用人单位未按时足额缴纳社会保险费的，由社会保险费征收机构责令限期缴纳或者补足，并自欠缴之日起，按日加收万分之五的滞纳金；逾期仍不缴纳的，由有关行政部门处欠缴数额一倍以上三倍以下的罚款。

第八十七条 【骗取基金支出的责任】社会保险经办机构以及医疗机构、药品经营单位等社会保险服务机构以欺诈、伪造证明材料或者其他手段骗取社会保险基金支出的，由社会保险行政部门责令退回骗取的社会保险金，处骗取金额二倍以上五倍以下的罚款；属于社会保险服务机构的，解除服务协议；直接负责的主管人员和其他直接责任人员有执业资格的，依法吊销其执业资格。

第八十八条 【骗取保险待遇的责任】以欺诈、伪造证明材料或者其他手段骗取社会保险待遇的，由社会保险行政部门责令退回骗取的社会保险金，处骗取金额二倍以上五倍以下的罚款。

第八十九条 【经办机构的责任】社会保险经办机构及其工作人员有下列行为之一的，由社会保险行政部门责令改正；给社会保险基金、用人单位或者个人造成损失的，依法承担赔偿责任；对直接负责的主管人员和其他直接责任人员依法给予处分：

(一)未履行社会保险法定职责的；

(二)未将社会保险基金存入财政专户的；

(三)克扣或者拒不按时支付社会保险待遇的；

（四）丢失或者篡改缴费记录、享受社会保险待遇记录等社会保险数据、个人权益记录的；

（五）有违反社会保险法律、法规的其他行为的。

第九十条　【社会保险费征收机构的责任】社会保险费征收机构擅自更改社会保险费缴费基数、费率，导致少收或者多收社会保险费的，由有关行政部门责令其追缴应当缴纳的社会保险费或者退还不应当缴纳的社会保险费；对直接负责的主管人员和其他直接责任人员依法给予处分。

第九十一条　【侵占、挪用基金的责任】违反本法规定，隐匿、转移、侵占、挪用社会保险基金或者违规投资运营的，由社会保险行政部门、财政部门、审计机关责令追回；有违法所得的，没收违法所得；对直接负责的主管人员和其他直接责任人员依法给予处分。

第九十二条　【泄露信息的责任】社会保险行政部门和其他有关行政部门、社会保险经办机构、社会保险费征收机构及其工作人员泄露用人单位和个人信息的，对直接负责的主管人员和其他直接责任人员依法给予处分；给用人单位或者个人造成损失的，应当承担赔偿责任。

第九十三条　【国家工作人员的行政处分责任】国家工作人员在社会保险管理、监督工作中滥用职权、玩忽职守、徇私舞弊的，依法给予处分。

第九十四条　【刑事责任】违反本法规定，构成犯罪的，依法追究刑事责任。

第十二章　附　　则

第九十五条　【进城务工农村居民的社会保险】进城务工的农村居民依照本法规定参加社会保险。

第九十六条　【被征地农民的社会保险】征收农村集体所有的土地，应当足额安排被征地农民的社会保险费，按照国务院规定将被征地农民纳入相应的社会保险制度。

第九十七条　【外国人参加社会保险】外国人在中国境内就业的，参照本法规定参加社会保险。

第九十八条　【施行日期】本法自 2011 年 7 月 1 日起施行。

工伤保险条例

(2003年4月27日中华人民共和国国务院令第375号公布
根据2010年12月20日《国务院关于修改〈工伤保险条例〉的决定》修订)

第一章　总　　则

第一条　为了保障因工作遭受事故伤害或者患职业病的职工获得医疗救治和经济补偿,促进工伤预防和职业康复,分散用人单位的工伤风险,制定本条例。

第二条　中华人民共和国境内的企业、事业单位、社会团体、民办非企业单位、基金会、律师事务所、会计师事务所等组织和有雇工的个体工商户(以下称用人单位)应当依照本条例规定参加工伤保险,为本单位全部职工或者雇工(以下称职工)缴纳工伤保险费。

中华人民共和国境内的企业、事业单位、社会团体、民办非企业单位、基金会、律师事务所、会计师事务所等组织的职工和个体工商户的雇工,均有依照本条例的规定享受工伤保险待遇的权利。

第三条　工伤保险费的征缴按照《社会保险费征缴暂行条例》关于基本养老保险费、基本医疗保险费、失业保险费的征缴规定执行。

第四条　用人单位应当将参加工伤保险的有关情况在本单位内公示。

用人单位和职工应当遵守有关安全生产和职业病防治的法律法规,执行安全卫生规程和标准,预防工伤事故发生,避免和减少职业病危害。

职工发生工伤时,用人单位应当采取措施使工伤职工得到及时救治。

第五条　国务院社会保险行政部门负责全国的工伤保险工作。

县级以上地方各级人民政府社会保险行政部门负责本行政区域内的工伤保险工作。

社会保险行政部门按照国务院有关规定设立的社会保险经办机构(以下称经办机构)具体承办工伤保险事务。

第六条　社会保险行政部门等部门制定工伤保险的政策、标准，应当征求工会组织、用人单位代表的意见。

第二章　工伤保险基金

第七条　工伤保险基金由用人单位缴纳的工伤保险费、工伤保险基金的利息和依法纳入工伤保险基金的其他资金构成。

第八条　工伤保险费根据以支定收、收支平衡的原则，确定费率。

国家根据不同行业的工伤风险程度确定行业的差别费率，并根据工伤保险费使用、工伤发生率等情况在每个行业内确定若干费率档次。行业差别费率及行业内费率档次由国务院社会保险行政部门制定，报国务院批准后公布施行。

统筹地区经办机构根据用人单位工伤保险费使用、工伤发生率等情况，适用所属行业内相应的费率档次确定单位缴费费率。

第九条　国务院社会保险行政部门应当定期了解全国各统筹地区工伤保险基金收支情况，及时提出调整行业差别费率及行业内费率档次的方案，报国务院批准后公布施行。

第十条　用人单位应当按时缴纳工伤保险费。职工个人不缴纳工伤保险费。

用人单位缴纳工伤保险费的数额为本单位职工工资总额乘以单位缴费费率之积。

对难以按照工资总额缴纳工伤保险费的行业，其缴纳工伤保险费的具体方式，由国务院社会保险行政部门规定。

第十一条　工伤保险基金逐步实行省级统筹。

跨地区、生产流动性较大的行业，可以采取相对集中的方式异地参加统筹地区的工伤保险。具体办法由国务院社会保险行政部门会同有关行业的主管部门制定。

第十二条　工伤保险基金存入社会保障基金财政专户，用于本条例规定的工伤保险待遇，劳动能力鉴定，工伤预防的宣传、培训等费用，以及法律、法规规定的用于工伤保险的其他费用的支付。

工伤预防费用的提取比例、使用和管理的具体办法,由国务院社会保险行政部门会同国务院财政、卫生行政、安全生产监督管理等部门规定。

任何单位或者个人不得将工伤保险基金用于投资运营、兴建或者改建办公场所、发放奖金,或者挪作其他用途。

第十三条 工伤保险基金应当留有一定比例的储备金,用于统筹地区重大事故的工伤保险待遇支付;储备金不足支付的,由统筹地区的人民政府垫付。储备金占基金总额的具体比例和储备金的使用办法,由省、自治区、直辖市人民政府规定。

第三章 工伤认定

第十四条 职工有下列情形之一的,应当认定为工伤:

(一)在工作时间和工作场所内,因工作原因受到事故伤害的;

(二)工作时间前后在工作场所内,从事与工作有关的预备性或者收尾性工作受到事故伤害的;

(三)在工作时间和工作场所内,因履行工作职责受到暴力等意外伤害的;

(四)患职业病的;

(五)因工外出期间,由于工作原因受到伤害或者发生事故下落不明的;

(六)在上下班途中,受到非本人主要责任的交通事故或者城市轨道交通、客运轮渡、火车事故伤害的;

(七)法律、行政法规规定应当认定为工伤的其他情形。

第十五条 职工有下列情形之一的,视同工伤:

(一)在工作时间和工作岗位,突发疾病死亡或者在48小时之内经抢救无效死亡的;

(二)在抢险救灾等维护国家利益、公共利益活动中受到伤害的;

(三)职工原在军队服役,因战、因公负伤致残,已取得革命伤残军人证,到用人单位后旧伤复发的。

职工有前款第(一)项、第(二)项情形的,按照本条例的有关规定享受工伤保险待遇;职工有前款第(三)项情形的,按照本条例的有关规定享受除一次性伤残补助金以外的工伤保险待遇。

第十六条　职工符合本条例第十四条、第十五条的规定,但是有下列情形之一的,不得认定为工伤或者视同工伤:

(一)故意犯罪的;

(二)醉酒或者吸毒的;

(三)自残或者自杀的。

第十七条　职工发生事故伤害或者按照职业病防治法规定被诊断、鉴定为职业病,所在单位应当自事故伤害发生之日或者被诊断、鉴定为职业病之日起30日内,向统筹地区社会保险行政部门提出工伤认定申请。遇有特殊情况,经报社会保险行政部门同意,申请时限可以适当延长。

用人单位未按前款规定提出工伤认定申请的,工伤职工或者其近亲属、工会组织在事故伤害发生之日或者被诊断、鉴定为职业病之日起1年内,可以直接向用人单位所在地统筹地区社会保险行政部门提出工伤认定申请。

按照本条第一款规定应当由省级社会保险行政部门进行工伤认定的事项,根据属地原则由用人单位所在地的设区的市级社会保险行政部门办理。

用人单位未在本条第一款规定的时限内提交工伤认定申请,在此期间发生符合本条例规定的工伤待遇等有关费用由该用人单位负担。

第十八条　提出工伤认定申请应当提交下列材料:

(一)工伤认定申请表;

(二)与用人单位存在劳动关系(包括事实劳动关系)的证明材料;

(三)医疗诊断证明或者职业病诊断证明书(或者职业病诊断鉴定书)。

工伤认定申请表应当包括事故发生的时间、地点、原因以及职工伤害程度等基本情况。

工伤认定申请人提供材料不完整的,社会保险行政部门应当一次性书面告知工伤认定申请人需要补正的全部材料。申请人按照书面告知要求补正材料后,社会保险行政部门应当受理。

第十九条　社会保险行政部门受理工伤认定申请后,根据审核需要可以对事故伤害进行调查核实,用人单位、职工、工会组织、医疗机构以及有关部门应当予以协助。职业病诊断和诊断争议的鉴定,依照职业病防治法的有关规定执行。对依法取得职业病诊断证明书或者职业病诊断鉴定书的,社会保险行政部门不再进行调查核实。

职工或者其近亲属认为是工伤,用人单位不认为是工伤的,由用人单位承担举证责任。

第二十条 社会保险行政部门应当自受理工伤认定申请之日起60日内作出工伤认定的决定,并书面通知申请工伤认定的职工或者其近亲属和该职工所在单位。

社会保险行政部门对受理的事实清楚、权利义务明确的工伤认定申请,应当在15日内作出工伤认定的决定。

作出工伤认定决定需要以司法机关或者有关行政主管部门的结论为依据的,在司法机关或者有关行政主管部门尚未作出结论期间,作出工伤认定决定的时限中止。

社会保险行政部门工作人员与工伤认定申请人有利害关系的,应当回避。

第四章 劳动能力鉴定

第二十一条 职工发生工伤,经治疗伤情相对稳定后存在残疾、影响劳动能力的,应当进行劳动能力鉴定。

第二十二条 劳动能力鉴定是指劳动功能障碍程度和生活自理障碍程度的等级鉴定。

劳动功能障碍分为十个伤残等级,最重的为一级,最轻的为十级。

生活自理障碍分为三个等级:生活完全不能自理、生活大部分不能自理和生活部分不能自理。

劳动能力鉴定标准由国务院社会保险行政部门会同国务院卫生行政部门等部门制定。

第二十三条 劳动能力鉴定由用人单位、工伤职工或者其近亲属向设区的市级劳动能力鉴定委员会提出申请,并提供工伤认定决定和职工工伤医疗的有关资料。

第二十四条 省、自治区、直辖市劳动能力鉴定委员会和设区的市级劳动能力鉴定委员会分别由省、自治区、直辖市和设区的市级社会保险行政部门、卫生行政部门、工会组织、经办机构代表以及用人单位代表组成。

劳动能力鉴定委员会建立医疗卫生专家库。列入专家库的医疗卫生专业技术人员应当具备下列条件：

（一）具有医疗卫生高级专业技术职务任职资格；

（二）掌握劳动能力鉴定的相关知识；

（三）具有良好的职业品德。

第二十五条　设区的市级劳动能力鉴定委员会收到劳动能力鉴定申请后，应当从其建立的医疗卫生专家库中随机抽取3名或者5名相关专家组成专家组，由专家组提出鉴定意见。设区的市级劳动能力鉴定委员会根据专家组的鉴定意见作出工伤职工劳动能力鉴定结论；必要时，可以委托具备资格的医疗机构协助进行有关的诊断。

设区的市级劳动能力鉴定委员会应当自收到劳动能力鉴定申请之日起60日内作出劳动能力鉴定结论，必要时，作出劳动能力鉴定结论的期限可以延长30日。劳动能力鉴定结论应当及时送达申请鉴定的单位和个人。

第二十六条　申请鉴定的单位或者个人对设区的市级劳动能力鉴定委员会作出的鉴定结论不服的，可以在收到该鉴定结论之日起15日内向省、自治区、直辖市劳动能力鉴定委员会提出再次鉴定申请。省、自治区、直辖市劳动能力鉴定委员会作出的劳动能力鉴定结论为最终结论。

第二十七条　劳动能力鉴定工作应当客观、公正。劳动能力鉴定委员会组成人员或者参加鉴定的专家与当事人有利害关系的，应当回避。

第二十八条　自劳动能力鉴定结论作出之日起1年后，工伤职工或者其近亲属、所在单位或者经办机构认为伤残情况发生变化的，可以申请劳动能力复查鉴定。

第二十九条　劳动能力鉴定委员会依照本条例第二十六条和第二十八条的规定进行再次鉴定和复查鉴定的期限，依照本条例第二十五条第二款的规定执行。

第五章　工伤保险待遇

第三十条　职工因工作遭受事故伤害或者患职业病进行治疗，享受工伤医疗待遇。

职工治疗工伤应当在签订服务协议的医疗机构就医,情况紧急时可以先到就近的医疗机构急救。

治疗工伤所需费用符合工伤保险诊疗项目目录、工伤保险药品目录、工伤保险住院服务标准的,从工伤保险基金支付。工伤保险诊疗项目目录、工伤保险药品目录、工伤保险住院服务标准,由国务院社会保险行政部门会同国务院卫生行政部门、食品药品监督管理部门等部门规定。

职工住院治疗工伤的伙食补助费,以及经医疗机构出具证明,报经办机构同意,工伤职工到统筹地区以外就医所需的交通、食宿费用从工伤保险基金支付,基金支付的具体标准由统筹地区人民政府规定。

工伤职工治疗非工伤引发的疾病,不享受工伤医疗待遇,按照基本医疗保险办法处理。

工伤职工到签订服务协议的医疗机构进行工伤康复的费用,符合规定的,从工伤保险基金支付。

第三十一条 社会保险行政部门作出认定为工伤的决定后发生行政复议、行政诉讼的,行政复议和行政诉讼期间不停止支付工伤职工治疗工伤的医疗费用。

第三十二条 工伤职工因日常生活或者就业需要,经劳动能力鉴定委员会确认,可以安装假肢、矫形器、假眼、假牙和配置轮椅等辅助器具,所需费用按照国家规定的标准从工伤保险基金支付。

第三十三条 职工因工作遭受事故伤害或者患职业病需要暂停工作接受工伤医疗的,在停工留薪期内,原工资福利待遇不变,由所在单位按月支付。

停工留薪期一般不超过12个月。伤情严重或者情况特殊,经设区的市级劳动能力鉴定委员会确认,可以适当延长,但延长不得超过12个月。工伤职工评定伤残等级后,停发原待遇,按照本章的有关规定享受伤残待遇。工伤职工在停工留薪期满后仍需治疗的,继续享受工伤医疗待遇。

生活不能自理的工伤职工在停工留薪期需要护理的,由所在单位负责。

第三十四条 工伤职工已经评定伤残等级并经劳动能力鉴定委员会确

认需要生活护理的，从工伤保险基金按月支付生活护理费。

生活护理费按照生活完全不能自理、生活大部分不能自理或者生活部分不能自理3个不同等级支付，其标准分别为统筹地区上年度职工月平均工资的50%、40%或者30%。

第三十五条　职工因工致残被鉴定为一级至四级伤残的，保留劳动关系，退出工作岗位，享受以下待遇：

（一）从工伤保险基金按伤残等级支付一次性伤残补助金，标准为：一级伤残为27个月的本人工资，二级伤残为25个月的本人工资，三级伤残为23个月的本人工资，四级伤残为21个月的本人工资；

（二）从工伤保险基金按月支付伤残津贴，标准为：一级伤残为本人工资的90%，二级伤残为本人工资的85%，三级伤残为本人工资的80%，四级伤残为本人工资的75%。伤残津贴实际金额低于当地最低工资标准的，由工伤保险基金补足差额；

（三）工伤职工达到退休年龄并办理退休手续后，停发伤残津贴，按照国家有关规定享受基本养老保险待遇。基本养老保险待遇低于伤残津贴的，由工伤保险基金补足差额。

职工因工致残被鉴定为一级至四级伤残的，由用人单位和职工个人以伤残津贴为基数，缴纳基本医疗保险费。

第三十六条　职工因工致残被鉴定为五级、六级伤残的，享受以下待遇：

（一）从工伤保险基金按伤残等级支付一次性伤残补助金，标准为：五级伤残为18个月的本人工资，六级伤残为16个月的本人工资；

（二）保留与用人单位的劳动关系，由用人单位安排适当工作。难以安排工作的，由用人单位按月发给伤残津贴，标准为：五级伤残为本人工资的70%，六级伤残为本人工资的60%，并由用人单位按照规定为其缴纳应缴纳的各项社会保险费。伤残津贴实际金额低于当地最低工资标准的，由用人单位补足差额。

经工伤职工本人提出，该职工可以与用人单位解除或者终止劳动关系，由工伤保险基金支付一次性工伤医疗补助金，由用人单位支付一次性伤残就业补助金。一次性工伤医疗补助金和一次性伤残就业补助金的具体标准由省、自治区、直辖市人民政府规定。

第三十七条 职工因工致残被鉴定为七级至十级伤残的,享受以下待遇:

(一)从工伤保险基金按伤残等级支付一次性伤残补助金,标准为:七级伤残为13个月的本人工资,八级伤残为11个月的本人工资,九级伤残为9个月的本人工资,十级伤残为7个月的本人工资;

(二)劳动、聘用合同期满终止,或者职工本人提出解除劳动、聘用合同的,由工伤保险基金支付一次性工伤医疗补助金,由用人单位支付一次性伤残就业补助金。一次性工伤医疗补助金和一次性伤残就业补助金的具体标准由省、自治区、直辖市人民政府规定。

第三十八条 工伤职工工伤复发,确认需要治疗的,享受本条例第三十条、第三十二条和第三十三条规定的工伤待遇。

第三十九条 职工因工死亡,其近亲属按照下列规定从工伤保险基金领取丧葬补助金、供养亲属抚恤金和一次性工亡补助金:

(一)丧葬补助金为6个月的统筹地区上年度职工月平均工资;

(二)供养亲属抚恤金按照职工本人工资的一定比例发给由因工死亡职工生前提供主要生活来源、无劳动能力的亲属。标准为:配偶每月40%,其他亲属每人每月30%,孤寡老人或者孤儿每人每月在上述标准的基础上增加10%。核定的各供养亲属的抚恤金之和不应高于因工死亡职工生前的工资。供养亲属的具体范围由国务院社会保险行政部门规定;

(三)一次性工亡补助金标准为上一年度全国城镇居民人均可支配收入的20倍。

伤残职工在停工留薪期内因工伤导致死亡的,其近亲属享受本条第一款规定的待遇。

一级至四级伤残职工在停工留薪期满后死亡的,其近亲属可以享受本条第一款第(一)项、第(二)项规定的待遇。

第四十条 伤残津贴、供养亲属抚恤金、生活护理费由统筹地区社会保险行政部门根据职工平均工资和生活费用变化等情况适时调整。调整办法由省、自治区、直辖市人民政府规定。

第四十一条　职工因工外出期间发生事故或者在抢险救灾中下落不明的,从事故发生当月起3个月内照发工资,从第4个月起停发工资,由工伤保险基金向其供养亲属按月支付供养亲属抚恤金。生活有困难的,可以预支一次性工亡补助金的50%。职工被人民法院宣告死亡的,按照本条例第三十九条职工因工死亡的规定处理。

第四十二条　工伤职工有下列情形之一的,停止享受工伤保险待遇:

(一)丧失享受待遇条件的;

(二)拒不接受劳动能力鉴定的;

(三)拒绝治疗的。

第四十三条　用人单位分立、合并、转让的,承继单位应当承担原用人单位的工伤保险责任;原用人单位已经参加工伤保险的,承继单位应当到当地经办机构办理工伤保险变更登记。

用人单位实行承包经营的,工伤保险责任由职工劳动关系所在单位承担。

职工被借调期间受到工伤事故伤害的,由原用人单位承担工伤保险责任,但原用人单位与借调单位可以约定补偿办法。

企业破产的,在破产清算时依法拨付应当由单位支付的工伤保险待遇费用。

第四十四条　职工被派遣出境工作,依据前往国家或者地区的法律应当参加当地工伤保险的,参加当地工伤保险,其国内工伤保险关系中止;不能参加当地工伤保险的,其国内工伤保险关系不中止。

第四十五条　职工再次发生工伤,根据规定应当享受伤残津贴的,按照新认定的伤残等级享受伤残津贴待遇。

第六章　监督管理

第四十六条　经办机构具体承办工伤保险事务,履行下列职责:

(一)根据省、自治区、直辖市人民政府规定,征收工伤保险费;

(二)核查用人单位的工资总额和职工人数,办理工伤保险登记,并负责保存用人单位缴费和职工享受工伤保险待遇情况的记录;

(三)进行工伤保险的调查、统计;

(四)按照规定管理工伤保险基金的支出;

(五)按照规定核定工伤保险待遇;

(六)为工伤职工或者其近亲属免费提供咨询服务。

第四十七条 经办机构与医疗机构、辅助器具配置机构在平等协商的基础上签订服务协议,并公布签订服务协议的医疗机构、辅助器具配置机构的名单。具体办法由国务院社会保险行政部门分别会同国务院卫生行政部门、民政部门等部门制定。

第四十八条 经办机构按照协议和国家有关目录、标准对工伤职工医疗费用、康复费用、辅助器具费用的使用情况进行核查,并按时足额结算费用。

第四十九条 经办机构应当定期公布工伤保险基金的收支情况,及时向社会保险行政部门提出调整费率的建议。

第五十条 社会保险行政部门、经办机构应当定期听取工伤职工、医疗机构、辅助器具配置机构以及社会各界对改进工伤保险工作的意见。

第五十一条 社会保险行政部门依法对工伤保险费的征缴和工伤保险基金的支付情况进行监督检查。

财政部门和审计机关依法对工伤保险基金的收支、管理情况进行监督。

第五十二条 任何组织和个人对有关工伤保险的违法行为,有权举报。社会保险行政部门对举报应当及时调查,按照规定处理,并为举报人保密。

第五十三条 工会组织依法维护工伤职工的合法权益,对用人单位的工伤保险工作实行监督。

第五十四条 职工与用人单位发生工伤待遇方面的争议,按照处理劳动争议的有关规定处理。

第五十五条 有下列情形之一的,有关单位或者个人可以依法申请行政复议,也可以依法向人民法院提起行政诉讼:

(一)申请工伤认定的职工或者其近亲属、该职工所在单位对工伤认定申请不予受理的决定不服的;

(二)申请工伤认定的职工或者其近亲属、该职工所在单位对工伤认定结论不服的;

（三）用人单位对经办机构确定的单位缴费费率不服的；

（四）签订服务协议的医疗机构、辅助器具配置机构认为经办机构未履行有关协议或者规定的；

（五）工伤职工或者其近亲属对经办机构核定的工伤保险待遇有异议的。

第七章　法律责任

第五十六条　单位或者个人违反本条例第十二条规定挪用工伤保险基金，构成犯罪的，依法追究刑事责任；尚不构成犯罪的，依法给予处分或者纪律处分。被挪用的基金由社会保险行政部门追回，并入工伤保险基金；没收的违法所得依法上缴国库。

第五十七条　社会保险行政部门工作人员有下列情形之一的，依法给予处分；情节严重，构成犯罪的，依法追究刑事责任：

（一）无正当理由不受理工伤认定申请，或者弄虚作假将不符合工伤条件的人员认定为工伤职工的；

（二）未妥善保管申请工伤认定的证据材料，致使有关证据灭失的；

（三）收受当事人财物的。

第五十八条　经办机构有下列行为之一的，由社会保险行政部门责令改正，对直接负责的主管人员和其他责任人员依法给予纪律处分；情节严重，构成犯罪的，依法追究刑事责任；造成当事人经济损失的，由经办机构依法承担赔偿责任：

（一）未按规定保存用人单位缴费和职工享受工伤保险待遇情况记录的；

（二）不按规定核定工伤保险待遇的；

（三）收受当事人财物的。

第五十九条　医疗机构、辅助器具配置机构不按服务协议提供服务的，经办机构可以解除服务协议。

经办机构不按时足额结算费用的，由社会保险行政部门责令改正；医疗机构、辅助器具配置机构可以解除服务协议。

第六十条　用人单位、工伤职工或者其近亲属骗取工伤保险待遇，医疗机构、辅助器具配置机构骗取工伤保险基金支出的，由社会保险行政部门责令退还,处骗取金额2倍以上5倍以下的罚款;情节严重,构成犯罪的,依法追究刑事责任。

第六十一条 从事劳动能力鉴定的组织或者个人有下列情形之一的,由社会保险行政部门责令改正,处2000元以上1万元以下的罚款;情节严重,构成犯罪的,依法追究刑事责任:

(一)提供虚假鉴定意见的;

(二)提供虚假诊断证明的;

(三)收受当事人财物的。

第六十二条 用人单位依照本条例规定应当参加工伤保险而未参加的,由社会保险行政部门责令限期参加,补缴应当缴纳的工伤保险费,并自欠缴之日起,按日加收万分之五的滞纳金;逾期仍不缴纳的,处欠缴数额1倍以上3倍以下的罚款。

依照本条例规定应当参加工伤保险而未参加工伤保险的用人单位职工发生工伤的,由该用人单位按照本条例规定的工伤保险待遇项目和标准支付费用。

用人单位参加工伤保险并补缴应当缴纳的工伤保险费、滞纳金后,由工伤保险基金和用人单位依照本条例的规定支付新发生的费用。

第六十三条 用人单位违反本条例第十九条的规定,拒不协助社会保险行政部门对事故进行调查核实的,由社会保险行政部门责令改正,处2000元以上2万元以下的罚款。

第八章 附 则

第六十四条 本条例所称工资总额,是指用人单位直接支付给本单位全部职工的劳动报酬总额。

本条例所称本人工资,是指工伤职工因工作遭受事故伤害或者患职业病前12个月平均月缴费工资。本人工资高于统筹地区职工平均工资300%的,按照统筹地区职工平均工资的300%计算;本人工资低于统筹地区职工平均工资60%的,按照统筹地区职工平均工资的60%计算。

第六十五条 公务员和参照公务员法管理的事业单位、社会团体的工作人员因工作遭受事故伤害或者患职业病的,由所在单位支付费用。具体办法由国务院社会保险行政部门会同国务院财政部门规定。

第六十六条　无营业执照或者未经依法登记、备案的单位以及被依法吊销营业执照或者撤销登记、备案的单位的职工受到事故伤害或者患职业病的,由该单位向伤残职工或者死亡职工的近亲属给予一次性赔偿,赔偿标准不得低于本条例规定的工伤保险待遇;用人单位不得使用童工,用人单位使用童工造成童工伤残、死亡的,由该单位向童工或者童工的近亲属给予一次性赔偿,赔偿标准不得低于本条例规定的工伤保险待遇。具体办法由国务院社会保险行政部门规定。

前款规定的伤残职工或者死亡职工的近亲属就赔偿数额与单位发生争议的,以及前款规定的童工或者童工的近亲属就赔偿数额与单位发生争议的,按照处理劳动争议的有关规定处理。

第六十七条　本条例自2004年1月1日起施行。本条例施行前已受到事故伤害或者患职业病的职工尚未完成工伤认定的,按照本条例的规定执行。

女职工劳动保护特别规定

(2012年4月28日国务院令第619号公布
自2012年4月28日起施行)

第一条 为了减少和解决女职工在劳动中因生理特点造成的特殊困难,保护女职工健康,制定本规定。

第二条 中华人民共和国境内的国家机关、企业、事业单位、社会团体、个体经济组织以及其他社会组织等用人单位及其女职工,适用本规定。

第三条 用人单位应当加强女职工劳动保护,采取措施改善女职工劳动安全卫生条件,对女职工进行劳动安全卫生知识培训。

第四条 用人单位应当遵守女职工禁忌从事的劳动范围的规定。用人单位应当将本单位属于女职工禁忌从事的劳动范围的岗位书面告知女职工。

女职工禁忌从事的劳动范围由本规定附录列示。国务院安全生产监督管理部门会同国务院人力资源社会保障行政部门、国务院卫生行政部门根据经济社会发展情况,对女职工禁忌从事的劳动范围进行调整。

第五条 用人单位不得因女职工怀孕、生育、哺乳降低其工资、予以辞退、与其解除劳动或者聘用合同。

第六条 女职工在孕期不能适应原劳动的,用人单位应当根据医疗机构的证明,予以减轻劳动量或者安排其他能够适应的劳动。

对怀孕7个月以上的女职工,用人单位不得延长劳动时间或者安排夜班劳动,并应当在劳动时间内安排一定的休息时间。

怀孕女职工在劳动时间内进行产前检查,所需时间计入劳动时间。

第七条 女职工生育享受98天产假,其中产前可以休假15天;难产的,增加产假15天;生育多胞胎的,每多生育1个婴儿,增加产假15天。

女职工怀孕未满4个月流产的,享受15天产假;怀孕满4个月流产的,享受42天产假。

第八条　女职工产假期间的生育津贴，对已经参加生育保险的，按照用人单位上年度职工月平均工资的标准由生育保险基金支付；对未参加生育保险的，按照女职工产假前工资的标准由用人单位支付。

女职工生育或者流产的医疗费用，按照生育保险规定的项目和标准，对已经参加生育保险的，由生育保险基金支付；对未参加生育保险的，由用人单位支付。

第九条　对哺乳未满1周岁婴儿的女职工，用人单位不得延长劳动时间或者安排夜班劳动。

用人单位应当在每天的劳动时间内为哺乳期女职工安排1小时哺乳时间；女职工生育多胞胎的，每多哺乳1个婴儿每天增加1小时哺乳时间。

第十条　女职工比较多的用人单位应当根据女职工的需要，建立女职工卫生室、孕妇休息室、哺乳室等设施，妥善解决女职工在生理卫生、哺乳方面的困难。

第十一条　在劳动场所，用人单位应当预防和制止对女职工的性骚扰。

第十二条　县级以上人民政府人力资源社会保障行政部门、安全生产监督管理部门按照各自职责负责对用人单位遵守本规定的情况进行监督检查。

工会、妇女组织依法对用人单位遵守本规定的情况进行监督。

第十三条　用人单位违反本规定第六条第二款、第七条、第九条第一款规定的，由县级以上人民政府人力资源社会保障行政部门责令限期改正，按照受侵害女职工每人1000元以上5000元以下的标准计算，处以罚款。

用人单位违反本规定附录第一条、第二条规定的，由县级以上人民政府安全生产监督管理部门责令限期改正，按照受侵害女职工每人1000元以上5000元以下的标准计算，处以罚款。用人单位违反本规定附录第三条、第四条规定的，由县级以上人民政府安全生产监督管理部门责令限期治理，处5万元以上30万元以下的罚款；情节严重的，责令停止有关作业，或者提请有关人民政府按照国务院规定的权限责令关闭。

第十四条　用人单位违反本规定，侵害女职工合法权益的，女职工可以依法投诉、举报、申诉，依法向劳动人事争议调解仲裁机构申请调解仲裁，对仲裁裁决不服的，依法向人民法院提起诉讼。

第十五条 用人单位违反本规定,侵害女职工合法权益,造成女职工损害的,依法给予赔偿;用人单位及其直接负责的主管人员和其他直接责任人员构成犯罪的,依法追究刑事责任。

第十六条 本规定自公布之日起施行。1988年7月21日国务院发布的《女职工劳动保护规定》同时废止。

附录:

女职工禁忌从事的劳动范围

一、女职工禁忌从事的劳动范围:

(一)矿山井下作业;

(二)体力劳动强度分级标准中规定的第四级体力劳动强度的作业;

(三)每小时负重6次以上、每次负重超过20公斤的作业,或者间断负重、每次负重超过25公斤的作业。

二、女职工在经期禁忌从事的劳动范围:

(一)冷水作业分级标准中规定的第二级、第三级、第四级冷水作业;

(二)低温作业分级标准中规定的第二级、第三级、第四级低温作业;

(三)体力劳动强度分级标准中规定的第三级、第四级体力劳动强度的作业;

(四)高处作业分级标准中规定的第三级、第四级高处作业。

三、女职工在孕期禁忌从事的劳动范围:

(一)作业场所空气中铅及其化合物、汞及其化合物、苯、镉、铍、砷、氰化物、氮氧化物、一氧化碳、二硫化碳、氯、己内酰胺、氯丁二烯、氯乙烯、环氧乙烷、苯胺、甲醛等有毒物质浓度超过国家职业卫生标准的作业;

(二)从事抗癌药物、己烯雌酚生产,接触麻醉剂气体等的作业;

(三)非密封源放射性物质的操作,核事故与放射事故的应急处置;

(四)高处作业分级标准中规定的高处作业;

(五)冷水作业分级标准中规定的冷水作业;

（六）低温作业分级标准中规定的低温作业；

（七）高温作业分级标准中规定的第三级、第四级的作业；

（八）噪声作业分级标准中规定的第三级、第四级的作业；

（九）体力劳动强度分级标准中规定的第三级、第四级体力劳动强度的作业；

（十）在密闭空间、高压室作业或者潜水作业，伴有强烈振动的作业，或者需要频繁弯腰、攀高、下蹲的作业。

四、女职工在哺乳期禁忌从事的劳动范围：

（一）孕期禁忌从事的劳动范围的第一项、第三项、第九项；

（二）作业场所空气中锰、氟、溴、甲醇、有机磷化合物、有机氯化合物等有毒物质浓度超过国家职业卫生标准的作业。

职工带薪年休假条例

(2007年12月14日国务院令第514号公布
自2008年1月1日起施行)

第一条 为了维护职工休息休假权利,调动职工工作积极性,根据劳动法和公务员法,制定本条例。

第二条 机关、团体、企业、事业单位、民办非企业单位、有雇工的个体工商户等单位的职工连续工作1年以上的,享受带薪年休假(以下简称年休假)。单位应当保证职工享受年休假。职工在年休假期间享受与正常工作期间相同的工资收入。

第三条 职工累计工作已满1年不满10年的,年休假5天;已满10年不满20年的,年休假10天;已满20年的,年休假15天。

国家法定休假日、休息日不计入年休假的假期。

第四条 职工有下列情形之一的,不享受当年的年休假:

(一)职工依法享受寒暑假,其休假天数多于年休假天数的;

(二)职工请事假累计20天以上且单位按照规定不扣工资的;

(三)累计工作满1年不满10年的职工,请病假累计2个月以上的;

(四)累计工作满10年不满20年的职工,请病假累计3个月以上的;

(五)累计工作满20年以上的职工,请病假累计4个月以上的。

第五条 单位根据生产、工作的具体情况,并考虑职工本人意愿,统筹安排职工年休假。

年休假在1个年度内可以集中安排,也可以分段安排,一般不跨年度安排。单位因生产、工作特点确有必要跨年度安排职工年休假的,可以跨1个年度安排。

单位确因工作需要不能安排职工休年休假的,经职工本人同意,可以不安排职工休年休假。对职工应休未休的年休假天数,单位应当按照该职工日工资收入的300%支付年休假工资报酬。

第六条　县级以上地方人民政府人事部门、劳动保障部门应当依据职权对单位执行本条例的情况主动进行监督检查。

工会组织依法维护职工的年休假权利。

第七条　单位不安排职工休年休假又不依照本条例规定给予年休假工资报酬的，由县级以上地方人民政府人事部门或者劳动保障部门依据职权责令限期改正；对逾期不改正的，除责令该单位支付年休假工资报酬外，单位还应当按照年休假工资报酬的数额向职工加付赔偿金；对拒不支付年休假工资报酬、赔偿金的，属于公务员和参照公务员法管理的人员所在单位的，对直接负责的主管人员以及其他直接责任人员依法给予处分；属于其他单位的，由劳动保障部门、人事部门或者职工申请人民法院强制执行。

第八条　职工与单位因年休假发生的争议，依照国家有关法律、行政法规的规定处理。

第九条　国务院人事部门、国务院劳动保障部门依据职权，分别制定本条例的实施办法。

第十条　本条例自2008年1月1日起施行。

企业职工带薪年休假实施办法

(2008年9月18日人力资源和社会保障部令第1号公布
自2008年9月18日起施行)

第一条 为了实施《职工带薪年休假条例》(以下简称条例),制定本实施办法。

第二条 中华人民共和国境内的企业、民办非企业单位、有雇工的个体工商户等单位(以下称用人单位)和与其建立劳动关系的职工,适用本办法。

第三条 职工连续工作满12个月以上的,享受带薪年休假(以下简称年休假)。

第四条 年休假天数根据职工累计工作时间确定。职工在同一或者不同用人单位工作期间,以及依照法律、行政法规或者国务院规定视同工作期间,应当计为累计工作时间。

第五条 职工新进用人单位且符合本办法第三条规定的,当年度年休假天数,按照在本单位剩余日历天数折算确定,折算后不足1整天的部分不享受年休假。

前款规定的折算方法为:(当年度在本单位剩余日历天数÷365天)×职工本人全年应当享受的年休假天数。

第六条 职工依法享受的探亲假、婚丧假、产假等国家规定的假期以及因工伤停工留薪期间不计入年休假假期。

第七条 职工享受寒暑假天数多于其年休假天数的,不享受当年的年休假。确因工作需要,职工享受的寒暑假天数少于其年休假天数的,用人单位应当安排补足年休假天数。

第八条 职工已享受当年的年休假,年度内又出现条例第四条第(二)、(三)、(四)、(五)项规定情形之一的,不享受下一年度的年休假。

第九条 用人单位根据生产、工作的具体情况,并考虑职工本人意愿,统筹安排年休假。用人单位确因工作需要不能安排职工年休假或者跨1个年度安排年休假的,应征得职工本人同意。

第十条　用人单位经职工同意不安排年休假或者安排职工年休假天数少于应休年休假天数,应当在本年度内对职工应休未休年休假天数,按照其日工资收入的300%支付未休年休假工资报酬,其中包含用人单位支付职工正常工作期间的工资收入。

用人单位安排职工休年休假,但是职工因本人原因且书面提出不休年休假的,用人单位可以只支付其正常工作期间的工资收入。

第十一条　计算未休年休假工资报酬的日工资收入按照职工本人的月工资除以月计薪天数(21.75天)进行折算。

前款所称月工资是指职工在用人单位支付其未休年休假工资报酬前12个月剔除加班工资后的月平均工资。在本用人单位工作时间不满12个月的,按实际月份计算月平均工资。

职工在年休假期间享受与正常工作期间相同的工资收入。实行计件工资、提成工资或者其他绩效工资制的职工,日工资收入的计发办法按照本条第一款、第二款的规定执行。

第十二条　用人单位与职工解除或者终止劳动合同时,当年度未安排职工休满应休年休假的,应当按照职工当年已工作时间折算应休未休年休假天数并支付未休年休假工资报酬,但折算后不足1整天的部分不支付未休年休假工资报酬。

前款规定的折算方法为:(当年度在本单位已过日历天数÷365天)×职工本人全年应当享受的年休假天数－当年度已安排年休假天数。

用人单位当年已安排职工年休假的,多于折算应休年休假的天数不再扣回。

第十三条　劳动合同、集体合同约定的或者用人单位规章制度规定的年休假天数、未休年休假工资报酬高于法定标准的,用人单位应当按照有关约定或者规定执行。

第十四条　劳务派遣单位的职工符合本办法第三条规定条件的,享受年休假。

被派遣职工在劳动合同期限内无工作期间由劳务派遣单位依法支付劳动报酬的天数多于其全年应当享受的年休假天数的,不享受当年的年休假;少于其全年应当享受的年休假天数的,劳务派遣单位、用工单位应当协商安排补足被派遣职工年休假天数。

第十五条 县级以上地方人民政府劳动行政部门应当依法监督检查用人单位执行条例及本办法的情况。

用人单位不安排职工休年休假又不依照条例及本办法规定支付未休年休假工资报酬的,由县级以上地方人民政府劳动行政部门依据职权责令限期改正;对逾期不改正的,除责令该用人单位支付未休年休假工资报酬外,用人单位还应当按照未休年休假工资报酬的数额向职工加付赔偿金;对拒不执行支付未休年休假工资报酬、赔偿金行政处理决定的,由劳动行政部门申请人民法院强制执行。

第十六条 职工与用人单位因年休假发生劳动争议的,依照劳动争议处理的规定处理。

第十七条 除法律、行政法规或者国务院另有规定外,机关、事业单位、社会团体和与其建立劳动关系的职工,依照本办法执行。

船员的年休假按《中华人民共和国船员条例》执行。

第十八条 本办法中的“年度”是指公历年度。

第十九条 本办法自发布之日起施行。

人力资源和社会保障部办公厅
关于《企业职工带薪年休假实施办法》有关问题的复函

（人社厅函〔2009〕149号）

上海市人力资源和社会保障局：

你局《关于〈企业职工带薪年休假实施办法〉若干问题的请示》（沪人社福字〔2008〕15号）收悉。经研究，现函复如下：

一、关于带薪年休假的享受条件

《企业职工带薪年休假实施办法》第三条中的"职工连续工作满12个月以上"，既包括职工在同一用人单位连续工作满12个月以上的情形，也包括职工在不同用人单位连续工作满12个月以上的情形。

二、关于累计工作时间的确定

《企业职工带薪年休假实施办法》第四条中的"累计工作时间"，包括职工在机关、团体、企业、事业单位、民办非企业单位、有雇工的个体工商户等单位从事全日制工作期间，以及依法服兵役和其他按照国家法律、行政法规和国务院规定可以计算为工龄的期间（视同工作期间）。职工的累计工作时间可以根据档案记载、单位缴纳社保费记录、劳动合同或者其他具有法律效力的证明材料确定。

工资支付暂行规定

(1994年12月6日劳动部发布
自1995年1月1日起施行)

第一条 为维护劳动者通过劳动获得劳动报酬的权利,规范用人单位的工资支付行为,根据《中华人民共和国劳动法》有关规定,制定本规定。

第二条 本规定适用于在中华人民共和国境内的企业、个体经济组织(以下统称用人单位)和与之形成劳动关系的劳动者。

国家机关、事业组织、社会团体和与之建立劳动合同关系的劳动者,依照本规定执行。

第三条 本规定所称工资是指用人单位依据劳动合同的规定,以各种形式支付给劳动者的工资报酬。

第四条 工资支付主要包括:工资支付项目、工资支付水平、工资支付形式、工资支付对象、工资支付时间以及特殊情况下的工资支付。

第五条 工资应当以法定货币支付。不得以实物及有价证券替代货币支付。

第六条 用人单位应将工资支付给劳动者本人。劳动者本人因故不能领取工资时,可由其亲属或委托他人代领。

用人单位可委托银行代发工资。

用人单位必须书面记录支付劳动者工资的数额、时间、领取者的姓名以及签字,并保存两年以上备查。用人单位在支付工资时应向劳动者提供一份其个人的工资清单。

第七条 工资必须在用人单位与劳动者约定的日期支付。如遇节假日或休息日,则应提前在最近的工作日支付。工资至少每月支付一次,实行周、日、小时工资制的可按周、日、小时支付工资。

第八条 对完成一次性临时劳动或某项具体工作的劳动者,用人单位应按有关协议或合同规定在其完成劳动任务后即支付工资。

第九条　劳动关系双方依法解除或终止劳动合同时，用人单位应在解除或终止劳动合同时一次付清劳动者工资。

第十条　劳动者在法定工作时间内依法参加社会活动期间，用人单位应视同其提供了正常劳动而支付工资。社会活动包括：依法行使选举权或被选举权；当选代表出席乡（镇）、区以上政府、党派、工会、青年团、妇女联合会等组织召开的会议；出任人民法庭证明人；出席劳动模范、先进工作者大会；《工会法》规定的不脱产工会基层委员会委员因工会活动占用的生产或工作时间；其他依法参加的社会活动。

第十一条　劳动者依法享受年休假、探亲假、婚假、丧假期间，用人单位应按劳动合同规定的标准支付劳动者工资。

第十二条　非因劳动者原因造成单位停工、停产在一个工资支付周期内的，用人单位应按劳动合同规定的标准支付劳动者工资。超过一个工资支付周期的，若劳动者提供了正常劳动，则支付给劳动者的劳动报酬不得低于当地的最低工资标准；若劳动者没有提供正常劳动，应按国家有关规定办理。

第十三条　用人单位在劳动者完成劳动定额或规定的工作任务后，根据实际需要安排劳动者在法定标准工作时间以外工作的，应按以下标准支付工资：

（一）用人单位依法安排劳动者在日法定标准工作时间以外延长工作时间的，按照不低于劳动合同规定的劳动者本人小时工资标准的百分之一百五十支付劳动者工资；

（二）用人单位依法安排劳动者在休息日工作，而又不能安排补休的，按照不低于劳动合同规定的劳动者本人日或小时工资标准的百分之二百支付劳动者工资；

（三）用人单位依法安排劳动者在法定休假节日工作的，按照不低于劳动合同规定的劳动者本人日或小时工资标准的百分之三百支付劳动者工资。

实行计件工资的劳动者，在完成计件定额任务后，由用人单位安排延长工作时间的，应根据上述规定的原则，分别按照不低于其本人法定工作时间计件单价的百分之一百五十、百分之二百、百分之三百支付其工资。

经劳动行政部门批准实行综合计算工时工作制的，其综合计算工作时间超过法定标准工作时间的部分,应视为延长工作时间,并应按本规定支付劳动者延长工作时间的工资。

实行不定时工时制度的劳动者,不执行上述规定。

第十四条 用人单位依法破产时,劳动者有权获得其工资。在破产清偿中用人单位应按《中华人民共和国企业破产法》规定的清偿顺序,首先支付欠付本单位劳动者的工资。

第十五条 用人单位不得克扣劳动者工资。有下列情况之一的,用人单位可以代扣劳动者工资:

(一)用人单位代扣代缴的个人所得税;

(二)用人单位代扣代缴的应由劳动者个人负担的各项社会保险费用;

(三)法院判决、裁定中要求代扣的抚养费、赡养费;

(四)法律、法规规定可以从劳动者工资中扣除的其他费用。

第十六条 因劳动者本人原因给用人单位造成经济损失的,用人单位可按照劳动合同的约定要求其赔偿经济损失。经济损失的赔偿,可从劳动者本人的工资中扣除。但每月扣除的部分不得超过劳动者当月工资的百分之二十。若扣除后的剩余工资部分低于当地月最低工资标准,则按最低工资标准支付。

第十七条 用人单位应根据本规定,通过与职工大会、职工代表大会或者其他形式协商制定内部的工资支付制度,并告知本单位全体劳动者,同时抄报当地劳动行政部门备案。

第十八条 各级劳动行政部门有权监察用人单位工资支付的情况。用人单位有下列侵害劳动者合法权益行为的,由劳动行政部门责令其支付劳动者工资和经济补偿,并可责令其支付赔偿金:

(一)克扣或者无故拖欠劳动者工资的;

(二)拒不支付劳动者延长工作时间工资的;

(三)低于当地最低工资标准支付劳动者工资的。

经济补偿和赔偿金的标准,按国家有关规定执行。

第十九条 劳动者与用人单位因工资支付发生劳动争议的,当事人可依法向劳动争议仲裁机关申请仲裁。对仲裁裁决不服的,可以向人民法院提起诉讼。

第二十条 本规定自1995年1月1日起执行。

最低工资规定

（2004 年 1 月 20 日劳动和社会保障部令第 21 号发布
自 2004 年 3 月 1 日起施行）

第一条　为了维护劳动者取得劳动报酬的合法权益，保障劳动者个人及其家庭成员的基本生活，根据劳动法和国务院有关规定，制定本规定。

第二条　本规定适用于在中华人民共和国境内的企业、民办非企业单位、有雇工的个体工商户（以下统称用人单位）和与之形成劳动关系的劳动者。

国家机关、事业单位、社会团体和与之建立劳动合同关系的劳动者，依照本规定执行。

第三条　本规定所称最低工资标准，是指劳动者在法定工作时间或依法签订的劳动合同约定的工作时间内提供了正常劳动的前提下，用人单位依法应支付的最低劳动报酬。

本规定所称正常劳动，是指劳动者按依法签订的劳动合同约定，在法定工作时间或劳动合同约定的工作时间内从事的劳动。劳动者依法享受带薪年休假、探亲假、婚丧假、生育（产）假、节育手术假等国家规定的假期间，以及法定工作时间内依法参加社会活动期间，视为提供了正常劳动。

第四条　县级以上地方人民政府劳动保障行政部门负责对本行政区域内用人单位执行本规定情况进行监督检查。

各级工会组织依法对本规定执行情况进行监督，发现用人单位支付劳动者工资违反本规定的，有权要求当地劳动保障行政部门处理。

第五条　最低工资标准一般采取月最低工资标准和小时最低工资标准的形式。月最低工资标准适用于全日制就业劳动者，小时最低工资标准适用于非全日制就业劳动者。

第六条　确定和调整月最低工资标准，应参考当地就业者及其赡养人口的最低生活费用、城镇居民消费价格指数、职工个人缴纳的社会保险费和住房公积金、职工平均工资、经济发展水平、就业状况等因素。

确定和调整小时最低工资标准,应在颁布的月最低工资标准的基础上,考虑单位应缴纳的基本养老保险费和基本医疗保险费因素,同时还应适当考虑非全日制劳动者在工作稳定性、劳动条件和劳动强度、福利等方面与全日制就业人员之间的差异。

月最低工资标准和小时最低工资标准具体测算方法见附件。

第七条 省、自治区、直辖市范围内的不同行政区域可以有不同的最低工资标准。

第八条 最低工资标准的确定和调整方案,由省、自治区、直辖市人民政府劳动保障行政部门会同同级工会、企业联合会/企业家协会研究拟订,并将拟订的方案报送劳动保障部。方案内容包括最低工资确定和调整的依据、适用范围、拟订标准和说明。劳动保障部在收到拟订方案后,应征求全国总工会、中国企业联合会/企业家协会的意见。

劳动保障部对方案可以提出修订意见,若在方案收到后14日内未提出修订意见的,视为同意。

第九条 省、自治区、直辖市劳动保障行政部门应将本地区最低工资标准方案报省、自治区、直辖市人民政府批准,并在批准后7日内在当地政府公报上和至少一种全地区性报纸上发布。省、自治区、直辖市劳动保障行政部门应在发布后10日内将最低工资标准报劳动保障部。

第十条 最低工资标准发布实施后,如本规定第六条所规定的相关因素发生变化,应当适时调整。最低工资标准每两年至少调整一次。

第十一条 用人单位应在最低工资标准发布后10日内将该标准向本单位全体劳动者公示。

第十二条 在劳动者提供正常劳动的情况下,用人单位应支付给劳动者的工资在剔除下列各项以后,不得低于当地最低工资标准:

(一)延长工作时间工资;

(二)中班、夜班、高温、低温、井下、有毒有害等特殊工作环境、条件下的津贴;

（三）法律、法规和国家规定的劳动者福利待遇等。

实行计件工资或提成工资等工资形式的用人单位，在科学合理的劳动定额基础上，其支付劳动者的工资不得低于相应的最低工资标准。

劳动者由于本人原因造成在法定工作时间内或依法签订的劳动合同约定的工作时间内未提供正常劳动的，不适用于本条规定。

第十三条　用人单位违反本规定第十一条规定的，由劳动保障行政部门责令其限期改正；违反本规定第十二条规定的，由劳动保障行政部门责令其限期补发所欠劳动者工资，并可责令其按所欠工资的1至5倍支付劳动者赔偿金。

第十四条　劳动者与用人单位之间就执行最低工资标准发生争议，按劳动争议处理有关规定处理。

第十五条　本规定自2004年3月1日起实施。1993年11月24日原劳动部发布的《企业最低工资规定》同时废止。

附件：

最低工资标准测算方法

一、确定最低工资标准应考虑的因素

确定最低工资标准一般考虑城镇居民生活费用支出、职工个人缴纳社会保险费、住房公积金、职工平均工资、失业率、经济发展水平等因素。可用公式表示为：

$M = f(C、S、A、U、E、a)$

M　最低工资标准；

C　城镇居民人均生活费用；

S　职工个人缴纳社会保险费、住房公积金；

A　职工平均工资；

U　失业率；

E　经济发展水平；

a 调整因素。

二、确定最低工资标准的通用方法

1. 比重法 即根据城镇居民家计调查资料,确定一定比例的最低人均收入户为贫困户,统计出贫困户的人均生活费用支出水平,乘以每一就业者的赡养系数,再加上一个调整数。

2. 恩格尔系数法 即根据国家营养学会提供的年度标准食物谱及标准食物摄取量,结合标准食物的市场价格,计算出最低食物支出标准,除以恩格尔系数,得出最低生活费用标准,再乘以每一就业者的赡养系数,再加上一个调整数。

以上方法计算出月最低工资标准后,再考虑职工个人缴纳社会保险费、住房公积金、职工平均工资水平、社会救济金和失业保险金标准、就业状况、经济发展水平等进行必要的修正。

举例:某地区最低收入组人均每月生活费支出为210元,每一就业者赡养系数为1.87,最低食物费用为127元,恩格尔系数为0.604,平均工资为900元。

1. 按比重法计算得出该地区月最低工资标准为:

月最低工资标准 = 210 × 1.87 + a = 393 + a(元) (1)

2. 按恩格尔系数法计算得出该地区月最低工资标准为:

月最低工资标准 = 127 ÷ 0.604 × 1.87 + a = 393 + a(元) (2)

公式(1)与(2)中a的调整因素主要考虑当地个人缴纳养老、失业、医疗保险费和住房公积金等费用。

另,按照国际上一般月最低工资标准相当于月平均工资的40—60%,则该地区月最低工资标准范围应在360元—540元之间。

小时最低工资标准 =〔(月最低工资标准 ÷ 20.92 ÷ 8) × (1 + 单位应当缴纳的基本养老保险费、基本医疗保险费比例之和)〕× (1 + 浮动系数)

浮动系数的确定主要考虑非全日制就业劳动者工作稳定性、劳动条件和劳动强度、福利等方面与全日制就业人员之间的差异。

各地可参照以上测算办法,根据当地实际情况合理确定月、小时最低工资标准。

集体合同规定

（2004年1月20日劳动和社会保障部令第22号发布
自2004年5月1日起施行）

第一章　总　　则

第一条　为规范集体协商和签订集体合同行为，依法维护劳动者和用人单位的合法权益，根据《中华人民共和国劳动法》和《中华人民共和国工会法》，制定本规定。

第二条　中华人民共和国境内的企业和实行企业化管理的事业单位（以下统称用人单位）与本单位职工之间进行集体协商，签订集体合同，适用本规定。

第三条　本规定所称集体合同，是指用人单位与本单位职工根据法律、法规、规章的规定，就劳动报酬、工作时间、休息休假、劳动安全卫生、职业培训、保险福利等事项，通过集体协商签订的书面协议；所称专项集体合同，是指用人单位与本单位职工根据法律、法规、规章的规定，就集体协商的某项内容签订的专项书面协议。

第四条　用人单位与本单位职工签订集体合同或专项集体合同，以及确定相关事宜，应当采取集体协商的方式。集体协商主要采取协商会议的形式。

第五条　进行集体协商，签订集体合同或专项集体合同，应当遵循下列原则：

（一）遵守法律、法规、规章及国家有关规定；

（二）相互尊重，平等协商；

（三）诚实守信，公平合作；

（四）兼顾双方合法权益；

（五）不得采取过激行为。

第六条 符合本规定的集体合同或专项集体合同,对用人单位和本单位的全体职工具有法律约束力。

用人单位与职工个人签订的劳动合同约定的劳动条件和劳动报酬等标准,不得低于集体合同或专项集体合同的规定。

第七条 县级以上劳动保障行政部门对本行政区域内用人单位与本单位职工开展集体协商、签订、履行集体合同的情况进行监督,并负责审查集体合同或专项集体合同。

第二章 集体协商内容

第八条 集体协商双方可以就下列多项或某项内容进行集体协商,签订集体合同或专项集体合同:

(一)劳动报酬;

(二)工作时间;

(三)休息休假;

(四)劳动安全与卫生;

(五)补充保险和福利;

(六)女职工和未成年工特殊保护;

(七)职业技能培训;

(八)劳动合同管理;

(九)奖惩;

(十)裁员;

(十一)集体合同期限;

(十二)变更、解除集体合同的程序;

(十三)履行集体合同发生争议时的协商处理办法;

(十四)违反集体合同的责任;

(十五)双方认为应当协商的其他内容。

第九条 劳动报酬主要包括:

(一)用人单位工资水平、工资分配制度、工资标准和工资分配形式;

(二)工资支付办法;

（三）加班、加点工资及津贴、补贴标准和奖金分配办法；

（四）工资调整办法；

（五）试用期及病、事假等期间的工资待遇；

（六）特殊情况下职工工资（生活费）支付办法；

（七）其他劳动报酬分配办法。

第十条　工作时间主要包括：

（一）工时制度；

（二）加班加点办法；

（三）特殊工种的工作时间；

（四）劳动定额标准。

第十一条　休息休假主要包括：

（一）日休息时间、周休息日安排、年休假办法；

（二）不能实行标准工时职工的休息休假；

（三）其他假期。

第十二条　劳动安全卫生主要包括：

（一）劳动安全卫生责任制；

（二）劳动条件和安全技术措施；

（三）安全操作规程；

（四）劳保用品发放标准；

（五）定期健康检查和职业健康体检。

第十三条　补充保险和福利主要包括：

（一）补充保险的种类、范围；

（二）基本福利制度和福利设施；

（三）医疗期延长及其待遇；

（四）职工亲属福利制度。

第十四条　女职工和未成年工的特殊保护主要包括：

（一）女职工和未成年工禁忌从事的劳动；

（二）女职工的经期、孕期、产期和哺乳期的劳动保护；

（三）女职工、未成年工定期健康检查；

(四)未成年工的使用和登记制度。

第十五条 职业技能培训主要包括:

(一)职业技能培训项目规划及年度计划;

(二)职业技能培训费用的提取和使用;

(三)保障和改善职业技能培训的措施。

第十六条 劳动合同管理主要包括:

(一)劳动合同签订时间;

(二)确定劳动合同期限的条件;

(三)劳动合同变更、解除、续订的一般原则及无固定期限劳动合同的终止条件;

(四)试用期的条件和期限。

第十七条 奖惩主要包括:

(一)劳动纪律;

(二)考核奖惩制度;

(三)奖惩程序。

第十八条 裁员主要包括:

(一)裁员的方案;

(二)裁员的程序;

(三)裁员的实施办法和补偿标准。

第三章 集体协商代表

第十九条 本规定所称集体协商代表(以下统称协商代表),是指按照法定程序产生并有权代表本方利益进行集体协商的人员。

集体协商双方的代表人数应当对等,每方至少3人,并各确定1名首席代表。

第二十条 职工一方的协商代表由本单位工会选派。未建立工会的,由本单位职工民主推荐,并经本单位半数以上职工同意。

职工一方的首席代表由本单位工会主席担任。工会主席可以书面委托其他协商代表代理首席代表。工会主席空缺的,首席代表由工会主要负责人担任。未建立工会的,职工一方的首席代表从协商代表中民主推举产生。

第二十一条　用人单位一方的协商代表,由用人单位法定代表人指派,首席代表由单位法定代表人担任或由其书面委托的其他管理人员担任。

第二十二条　协商代表履行职责的期限由被代表方确定。

第二十三条　集体协商双方首席代表可以书面委托本单位以外的专业人员作为本方协商代表。委托人数不得超过本方代表的三分之一。

首席代表不得由非本单位人员代理。

第二十四条　用人单位协商代表与职工协商代表不得相互兼任。

第二十五条　协商代表应履行下列职责:

(一)参加集体协商;

(二)接受本方人员质询,及时向本方人员公布协商情况并征求意见;

(三)提供与集体协商有关的情况和资料;

(四)代表本方参加集体协商争议的处理;

(五)监督集体合同或专项集体合同的履行;

(六)法律、法规和规章规定的其他职责。

第二十六条　协商代表应当维护本单位正常的生产、工作秩序,不得采取威胁、收买、欺骗等行为。

协商代表应当保守在集体协商过程中知悉的用人单位的商业秘密。

第二十七条　企业内部的协商代表参加集体协商视为提供了正常劳动。

第二十八条　职工一方协商代表在其履行协商代表职责期间劳动合同期满的,劳动合同期限自动延长至完成履行协商代表职责之时,除出现下列情形之一的,用人单位不得与其解除劳动合同:

(一)严重违反劳动纪律或用人单位依法制定的规章制度的;

(二)严重失职、营私舞弊,对用人单位利益造成重大损害的;

(三)被依法追究刑事责任的。

职工一方协商代表履行协商代表职责期间,用人单位无正当理由不得调整其工作岗位。

第二十九条　职工一方协商代表就本规定第二十七条、第二十八条的规定与用人单位发生争议的,可以向当地劳动争议仲裁委员会申请仲裁。

第三十条 工会可以更换职工一方协商代表;未建立工会的,经本单位半数以上职工同意可以更换职工一方协商代表。

用人单位法定代表人可以更换用人单位一方协商代表。

第三十一条 协商代表因更换、辞任或遇有不可抗力等情形造成空缺的,应在空缺之日起15日内按照本规定产生新的代表。

第四章 集体协商程序

第三十二条 集体协商任何一方均可就签订集体合同或专项集体合同以及相关事宜,以书面形式向对方提出进行集体协商的要求。

一方提出进行集体协商要求的,另一方应当在收到集体协商要求之日起20日内以书面形式给以回应,无正当理由不得拒绝进行集体协商。

第三十三条 协商代表在协商前应进行下列准备工作:

(一)熟悉与集体协商内容有关的法律、法规、规章和制度;

(二)了解与集体协商内容有关的情况和资料,收集用人单位和职工对协商意向所持的意见;

(三)拟定集体协商议题,集体协商议题可由提出协商一方起草,也可由双方指派代表共同起草;

(四)确定集体协商的时间、地点等事项;

(五)共同确定一名非协商代表担任集体协商记录员。记录员应保持中立、公正,并为集体协商双方保密。

第三十四条 集体协商会议由双方首席代表轮流主持,并按下列程序进行:

(一)宣布议程和会议纪律;

(二)一方首席代表提出协商的具体内容和要求,另一方首席代表就对方的要求作出回应;

(三)协商双方就商谈事项发表各自意见,开展充分讨论;

(四)双方首席代表归纳意见。达成一致的,应当形成集体合同草案或专项集体合同草案,由双方首席代表签字。

第三十五条 集体协商未达成一致意见或出现事先未预料的问题时,经双方协商,可以中止协商。中止期限及下次协商时间、地点、内容由双方商定。

第五章　集体合同的订立、变更、解除和终止

第三十六条　经双方协商代表协商一致的集体合同草案或专项集体合同草案应当提交职工代表大会或者全体职工讨论。

职工代表大会或者全体职工讨论集体合同草案或专项集体合同草案,应当有三分之二以上职工代表或者职工出席,且须经全体职工代表半数以上或者全体职工半数以上同意,集体合同草案或专项集体合同草案方获通过。

第三十七条　集体合同草案或专项集体合同草案经职工代表大会或者职工大会通过后,由集体协商双方首席代表签字。

第三十八条　集体合同或专项集体合同期限一般为1至3年,期满或双方约定的终止条件出现,即行终止。

集体合同或专项集体合同期满前3个月内,任何一方均可向对方提出重新签订或续订的要求。

第三十九条　双方协商代表协商一致,可以变更或解除集体合同或专项集体合同。

第四十条　有下列情形之一的,可以变更或解除集体合同或专项集体合同:

(一)用人单位因被兼并、解散、破产等原因,致使集体合同或专项集体合同无法履行的;

(二)因不可抗力等原因致使集体合同或专项集体合同无法履行或部分无法履行的;

(三)集体合同或专项集体合同约定的变更或解除条件出现的;

(四)法律、法规、规章规定的其他情形。

第四十一条　变更或解除集体合同或专项集体合同适用本规定的集体协商程序。

第六章　集体合同审查

第四十二条　集体合同或专项集体合同签订或变更后,应当自双方首席

代表签字之日起10日内,由用人单位一方将文本一式三份报送劳动保障行政部门审查。

劳动保障行政部门对报送的集体合同或专项集体合同应当办理登记手续。

第四十三条 集体合同或专项集体合同审查实行属地管辖,具体管辖范围由省级劳动保障行政部门规定。

中央管辖的企业以及跨省、自治区、直辖市的用人单位的集体合同应当报送劳动保障部或劳动保障部指定的省级劳动保障行政部门。

第四十四条 劳动保障行政部门应当对报送的集体合同或专项集体合同的下列事项进行合法性审查:

(一)集体协商双方的主体资格是否符合法律、法规和规章规定;

(二)集体协商程序是否违反法律、法规、规章规定;

(三)集体合同或专项集体合同内容是否与国家规定相抵触。

第四十五条 劳动保障行政部门对集体合同或专项集体合同有异议的,应当自收到文本之日起15日内将《审查意见书》送达双方协商代表。《审查意见书》应当载明以下内容:

(一)集体合同或专项集体合同当事人双方的名称、地址;

(二)劳动保障行政部门收到集体合同或专项集体合同的时间;

(三)审查意见;

(四)作出审查意见的时间。

《审查意见书》应当加盖劳动保障行政部门印章。

第四十六条 用人单位与本单位职工就劳动保障行政部门提出异议的事项经集体协商重新签订集体合同或专项集体合同的,用人单位一方应当根据本规定第四十二条的规定将文本报送劳动保障行政部门审查。

第四十七条 劳动保障行政部门自收到文本之日起15日内未提出异议的,集体合同或专项集体合同即行生效。

第四十八条 生效的集体合同或专项集体合同,应当自其生效之日起由协商代表及时以适当的形式向本方全体人员公布。

第七章　集体协商争议的协调处理

第四十九条　集体协商过程中发生争议,双方当事人不能协商解决的,当事人一方或双方可以书面向劳动保障行政部门提出协调处理申请;未提出申请的,劳动保障行政部门认为必要时也可以进行协调处理。

第五十条　劳动保障行政部门应当组织同级工会和企业组织等三方面的人员,共同协调处理集体协商争议。

第五十一条　集体协商争议处理实行属地管辖,具体管辖范围由省级劳动保障行政部门规定。

中央管辖的企业以及跨省、自治区、直辖市用人单位因集体协商发生的争议,由劳动保障部指定的省级劳动保障行政部门组织同级工会和企业组织等三方面的人员协调处理,必要时,劳动保障部也可以组织有关方面协调处理。

第五十二条　协调处理集体协商争议,应当自受理协调处理申请之日起30日内结束协调处理工作。期满未结束的,可以适当延长协调期限,但延长期限不得超过15日。

第五十三条　协调处理集体协商争议应当按照以下程序进行:

(一)受理协调处理申请;

(二)调查了解争议的情况;

(三)研究制定协调处理争议的方案;

(四)对争议进行协调处理;

(五)制作《协调处理协议书》。

第五十四条　《协调处理协议书》应当载明协调处理申请、争议的事实和协调结果,双方当事人就某些协商事项不能达成一致的,应将继续协商的有关事项予以载明。《协调处理协议书》由集体协商争议协调处理人员和争议双方首席代表签字盖章后生效。争议双方均应遵守生效后的《协调处理协议书》。

第八章　附　　则

第五十五条　因履行集体合同发生的争议,当事人协商解决不成的,可以依法向劳动争议仲裁委员会申请仲裁。

第五十六条 用人单位无正当理由拒绝工会或职工代表提出的集体协商要求的,按照《工会法》及有关法律、法规的规定处理。

第五十七条 本规定于2004年5月1日起实施。原劳动部1994年12月5日颁布的《集体合同规定》同时废止。

最高人民法院关于
审理拒不支付劳动报酬刑事案件
适用法律若干问题的解释

（2013 年 1 月 14 日最高人民法院审判委员会第 1567 次会议通过
法释〔2013〕3 号 自 2013 年 1 月 23 日起施行）

为依法惩治拒不支付劳动报酬犯罪，维护劳动者的合法权益，根据《中华人民共和国刑法》有关规定，现就办理此类刑事案件适用法律的若干问题解释如下：

第一条 劳动者依照《中华人民共和国劳动法》和《中华人民共和国劳动合同法》等法律的规定应得的劳动报酬，包括工资、奖金、津贴、补贴、延长工作时间的工资报酬及特殊情况下支付的工资等，应当认定为刑法第二百七十六条之一第一款规定的"劳动者的劳动报酬"。

第二条 以逃避支付劳动者的劳动报酬为目的，具有下列情形之一的，应当认定为刑法第二百七十六条之一第一款规定的"以转移财产、逃匿等方法逃避支付劳动者的劳动报酬"：

（一）隐匿财产、恶意清偿、虚构债务、虚假破产、虚假倒闭或者以其他方法转移、处分财产的；

（二）逃跑、藏匿的；

（三）隐匿、销毁或者篡改账目、职工名册、工资支付记录、考勤记录等与劳动报酬相关的材料的；

（四）以其他方法逃避支付劳动报酬的。

第三条 具有下列情形之一的，应当认定为刑法第二百七十六条之一第一款规定的"数额较大"：

（一）拒不支付一名劳动者三个月以上的劳动报酬且数额在五千元至二万元以上的；

(二)拒不支付十名以上劳动者的劳动报酬且数额累计在三万元至十万元以上的。

各省、自治区、直辖市高级人民法院可以根据本地区经济社会发展状况,在前款规定的数额幅度内,研究确定本地区执行的具体数额标准,报最高人民法院备案。

第四条 经人力资源社会保障部门或者政府其他有关部门依法以限期整改指令书、行政处理决定书等文书责令支付劳动者的劳动报酬后,在指定的期限内仍不支付的,应当认定为刑法第二百七十六条之一第一款规定的"经政府有关部门责令支付仍不支付",但有证据证明行为人有正当理由未知悉责令支付或者未及时支付劳动报酬的除外。

行为人逃匿,无法将责令支付文书送交其本人、同住成年家属或者所在单位负责收件的人的,如果有关部门已通过在行为人的住所地、生产经营场所等地张贴责令支付文书等方式责令支付,并采用拍照、录像等方式记录的,应当视为"经政府有关部门责令支付"。

第五条 拒不支付劳动者的劳动报酬,符合本解释第三条的规定,并具有下列情形之一的,应当认定为刑法第二百七十六条之一第一款规定的"造成严重后果":

(一)造成劳动者或者其被赡养人、被扶养人、被抚养人的基本生活受到严重影响、重大疾病无法及时医治或者失学的;

(二)对要求支付劳动报酬的劳动者使用暴力或者进行暴力威胁的;

(三)造成其他严重后果的。

第六条 拒不支付劳动者的劳动报酬,尚未造成严重后果,在刑事立案前支付劳动者的劳动报酬,并依法承担相应赔偿责任的,可以认定为情节显著轻微危害不大,不认为是犯罪;在提起公诉前支付劳动者的劳动报酬,并依法承担相应赔偿责任的,可以减轻或者免除刑事处罚;在一审宣判前支付劳动者的劳动报酬,并依法承担相应赔偿责任的,可以从轻处罚。

对于免除刑事处罚的,可以根据案件的不同情况,予以训诫、责令具结悔过或者赔礼道歉。

拒不支付劳动者的劳动报酬,造成严重后果,但在宣判前支付劳动者的劳动报酬,并依法承担相应赔偿责任的,可以酌情从宽处罚。

第七条　不具备用工主体资格的单位或者个人,违法用工且拒不支付劳动者的劳动报酬,数额较大,经政府有关部门责令支付仍不支付的,应当依照刑法第二百七十六条之一的规定,以拒不支付劳动报酬罪追究刑事责任。

第八条　用人单位的实际控制人实施拒不支付劳动报酬行为,构成犯罪的,应当依照刑法第二百七十六条之一的规定追究刑事责任。

第九条　单位拒不支付劳动报酬,构成犯罪的,依照本解释规定的相应个人犯罪的定罪量刑标准,对直接负责的主管人员和其他直接责任人员定罪处罚,并对单位判处罚金。

违反和解除劳动合同的经济补偿办法

(1994年12月3日劳动部发布　自1995年1月1日起施行)

第一条　为了规范违反和解除劳动合同对劳动者的经济补偿标准,根据《中华人民共和国劳动法》的规定,制定本办法。

第二条　对劳动者的经济补偿金,由用人单位一次性发给。

第三条　用人单位克扣或者无故拖欠劳动者工资的,以及拒不支付劳动者延长工作时间工资报酬的,除在规定的时间内全额支付劳动者工资报酬外,还需加发相当于工资报酬25%的经济补偿金。

第四条　用人单位支付劳动者的工资报酬低于当地最低工资标准的,要在补足低于标准部分的同时,另外支付相当于低于部分25%的经济补偿金。

第五条　经劳动合同当事人协商一致,由用人单位解除劳动合同的,用人单位应根据劳动者在本单位工作年限,每满一年发给相当于一个月工资的经济补偿金,最多不超过十二个月。工作时间不满一年的按一年的标准发给经济补偿金。

第六条　劳动者患病或者非因工负伤,经劳动鉴定委员会确认不能从事原工作、也不能从事用人单位另行安排的工作而解除劳动合同的,用人单位应按其在本单位的工作年限,每满一年发给相当于一个月工资的经济补偿金,同时还应发给不低于六个月工资的医疗补助费。患重病和绝症的还应增加医疗补助费,患重病的增加部分不低于医疗补助费的百分之五十,患绝症的增加部分不低于医疗补助费的百分之百。

第七条　劳动者不能胜任工作,经过培训或者调整工作岗位仍不能胜任工作,由用人单位解除劳动合同的,用人单位应按其在本单位工作的年限,工作时间每满一年,发给相当于一个月工资的经济补偿金,最多不超过十二个月。

第八条　劳动合同订立时所依据的客观情况发生重大变化,致使原劳动合同无法履行,经当事人协商不能就变更劳动合同达成协议,由用人单位解除劳动合同的,用人单位按劳动者在本单位工作的年限,工作时间每满一年发给相当于一个月工资的经济补偿金。

第九条　用人单位濒临破产进行法定整顿期间或者生产经营状况发生严重困难,必须裁减人员的,用人单位按被裁减人员在本单位工作的年限支付经济补偿金。在本单位工作的时间每满一年,发给相当于一个月工资的经济补偿金。

第十条　用人单位解除劳动合同后,未按规定给予劳动者经济补偿,除全额发给经济补偿金外,还须按该经济补偿金数额的50%支付额外经济补偿金。

第十一条　本办法中经济补偿金的工资计算标准是指企业正常生产情况下劳动者解除合同前十二个月的月平均工资。

用人单位依据本办法第六条、第八条、第九条解除劳动合同时,劳动者的月平均工资低于企业月平均工资的,按企业月平均工资的标准支付。

第十二条　经济补偿金在企业成本中列支,不得占用企业按规定比例应提取的福利费用。

第十三条　本办法自1995年1月1日起执行。

企业职工患病或非因工负伤医疗期规定

(1994年12月1日发布　劳部发〔1994〕479号)

第一条　为了保障企业职工在患病或非因工负伤期间的合法权益，根据《中华人民共和国劳动法》第二十六、二十九条规定，制定本规定。

第二条　医疗期是指企业职工因患病或非因工负伤停止工作治病休息不得解除劳动合同的时限。

第三条　企业职工因患病或非因工负伤，需要停止工作医疗时，根据本人实际参加工作年限和在本单位工作年限，给予三个月到二十四个月的医疗期：

(一)实际工作年限十年以下的，在本单位工作年限五年以下的为三个月；五年以上的为六个月。

(二)实际工作年限十年以上的，在本单位工作年限五年以下的为六个月；五年以上十年以下的为九个月；十年以上十五年以下的为十二个月；十五年以上二十年以下的为十八个月；二十年以上的为二十四个月。

第四条　医疗期三个月的按六个月内累计病休时间计算；六个月的按十二个月内累计病休时间计算；九个月的按十五个月内累计病休时间计算；十二个月的按十八个月内累计病休时间计算；十八个月的按二十四个月内累计病休时间计算；二十四个月的按三十个月内累计病休时间计算。

第五条　企业职工在医疗期内，其病假工资、疾病救济费和医疗待遇按照有关规定执行。

第六条　企业职工非因工致残和经医生或医疗机构认定患有难以治疗的疾病，在医疗期内医疗终结，不能从事原工作，也不能从事用人单位另行安排的工作的，应当由劳动鉴定委员会参照工伤与职业病致残程度鉴定标准进行劳动能力的鉴定。被鉴定为一至四级的，应当退出劳动岗位，终止劳动关系，办理退休、退职手续，享受退休、退职待遇；被鉴定为五至十级的，医疗期内不得解除劳动合同。

第七条　企业职工非因工致残和经医生或医疗机构认定患有难以治疗的疾病，医疗期满，应当由劳动鉴定委员会参照工伤与职业病致残程度鉴定标准进行劳动能力的鉴定。被鉴定为一至四级的，应当退出劳动岗位，解除劳动关系，并办理退休、退职手续，享受退休、退职待遇。

第八条　医疗期满尚未痊愈者，被解除劳动合同的经济补偿问题按照有关规定执行。

第九条　本规定自1995年1月1日起施行。

劳动和社会保障部关于
职工全年月平均工作时间和工资折算问题的通知

(2008年1月3日发布　劳社部发〔2008〕3号)

各省、自治区、直辖市劳动和社会保障厅(局):

根据《全国年节及纪念日放假办法》(国务院令第513号)的规定,全体公民的节日假期由原来的10天增设为11天。据此,职工全年月平均制度工作天数和工资折算办法分别调整如下:

一、制度工作时间的计算

年工作日:365天-104天(休息日)-11天(法定节假日)=250天

季工作日:250天÷4季=62.5天/季

月工作日:250天÷12月=20.83天/月

工作小时数的计算:以月、季、年的工作日乘以每日的8小时。

二、日工资、小时工资的折算

按照《劳动法》第五十一条的规定,法定节假日用人单位应当依法支付工资,即折算日工资、小时工资时不剔除国家规定的11天法定节假日。据此,日工资、小时工资的折算为:

日工资:月工资收入÷月计薪天数

小时工资:月工资收入÷(月计薪天数×8小时)

月计薪天数=(365天-104天)÷12月=21.75天

三、2000年3月17日劳动保障部发布的《关于职工全年月平均工作时间和工资折算问题的通知》(劳社部发〔2000〕8号)同时废止。

劳动和社会保障部关于非全日制用工若干问题的意见

（2003 年 5 月 30 日发布　劳社部发〔2003〕12 号）

各省、自治区、直辖市劳动和社会保障厅（局）：

近年来，以小时工为主要形式的非全日制用工发展较快。这一用工形式突破了传统的全日制用工模式，适应了用人单位灵活用工和劳动者自主择业的需要，已成为促进就业的重要途径。为规范用人单位非全日制用工行为，保障劳动者的合法权益，促进非全日制就业健康发展，根据《中共中央国务院关于进一步做好下岗失业人员再就业工作的通知》（中发〔2002〕12 号）精神，对非全日制用工劳动关系等问题，提出以下意见：

一、关于非全日制用工的劳动关系

（一）非全日制用工是指以小时计酬、劳动者在同一用人单位平均每日工作时间不超过 5 小时累计每周工作时间不超过 30 小时的用工形式。

从事非全日制工作的劳动者，可以与一个或一个以上用人单位建立劳动关系。用人单位与非全日制劳动者建立劳动关系，应当订立劳动合同。劳动合同一般以书面形式订立。劳动合同期限在一个月以下的，经双方协商同意，可以订立口头劳动合同。但劳动者提出订立书面劳动合同的，应当以书面形式订立。

（二）劳动者通过依法成立的劳务派遣组织为其他单位、家庭或个人提供非全日制劳动的，由劳务派遣组织与非全日制劳动者签订劳动合同。

（三）非全日制劳动合同的内容由双方协商确定，应当包括工作时间和期限、工作内容、劳动报酬、劳动保护和劳动条件五项必备条款，但不得约定试用期。

（四）非全日制劳动合同的终止条件，按照双方的约定办理。劳动合同中，当事人未约定终止劳动合同提前通知期的，任何一方均可以随时通知对方终止劳动合同;双方约定了违约责任的,按照约定承担赔偿责任。

(五)用人单位招用劳动者从事非全日制工作,应当在录用后到当地劳动保障行政部门办理录用备案手续。

(六)从事非全日制工作的劳动者档案可由本人户口所在地劳动保障部门的公共职业介绍机构代管。

二、关于非全日制用工的工资支付

(七)用人单位应当按时足额支付非全日制劳动者的工资。用人单位支付非全日制劳动者的小时工资不得低于当地政府颁布的小时最低工资标准。

(八)非全日制用工的小时最低工资标准由省、自治区、直辖市规定,并报劳动保障部备案。确定和调整小时最低工资标准应当综合参考以下因素:当地政府颁布的月最低工资标准;单位应缴纳的基本养老保险费和基本医疗保险费(当地政府颁布的月最低工资标准未包含个人缴纳社会保险费因素的,还应考虑个人应缴纳的社会保险费);非全日制劳动者在工作稳定性、劳动条件和劳动强度、福利等方面与全日制就业人员之间的差异。小时最低工资标准的测算方法为:

小时最低工资标准=〔(月最低工资标准÷20.92÷8)×(1+单位应当缴纳的基本养老保险费和基本医疗保险费比例之和)〕×(1+浮动系数)

(九)非全日制用工的工资支付可以按小时、日、周或月为单位结算。

三、关于非全日制用工的社会保险

(十)从事非全日制工作的劳动者应当参加基本养老保险,原则上参照个体工商户的参保办法执行。对于已参加过基本养老保险和建立个人账户的人员,前后缴费年限合并计算,跨统筹地区转移的,应办理基本养老保险关系和个人账户的转移、接续手续。符合退休条件时,按国家规定计发基本养老金。

(十一)从事非全日制工作的劳动者可以以个人身份参加基本医疗保险,并按照待遇水平与缴费水平相挂钩的原则,享受相应的基本医疗保险待遇。参加基本医疗保险的具体办法由各地劳动保障部门研究制定。

(十二)用人单位应当按照国家有关规定为建立劳动关系的非全日制劳动者缴纳工伤保险费。从事非全日制工作的劳动者发生工伤,依法享受工伤保险待遇;被鉴定为伤残5—10级的,经劳动者与用人单位协商一致,可以一次性结算伤残待遇及有关费用。

四、关于非全日制用工的劳动争议处理

(十三)从事非全日制工作的劳动者与用人单位因履行劳动合同引发的劳动争议,按照国家劳动争议处理规定执行。

(十四)劳动者直接向其他家庭或个人提供非全日制劳动的,当事人双方发生的争议不适用劳动争议处理规定。

五、关于非全日制用工的管理与服务

(十五)非全日制用工是劳动用工制度的一种重要形式,是灵活就业的主要方式。各级劳动保障部门要高度重视,从有利于维护非全日制劳动者的权益、有利于促进灵活就业、有利于规范非全日制用工的劳动关系出发,结合本地实际,制定相应的政策措施。要在劳动关系建立、工资支付、劳动争议处理等方面为非全日制用工提供政策指导和服务。

(十六)各级劳动保障部门要切实加强劳动保障监察执法工作,对用人单位不按照本意见要求订立劳动合同、低于最低小时工资标准支付工资以及拖欠克扣工资的行为,应当严肃查处,维护从事非全日制工作劳动者的合法权益。

(十七)各级社会保险经办机构要为非全日制劳动者参保缴费提供便利条件,开设专门窗口,可以采取按月、季或半年缴费的办法,及时为非全日制劳动者办理社会保险关系及个人账户的接续和转移手续;按规定发放社会保险缴费对账单,及时支付各项社会保险待遇,维护他们的社会保障权益。

(十八)各级公共职业介绍机构要积极为从事非全日制工作的劳动者提供档案保管、社会保险代理等服务,推动这项工作顺利开展。

禁止使用童工规定

(2002年10月1日国务院令第364号公布
自2002年12月1日起施行)

第一条 为保护未成年人的身心健康,促进义务教育制度的实施,维护未成年人的合法权益,根据宪法和劳动法、未成年人保护法,制定本规定。

第二条 国家机关、社会团体、企业事业单位、民办非企业单位或者个体工商户(以下统称用人单位)均不得招用不满16周岁的未成年人(招用不满16周岁的未成年人,以下统称使用童工)。

禁止任何单位或者个人为不满16周岁的未成年人介绍就业。

禁止不满16周岁的未成年人开业从事个体经营活动。

第三条 不满16周岁的未成年人的父母或者其他监护人应当保护其身心健康,保障其接受义务教育的权利,不得允许其被用人单位非法招用。

不满16周岁的未成年人的父母或者其他监护人允许其被用人单位非法招用的,所在地的乡(镇)人民政府、城市街道办事处以及村民委员会、居民委员会应当给予批评教育。

第四条 用人单位招用人员时,必须核查被招用人员的身份证;对不满16周岁的未成年人,一律不得录用。用人单位录用人员的录用登记、核查材料应当妥善保管。

第五条 县级以上各级人民政府劳动保障行政部门负责本规定执行情况的监督检查。

县级以上各级人民政府公安、工商行政管理、教育、卫生等行政部门在各自职责范围内对本规定的执行情况进行监督检查,并对劳动保障行政部门的监督检查给予配合。

工会、共青团、妇联等群众组织应当依法维护未成年人的合法权益。

任何单位或者个人发现使用童工的,均有权向县级以上人民政府劳动保障行政部门举报。

第六条　用人单位使用童工的，由劳动保障行政部门按照每使用一名童工每月处5000元罚款的标准给予处罚；在使用有毒物品的作业场所使用童工的，按照《使用有毒物品作业场所劳动保护条例》规定的罚款幅度，或者按照每使用一名童工每月处5000元罚款的标准，从重处罚。劳动保障行政部门并应当责令用人单位限期将童工送回原居住地交其父母或者其他监护人，所需交通和食宿费用全部由用人单位承担。

用人单位经劳动保障行政部门依照前款规定责令限期改正，逾期仍不将童工送交其父母或者其他监护人的，从责令限期改正之日起，由劳动保障行政部门按照每使用一名童工每月处1万元罚款的标准处罚，并由工商行政管理部门吊销其营业执照或者由民政部门撤销民办非企业单位登记；用人单位是国家机关、事业单位的，由有关单位依法对直接负责的主管人员和其他直接责任人员给予降级或者撤职的行政处分或者纪律处分。

第七条　单位或者个人为不满16周岁的未成年人介绍就业的，由劳动保障行政部门按照每介绍一人处5000元罚款的标准给予处罚；职业中介机构为不满16周岁的未成年人介绍就业的，并由劳动保障行政部门吊销其职业介绍许可证。

第八条　用人单位未按照本规定第四条的规定保存录用登记材料，或者伪造录用登记材料的，由劳动保障行政部门处1万元的罚款。

第九条　无营业执照、被依法吊销营业执照的单位以及未依法登记、备案的单位使用童工或者介绍童工就业的，依照本规定第六条、第七条、第八条规定的标准加一倍罚款，该非法单位由有关的行政主管部门予以取缔。

第十条　童工患病或者受伤的，用人单位应当负责送到医疗机构治疗，并负担治疗期间的全部医疗和生活费用。

童工伤残或者死亡的，用人单位由工商行政管理部门吊销营业执照或者由民政部门撤销民办非企业单位登记；用人单位是国家机关、事业单位的，由有关单位依法对直接负责的主管人员和其他直接责任人员给予降级或者撤职的行政处分或者纪律处分；用人单位还应当一次性地对伤残的童工、死亡童工的直系亲属给予赔偿，赔偿金额按照国家工伤保险的有关规定计算。

第十一条 拐骗童工,强迫童工劳动,使用童工从事高空、井下、放射性、高毒、易燃易爆以及国家规定的第四级体力劳动强度的劳动,使用不满14周岁的童工,或者造成童工死亡或者严重伤残的,依照刑法关于拐卖儿童罪、强迫劳动罪或者其他罪的规定,依法追究刑事责任。

第十二条 国家行政机关工作人员有下列行为之一的,依法给予记大过或者降级的行政处分;情节严重的,依法给予撤职或者开除的行政处分;构成犯罪的,依照刑法关于滥用职权罪、玩忽职守罪或者其他罪的规定,依法追究刑事责任:

(一)劳动保障等有关部门工作人员在禁止使用童工的监督检查工作中发现使用童工的情况,不予制止、纠正、查处的;

(二)公安机关的人民警察违反规定发放身份证或者在身份证上登录虚假出生年月的;

(三)工商行政管理部门工作人员发现申请人是不满16周岁的未成年人,仍然为其从事个体经营发放营业执照的。

第十三条 文艺、体育单位经未成年人的父母或者其他监护人同意,可以招用不满16周岁的专业文艺工作者、运动员。用人单位应当保障被招用的不满16周岁的未成年人的身心健康,保障其接受义务教育的权利。文艺、体育单位招用不满16周岁的专业文艺工作者、运动员的办法,由国务院劳动保障行政部门会同国务院文化、体育行政部门制定。

学校、其他教育机构以及职业培训机构按照国家有关规定组织不满16周岁的未成年人进行不影响其人身安全和身心健康的教育实践劳动、职业技能培训劳动,不属于使用童工。

第十四条 本规定自2002年12月1日起施行。1991年4月15日国务院发布的《禁止使用童工规定》同时废止。

非法用工单位伤亡人员一次性赔偿办法

（2010年12月31日人力资源和社会保障部令第9号修订公布
自2011年1月1日起施行）

第一条　根据《工伤保险条例》第六十六条第一款的授权，制定本办法。

第二条　本办法所称非法用工单位伤亡人员，是指无营业执照或者未经依法登记、备案的单位以及被依法吊销营业执照或者撤销登记、备案的单位受到事故伤害或者患职业病的职工，或者用人单位使用童工造成的伤残、死亡童工。

前款所列单位必须按照本办法的规定向伤残职工或者死亡职工的近亲属、伤残童工或者死亡童工的近亲属给予一次性赔偿。

第三条　一次性赔偿包括受到事故伤害或者患职业病的职工或童工在治疗期间的费用和一次性赔偿金。一次性赔偿金数额应当在受到事故伤害或者患职业病的职工或童工死亡或者经劳动能力鉴定后确定。

劳动能力鉴定按照属地原则由单位所在地设区的市级劳动能力鉴定委员会办理。劳动能力鉴定费用由伤亡职工或童工所在单位支付。

第四条　职工或童工受到事故伤害或者患职业病，在劳动能力鉴定之前进行治疗期间的生活费按照统筹地区上年度职工月平均工资标准确定，医疗费、护理费、住院期间的伙食补助费以及所需的交通费等费用按照《工伤保险条例》规定的标准和范围确定，并全部由伤残职工或童工所在单位支付。

第五条　一次性赔偿金按照以下标准支付：

一级伤残的为赔偿基数的16倍，二级伤残的为赔偿基数的14倍，三级伤残的为赔偿基数的12倍，四级伤残的为赔偿基数的10倍，五级伤残的为赔偿基数的8倍，六级伤残的为赔偿基数的6倍，七级伤残的为赔偿基数的4倍，八级伤残的为赔偿基数的3倍，九级伤残的为赔偿基数的2倍，十级伤残的为赔偿基数的1倍。

前款所称赔偿基数,是指单位所在工伤保险统筹地区上年度职工年平均工资。

第六条 受到事故伤害或者患职业病造成死亡的,按照上一年度全国城镇居民人均可支配收入的20倍支付一次性赔偿金,并按照上一年度全国城镇居民人均可支配收入的10倍一次性支付丧葬补助等其他赔偿金。

第七条 单位拒不支付一次性赔偿的,伤残职工或者死亡职工的近亲属、伤残童工或者死亡童工的近亲属可以向人力资源和社会保障行政部门举报。经查证属实的,人力资源和社会保障行政部门应当责令该单位限期改正。

第八条 伤残职工或者死亡职工的近亲属、伤残童工或者死亡童工的近亲属就赔偿数额与单位发生争议的,按照劳动争议处理的有关规定处理。

第九条 本办法自2011年1月1日起施行。劳动和社会保障部2003年9月23日颁布的《非法用工单位伤亡人员一次性赔偿办法》同时废止。

图书在版编目(CIP)数据

劳动合同纠纷处理锦囊／法律出版社专业出版编委会编. —3 版. —北京:法律出版社,2014. 4
ISBN 978 -7 -5118 -6140 -5

Ⅰ. ①劳… Ⅱ. ①法… Ⅲ. ①劳动合同—合同纠纷—处理—中国 Ⅳ. ①D922. 52

中国版本图书馆 CIP 数据核字(2014)第 045567 号

劳动合同纠纷处理锦囊(第 3 版)
法律出版社专业出版编委会 编

编辑统筹 大众出版分社
策划编辑 朱海波
责任编辑 朱海波
装帧设计 乔智炜

出版 法律出版社
总发行 中国法律图书有限公司
经销 新华书店
印刷 永恒印刷有限公司
责任印制 沙 磊

开本 A5
印张 20. 25
字数 492千
版本 2014 年 4 月第 3 版
印次 2014 年 4 月第 1 次印刷

法律出版社／北京市丰台区莲花池西里 7 号(100073)
电子邮件／info@ lawpress. com. cn
网址／www. lawpress. com. cn
销售热线／010 -63939792/9779
咨询电话／010 -63939796

中国法律图书有限公司／北京市丰台区莲花池西里 7 号(100073)
全国各地中法图分、子公司电话:
第一法律书店／010 -63939781/9782
重庆公司／023 -65382816/2908
北京分公司／010 -62534456
西安分公司／029 -85388843
上海公司／021 -62071010/1636
深圳公司／0755 -83072995

书号:ISBN 978 -7 -5118 -6140 -5
定价:48. 00 元
(如有缺页或倒装,中国法律图书有限公司负责退换)

法律单行本实用问题版丛书

1. 中华人民共和国宪法	12 元
2. 中华人民共和国民法通则	8 元
3. 中华人民共和国物权法	15 元
4. 中华人民共和国合同法	15 元
5. 中华人民共和国劳动法	15 元
6. 中华人民共和国劳动合同法	15 元
7. 中华人民共和国道路交通安全法	15 元
8. 中华人民共和国婚姻法	12 元
9. 中华人民共和国继承法	8 元
10. 中华人民共和国公司法	15 元
11. 中华人民共和国保险法	12 元
12. 中华人民共和国刑法	25 元
13. 中华人民共和国消费者权益保护法	12 元
14. 中华人民共和国农村土地承包法	12 元
15. 国有土地上房屋征收与补偿条例	12 元
16. 工伤保险条例	15 元
17. 中华人民共和国刑事诉讼法	32 元
18. 中华人民共和国民事诉讼法	25 元
19. 中华人民共和国社会保险法	12 元
20. 中华人民共和国侵权责任法	15 元
21. 中华人民共和国个人所得税法	15 元
22. 中华人民共和国未成年人保护法	15 元
23. 中华人民共和国妇女权益保障法	12 元
24. 物业管理条例	15 元
25. 中华人民共和国人民调解法	10 元
26. 中华人民共和国治安管理处罚法	15 元
27. 中华人民共和国食品安全法	15 元
28. 中华人民共和国环境保护法	39 元
29. 中华人民共和国著作权法	10 元
30. 中华人民共和国专利法	18 元
31. 中华人民共和国商标法	10 元